전시 동원체제와 전쟁협력
-총동원 계획과 관제운동-

일제침탈사연구총서
사회
33

전시 동원체제와 전쟁협력
- 총동원 계획과 관제운동 -

동북아역사재단 일제침탈사 편찬위원회 기획
김봉식·박수현 지음

동북아역사재단
NORTHEAST ASIAN HISTORY FOUNDATION

| 발간사 |

　일본이 한국을 침탈한 지 100년이 지나고 한국이 일본의 지배로부터 벗어난 지 70년이 넘었건만, 식민 지배에 대한 청산은 이루어지지 못하고 있다. 일본의 독도영유권 주장은 도를 넘어섰다. 일본은 일본군'위안부', 강제동원 등 인적 수탈의 강제성도 인정하지 않고 있다. 일본군'위안부'와 강제동원의 피해를 해결하는 방안을 놓고 한·일 간의 갈등은 최고조에 이르고 있다. 역사문제를 벗어나 무역분쟁, 안보위기 등 현실문제가 위기국면을 맞고 있다.
　한·일 간의 갈등은 식민 지배의 역사를 어떻게 볼 것인가 하는 역사인식에서 기인한다. 역사는 현재와 과거의 대화이며 이를 기반으로 미래로 나아갈 수 있다. 과거 침략의 역사를 미화하면서 평화로운 미래를 말하는 것은 불가능하다. 식민 지배와 전쟁발발의 책임을 인정하지 않고 반성하지 않으면 다시 군국주의가 부활할 수 있고 전쟁이 일어날 위험성도 배제할 수 없다. 미래지향적 한일관계를 형성하고 나아가 동아시아의 평화와 번영의 기틀을 조성하기 위해 일본은 식민 지배의 책임을 인정하고 그 청산을 위해 노력해야 할 것이다.
　식민 지배의 역사를 청산하기 위해서는 식민 지배는 어떻게 이루어졌는지 그 실상을 명확하게 규명하는 일이 긴요하다. 그동안 일본제국주의에 맞서 조국의 독립을 위해 헌신한 독립운동가들의 활동을 찾아내고 역사적으로 평가하는 일에는 상당한 성과를 거두었다. 반면 일제 식민침탈의 구체적인 실상을 규명하는 일에는 충분한 노력을 기울이지 못했다. 제국주의가 식민지를 침탈했다는 것은 너무나 당연한 사실로 여겨졌기 때문에, 굳이 식민 지배에서 비롯된 수탈과 억압, 인권유린을 낱낱이 확인할 필요가 없었는지도 모른다. 그러는 사이 일본은 식민 지배가 오히려 한국에 은혜를 베푼 것이라고 미화하고, 참혹한 인권유린을 부인하는 역사부정의 인식을 보이는 데까지 이르고 있다. 일제의 통치와 침탈, 그리고 그 피해를 종합적으로 조사하고 편찬할 필요성이 여기에 있다.

일제침탈사를 체계적으로 정리하는 일은 개인이 감당하기 어렵다. 이에 우리 재단은 한국학계의 힘을 모아 일제침탈사 편찬위원회를 꾸렸다. 편찬위원회가 중심이 되어 일제의 식민지 침탈사를 정치·경제·사회·문화 모든 방면에 걸쳐 체계적으로 집대성하기로 했다. 일제 식민침탈의 실체를 파악하기 위해 2020년부터 세 가지 방면으로 사업을 추진하고 있다. 하나는 일제침탈의 실상을 구체적이고 생생한 자료를 통해서 제공하는 일로서 〈일제침탈사 자료총서〉로 편찬한다. 다른 하나는 이들 자료들을 바탕으로 연구한 결과물을 〈일제침탈사 연구총서〉로 간행한다. 그리고 연구의 결과를 대중들이 이해하기 쉽게 〈일제침탈사 교양총서〉를 바로알기 시리즈로 간행한다. 자료총서 100권, 연구총서 50권,

교양총서 70권을 기본 목표로 삼아 진행하고 있다.

〈일제침탈사 연구총서〉는 일제침탈의 실태를 정치·경제·사회·문화 분야로 대별한 뒤 50여 개 세부 주제로 구성했다. 국내외 학계 전문가들이 현재까지 축적된 연구 성과를 반영하면서 풍부한 자료를 활용하여 집필했다. 연구자뿐만 아니라 교육 현장에서도 활용되고 일반 독자들도 이해할 수 있도록 집필하기 위해 노력했다. 연구총서 시리즈가 일제침탈의 역사적 실상을 규명하고 은폐된 역사적 사실을 기억하고 왜곡된 과거사에 대한 인식을 바로 잡음으로써 역사인식의 차이로 인한 논란과 갈등을 극복하는 데 기여하는 디딤돌이 되기를 바란다.

2022년
동북아역사재단 이사장

| 편찬사 |

    1945년 한국이 일제 지배로부터 해방된 지 77년의 세월이 지났다. 그럼에도 불구하고 일본 사회 일각에서는 여전히 일제의 한국 지배를 합리화하고 미화하는 주장이 나오고 있으며, 최근에는 한국 사회 일각에서도 일제 지배를 왜곡하고 옹호하는 주장이 나오고 있다. 이는 한국과 일본 사회, 한일 관계와 동아시아 국제관계의 미래를 위해서도 결코 바람직하지 않은 일이다.
    이에 동북아역사재단은 일제의 한국 침략과 식민 지배에 대한 학계의 연구 성과를 총정리한 〈일제침탈사 연구총서〉를 발간하기로 하였다. 이에 따라 2019년 9월 학계의 전문가를 중심으로 편찬위원회를 구성하였으며, 편찬위원회는 학계의 연구 성과를 토대로 정치·경제·사회·문화 부문에서 일제의 침탈이 어떻게 이루어졌는지 정리하여 연구총서 50권을 발간하기로 하였다.
    주지하듯이 1905년 일제는 러일전쟁에서 승리한 뒤, 한국에 군대를 주둔시키면서 한국의 외교권을 빼앗고 통감부를 두어 내정에 간섭하였다. 1910년 일제는 군사력으로 한국 정부를 강압하여 마침내 한국을 강제 병합하였다. 이후 35년간 한국은 일제의 식민 통치를 받았다.
    일제는 한국의 영토와 주권을 침탈하였을 뿐만 아니라, 군사력과 경찰력으로 한국을 지배하면서, 정치·경제·사회·문화의 모든 부문에서 한국인의 권리와 자유, 기회와 이익을 박탈하거나 제한하였다. 정치적으로는 군사력과 경찰력, 각종 악법을 동원하여 독립운동을 탄압하고, 한국인의 정치활동을 억압하고 참정권을 박탈하였으며, 집회와 결사의 자유를 억압하였다. 경제적으로는 일본자본이 경제의 주도권을 장악하고, 일본인 위주의 경제정책을 수행했으며, 식량과 공업원료, 지하자원 등을 헐값으로 빼앗아 갔고, 농민과 노동자 등 대다수 한국인의 경제생활을 어렵게 하였다. 사회적으로는 한국인들을 차별적으로 대우하고, 한국인의 교육의 기회를 제한하고, 한국인으로서의 정체성을 박탈하여 결국은 일본의 2등 국민으로 만들고자 하였다. 문화적으로는 표현과 창작의 자유, 종교와 사상의 자유를 억압하고, 한글 대신 일본어를 주로 가르치고, 언론과 대중문화를 통제하였다. 중일전쟁, 아시아태평양전쟁을 도발한 뒤에는 인적·물적 자원을 전쟁에 강제동원하고, 많은 이들을 전장에 징집하여 생명까지 희생시켰다.

〈일제침탈사 연구총서〉는 침탈, 억압, 차별, 동화, 수탈, 통제, 동원 등의 단어로 요약되는 일제의 침략과 식민 지배의 실상과 그 기제를 명확히 밝히고자 하였다. 이를 통해 일제의 강제 병합을 정당화하거나 식민 지배를 미화하는 논리들을 비판 극복하고, 더 나아가 일제 식민 지배의 특성이 무엇이었는지, 식민 통치의 부정적 유산이 해방 이후에 어떤 영향을 미쳤는지를 밝히고자 하였다.

편찬위원회는 연구총서와 함께 침탈사와 관련된 중요한 주제들에 관하여 각종 법령과 신문·잡지 기사 등 자료들을 정리하여 〈일제침탈사 자료총서〉도 발간하기로 하였다. 아울러 일반인과 학생들이 보다 쉽게 읽을 수 있는 〈일제침탈사 교양총서〉를 바로알기 시리즈로 발간하기로 하였다.

일제의 한국 침략과 식민 지배의 역사는 광복 후 서둘러 정리해냈어야 했지만, 학계의 연구가 미흡하여 엄두를 내기 어려웠다. 이제 학계의 연구가 어느 정도 축적되어 광복 80주년을 맞기 전에 이와 같은 작업을 할 수 있게 된 것을 다행으로 생각한다. 한일 양국 국민이 과거사에 대한 올바른 역사인식을 갖고 성찰을 통해 미래를 향해 함께 나아갈 수 있기를 기대하면서 삼가 이 책들을 펴낸다.

2022년
동북아역사재단 일제침탈사 편찬위원회

차례

발간사 4
편찬사 7

머리말   13

제1장 총동원 계획과 조선
1. 잠정 총동원 기간계획의 추진   **24**
2. 총동원 법체계의 정비   **70**
3. 조선총독부의 총동원 계획 추진   **91**

제2장 국민정신총동원운동과 총동원 계획의 전개
1. 국민정신총동원운동의 개시   **111**
2. 조선에서의 국민정신총동원운동   **128**
3. 총동원 계획의 전개   **173**

제3장 국민총력운동으로의 전환과 총동원 계획
1. 신체제의 모색   **188**
2. 국민총력운동의 개시   **195**
3. 개전 전야의 총동원 계획   **225**

제4장 태평양전쟁과 동원의 강화
1. 개전과 총동원 계획 235
2. 국민총력운동의 강화 250
3. 전쟁 말기의 동원 286

제5장 선전 정책의 강화와 친일 지식인의 전쟁협력
1. 조선총독부의 선전 정책 300
2. 친일 지식인의 전쟁협력 336

맺음말 383

부록 397
참고문헌 411
찾아보기 417

머리말

일본과 과거사 인식을 둘러싼 역사 갈등을 겪으면서, 어느덧 총동원 문제는 우리에게 익숙한 기제가 되었다. 그러나 아직도 우리는 이러한 문제를 여전히 피상적으로 이해하는 단계에 머물러 있다. 일제강점기 물적·인적·정신적 동원이 어느 날 갑자기 추진된 것은 결코 아니었다. 이미 일본은 제1차 세계대전 이후 총력전이라는 근대적 전쟁에 대응하기 위해 국가 차원에서 구상과 준비를 추진했으며, 이를 식민지 조선에도 적용했다. 이렇듯 총동원 문제는 태평양전쟁 개시로 인해 돌발적으로 추진된 것이 아니라 일본이 오랜 기간 구상과 준비를 해온 정책이었다. 그럼에도 우리는 조선에서의 총동원의 실태와 그로 인한 수탈에만 관심이 있을 뿐 이를 기능하게 한 총동원 정책 전반에 걸친 문제는 등한시한 측면이 없지 않다. 그러나 전시기 일본이 식민지 조선에 적용하고 관철하고자 한 인적·물적 자원의 동원 실태를 해명하기 위해서는 총동원 계획의 수립과 그 운용을 위한 기구의 실태에 대한 구체적이며 실체적 해명이 필요하다.

이 책은 동북아역사재단 〈일제침탈사 연구총서〉 중 하나로 기획되었다. 일제 말기 총동원과 관련된 여러 문제 가운데 총력전 대책으로 구상되어 구체화하는 일본의 총동원 계획 책정 과정 문제가 하나. 물적·인적·정신적 동원을 원활하게 추진하기 위해 전개된 관제국민운동인 국민정신총동원운동과 국민총력운동 문제가 둘. 그리고 이에 대한 조선인의 선생협력 문제가 셋. 이렇게 크게 세 가지의 주제를 다룬다. 따라서 주제의 특성상 총동원 정책과 제도의 목적과 그 입안 과정의 정책사적 해명에 주력하며 그 분석 과정에서 일제에 의한 침탈의 실상을 구체화한다. 전시기 동원 문제는 다양한 형태로 전개되었다. 물자동원계획, 생산력확충 계획, 국민동원계획 등의 정책을 통해 노동력의 동원, 군인 군무원의 동원, 물자동원, 저축, 공출, 식량 배급 등이 추진되었다. 이러한 여러 동원과 관련된 문제와 그 실태 및 조선 사회에 끼친 영향에 대해서는 별도의 연구총서에서 취급하고 있으므로 관련 문제에 대해서는 이들을 참조하기 바란다.

이 책에서는 세 가지 주제와 관련해 좀 더 구체적으로 살펴보고자 한다. 먼저 총동원 계획의 입안 문제다. 일본은 자국에 내재하는 구조적 모순에서 기인하는 문제를 외부의 식민지 침탈과 침략전쟁이라는 수단을 통해 해결하려고 했다. 1931년 화북지방을 침략해 괴뢰국가 만주국을 수립하고, 이어서 1937년 7월에는 중국과의 전쟁을 감행했다. 단기전을 구상한 일본의 예상과 달리 전쟁은 장기전으로 접어들었고, 중국과의 전면전 개시로 총동원 문제는 현실적인 국책으로 대두하게 되었다. 이와 같이 일제는 침략전쟁을 국익을 위한 수단으로 적극적으로 강구하고 활용했다. 그리고 그 연장선상에 병참기지로서 식민지 조선이 자리매김되어 있었다.

이러한 문제의식에서 식민지 조선에 시행된 총동원 관련 정책 및 제도의 총체적 규명과 그 구조적 특질을 규명하고자 한다. 일본의 동원체제와 식민지 조선의 동원체제 간의 상호 연관성과 그 추이를 긴밀하게 파악하면서 식민지 조선의 동원체제의 구조적 특질을 부각하고자 한다.

총동원 계획이라는 기제는 여전히 우리에게 익숙하지 않은 분야다. 연구 또한 미진한 분야다. 총동원 계획은 1930년부터 자원국에 따라 책정 작업이 개시되었으며, 향후 일어날 전쟁을 상정해 2~3년간 총동원에 필요한 계획을 수립했다. 이를 기간계획이라 하는데 자원국 체제하에서는 잠정 총동원 기간계획, 응급 총동원 계획, 제2차 총동원 기간계획, 제3차 총동원 기간계획이 책정되었고, 기획원에서는 1942~1943년 시행을 상정한 제4차 총동원 기간계획이 책정되었다. 이러한 기간계획과는 별도로 실제 전쟁 수행에 필요한 연도계획을 수립했다. 즉 물자동원계획을 중심축으로 하여 생산력확충 계획, 노무(국민)동원 계획 등이 분야별로 책정되었다. 그리고 이렇게 책정된 계획은 일본뿐 아니라 조선을 비롯한 식민지에서 시행되었다. 이와 같이 총동원 계획은 전시기 동원 문제를 해명하는 데 있어 기본적인 요소이지만, 이 부문에 관한 연구와 관심이 미흡했다. 이에 이 책에서는 일본에서 추진된 총동원 계획의 시대적 배경과 목적, 그리고 그 전개 과정에서 나타난 여러 현상과, 이를 조선에 적용하는 과정에서 드러난 특징을 살펴보고자 한다.[1]

두 번째는 총동원 정책의 하나로 실시된 국민정신총동원운동과 국민총력운동이다. 식민지 조선에서는 동원(물자·노무·군인·정신 등)을 원활히 하기 위한 기제로서 관제국민운동이 전개되었다. 그것은 국민정신총동원조선연맹과 국민총력조선연맹으로 대표된다. 식민지 조선의 특수성에서 기인하는 관제국민운동을 총동원체제의 실천 조직으로서의 기능에 주목해 그 실태와 성격을 밝히고자 한다. 중일전쟁과 태평양전쟁 시기에 전개된 양 운동에 관해 기존의 연구에서는 주로 내선일체, 즉 일본의 식민지 지배 정책의 하나로 취급되어 온 측면이 강하다. 그러나 현실적으로 국민정신총동원운동과 국민총력운동은 전쟁 수행과 밀접한 관련성을 갖고 전개되었으며, 총동원 정책의 한 축을 담당하는 중요한 역

---

[1] 한 가지 부언을 하면, 1945년 8월 일본은 패전을 전후하여 전쟁과 관련된 주요 공문서를 파기했다. 포츠담선언에서 연합군이 일본군의 전쟁 책임자를 처벌하겠다는 방침을 공언한 상황에서 그들의 전쟁 책임을 은폐하기 위해서였다. 그 결과 총동원 계획 및 그 실행과 관련된 자료가 단편적으로 남아 있으며, 특히 식민지 조선의 총동원 계획과 관련된 공문서는 극히 일부분만이 남아 있다.

할을 수행했다. 국민정신총동원운동과 국민총력운동을 식민지 조선의 지배 문제로서의 측면과 아울러 총동원 정책의 추진 문제로 조망하며, 그 전체성에 접근해 보고자 한다.

세 번째는 총동원체제가 어떻게 식민지 조선에 강고하게 자리 잡고 확산될 수 있었는지에 대한 해명으로서, 조선총독부의 노골적인 선전전(宣傳戰)과 여기에 앞장선 친일 지식인의 전쟁협력 실상을 살펴보고자 한다. 총동원체제는 억압과 통제만으로 유지된 것이 아니었다. 파시즘체제의 특징인 선전·선동과 일방적인 여론몰이 또한 중요한 통치수단이었다. 여기에 핵심적인 역할을 수행한 것은 친일 세력이었다. 그중에서도 친일 지식인들은 각 분야의 전문성과 지식을 활용해 선전 효과를 극대화했다. 총동원체제가 강화·지속될 수 있었던 것은 선전전의 광풍과 친일 세력의 협력이 있었기에 가능했다.

조선에서의 총동원 계획과 관련된 선행 연구로는 잠정 총동원 기간계획에 대해 분석한 김혜수, 생산력확충 계획을 분석한 김인호, 식민지 조선에서의 총동원 계획과 그 실시 과정 및 기구 조직을 규명한 안자코 유카(庵逧由香)를 들 수 있다.[2] 식민지 조선에서의 총동원 계획과 관련된 분석이 미흡한 현 연구 상황에서 이들 연구가 시사하는 바가 크다.

국민정신총동원조선연맹 및 국민총력조선연맹과 관련해서는 최유리, 김승태, 국사편찬위원회에 의한 연구가 있다.[3] 이들 선행 연구는 정

---

2 김혜수, 1994, 「1930년대 조선에 있어서 '(극비)잠정총동원기간계획' 실시」, 『研究論叢』, 26; 김인호, 1999, 「조선에서의 '제1차 생산력확충'과 '대용품 공업화'(1938~1941)」, 『사총』, 49; 김인호, 2000, 「조선에서의 제2차 생산력확충 계획과 실상(1942~1945)」, 『한국독립운동사연구』, 26; 안자코 유카, 2006, 「조선총독부의 '총동원체제'(1937~1945) 형성 정책」, 고려대학교 박사학위논문.

3 최유리, 1997, 『일제 말기 식민지 지배정책연구』, 국학자료원; 국사편찬위원회편,

책의 전개 과정을 식민지 지배 이데올로기인 내선일체의 구현 과정을 축으로 하여 고찰하거나, 전시 동원체제를 통한 억압과 민족운동의 전개 과정을 추적하고, 전시 동원체제와 수탈과의 관련성을 규명하고 있어 국민정신총동원운동과 국민총력운동을 분석하는 데 많은 참고가 된다.

또한 관련 연구논문으로는 국민정신총동원운동의 조직과 활동을 분석한 김영희의 연구가 있다.[4] 국민총력조선연맹과 관련해서는 조선연맹 사무국의 개편과 그 기능을 분석한 김영희, 식민지 조선에서의 전시 동원체제에 착안해 그 식민성을 분석한 기미지마 가즈히코(君島和彦), 안자코 유카의 연구가 있다.[5] 이들 기존의 연구는 국민정신총동원조선연맹과 국민총력조선연맹의 활동을 일제의 황민화 정책의 기제의 일환으로 파악해 온 점을 하나의 특징으로 지적할 수 있다.

'선전 정책과 친일 지식인의 전쟁협력'과 관련해서는 연구가 미흡한 실정이다. 조선총독부의 선전 정책에 관해서는 이준식·정근식·박수현의 연구,[6] 친일 지식인의 전쟁협력과 관련해서는 박수현의 개괄적인 연

    2003, 『한국사50 전시체제와 민족운동』, 국사편찬위원회; 김승태, 2009, 『중일전쟁 이후 전시체제와 수탈』, 독립기념관 한국독립운동연구소.

4 김영희, 2002a, 「국민정신총동원운동의 실시와 조직」, 『한국독립운동사연구』 18; 김영희, 2002b, 「국민정신총동원운동의 전개 형태와 그 침투」, 『한국근현대사연구』 22.

5 김영희, 2006, 「국민총력조선연맹의 사무국개편과 관변단체에 대한 통제(1940.10~1945.8)」, 『한국근현대사연구』, 37; 君島和彦, 1977, 「朝鮮における戦争動員体制の展開過程」, 藤原彰·野沢豊編, 『日本ファシズムと東アジア』, 青木書店; 庵逧由香, 1994, 「朝鮮における戦争動員政策の展開-『国民運動』の組織化を中心に」, 『国際関係学研究』, 21, 津田塾大学.

6 이준식, 2004, 「문화선전 정책과 전쟁 동원 이데올로기-영화 통제체제의 선전 영화를 중심으로」, 『일제 파시즘지배정책과 민중생활』, 혜안; 정근식, 2009, 「일본 식민주의의 정보통제와 시각적 선전」, 『사회와 역사』 82집; 박수현, 2011, 「일제말 파시즘기(1937~1945) 매일신보의 대중선동 양상과 논리-지원병·징병제도를 중심으

구와 친일 지식인 개인의 협력 논리와 현실인식을 다룬 이준식·장용경 등의 연구[7]가 있다. 다행히 친일 지식인에 대해서는 2009년 『친일인명사전』[8]과 『친일반민족행위진상규명보고서』[9]가 동시에 발간되어 그 행적과 실상을 쉽게 파악할 수 있다.

  이 책은 전체 5장으로 구성되어 있다. 제1장에서 제4장까지는 총동원 계획과 국민정신총동원운동 및 국민총력운동에 대해 다루며, 김봉식이 집필했다. 제5장에서는 선전전의 실상 및 친일 지식인의 전쟁협력에 관해 다루며, 박수현이 집필했다. 제1장(총동원 계획과 조선)에서는 중일전쟁을 전후해 식민지 조선에서 시행된 총동원 계획의 추진 과정을 살펴본다. 총동원 계획의 준비 단계인 잠정 총동원 기간계획 수립 과정과 일제의 「국가총동원법」 시행에 따른 조선에서의 동원체제의 구축 과정에 주안점을 두고 서술한다.

  제2장(국민정신총동원운동과 총동원 계획의 전개)에서는 국민정신총동원운동에 관해 살펴본다. 일본에서 중일전쟁과 더불어 전쟁협력 의지를 동원하기 위해 개시된 국민정신총동원운동의 전개 과정을 추적하고, 이러한 일본에서 전개된 관제국민운동이 조선에 어떠한 형태로 수용·변화되었는지를 살펴보고자 한다. 또한 국민정신총동원조선연맹의 조직·이념·활동의 전개 형태를 고찰해 그 특질을 파악하고자 한다.

    로」, 『한국민족운동사연구』 69.

7 박수현, 2006, 「전시파시즘기(1937~1945) 조선 지식인의 체제협력 양상과 논리」, 『한국민족운동사연구』 46; 이준식, 2000, 「일제강점기 친일지식인의 현실인식-이광수의 경우」, 『역사와 현실』 37; 장용경, 2003, 「일제 식민지기 인정식의 전향론」, 『한국사론』 49.

8 친일인명사전편찬위원회·민족문제연구소, 2009, 『친일인명사전』.

9 친일반민족행위진상규명위원회, 2009, 『친일반민족행위진상규명보고서』.

일제는 조선과 일본의 민족 모순을 해결하기 위해 동원체제 구축에서 특히 정신 동원에 주안점을 두었다. 전시 동원 초기 단계에서 국민정신총동원조선연맹을 중심으로 전시 동원체제를 구축해 가는 대책 수립 과정을 살펴보고자 한다. 또한 일제가 감행한 전면적인 중국 침략전쟁에 따라, 총동원 계획이 어떠한 형태로 변화되고 추진되는지를 고찰한다.

제3장〈국민총력운동으로의 전환과 총동원 계획〉에서는 국민총력조선연맹의 결성 과정을 중심으로 고찰한다. 제2차 세계대전의 발발과 독일의 연전연승에 고무된 일본은 국방국가 구축을 위한 신체제운동이 전개되고 그 결과물로 대정익찬회가 결성된다. 본 장에서는 이러한 일본 안에서의 체제 전환 모색이, 조선 신체제로 안착해 국민총력조선연맹으로 재편되어 가는 과정을 살펴본다. 그리고 결성 초기 단계에서의 국민총력조선연맹의 조직 구성과 기능, 활동의 역량을 고찰하고자 한다. 기존 우리의 연구 환경에서 등한시해 왔던 대정익찬회의 성립과 식민지 조선에서 국민총력조선연맹이 결성되는 과정과 그 관련성에 대해 고찰함으로써 조선에서 총동원 실천 조직이 형성되는 과정을 살펴본다. 또한 태평양전쟁 개전을 앞둔 단계에서의 총동원 계획의 수립과 그 특징을 살펴본다.

제4장〈태평양전쟁과 동원의 강화〉에서는 1941년 12월 태평양전쟁 개전으로 새로운 국면에 직면하게 되는 상황을 다룬다. 침략전쟁의 개시로 인해 구체화하는 총동원 계획과 이에 대한 조선총독부의 대응을 살펴본다.

태평양전쟁의 전국(戰局)의 악화는 도조(東條)내각하의 동원과 통제 강화 확대로 이어지고 조선에서도 결전을 위한 태세 강화로 이어졌다. 패전으로 치닫는 이 단계에서의 국민총력조선연맹이 추진한 관제국민운동의 구체적인 전개 과정을 운동방침, 세입세출, 총재, 하부 조직으로 규명한다. 총동원 정책의 실천 조직으로 기능하며, 지역의 말단까지 철저하게 조직되어 조선인의 일상생활부터 정신까지도 통제하고자 했던 실태와 특질을 고찰한다.

제5장(선전 정책의 강화와 친일 지식인의 전쟁협력)에서는 총동원체제하 식민지 조선을 휩쓸었던 선전전의 실상을 파악한다. 주요 내용은 조선총독부의 선전 정책의 논리와 양상, 그리고 선전전의 최일선을 담당했던 친일 지식인의 전쟁협력 실상과 논리 등이다.

이 책에서는 이상 서술한 바와 같이 총동원 계획과 관련된 정책, 관제국민운동, 조선인의 전쟁협력이라는 세 가지의 주제로 이야기를 풀어 나갈 것이다. 먼저 일제에 의한 총동원 계획의 수립과 그 과정에서 식민지 조선이 어떠한 형태로 총동원체제로 편입되어 가는지를 살펴본다. 이러한 총동원 계획을 적용하고 추진하는 과정에서 조선인의 통제와 협력의 필요성이 대두되었고, 그 방책으로 관제국민운동이 국책으로 전개되었다. 중일전쟁기에는 국민정신총동원운동이, 태평양전쟁기에는 국민총력운동이 조선인을 대상으로 강압적으로 추진되었다. 이러한 관제국민운동의 전개 과정과 그 양상을 고찰한다. 그리고 총동원체제의 유지·강화를 위한 선전전은 어떤 양상으로 전개되었는지, 선전전의 전면에 나선 친일 지식인들은 어떤 논리와 현실인식으로 협력했는지를 살펴보고자 한다. 이러한 일련의 작업을 통해 전시 동원체제하 식민지 조선의 한 단면을 그려보고자 한다.

제1장
총동원 계획과 조선

식민지 조선에서 총동원 정책이 시행되는 것은 일본제국주의의 중일전쟁과 「국가총동원법」 제정 이후로 알려져 있다. 그러나 일본이 국가 차원에서 총동원 계획을 구상하게 되는 것은 이보다 훨씬 앞선 1927년 자원국의 설치와 그 이후 책정된 잠정 총동원 기간계획부터였다. 조선총독부는 이러한 총동원 계획 수립에 대외비 업무로 관여했다. 본 장에서는 우선 최초의 총동원 계획인 잠정 총동원 기간계획 책정 배경과 그 과정을 고찰한다. 그리고 이와 관련해 총동원 계획 설정 작업에 조선총독부가 어떠한 형태로 관여했는지를 살펴보기로 한다.[1]

1. 잠정 총동원 기간계획의 추진

1) 일본제국주의의 총동원 구상

1914~1918년에 걸쳐 벌어진 제국주의 국가 간의 전쟁인 제1차 세계대전은 인류가 지금까지 겪어보지 못한, 상식을 초월하는 새로운 형태의 전쟁이었다. 제1차 세계대전을 겪으면서 세계는 총력전이라는 새로운 형태의 전쟁과 대면하게 되었다. 탱크, 전투기 등의 비약적인 살상 병

---

[1] 일본의 총력전 구상과 관련해서는, 최원규 엮음, 1988, 『일제말기 파시즘과 한국사회』, 청아출판사; 장형익, 2009, 「근대 일본의 총력전 구상과 『제국국방방침』」, 『군사』 70. 잠정총동원 기간계획과 관련해서는 김혜수, 1994, 「1930년대 조선에 있어서 '(극비)잠정총동원기간계획' 실시」, 『硏究論叢』 26; 안자코 유카, 2006, 「조선총독부의 '총동원체제'(1937~1945) 형성 정책」, 고려대학교 박사학위논문; 정긍식, 1998, 「日帝의 植民政策과 植民地 朝鮮의 法制」, 『법제연구』 14를 참조하기 바란다.

기의 발달은 전쟁의 양상을 크게 변화시켰다. 이제 전쟁 수행은 일면적인 군사력뿐만 아니라 정치와 경제 그리고 사회와 사상, 문화 전 영역에 이르는 그야말로 국가의 총력이 필요하게 되었다.

일찍이 제1차 세계대전에 참전했던 독일의 루덴도르프는 1935년 『총력전』을 출간했다. 그는 이 책에서 총력전 수행을 위해서 국민의 정신적 단결과 국가의 경제력, 지도자를 중요한 요소로 지적했다.[2] 루덴도르프의 이러한 지적은 독일의 상황을 반영한 것이지만, 적어도 제1차 세계대전을 경험한 일본은 총력전이 기존의 전쟁과는 질적으로 변화된 전쟁 형태로, 단순히 병력의 동원뿐만 아니라 국가의 생산력을 총동원해야 하는 장기 지구전이 될 것이라는 인식은 하고 있었다.[3] 전후방의 구분이 모호해지고, 전장이 육해공으로 입체적으로 변화된 총력전에서는 장기적 소모전을 회피할 수가 없다. 따라서 총력전에서는 끊임없는 군수물자의 생산과 확충이 필요하게 되고, 이러한 군수품의 안정적인 공급을 유지하기 위해서 국가 총력을 결집해 인적·물적 자원의 동원이 요구되었던 것이다.

국가의 모든 인적·물적 자원을 총동원해 전쟁에 매진해야 하는 새로운 전쟁 형태인 총력전에 대응하기 위해, 일본은 총동원 문제에 부심하게 되었다. 무엇보다 전쟁 수행을 직분으로 하는 군부, 특히 육군을 중심으로 이른 시기부터 총동원에 대한 조사와 연구를 추진했다. 육군은 1915년에 육군성에 임시군사조사위원회를 설치해 제1차 세계대전의 전쟁 양상과 참전국의 전시체제에 대한 조사·연구를 진행했다. 또한

---

2   박계호, 2012, 『총력전의 이론과 실제』, 북코리아, 63쪽.
3   橋川文三, 1970, 「国防国家の理念」, 『近代日本政治思想史Ⅱ』, 有斐閣, 232~233쪽.

1917년에는 참모본부 총무부 제1과(편성·동원과)에서 「전국 동원계획 필요의 의」를, 제2부 제5과('지나'과)에서는 「제국국방자원」이라는 보고서를 정리해 제출했다. 총무부 제1과 과원 모리 고로쿠(森五六)대위가 중심이 되어 1917년 9월에 작성한 「전국 동원계획 필요의 의」[4]에서는 일본의 현실적 군수 생산능력을 감안한다면 앞으로의 전쟁에서는 적을 일거에 섬멸하는 것이 중요, 즉 단기전이 바람직하지만 세계대전에서 드러난 현상, 즉 지구전인 소모전에도 대비해야 한다고 판단하고 이러한 기본적 인식에서 전쟁이 개시되면 군의 동원과 동시에 전국 동원을 실시해 국가체제를 평시에서 전시로 신속하게 전환하는 것을 목표로 해야 한다고 보았다. 즉 육군은 일본의 낙후된 경제력을 감안해, 현실적 대안으로 단기 결전에 따른 전쟁의 결착을 도모하는 전쟁지도방침을 기본으로 하고 있었지만, 이번 제1차 세계대전의 경향에서 드러난 장기전과 소모전에 대한 방책도 준비해야 한다는 인식도 공유하고 있었던 것이다.

한편 제2부 제5과 병요지지(兵要地志)반장인 고이소 구니아키(小磯國昭)[5]는 병참 보급의 원활한 지원이라는 견지, 즉 평시에 부족한 물량을 산정해, 이들 물자를 어느 지역에서 어떠한 방법으로 수송할 것인지에 대한 검토의 필요성을 통감하고 있었다. 이러한 문제 인식에서 1917년 8월에 「제국국방자원」[6]을 작성했다. 보고서에서는 지구전의 양상을 나타내고 있는 전쟁의 현황을 감안해 경제의 중요성을 지적하며, 평시에 전시경제를 준비해 둬야 하며, 자원 확보 측면에서 중국 대륙 의존도가

---

4 纐纈厚, 1981, 「全國動員計畫必要ノ議」, 『総力戦体制研究』, 三一書房, 199~205쪽.
5 고이소는 1942년 5월부터 1944년 7월까지 조선총독을, 그리고 본국으로 귀국해 1945년 4월까지 수상을 역임했다.
6 「帝國國防資源」, 1917.8, アジア歴史資料センター, (レファレンスコード:C12121557900).

확대될 것으로 예상했다. 그리고 이러한 대륙의 자원을 일본 본국으로 수송하기 위해 쓰시마해협을 관통하는 터널[7]을 뚫고 철도를 부설해 안전하게 대륙의 자원을 본국으로 이송할 수 있다는 안을 제언했다. 이러한 제안은 당시 육군이 식민지 조선을 대륙의 자원을 수송하는 경유지로서의 역할에 착목하고 있었다는 것을 의미한다. 조선의 철도와 같은 운송수단을 군사적 관점에서 전략적으로 판단하고 있었던 것이다.

1918년 육군은 시베리아간섭전쟁에 대응해 군수품 관련 법제의 필요성을 제언하게 되고, 이에 1918년 4월 「군수공업동원법」이 제정되었다. 「군수공업동원법」은 전시하 민간 사업장이나 시설을 병기나 탄약 등의 군수품 생산을 위해 동원 가능하도록 한 법이다. 평시에 정기적으로 공장, 사업장, 수송기관, 군수품, 노동자 등의 실태를 조사해 이를 바탕으로 전시 계획을 수립해 두고, 전쟁이 발발하면 정부가 이를 시설을 관리, 수용, 징용하도록 한 것이다. 이 법의 소관기관으로 6월에는 군수국(軍需局)을 설치했다. 또한 10월에는 칙령 제368호를 제정해 「군수공업동원법」을 식민지 조선, 타이완(臺灣), 가라후토(樺太)에 시행 가능하도록 했다.[8] 「군수공업동원법」의 소관기관으로 설치된 군수국은 1920년 5월에 국세원(國勢院)으로 개편되었으나 1921년 10월에 폐지되었다. 국세원의 해체는 제1차 세계대전 종전 후에 고조된 반전 분위기, 워싱턴회의로 대표되는 군축 분위기, 재정의 압박이라는 대내외 환경의 변화를 배경으로, 현실적으로도 당면한 전쟁이 존재하지 않는다는 인식을 반영

---

7   이 안에는 혼슈 시모노세키에서 출발하는 안, 규슈의 후쿠오카에서 출발하는 안 등이 지도로 첨부되어 있다.
8   纐纈厚, 1981, 앞의 책, 47~53쪽.

한 것이었다.⁹ 정부 내의 군축 분위기에 반해 육군은 병기국 공정과(公政課)가 독자적으로 군수동원 계획 책정 작업을 추진해 1918년에는 군수품, 원료, 전력, 운송력 등을 대상으로 한 수요 조사 및 물자의 동원, 수입전망 등을 검토해 「1920년도 육군군수공업동원요령」을 책정하는 한편, 동원계획 책정을 위한 국책 기관의 설치를 요구했다.¹⁰

1924년 12월에 개회된 제50회 제국의회, 이듬해에 개회된 제51회 제국의회에서는 국방논의가 활발하게 전개되어, 1925년 2월에는 「국방회의 설치에 관한 결의안」, 「국방회의 설치에 관한 건의안」이 제출되었다. 이 결의안과 건의안이 주장하고 있는 내용은 "국가총동원과 국방의 정비를 어디까지나 국민총의에 근거해 진행해야 한다"는 것이었으며, 한편 귀족원에서도 1925년 3월 「국방의 기초확립에 관한 건의안」이 제출되었으나, 그 내용은 "국방의 기초는 국가총동원에 있으나, 아직 이 준비에 유감이 없다고 할 수 없다"라고 지적하고 있듯이, 중의원·귀족원을 막론하고 제국의회에서 국방논의가 활발하게 전개되고 총동원 대비 태세에 대한 필요성이 대두되었다.¹¹ 또한 이러한 움직임은 서구에서 총동원 관련 기관이 설치되기 시작한 것도 하나의 배경이 되었다.¹²

이에 일본 정부는 1926년 4월 「국가총동원기관 설치 준비위원회에 관한 건」을 각의 결정하고 국가총동원기관 설치와 관련해 본격적인 논의에 착수했다.

---

9   纐纈厚, 1981, 위의 책, 58쪽.
10 山崎志郎, 2015, 「戰時統制經済」, 『岩波講座日本歴史』 18, 岩波書店, 107~108쪽.
11 纐纈厚, 1981, 앞의 책, 61쪽.
12 山崎志郎, 2015, 앞의 글, 108쪽.

국가총동원기관 설치 준비위원회 조직[13](발췌)

1. 위원장 법제국장관
2. 위원 내각통계국장, 내각척식국장, 내무, 대장, 육군, 해군, 농림, 상공, 체신, 철도성 국장 한 명
3. 필요에 따라 관계 사항에 있어 각 청 고등관 중에서 임시위원을 임명할 수 있다.

위원회의 위원장은 법제국장관이, 그리고 내각통계국장, 내각척식국장, 육군, 해군, 내무, 대장, 농림, 상공, 철도, 체신의 각 성 국장 한 명을 구성원으로 했다. 5월 3일 개최된 첫 번째 회의에 참석한 와카쓰키 레이지로(若槻禮次郎) 수상[14]은 인사말을 통해 위원회의 설치 의의와 그 목적에 대해 아래와 같이 지적했다.[15] 군부가 제기한 총력전에 대응할 수 있는 국내 태세의 정비, 즉 국가총동원에 대한 준비가 본격화하게 된 것이다.

세계대전 중 및 대전 후의 서구 열강의 시설에 비추어 보아, 최근 국방의 목적을 관철하기 위해서는, 국가에 총동원을 준비해야 함은 명료하다. … 따라서 국가총동원기관을 설치하기 위해서는, 미리 주밀한 연구를 수행할 필요를 인정하여, 그 설치 준비를 위해 여기에 본

---

13 防衛庁防衛研修所戦史室, 1967, 『陸軍軍需動員(1)計画編』, 朝雲新聞社, 239~240쪽.
14 1926년 1월 30일에서 1927년 4월 20일까지 재임한 제25대 내각총리대신이다.
15 防衛庁防衛研修所戦史室, 1967, 앞의 책, 240~241쪽.

위원회를 설치한 것이다. 이 위원의 목적은, 장래 설치해야 할 국가총동원기관의 체계조직, 임무, 업무수행의 방안과 해당 기관과 각 청과의 연락 등에 관해 진중한 연구를 거듭하여, 국가총동원기관 설치 준비상 유감이 없도록 하는 것이다.

1년여에 걸친 국가총동원기관 설치 준비위원회에서 논의한 결과, 1927년 5월 26일 「자원국관제(칙령 제139호)」가 제정되어 국가총동원 중추기관으로 자원국이 설치되었다. 「자원국관제」[16]에 따르면 자원국은 '내각총리대신의 관리하에 속하며', '인적·물적 자원의 통제 운용계획에 관한 사항을 통할'하며 '전호계획의 설정 및 수행에 필요한 조사 및 시설에 관한 사항을 통할'하며 집행하도록 했다. 또한 조직으로는 총무과, 조사과, 시설과, 기획과를 두어 자원의 통제 운용에 관한 제도 시설의 연구 및 법령의 준비, 자원의 현황 조사, 자원의 배양 조장에 관한 사항, 자원의 통제 운용기관 설치계획에 관한 사항 등을 담당하도록 했다.

자원국에서 취급하는 '인적·물적 자원의 통제 운용계획'이 곧 국가총동원 계획을 의미하는 것으로, 물적·인적 자원의 운용과 통제라는 국가총동원의 함의를 잘 나타내고 있다. 총력전을 현실적인 문제로 인식하고 이에 대한 대응 차원에서 연구를 축적해 온 육군의 총동원 구상은 국가총동원 계획에 영향을 끼치게 된다. 그렇다면 육군의 국가총동원에 대한 인식을 살펴봄으로써 당시 일본이 구상하고 있었던 국가총동원의 밑그림을 이해할 수 있을 것으로 본다.

16　防衛庁防衛研修所戦史室, 1967, 위의 책, 669쪽.

국가총동원의 범위 내용[17](발췌)

1. 인원의 안배 통제
   1) 군수보급 및 국가기관의 활동 및 필수 민수품의 생산에 필요한 각종 요원을 신속하게 충족하고, 끊임없이 이를 보충하기 위해 필요한 조치를 강구한다.
   2) 개전 당초 필연적으로 발생하는 실업자의 발생 방지의 방법을 강구함과 동시에, 실업자를 신속 적당하게 처리한다.
   3) 부인, 노인, 어린아이, 장애인 등의 적정한 이용을 도모한다.
   4) 군부 내외 인원의 유용에 관한 조치를 취한다.
   5) 전 각호의 목적을 달성하기 위해서는, 국민 매국의 지성에 호소하는 것 외, 직업중개기관의 체계를 정비하고, 그 충분한 활동을 요구하고, 필요하다면 노역의무제를 채용한다.

2. 생산배분, 소비 등의 조절
   1) 개전에 따라 일어날 수 있는 산업계의 급격한 변동을 방지, 회복을 위한 방책을 강구한다.
   2) 전시 필수 원료, 연료, 동력 등의 공급원을 확보하고, 운송배급을 적당하게 규정한다.
   3) 대량생산을 위해 필요에 따라, 산업조직의 개변을 시시하고, 또한 수공업, 가정공업의 통일 이용을 도모한다.
   4) 필요에 따라 공장의 신설, 증설, 리모델링 및 이의 관리, 사용,

17　防衛庁防衛研修所戦史室, 1967, 위의 책, 255~257쪽.

수용 등을 실시한다.
5) 필요에 따라 규격, 제식, 양식, 방식을 통일한다.
6) 미사용 자원을 개척한다.
7) 토지이용의 전환, 공장의 변경 등 생산기능을 전환한다.
8) 부족품의 대용보급을 행하고, 원료의 부족을 보충하기 위해, 필요하다면 기성품 및 폐품의 재이용, 이용책을 강구한다.
9) 점령지에서 원료의 취득, 산업의 이용을 적당히 한다.
10) 전시필수품의 배급을 원활하게 하도록 조치를 강구한다.
11) 필요에 따라 전시필수품 기타 소비를 제한하고 불요품의 생산을 제한하기 위해 필요한 조치를 강구한다.
12) 필요에 따라 물가 및 임금의 공정·폭리를 단속한다.
13) 소요에 따라 수출입을 규정한다.
14) 중요한 산업시설을 충분하게 정비한다.

3. 교통의 통제
1) 각종 운송설비의 증보 신설, 변경 등을 한다.
2) 필요에 따라 수송기관의 소유권 이동, 국적변경을 금지한다.
3) 전 수송력의 최대능력을 발휘하기 위해 각종 수송기관의 능력 융통 또는 용도전환 등을 한다.
4) 하늘 및 수륙의 수송연락 및 육지수송에 있어서의 수로, 철도 및 노상 연락을 원활하게 하기 위한 조치를 강구한다.
5) 필요한 수송에 지장이 없도록 운수 능력의 안배 및 수송을 규정한다.
6) 수송력을 증가하기 위해 임기 수송에 관한 여러 제한을 완화하

고 수송품의 포장, 적재법 등을 정리 개선한다

7) 수송력 절약을 위해 필요한 조치를 강구한다.

8) 수송능률을 최대로 유지하기 위해 교통선 및 수송기관의 애호, 보전, 수선에 착오가 없도록 한다.

9) 필요에 따라 수송물건의 품종, 용도, 수요의 완급을 고려하여 수송순서를 규정하고, 수송임금을 참작한다.

10) 수출입과 수송력과의 관계를 적당히 조절한다.

11) 각종 통신기관의 신설 증보한다.

12) 각종 통신기관을 통제하고 통신능력의 경제적 이용, 전 능력의 발휘, 검열 용이를 확실하게 한다.

13) 기밀유지를 위해 교통을 단속한다.

14) 교통기관의 경비무장을 충분하게 한다.

4. 재정 및 금융에 관한 조치

1) 개전의 직전 및 직후에 있어 힘써 일반경제시장에 변동이 미치지 않도록 하고 응급 자금을 조달한다.

2) 전비재원에 관해 종목 및 내외채의 구분등을 적당히 결정하여 유리한 방법으로 그 조달을 도모한다.

3) 정화준비의 옹호 및 확대를 도모하기 위해 필요 수단을 강구한다.

4) 국민경제취중 전시필요산업에 대한 자금의 공급을 풍부하게 하여 전시 특히 필요한 금융제도를 설정하고 금융의 원활을 기한다.

5) 전시공황에 대한 소요의 방책을 강구한다.

6) 전지에 있어 사용하는 군용화폐에 관한 조치를 강구한다.

7) 외국환 지불에 대한 적당한 규정을 정한다.

5. 정보선전의 통일

전쟁 수행을 위해 빼놓을 수 없는 정신적 활력의 유지, 배양 및 대외선전을 유효하게 하기 위해 정보선전의 통일에 필요한 조치를 강구한다.

6. 전 호외, 유리하게 전쟁을 수행하기 위해 필요한 일체의 조치를 강구한다. 예를 들면 아래와 같다.
1) 교육, 훈련을 통해 전시에 응하기 위해 필요한 시설을 설치한다.
2) 학술, 기예를 국방의 목적에 통합이용하기 위해 각반이 조치를 강구한다.
3) 노동쟁의의 방지, 해결, 각종구호, 부조의 시설 등에 관해 적당한 조치를 강구한다.
4) 국민의 보건, 위생상 전시 필요한 각종 수단을 강구한다.

이상 살펴보았듯이 육군이 상정한 국가총동원의 범주는 인력자원의 통제 및 동원, 생산배분 및 소비 등의 조절, 교통의 통제, 재정 및 금융에 관한 조치, 정보선전의 통일, 그리고 교육, 노동, 위생에 이르기까지 실로 그 범위는 국가 운영을 위한 전반적인 정책과 국민의 실생활을 포괄하는 광범위한 것이었다. 이러한 육군의 구상은 자원국 설치 약 6개월 전의 견해로 이는 앞서 언급한 국가총동원 준비위원회의 논의 과정에서 반영되었고, 향후 국가총동원 계획을 설정하는 데 실제 전쟁을 수행해야 하는 육군의 방침으로서 무게감을 갖고 기능했다.

전쟁 형태로서의 총력전은 그 실현을 위한 구체적 방책으로 총동원체제 구축이 필요했고 이를 구현할 구체적 총동원 계획 입안을 위한 추진체로서 1927년 자원국이 설치되었던 것이다. 총동원 계획은 자원국이 식민지를 포함한 각 청의 자료와 의견을 취합한 뒤 이를 파악해 조정하고, 이를 통해 계획을 수립하면 최종적으로 내각이 결정했다. 이러한 총동원 계획은 1930년 만주사변 발발 이전, 아직 전쟁을 일으키지 않은 단계에서 책정 작업을 개시했다. 총동원 기간계획은 현재 교전 중인 전쟁이 아닌 언젠가 일어날 미래의 전쟁을 상정한 것으로, 수년에 걸친 기간을 설정해 수립되었다. 즉 2년에서 3년간의 기간 중에 시행해야 할 총동원 계획 관련 정책을 설정했다. 구체적으로는 잠정 총동원 기간계획(1933~1935년 계획대상기간), 응급 총동원 계획(1934~1935년 계획대상기간), 제2차 총동원 기간계획(1936~1937년 계획대상기간), 제3차 총동원 기간계획(1938~1939년 계획대상기간), 제4차 총동원 기간계획(1942~1943년 계획대상기간, 기획원)의 형태로 설정되었다.

한편으로 중일전쟁이 본격화되면서 새로운 총동원 계획 관장기관으로 기획원이 설치되고 총동원 계획은 기간계획과 더불어 1939년도 총동원 실시계획이라는 형태로 연도계획이 수립되게 되었다. 가상의 전쟁을 상정해 총동원 계획을 미리 수립하는 기간계획과 달리 연도계획은 실질적으로 전쟁을 수행하고 있는 상황하에서 현실적인 실태를 반영한 총동원 계획이었다.

이러한 과정을 거쳐 기본적인 총동원의 방침과 그 범주가 정해진 총동원 기간계획이 수립되면, 기간계획 내용에 각 분야별 동원 방침이 반영되었으나, 중일전쟁이 발발하고 전쟁 수행이 현실화되자, 분야별로 별도의 동원계획, 구체적으로 말하자면 물자동원계획, 생산력확충 계획, 노무동원계획 등의 형태로 동원계획이 수립되었다. 특히 이 중에서 1938년부터 설정이 개시된 물자동원계획이 총동원 계획의 핵심적인 계획으로 다른 계획, 즉 생산력확충 계획, 노무계획, 교통계획, 무역계획 등 여러 계획들은 물동계획을 기준으로 하여 설정되었다. 즉 자원국 설치 이후 장래 전쟁을 상정한 장기계획인 기간계획의 형태로 작업을 추진해 온 총동원 계획은, 중일전쟁이 본격화되자 이를 전환점으로, 실질적 전쟁 수행을 위한 물자와 인력동원을 목적으로 하는 분야별 연도계획이 수립되었다.

이상 살펴본 바와 같이, 육군을 중심으로 제기된 총력전 구상은, 국가 생산력의 총동원을 수반하는 장기전·소모전에 대비해 평시에 안정적인 군비 생산 태세를 구축하고자 하는 것이었다. 또한 외부 세력의 공격에 대한 방어적 개념이 아니라, 일본의 구조적 모순인 산업의 취약성과 자원의 빈약성을 대외 팽창을 통해 해소하겠다는 의지의 표명이기도 했다. 그리고 이러한 군부의 요구에 따라 자원국이 설치되고 국가총동원 계획 입안 작업에 착수했다는 사실은, 내부의 구조적 모순을 대외확충을 통해 해결하겠다는 공감대가 지배층 사이에 형성되어 가고 있었다는 사실을 방증하고 있다고 볼 수 있다.

2) 잠정 총동원 기간계획의 입안

일본 최초의 총동원 계획은 잠정 총동원 기간계획이다. 총동원 계획이란 그 용어에서도 드러나듯이 국가의 모든 자원을 전쟁 수행을 위해 동원한다는 의미로 계획의 범위와 대상이 포괄적이며 광범위해 자원국이라는 하나의 행정기관으로 해결할 수 있는 사안이 아니었다. 즉 총동원 계획의 수립이라는 것은 일본 본국의 관련 부처를 비롯한 식민지 조선을 포함한 각 지역 간의 협업이 긴요한 작업이었다. 자원국 설치 이후 잠정 총동원 기간계획이 수립되는 프로세스와 그리고 이러한 총동원체제에 식민지 조선이 편입되어 가는 과정을 살펴보자.

앞서 서술한 자원국의 설치에 이어 1927년 7월에는 자원심의회가 설치되었다. 자원심의회는 수상의 자문기관으로서 수상에게 건의하는 역할을 수행할 목적으로 설치되었다. 자원심의회관제 제1조에 따르면 수상의 자문에 응하여 "인적·물적 자원의 통제 운용계획 및 그 설정·수행에 필요한 조사시설에 관한 중요사항을 조사 심의한다"고 규정하고 있다.[18]

자원심의회에는 총재 1명, 부총재 2명을 두며, 위원은 35명 이내로 둘 수 있으며 필요에 따라서는 임시위원을 둘 수 있었다. 총재에는 수상이, 부총재에는 육군대신과 상공대신이, 위원에는 자원국장관, 법제국장관, 관련 부처의 차관과 귀족원의원, 중의원의원 등이 임명되었다.

자원국과 자원심의회의 설치는 지금까지 군부 특히 육군을 중심으로 한 총동원 태세 정비에 대한 필요성 인식이 확산되어, 이제는 국책의 현안으로 각 정치 세력이 공감대를 형성했다는 것을 의미하는 것이었다.

총동원 계획을 수립하기 위해서 선행되어야 할 과제가 있었다. 국가의 총자원을 통제 운용해 군수·민수를 충족할 수 있는 총동원 계획을 추진해야 하는 자원국에, 당면한 과제는 자원조사 실시와 이를 시행하기 위한 관련법의 정비였다.

이에 따라 자원국은 법안 작업을 진행해 자원조사와 관련해 조사 연구를 진행하고 관련 각 부처와의 협의 조정을 거쳐 하나의 안을 확정해 1928년 12월 자원조사법안을 자원심의회에 자문했다. 자원심의회의 자문과 제국의회의 심의를 거쳐 「자원조사법」은 법령 제53호로 1929년

---

18 防衛庁防衛研修所戦史室, 1967, 앞의 책, 247~248쪽.

4월 11일 제정되어, 부칙에 따라 1929년 칙령 제326호로 12월 1일부터 시행되었다. 자원조사는 일본의 시정권이 미치는 모든 영토에서 시행해야 하므로, 식민지 조선에서는 1929년 칙령 제327호 「자원조사법의 조선, 타이완 및 가라후토에 시행의 건」으로 시행되었다.[19] 1929년 12월 1일을 기하여 일본 열도뿐만 아니라 식민지 조선을 포함한 일본의 시정권이 미치는 전 영토에서 시행되었다. 이는 바꿔 말하면 향후 일본이 추진해야 하는 전쟁에서는 국가가 가용할 수 있는 모든 자원을 철저하게 총동원해야만 한다는 인식이 그 저변에 깔려 있었던 것이고, 그 전제로서 일본이 지배권을 행사할 수 있는 지역에서의 자원조사가 이루어진 것이다. 그런 의미에서 식민지 조선 또한 총동원 계획에서 자유로울 수 없었다. 조선에서 시행된 「자원조사법」은 조선이 국가총동원의 한 축을 담당하게 되었음을 의미하는 것이다.

자원조사법[20]

제1조 정부는 인적·물적 자원의 조사를 위해 필요한 때는 개인 또는 법인에 대해 이에 관한 보고 또는 현장 신고를 명할 수 있다.
　　　 전항의 자원조사의 범위, 방법 기타 필요한 사항은 명령으로 정한다.
제2조 당해관리 또는 관리는 인적·물적 자원의 통제 운용계획의 설정 및 수행에 필요한 자원조사를 위해 필요한 장소에 입회, 검사하

19　防衛庁防衛研修所戦史室, 1967, 위의 책, 260~269쪽.
20　防衛庁防衛研修所戦史室, 1967, 위의 책, 671~672쪽.

고 조사 자료의 제공을 구하고 또는 관계자에 대해 질문을 할 수 있다. 이 경우에는 증표를 휴대해야 한다.

제3조 공업적 발명에 관계되거나 기타 특수한 업무상의 비밀에 속하는 사항 또는 설비로서 명령에 정한 것에 대하여는 제1조의 보고 또는 현장 신고를 명하거나 전조의 규정에 따라 검사를 하고, 조사 자료의 제공을 구하거나 관계자에 대해 질문을 할 수 없다.

제4조 제1조의 규정에 따라 보고 또는 현장 신고를 명받은 자가 영업에 관해 성년자와 동일한 능력을 갖지 아니하는 미성년자 또는 금치산자인 경우 또는 법인인 경우에는 그 법정대리인 또는 이사, 업무를 집행하는 사원, 회사를 대표하는 사원, 이사, 업무담당 사원 기타 법령이 정한 바에 따라 법인을 대표하는 자가 보고 또는 현장 신고를 할 의무를 가진다.

제5조 제1조의 규정에 따라 명받은 보고 또는 현장 신고를 하지 않거나 허위로 보고 또는 현장 신고를 한 자는 200엔 이하의 벌금에 처한다.

제6조 제2조의 규정에 따른 당해관리 또는 관리의 직무집행을 거부, 방해 또는 기피하거나 조사 자료를 제공하지 아니하거나 허위의 조사 자료를 제공하거나 질문에 대해 허위 진술을 한 자는 500엔 이하의 벌금에 처한다.

제7조 당해관리나 관리 또는 그 직에 있는 자가 이 법에 따른 직무집행에 관해 알게 된 개인 또는 법인의 업무상의 비밀을 누설 또는 무단 사용 시에는 2년 이하의 징역 또는 2,000엔 이하의 벌금에 처한다. 당해관리 또는 관리가 제3조의 규정에 위반한 경우에도 동일하다.

직무상 전항의 비밀을 알게 된 다른 공무원 또는 공무원이었던 자가 그 비밀을 누설하거나 무단 사용 시의 벌칙 전항과 동일하다.

「자원조사법」은 전체 7조로 구성되어, 정부가 인적·물적 자원의 조사를 위해 개인이나 법인에 대해 보고나 신고를 하도록 명령을 내릴 수 있는 권한을 부여한 것이다. 만약 이를 거부하거나 허위로 신고할 시에는 벌금을 부과할 수 있도록 하여 정부의 조사에 강제성을 부여했다. 다만 「자원조사법」은 법안의 기본적인 취지와 법 위반 시 부과할 벌칙을 규정한 것으로, 실제 자원조사를 임할 때 구체적인 실시 요령이 누락되어 있었다. 이에 4월 법 제정 이후 관계 부처와의 협의 과정을 거쳐 1929년 11월 칙령 제329호로 「자원조사령」을 제정했다. 이를 통해 본격적인 일본 본토, 식민지 조선에 대한 총동원 계획을 수립하기 위한 자원조사가 가능하게 되었다. 먼저 「자원조사령」 제1조에 보면 "내각총리대신은 「자원조사법」 시행을 통할한다" 제2조에는 "각 성 대신은 「자원조사법」 제1조 제2항의 명령이 발령되면 내각총리대신에게 협의해야만 한다" 제3조에는 "각 성 대신은 별표로 정한 바와 같이 정기적으로 인적·물적 자원의 통제 운용계획의 설정 및 수행에 필요한 자원조사를 실시하여 내각총리대신에게 보고해야 한다" 제6조 "내각총리대신 인적·물적 자원의 통제 운용계획의 설정 및 수행에 필요하다고 인정되는 경우는 제3조에서 규정하고 있는 것 이외에 임시로 관계 각 청에 대해 자원의 조사 보고를 요구할 수 있다" 제9조에는 "본령 중 각 성 대신 또는 주무대신의 직무는 조선에서는 조선총독, 타이완에서는 타이완총독 … 이를 행한다" 그리고 부칙으로 "본령은 1929년 12월 1일부터 이를 시행한다"라고 규정하고 있다.[21] 즉 「자원조사령」에서 수상에 따른 통제를 규정한 것은 지금까지는 총동원 계획의 영역이 육군을 중심으로 한 제한적 범위의 연구 및 정책에서 이제는 국책의 문제로 부상했음을 의미하는 것으로 정부 차원의 총동원 문제에 대응하겠다는 의지를 표명한 것으로 이해할 수 있다. 또한 제3조에는 별표에 정하는 바에 따라 조사하도록 하고 있다. 앞서 서술했듯이 7조로 규정된 「자원조사법」은 실질적인 조사 운용에 관한 내용이라기보다는 조사 명령체계에 대한 복종을 강조하는 성격이 강했다. 그런 의미에서 「자원조사령」에서 별표의 의미는 큰 비중을 차지했다. 별표는 조사를 담당하는 외무, 내무, 대장, 문부, 농림, 상공, 체신, 철도 각 성청이 조사해야 할 항목, 조사와 보고의 상세한 사항, 조사의 시기 및 방법 등 구체적인 내용을 45쪽에 걸쳐 규정했으며 여기에 담지 못하는 내용은 41쪽에 달하는 내각 고시(11월 20일 내각 고시 제5호)로 규정해 이를 실천하도록 했다.[22] 이처럼 자원조사는 그 자체가 복잡하고 방대한 작업으로, 자원국은 11월 25일 수상관저에 관계 각 성청 관계자를 불러 「자원조사법령」 시행에 따른 회의를 개최해 관련법의 시행에 앞서 이에 대한 설명, 지시 및 질의응답을 통해 관련 사항을 충분히 숙지하여 실천할 수 있도록 도모했다.

    총동원 계획 수립을 위한 자원조사는 식민지 조선도 예외는 아니었다. 4월에 제정된 「자원조사법」은 앞서 언급한 1929년 칙령 제327호 「자원조사법의 조선, 타이완 및 가라후토에 시행의 건」으로 시행되었으며, 「자원조사령」은 제9조에 조선의 시행이 명문화되어 별도의 칙령 없이 바로 시행되었다. 한편 「자원조사령」의 시행과 더불어 관련 각 성청

---

21   防衛庁防衛研修所戦史室, 1967, 위의 책, 672~673쪽.

22   防衛庁防衛研修所戦史室, 1967, 위의 책, 270쪽.

은 자원조사를 위한 법규의 신설 또는 개정을 추진했으며, 식민지 조선에서도 「자원조사령」의 시행과 관련해 조선총독부령 제120호 「조선공장자원조사규칙」, 조선총독부령 제121호 「조선광업자원조사규칙」 등이 제정되었다. 「조선공장자원조사규칙」은 5인 이상의 공장은 매년 정기적으로 일정한 양식에 의거해 보고서를 제출하도록 규정하고 있으며, 「조선광업자원조사규칙」은 광업권자는 매년 일정한 시기에 조사보고서를 제출하도록 규정한 것이다.

1929년 12월 1일 제정된 「조선공장자원조사규칙」[23]은 전9조로 구성되어 있다. 규칙에 따르면, 제1조에는 "5인 이상의 직공을 사용하는 설비를 갖거나 상시 5인 이상의 직공을 사용하는 공장은 제2조의 규정에 해당하지 않더라도 공업주는 공장마다 매년 조사표 제1호 갑, 제2호 갑 및 제3호 갑 각 3통에 해당 사항을 조사 기입해 이듬해 1월 말까지 그 공장 소재지를 관할하는 부윤·군수 또는 도사에 이를 제출해야만 한다", 제2조에는 "아래의 각호에 해당하는 공장의 공업주는 공장마다 매년 조사표 제1호 을, 제2호 을 및 제3호 을 각 4통에 해당 사항을 조사 기입해 다음 해 1월 말까지 그 공장 소재지를 관할하는 부윤·군수 또는 도사에 이를 제출해야만 한다", 제3조에는 "전조에 규정한 공장의 공장주는 공장마다 매년 조사표 제4호 또는 제7호 각 3통에 해당 사항을 조사 기입해 이듬해 2월 말까지 그 공장 소재지를 관할하는 도지사에게 이를 제출해야 한다", 제4소에는 "부윤·군수 또는 노사는 제1조 제1항 또는 제2조의 조사표를 수리하면 각 1통을 수리한 날로부터 2년간 그 청에 보관하고 나머지는 일괄 2월 말까지 도지사에게 제출해야 한다", 제5조에

---

23 『朝鮮總督府官報』, 1930.3.15.

는 "도지사는 제3조 제1항의 조사표를 수리하면 각 1통은 이를 수리한 날로부터 2년간 그 청에 보관하며 나머지는 일괄 번호를 기입해 4월 15일까지 조선총독에게 제출해야 한다", 제7조에는 "제1조 제1항, 제2조, 제3조 제1항 및 전조의 규정에 따라 제출하는 조사표 및 보고서는 통계상의 목적 이외에 이를 사용할 수 없다. 단 인적·물적 자원의 통제 운용계획의 설정 및 수행에 필요한 경우는 이 제한에 속하지 아니한다"라고 규정하고 있다.

결국 식민지 조선에서 시행된 공장 자원조사는 기본적으로 제2조에 규정된 기계기기제조공업, 병기 또는 항공기 부속품, 의약품제조, 도료, 기계재봉자동차 선박제조, 화약 폭약, 피혁제품 등의 공장과, 제2조에 규정된 업종이 아니라도 5인 이상의 공장에서는 규정된 양식에 따른 보고가 의무화된 것이다. 제2조와 제1조에 규정된 공장의 보고서 양식은 서로 다르지만 결과적으로 조선에서 생산활동을 하는 5인 이상의 종업원을 둔 공장은 모두 그 대상이 된 것이다. 또한 보고는 관할 지역의 행정 수장에서 도지사를 거쳐 매년 4월까지 조선총독에게 보고되도록 하고 있다. 그리고 이러한 조사의 목적은 단순 통계상의 목적뿐 아니라 제7조에서 규정하고 있듯이 「조사자원법」에서 규정하고 있는 인적·물적 자원의 통제 운용계획의 설정에 부합하도록 하여 총동원 계획 수립을 위한 조선에서의 자원조사의 일환이었던 것이다.

부령 제121호로 제정된 「조선광업자원조사규칙」[24]은 전부 4조로 구성되어 있으며, 제1조에는 "「조선광업령」 제1조에 규정된 광업을 하는 광업권자와 아래 각호에 해당하는 자는 광산마다 매년 조사표 제1호 내

---

24 『朝鮮總督府官報』, 1929.12.1, 號外.

지 제6호 각 2통에 해당 사항을 조사 기입해 이듬해 2월 말까지 조선총독에게 이를 제출해야 한다", 제4조에는 "본령에 따라 제출한 조사표 및 보고서는 통계상의 목적 이외에 이를 사용하는 것을 허락하지 않지만 인적·물적 자원의 통제 운용계획의 설정 및 수행에 필요한 경우에는 이 제한에 해당하지 않는다"라고 규정하고 있다. 이와 같이 광업을 영위하는 광업권자는 매년 정기적으로 조사표 및 보고서를 조선총독에게 보고해야만 했고 이 목적 또한 앞서 서술한 「조선공장자원조사규칙」과 같이 인적·물적 자원의 통제 운용계획 설정, 즉 총동원 계획 수립을 위한 자원조사의 일환이었다. 「자원조사령」과 관련 법령의 제정에 따라 조선도 본격적으로 총동원 계획 입안에 관여하게 된 것이다.

총동원 계획 입안을 위한 자원조사 관련 법령의 정비와 더불어, 자원국이 당면한 과제는 총동원 계획의 설정 작업이었다. 다만 자원 통제 운용계획 즉 총동원 계획은 그 범위가 광범위하고 무엇보다 처음으로 작성하는 계획으로, 작업을 위해서는 많은 준비와 시간이 필요했다. 이에 따라 국가 총자원의 통제 운용계획 수립 요령과 복수의 기관 상호 간의 설정 업무 분담 및 처리 방침에 대한 연구에 착수했다. 이에 먼저 1929년 2월에는 「자원 통제 운용계획 설정에 관한 건」[25]이 각의 결정되었다. 「자원 통제 운용계획 설정에 관한 건」 제1조 제1항에 따르면 "1계획은 사항의 성질과 적용 기간에 따라 이를 기본계획과 기간계획의 누 송뉴로 나누어 기본계획에서는 자원 통제 운용계획에 관한 기본사항에 관해 계획하며 기간계획에서는 주로 일정기간에 있어 적용해야 할 자원 배당 및 보전에 관한 사항을 규정하는 것으로 한다", 제2조에서는

25　防衛庁防衛研修所戦史室, 1967, 앞의 책, 273~275쪽.

"자원 통제 운용계획은 그 포괄하는 범위 광범하여 규정해야 할 사항이 너무 복잡해 이 때문에 기본계획에서는 자원국 및 관계 각 청이 착착 그 연구에 매진하는 동시에 일단은 계획해야 할 자원의 범위계획의 정도 등을 한정해 잠정 기간계획을 설정하도록 한다", 그리고 제3조 제1항에는 "잠정 기간계획은 1930년 4월 1일에서 1933년 3월 31일에 이르는 3년 정도로 이를 설정하고 1933년도 이후 대체적으로 3년에 걸쳐 이를 적용"하도록 규정하고 있다.

즉 자원국은 자원 통제 운용계획 설정의 방책으로서 먼저 계획을 기본계획과 기간계획으로 두 종류로 구분하고, 당면은 계획에 적용할 자원의 범위와 계획의 정도를 제한한 잠정 기간계획을 설정하도록 한 것이다. 그리고 이 잠정 기간계획은 1930년에서 3년에 걸쳐 계획을 수립하고 1933년도부터 3년간 적용 시행한다는 기본방침을 천명했다. 즉 자원국이 총동원 계획의 첫 계획으로 1930년부터 3년간의 작업을 통해 총동원을 위한 잠정 기간계획을 수립하겠다는 구체적인 목표를 설정한 것이었다.

이러한 자원 통제 운용계획 설정에 관한 방침이 각의 결정에 따라 정해지자 계획의 내용, 각 성청과 자원국과의 관계, 각 성청의 역할 구분, 보고 기간 등 전반적인 사무처리를 조정할 필요가 생겼다. 사무처리와 관련해 1929년 6월에는「총동원 계획 설정 처무요강」[26]을 각의 결정했다. 여기에서 주목할 점은 지금까지 자원국이 사용한 표현 즉 '자원 통제 운용계획'을 '총동원 계획'으로 공식화했다는 점이다. 즉 제1조에는 "자원국은 총동원 계획에 관해 일반 통할상 필요한 기본적 사항에 관해

---

26   防衛庁防衛研修所戦史室, 1967, 위의 책, 276~281쪽.

총동원 기본계획요강을 입안한다"라고 규정하고 있다. 또한 잠정 기간계획의 사무처리는 제8조에 "기간계획은 먼저 1930년도 내지 1932년도에 잠정적 이를 설정한다. 그 사무의 과정은 대체 아래의 구분에 따른다. 제1년도(1930년도) 기간계획 설정에 관한 준비 사무, 제2년도(1931년도) 기간계획 강령 설정의 사무, 제3년도(1932년도) 각 청 기간계획 설정의 사무"로 규정하고 있다. 또한 처무요강에서는 자원별 담당 관청, 자원 관제별 관청 구분, 기간계획 관계 보고기한 등을 정하고 있다. 총동원 계획 처무요강에 규정된 총동원 잠정 기간계획 설정 프로세스를 정리해 보면 아래와 같다.

총동원 잠정 기간계획 설정 프로세스

1930년도 기간계획 설정에 관한 준비 사무
자원국이 기본계획 설정 기준이 되는 일반방침을 입안

↓

각 성청은 일반방침에 바탕 각각 담당하는 사항에 관해 계획안을 작성해 자원국에 제출

↓

1931년도 기간계획 강령 설정 사무
자원국은 일정기간 적용할 총동원 기간계획 강령을 입안
(자원의 배당 및 보전, 자원의 통제 운용에 관한 사항)
각 성은 각각 담당하는 자원의 현황, 국민생활에 필요한 최소한도의 수요액 및 전시 공급액, 전시 수요액을 조사해 자원국에 제출

↓

1932년도 각 성 기간계획 설정 사무

각 성은 기간계획 강령을 기준으로 담당하는 사항에 관해 총동원 기간계획을 작성해 자원국에 제출

총동원 계획을 설정하는 데 자원조사는 각 성청에 분담시키고 이를 수합해 자원국이 조정 종합하는 방식으로 계획을 수립해 간다는 것이다. 그리고 각각의 계획에 대한 기본 원칙을 자원국이 수립하고 이를 각 성청에 자원조사의 범위와 보고 양식에 대한 자세한 사항을 통달한다. 또한 전시 수요액의 제시는 우선 육군성과 해군성으로부터 제출받아 이를 토대로 자원국이 필요사항을 관련 각 성청에 통지해 각 성청이 이에 따라 수요액을 제출하게 하여 육해군의 요구를 전제로 했다. 그러나 국민 최소한의 생활 유지를 위한 수요액도 제출하게 하여 군수와 민수의 양면을 감안하는 방침도 제시하고 있다. 이상과 같이 「자원 통제 운용계획 설정에 관한 건」과 「총동원 계획 설정 처무요강」을 통해 총동원 계획 수립을 위한 구분, 사무 절차, 담당 구분, 시기적 기준 등 절차와 방법 등이 통일적으로 조정 정비되었다.

이제 자원국은 일본 최초의 총동원 계획인 잠정 총동원 기간계획 수립에 박차를 가하게 되었다. 잠정 총동원 기간계획은 앞서 살펴보았듯이 당면 잠정적으로 자원의 범위와 계획의 정도를 한정하고, 1930년도에서 1932년도까지 3년간 계획을 수립해 1933년도부터 3년간 적용한다는 것이 기본방침이었다. 이에 자원국은 「총동원 기본계획요강」, 「잠정 기간계획 설정 처무규정」을 작성하고, 1930년 4월 1일에는 「잠정 기간계획 설정에 관한 방침」[27]이 각의 결정되었다. 잠정 기간계획의 범위, 정도 등 계획 일반에 관해 규정한 것이다. 제1조는 잠정 기간계획에 포함할

자원의 종류, 제2조는 잠정 기간계획의 범위로 "1. 자원의 배당 및 보전에 관한 사항, 2. 전호계획에 있어 필요한 관제에 관한 사항, 3. 총동원상 필요한 경비에 관한 사항"을 규정하고 있다. 제3조는 자원의 배당 및 보전에 대한 계획의 정도에 관한 내용으로 "2. 계획의 지리적 구분에는 내지, 조선, 타이완, 관동주(남만주철도 부속지를 포함 이하 동일) 가라후토 및 남양군도로 한다"[28]라고 지리적 구분을 규정했으며, "6. 철도 전반에 관해서는 개략의 계획을 설정한다. 단 선만철도(군사수송을 제외) 및 그 군사수송에 관해서는 가능한 상세한 계획을 설정한다"라고 조선의 대륙자원 수송경유지로서의 역할에 주의를 환기하고 있다. 제4조는 자원의 관제에 관한 계획의 정도에 대해, 개전 전과 개전 초기에 관제상 필요한 사항을 가능한 상세하게 설정하도록 하고 있다. 즉 주요 식량, 주요 원재료, 배급, 연료, 전력, 주요 공업 관계 기관의 관제 등으로 특히 "3. 쌀, 철, 초산, 석탄 및 석유의 관제에 대해서는 특히 가능한 자세하게 계획을 설정"하도록 했다. 제5조는 총동원에 필요한 경비 계획에 관해 "1. 경찰력의 정비에 관한 사항에서는 주로 경찰직원의 충실증가 및 소집자에 대한 보충의 계획을 설정하고 그 구분은 내지, 조선, 타이완, 관동주, 가라후토 및 남양제도로 한다"라고 정하고 있다.

또한 자원국은 잠정 기간계획에 대한 작업 진도 예정에 따라 수차례에 걸쳐 「잠정 기간계획 설정에 관한 지시사항」을 시달하도록 계획했다.

---

27 「暫定総動員期間計画設定ニ関スル方針ノ件」, アジア歴史資料センター, (レファレンスコード:A03023600900).

28 당시 일본의 통치구역은 영토로서 일본 열도, 조선, 타이완, 가라후토, 그리고 조차지로서 관동주, 위임통치구역으로서 남양군도, 일부통치구역으로서 남만주철도부속지가 여기에 해당했다. 특히 일본 본토는 내지라 칭하고 조선이나 타이완은 통상 외지라고 칭했다.

그 첫 번째는 계획의 범위와 정도에 관한 방침, 설정 준비에 관한 세부의 지시(1930.3), 두 번째는 주로 양식(1930.7), 세 번째는 기간계획 설정에 관한 세부 지시사항(1930.12), 네 번째는 각 청 기간계획 설정에 관한 세부 지시(1931년도 말)였다.[29] 지시사항은 지극히 복잡하고 방대한 것으로 「잠정 기간계획 설정에 관한 지시사항 첫 번째」는 1930년 3월 31일 결정안을 정리했다. 「잠정 기간계획 설정에 관한 지시사항 첫 번째」[30]는 계획 일반과 계획 설정 준비의 2장 15조, 별표 7개로 구성되었으며, 잠정 기간계획의 구체적 내용을 적시하고 있어, 기본적으로 잠정 기간계획의 수립 준비의 골격은 거의 완성했다고 할 수 있다. 이를 토대로 자원국은 1930년 4월 10일, 11일 양일에 걸쳐 제1회 총동원 계획회의[31]를 관계 각 부처 관련자를 소집해 개최했다. 이 회의는 잠정 기간계획과 관련한 사무적 협의를 위한 회의로, 군부를 포함한 각 성이 실시할 구체적인 총동원업무를 설정하고 총동원 계획 수립을 위한 작업을 본격화했다. 이 회의에는 각 성청의 참여, 사무차관, 관계관이, 조선총독부를 위시한 식민지 관계관이 참석했다. 먼저 기본계획 설정, 잠정 기간계획의 설정, 잠정 기간계획 설정 시 필요한 조사 사무에 관한 설명을 한 뒤 이에 대한 질의응답과 협의가 이루어졌다. 조선총독부에서는 문서과장인 오기와라(荻原彦三), 마나베(眞鍋半八), 다케우치(武內謙三) 세 명이 회의에 참석했다. 조선도 총동원 계획의 대상 지역으로서 그 역할이 분담되었던 것이다. 식민지 조선에서 시행된 「자원조사법」, 「자원조사령」과

---

29 防衛庁防衛研修所戦史室, 1967, 앞의 책, 292쪽.
30 防衛庁防衛研修所戦史室, 1967, 위의 책, 293~306쪽.
31 「総動員計画会議情況報告の件」, アジア歴史資料センター, (レファレンスコード:A03023601100).

더불어 최초의 총동원 계획 설정 작업인 잠정 총동원 기간계획 수립을 위한 총동원 계획 회의에 조선총독부 관료가 참석했다는 사실은 일본제국주의의 총동원체제에 식민지 조선이 편입되었음을 의미하는 것이었다.

총동원 계획 회의에서는 자원국의 설명과 각 성청 간의 협의를 근거로 계획 수립을 위한 조사에 착수하고 자원국이 통첩한 지시사항 첫 번째에 따라 조사를 개시했다. 이러한 조사가 진척되는 과정에서 조사 결과를 정리할 필요가 있었다. 즉 다종다양한 자원에 대응하고 여러 관청이 조사하는 관계로, 결과물에 대한 일정한 통일된 보고 양식이 필요했다. 이에 대처하기 위해 자원국은 「잠정 기간계획 설정에 관한 지시사항 두 번째」를 준비해 9월 20일 수상 결재를 받아 23일 통첩했다. 「지시사항 두 번째」는 본문 3개조와 별첨 표 2개로 구성되었으며, 작성해야 할 문서의 양식을 규정한 것으로, 공개 예정보다 시일이 연기되어 9월에야 통첩이 이루어졌다.[32]

한편 군인 출신 다나카 기이치(田中義一)를 수반으로 하는 다나카내각[33]이 총사직하고,[34] 1929년 7월 정당정치가 출신인 하마구치 오사치

---

32 防衛庁防衛研修所戦史室, 1967, 앞의 책, 317~324쪽.

33 1927.4~1929.7.

34 관동군은 만주 지역에서의 주도권을 확보하기 위해 만주 지역의 실력자인 장쭤린(張作霖)을 폭살하는 사건을 일으킨다. 이는 정부의 허가를 받지 않은 독단적인 일탈 행위로 이를 다나카수상이 쇼와(昭和)천황에게 보고하는 과정에서 사실을 번복하면서 천황의 불신을 사게 되고 결국 사직에 이르게 된 것이다. 이 장쭤린 사건은 일반 국민에게 공개되지도 않았을뿐더러, 그 주모자에 대한 처벌이 이루어지지 않는 선례를 남기게 되고, 결국 이 사건은 군부로 하여금 정부의 허가 없이 독단적으로 만주사변을 일으키게 되는 하나의 배경이 되기도 했다.

(浜口雄幸)내각이 발족했다. 하마구치내각[35]은 조각 당시 제시한 정강에서 군비 축소의 촉진, 재정의 긴축을 천명했으며, 결국 1930년 4월 22일에는 군부의 반발에도 불구하고 「런던해군군축조약」에 서명했다. 런던군축회의에서는 각국의 해군이 보유할 보조함 비율이 논의되었으나, 해군이 주장한 요구가 미영의 반대에 직면해 관철이 되지 않은 상황에서 하마구치수상이 이를 수용한 것이었다. 군부는 이러한 조치에 통수권 간섭이라며 강하게 반발했다. 이러한 하마구치내각의 런던군축회의 결정 수용은 자원국 주도로 일본 내 군부 및 각 성청 그리고 각 식민지 담당관들이 참가한 총동원 계획 회의를 거치면서 총동원 계획 수립에 대한 기대가 고조되고 있었던 자원국과 군부를 중심으로 한 분위기와는 배치되는 상황이었다. 결국 1931년도 예산은 철저하게 긴축방침에 따라 편성되어 총동원 계획 설정 관련 예산이 성립하지 못하는 사태가 발생했다. 이에 자원국은 이미 개시된 총동원 계획 수립 작업의 지속을 위해 내용을 축소한 「총동원관계예산 불성립에 대한 잠정 총동원 기간계획 사무처리에 관한 건」을 결정해 관계 각 성청의 협의를 거쳐 각의에 상정했다. 자원국이 제시한 이 안은 결국 「잠정 총동원 기간계획 설정상 임기 처치에 관한 건」[36]으로 12월 19일 각의 결정되었다. 각의 결정된 「잠정 총동원 기간계획 설정상 임기 처치에 관한 건」을 보면 내용을 간략화하여, 월 단위에서 연 단위를 기준으로 삼도록 한다든가, 상세하게 책정하도록 한 쌀이나 초산, 석탄 및 석유 등에 관해서 완화하도록 했으며, 관제에 관한 계획 또한 개략적으로 하도록 했다. 전체적으로 범위가 축

---

35   1927.7~1931.4.
36   防衛庁防衛研修所戦史室, 1967, 앞의 책, 337~338쪽.

소되고 완화된 것이었다. 자원국의 입장에서는 3년 예정으로 시작된 계획 수립이기에 일단은 작업의 존속을 우선시하는 방침을 취했으며 1932년도 예산편성에 기대를 걸었던 것이다.

1930년 11월 하마구치수상이 군국주의 단체에 소속된 청년에게 테러를 당해 쓰러지자, 군부에 대해 일정한 우위를 유지하고 있었던 정당 정치가의 지위는 조금씩 변화의 조짐을 나타내게 되었다. 군에 의한 테러의 발생은 군부의 정치참여를 확대하는 계기가 됨과 동시에 군부 주도로 대륙 침략이 본격화되는 계기가 되었다.

지금까지 잠정 총동원 기간계획 설정 과정을 살펴봤다. 잠정 총동원 기간계획 설정 과정에서 드러난 의미를 지적하면, 첫 번째 총동원 계획의 컨트롤 타워의 역량을 양성하고 이를 강화하는 데 기여했다고 할 수 있다. 총동원 계획이라는 방대한 계획을 수립하는 데 경험이 전혀 없던 상태에서 잠정 계획 수립을 통해 경험치를 축적하게 되었다. 두 번째는 국력 판단을 위한 기초 자료를 확보하게 되었다. 전쟁을 수행하기 위해서는 국가의 기초적 동원 능력에 관한 판단이 필요하다. 일본의 시정권이 미치는 전 영역에 대한 자원조사를 통해 종합적인 자원의 수급 상황을 판단할 수 있는 시스템을 구축한 것이다. 세 번째는 각 행정기관 간, 일본 본토와 식민지, 점령지 각 지역 간의 협력 관계를 구축했다는 점이다. 일본 본토뿐 아니라 각 지역 간의 자료 수집 및 관련 회의 개최를 통해 이를 도모했다. 결국 이러한 총동원 계획은 일본이 감행하는 침략전쟁에서 중요한 역할을 하게 되며, 잠정 총동원 기간계획은 그 시발점이었다.

또한 이 잠정 총동원 계획 설정 과정에서 드러난 것은 식민지 조선은 자원 공급처로서의 역할과 대륙자원의 수송 경유지로서의 기능이 기대되고 있었다는 사실이다.

3) 조선총독부와 총동원 계획

1931년 9월 18일 만주에 주둔하고 있던 관동군의 음모에 따라 만주사변이 시작되었다. 군 주도로 중국 동북지방인 만주 지역에 대한 침략이 본격화된 것이다. 일본군의 중국 침략의 서막이었고 15년간 지속된 일본제국주의 침략전쟁의 시작이었다. 남만주의 철도를 스스로 폭파하는 자작극을 벌여놓고 그 책임을 중국군에게 전가하며 전투를 개시한 것이다. 당시의 제2차 와카쓰키(若槻禮次郎)내각[37]은 불확대방침을 천명했지만 결과적으로 전쟁의 확전을 막지 못하게 되자 총사직하고, 관동군은 만주 지역을 점령 확보해 나갔다. 그 뒤를 이은 이누카이 쓰요시(犬養毅)내각[38]하 1932년 5월 15일 발생한 급진적 군인들이 중심이었던 테러로 이누카이수상이 살해당하는 사건이 발생했다. 그동안 명맥을 유지해 온 정당내각은 군의 테러에 따라 막을 내리게 되었다. 테러라는 현실적인 위협 속에서 정당정치가들은 위축되어 가고, 군부의 발언력은 더욱 힘을 얻게 되었다. 총탄에 쓰러진 이누카이를 대신해 수상에 지명된 것은 군인 출신으로 조선총독을 지낸 사이토 마코토(齋藤實)였다. 사이토내각[39]은 국제연맹이 만주사변에 대한 진상조사에 나서자 종래의 미영협조주의에서 벗어나 만주 지역의 권익을 확보한다는 방침 아래 일본의 괴뢰국인 만주국을 정식으로 승인하고, 일본의 세력권 아래에 두었다. 이에 중국 대륙의 일부였던 동북지방 즉 만주 지역이 일본의 지배하에

---

37 1931.4~1931.12.
38 1931.12~1932.5.
39 1932.5~1934.7.

놓이게 되었고, 이러한 상황에서 만주 지역이 일본 국익에서 차지하는 비중은 더욱 증가했다. 바꿔 말하면 총동원 계획에서 만주 지역의 자원과 산업에 대한 기대치가 현실화되었던 것이다.

한편 앞서 언급한 바와 같이 자원국은 예산 미성립에 따른 대응으로 계획의 규모를 축소하고 간략화해 작업 지속의 길을 모색하며, 다음 과제로 잠정 기간계획 강령 수립을 추진했다. 이에 기간계획 설정에 관한 세부 지시사항인「잠정 기간계획 설정에 관한 지시사항 세 번째」(당초 계획은 1930년 12월 시행)가 1931년 3월 3일 수상의 결재를 받았다. 자원국은 4월 22일에서 24일까지 개최된 제2회 총동원 계획 회의에서 사무협의를 거쳐 잠정 기간계획 강령 수립 작업에 들어갔다.[40] 잠정 기간계획 강령은 전시하 각 자원의 수요와 공급 관계의 조정, 부족한 자원의 보전 방책 등의 대강을 정하는 것이었다.

자원국이 잠정 기간계획 강령 작성 준비를 진행하는 와중에 9월 18일 군부에 의한 만주 침략이 개시되었다. 이에 1933년도 이후 3년간 적용을 목표로 준비하고 있는 잠정 기간계획의 속행에 대해 내부적 논의의 동태를 파악할 수는 없지만, 1931년 11월 24일 개최된 제3회 총동원 계획 회의에서 잠정 기간계획 강령(안)에 대한 논의가 이루어진 것으로 비추어 만주사변에도 불구하고 잠정 기간계획의 설정 작업은 지속되고 있었다고 보인다.[41] 그리고 이와는 별도로 응급 총동원 계획 설정에 관한 건이 1932년 7월 1일에서 2일에 걸쳐 개최된 제4회 총동원 계획 회의에서 논의가 되었으며 자원국은 어느 정도 방향성이 잡힌 잠정 기

40　防衛庁防衛研修所戦史室, 1967, 앞의 책, 357쪽.
41　防衛庁防衛研修所戦史室, 1967, 위의 책, 413쪽.

간계획 강령에서 응급 총동원 계획 설정 작업에 임했다.[42] 한편으로 자원국은 잠정 기간계획 강령의 각의 결정을 추진했다. 그러나 육군은 이를 1년여 지연시켰다. 그 이유에 대해 '국내 제반의 실정에 즉응할 수 없고 실행상 곤란함이 있다'라고 지적하듯이 만주사변 이후의 상황에 잠정 기간계획은 바로 적용하기 힘들다고 판단한 것으로 보인다.[43] 이러한 현실 인식에도 불구하고 지금까지 준비해 온 점을 감안해 강령은 1933년 7월 21일 「잠정 총동원 기간계획 강령 설정의 건」으로 각의 결정되었다.

한편 1932년 7월 제4회 총동원 계획 회의에서 제시된 방침에 따라 1932년에서 33년에 걸쳐 응급 기간계획을 수립하기 위한 작업이 추진되었다. 응급 기간계획을 설정하는 데 잠정 기간계획 설정과 비교해 특징적인 것은 정세를 반영한 현실적이며 구체적이라는 점, 그리고 신속하게 처리하기 위해 관계 각 관청뿐만 아니라 민간 업자까지 포함한 위원회를 편성해 계획 수립의 속도를 높인 점이다. 성안에 이른 응급 총동원 계획은 1934년 5월 30일에 설정 사무 경과개요와 응급 총동원 계획서 및 동 참고서를 수상에게 보고했으나, 1934년 및 1935년 적용을 목표로 한 응급 총동원 계획은 실제 적용은 되지 않고 제2차 총동원 기간계획으로 계승되었다.[44]

앞서 언급했듯이 자원국에 따라 「자원조사법」이 성립하고 이 법이 식민지 조선 적용으로 시행되면서 조선총독부는 「조선공업자원조사규칙」, 「조선광업자원조사규칙」 등의 부령을 제정해 자원조사에 착수했다.

42　防衛庁防衛研修所戦史室, 1967, 위의 책, 420~421쪽.
43　防衛庁防衛研修所戦史室, 1967, 위의 책, 427쪽.
44　防衛庁防衛研修所戦史室, 1967, 위의 책, 437쪽.

한편 총동원 계획을 수립하기 위해 일본뿐 아니라 식민지의 관료를 소집해 설명에 나선 제1회 총동원 계획 회의에서 자원국은 조선총독부에 대해 '내지 이외 제국 영역 통할 관청'이 잠정 기간계획 설정 작업에 담당할 업무로서 '잠정 기간계획에 포함해야 할 자원의 소관 업무수행에 필요한 수요액의 조사에 관한 사항', 잠정 기간계획에 포함할 담당 자원의 '현황, 전시공급력 및 국민생활 수요액의 조서에 관한 사항', '배당과 보전 및 관제에 관한 사항', '총동원에 필요한 경비에 있어 경찰력의 정비에 관한 사항', '자원의 취득 사용에 관한 사항'을 외지 관청 즉 조선총독부가 담당해야 할 업무로 지시했다.[45] 조선에 배당된 자원의 조선 내 현황, 전시공급력, 조선인의 생활 수요액, 배당, 보전, 관제, 경비 사항, 자원의 취득 관련 등, 식민지 조선에 요구되는 자원에 대한 확보 방안부터 생산 가능량, 조선 내 필요량을 망라한 조사 보고였다.

조선총독부의 기록에 따르면 자원국이 추진하고 있었던 총동원 계획 수립 작업과 관련해, 1929년 10월부터 관련 내용을 자원국에 제출한 것으로 되어 있다. 그럼 조선총독부의 총동원 계획 수립 업무를 시기별로 살펴보자.

조선총독부가 총동원 계획 수립을 위해 추진한 총동원 관련 업무는,[46] 자원국의 계획 책정과 관련된 여러 방침에 대한 의견 제출, 조선의 자원 상황 및 총동원 계획에 필요한 조사에 관한 보고, 총동원 계획 수립 협의를 위한 일본의 회의 참석, 그리고 총동원 계획 수립을 위한 조선총

---

45 防衛庁防衛研修所戦史室, 1967, 위의 책, 315쪽.
46 「朝鮮総督府に於ける総動員計画設定事務進捗状況」, 국가기록원(관리코드: CJA0002453). 이후 서술하는 조선총독부의 총동원 계획 관련 업무에 관한 부분은 특별히 인용 문헌을 명기하지 않는 경우는 본 문서에 따른다.

〈표 1-1〉 조선총독부 총동원 계획 설정 사무 추진 상황

	1929년도
10월	산업에 이용해야 할 시험 또는 연구에 관한 조서 제출
2월	잠정 총동원 기간계획 설정처무 규정안에 대한 의견 제출
3월	총동원 기본계획 강령안에 대한 의견 제출
	1930년도
4월	제1회 총동원 계획 회의 출석
6월	질소비료에 관한 조서 제출
6월	조선자원조사위원회 설치
6월	제1회 조선자원조사위원회 개최
7월	중요자원의 국내 보존에 관한 조서 제출
10월	잠정 총동원 기간계획 설정에 관한 업무참고서 제9주요공장에 대한 의견 제출
10월	산업에 이용해야 할 시험 또는 연구에 관한 조서 제출
12월	총동원 관계 예산 불성립에 따른 잠정 총동원 기간계획 사무처리에 관한 의견 제출
1월	총동원 기본계획안 중 정보 선전에 관한 의견 제출
2월	잠정 총동원 기간계획 설정에 관한 지시사항 세 번째 안에 대한 의견 제출
3월	잠정 총동원 기간계획에 관한 지시사항 첫 번째 별표 제5로 정한 자원생산을 위해 특별히 필요한 원료 재료의 현황 조서 제출
	1931년도
4월	잠정 총동원 기간계획 설정에 관한 지시사항 첫 번째 별표 제1에서 정한 자원의 현황 조서 제출
4월	잠정 총동원 기간계획 설정에 관한 지시사항 첫 번째 별표 제3에서 정한 국민생활수요액 현황 조서 제출
4월	잠정 총동원 기간계획 설정에 관한 지시사항 첫 번째 별표 제2에서 정한 전시공급력 조서 제출
5월	잠정 총동원 기간계획 설정에 관한 지시사항 첫 번째 별표 제2에서 정한 각 청 전시 수요액 조서 제출
5월	잠정 총동원 기간계획 설정에 관한 지시사항 첫 번째 별표 제5에서 정한 대용품에 대한 조서 제출
5월	제2회 조선자원조사위원회 개최
6월	농업관계연구기관상황 조서 제출
6월	잠정 총동원 기간계획 연구조사 제2 내지 이외의 각 영역의 경지에 관한 조서 제출
8월	약품 표준용어 사용 보급 관련 취할 각 조치에 관한 회답
10월	잠정 총동원 기간 강령 설정에 포함시킬 철도계획에 관한 조서 제출
10월	잠정 총동원 기간 강령 설정에 선만철도에 관한 조서 제출
11월	잠정 총동원 기간계획 설정에 관한 지시사항 첫 번째 별표4 경찰력 정비에 관한 조서 제출
11월	제3회 총동원 계획 회의 참석

12월	만주사변에 대한 정보 제출
12월	자원에 대한 표준용어 결정 및 사용 보급에 대한 의견 제출
2월	잠정 총동원 기간계획 강령 설정에 관한 자료 제출
3월	총동원기관 조직에 관한 의견 제출
3월	잠정 총동원 기간계획 강령안 작성에 필요한 자료 제출

1932년도

4월	군기문서보관상황 보고
4월	총동원 계획 설정 사무협의회 개최
7월	제4회 총동원 계획 회의 참석
7월	산업에 이용해야 할 수 있는 시험 또는 연구에 관한 조서 제출
9월	석유 탱크 현황 조서 제출
11월	물자 이출입 조서 제출
11월	비행기용 목재에 관한 생산액 조서 제출
12월	경제단체 조서 제출
12월	몰리브덴광 조서 제출

1933년도

5월	군기문서 보관 상화
6월	내지 이외 각청 총동원 관계 주임관 사무협의회의
6월	총동원 준비상 필요한 연구 발명 고안 발견 및 이에 근거한 신규사업의 특보에 관한 의견 제출
7월	응급계획 중 말에 관한 조서 제출
8월	식료 관제 실시계획 조서 제출
9월	석탄 증산계획 조서 제출
9월	철광 증산계획 조서 제출
10월	응급 총동원 계획 중 교통 종업자 식량 및 철도 현황 조서 제출
10월	공업연구기관 정황 조서 제출
12월	응급 총동원 계획 중 선박에 관한 현황 조서 제출
12월	응급 총동원 계획 중 원료 재료 연료 및 석유탱크 현황 조서 제출
1월	응급 총동원 계획 중 통신시설에 관한 조서 제출
2월	식량 관제 실시계획 조서 제출

1934년도

4월	피마자 증산 가능액 조서 제출
4월	석유탱크 현황 조서 제출
6월	외지 총동원 계획 관계회의 출석
6월	군기문서보관 상황 보고

7월	총동원 준비상 필요한 연구 발명 고안 발견 및 이에 근거한 신규사업의 특보에 관한 조서 제출
8월	산업에 이용해야 할 수 있는 시험 또는 연구에 관한 조서 제출
8월	총동원 준비상 필요한 연구 발명 고안 발견 및 이에 근거한 신규사업의 특보에 관한 조서 제출
9월	총동원 준비상 필요한 연구 발명 고안 발견 및 이에 근거한 신규사업의 특보에 관한 조서 제출
10월	총동원 준비상 필요한 연구 발명 고안 발견 및 이에 근거한 신규사업의 특보에 관한 조서 제출
10월	총동원 계획 설정 사무협의회 개최
11월	조선총동원 계획 중 농축분과회 개최
12월	조선총동원 계획 중 식료분과회 개최
12월	조선총동원 계획 중 교통분과회 개최
12월	조선총동원 계획 중 연료 및 전력 분과회 개최
12월	제2차 기간계획 중 원료 재료 및 성품의 현존액 조사표 제출
1월	조선총동원 계획 중 공광분과회 개최
1월	제2차 기간계획 중 식량 원료 재료 및 연료 현황 조서 제출
2월	제2차 기간계획 중 인원 및 단체에 관한 현황 조서 제출
2월	제2차 기간계획 중 선박에 관한 현황 조서 제출
2월	조선총동원 계획 중 경비분과회 개최
3월	제2차 기간계획 중 정보선전기관 제1차조서 제출
3월	제2차 기간계획 중 조선총독부 평시 수요액 조서 제출
3월	제2차 기간계획 중 부산항만 현황 및 전능력 조서 제출
3월	제2차 기간계획 중 운송시설(철도)에 관한 현황 조서 제출
1935년도	
4월	군기문서 보관 상황 보고
4월	조선총동원 계획 중 노무분과회 개최
5월	외지 총동원 계획 관계 회의 출석
7월	조선총동원 계획 중 경비분과회 재차 개최
7월	제2차 기간계획 중 부산항만 현황 조사 재제출
7월	제2차 기간계획에 관한 석유탱크 현황 조서 제출
8월	제2차 기간계획 중 부산항만 전능력 조서 재제출
8월	민간 공장에 있어서의 특수 기술자 현황 조서 제출
9월	제3회 조선자원조사위원회

출처: 「朝鮮総督府に於ける総動員計画設定事務進捗状況」, 국가기록원(관리코드: CJA0002453).

독부 조직인 조선자원조사위원회의 운영으로 대별할 수 있다.

먼저, 조선총독부의 총동원 계획 관련 업무의 한 형태로 지적할 수 있는 것이, 자원국의 총동원 계획 입안과 관련하여, 총독부의 의견을 제출하고 있는 점이다. 자원국은 1930년에 들어와 잠정 기간계획 수립을 위한 구체적 작업에 들어갔다. 다만 이 작업은 앞서 언급했듯이 자원국이 처음 작성하는 총동원 계획이었을 뿐만 아니라 그 내용 또한 방대해 자원국 일국이 해결할 사안이 아니었다. 이에 각 성청뿐만 아니라 일본의 시정권이 미치는 지역 즉 식민지의 관청에까지 단순한 자원조사뿐만 아니라 여러 방침을 결정하는 데 의견을 구한 것으로 보인다. 다만 이러한 자원국에 대한 조선총독부의 의견 제출은 초기 단계에 보이는 업무로 어느 정도 계획의 입안 방식의 절차와 형태가 형성되고 그 경험치가 축적되는 과정에서 이러한 의견 제출은 업무 보고에서 사라진다. 이러한 보고는 잠정 기간계획 설정 작업에서 주로 나타나는 작업 형태로 볼 수 있다.

그리고 기본적 역할이라고 할 수 있는 조선 내의 자원, 예를 들면 노동력이나 자원, 교통 운송수단의 현황, 여러 수요액, 경비 관련 사항 등 총동원 계획을 수립하는 데 필요한 기본 데이터의 보고가 이루어지고 있다.

자원국은 총동원 계획 수립을 일본의 지배력이 미치는 전 지역을 대상으로 했고 이들 지역과의 원활한 업무를 위해 관련 회의를 개최했다. 앞서 언급한 총 4차례에 걸쳐 개최된 총동원 계획 회의이다. 일본에서 개최된 제1회 총동원 계획 회의에 조선총독부 담당 관료도 참석했다. 다만 제2회 총동원 계획 회의 참석 유무에 대해서는 내용이 누락되어 있다. 1931년 11월 개최된 제3회 총동원 계획 회의에는 참석한 것으로

기록되어 있으며, 회의 내용은 잠정 총동원 기간계획 강령 설정에 관한 사항, 1932년도의 각 청 기간계획 설정에 관한 사항, 총동원 계획의 견지상 평시설에 대한 요망사항이었다. 즉 제3회 총동원 계획 회의는 잠정 기간계획 강령이 현안으로 이에 대한 설명과 협의를 한 것으로 보인다. 이어서 조선총독부는 1932년 7월에 개최된 제4회 총동원 계획 회의에 출석했다. 제4회 회의에서는 잠정 총동원 기간계획 설정 사무에 관한 사항, 응급 총동원 계획 설정에 관한 사항, 평시시설 촉진에 관한 사항, 내지 이외 각 영역에 관한 사항이 논의되어, 조선에서도 잠정 총동원 기간계획 강령 설정 작업에 이어 응급 총동원 계획 설정 문제가 현안으로 등장하게 되었고, 조선에서도 이후 응급 총동원 계획과 관련된 내용을 자원국에 조사 보고하고 있는 사실을 알 수 있다.

　자원국은 총동원 계획 회의와 별도로 일본 내 현지 각 지역별 회의를 개최하기도 했으며, 조선을 포함한 식민지와 일본이 실효 지배하고 있는 지역 담당관들과의 사무회의를 별도로 개최하기도 했다. 1933년 6월에는 일본에서 내지 이외 각 청 총동원 관계 주임관 사무협의회의가 자원국에서 개최되어 조선총독부가 이에 출석했다. 자원국에서 응급 총동원 계획 수립을 위해 조선을 비롯한 식민지 담당관을 일본에 불러 자료 조사와 관련된 사무회의를 개최한 것이다. 회의 사항은 응급 총동원 계획 중 내지 이외 각 영역에 관한 자원별 조사사항, 철도 증산계획에 관한 사항, 석탄 증산계획에 관한 사항, 식량의 조사에 관한 사항, 통조림의 조사에 관한 사항, 연료의 조사에 관한 사항, 원료 재료 성품의 조사에 관한 사항, 선박의 현황 조사에 관한 사항이 협의되었다.

　이러한 외지 담당관 회의는 1년 후인 1934년 6월에 재차 자원국에서 개최되었다. 조선총독부는 이번 외지 총동원 계획 관계 회의에 출석했다. 회의 안건은 제2차 총동원 기간계획 설정에 관한 일반 사항, 외지 항만 계획 설정에 관한 사항, 원료 재료 및 성품의 원존액 조사에 관한 사항, 1934년도 자동차 조사에 관한 사항이었다. 기본적으로 그동안 추진해 온 응급 총동원 계획이 일단락되고 새롭게 작업에 들어가는 제2차 기간계획과 관련된 내용이 다루어졌다.

이듬해 1935년 5월 다시 자원국에서 외지 총동원 계획 관계 회의가 개최되어 조선총독부에서 출석했다. 회의 내용은 외지 항만 현황 및 능력 조사 자료의 검토, 외지 항만 계획 작성 요령의 협의, 제2차 총동원 기간계획 조서의 검토, 기계 및 장치 구입액 조사 및 1935년도 자동차 조사의 협의, 외지에서의 증산 실시 계획 사무의 협의, 외지에서의 중요 자원의 개발 상황의 청취가 논의되었다. 제2차 총동원 기간계획의 설정 작업에 진행되고 있는 상황에서 이와 관련된 조사 및 자료에 대한 협의가 이루어진 것으로 보인다.

자원국이 책정한 총동원 계획 설정 방침에 대한 의견 제출, 조선 내 각종 자원의 현황에 대한 조사 및 보고, 이와 관련한 일본 안에서의 자원국 주최의 회의 참석이 조선총독부가 수행한 업무였다. 총동원 계획 수립을 위한 업무 수행을 위해 조선총독부 안에서도 협의와 논의가 추진되었다. 그 대표적인 조직이 조선자원조사위원회였다.

1930년 6월 9일 조선총독부 내훈 제6호로「조선자원조사위원회 규정」[47]이 제정되어 조선자원조사위원회가 설치되었다.

---

47 「朝鮮資源調査委員會規定」, 국가기록원(관리코드:CJA0002453).

조선자원조사위원회 규정

제1조 자원조사에 관한 사항을 심의하기 위해 조선총독부에 조선자원조사위원회를 둔다.

제2조 조선자원조사위원회는 위원장 1인 및 위원 약간 명으로 이를 조직한다.

제3조 위원장은 정무총감이 이를 맡는다.

제4조 위원장은 회무를 총리한다.

위원장 유고 시에는 위원장이 지정하는 위원이 그 사무를 대리한다.

제5조 조선자원조사위원회에 간사를 둔다.

간사는 조선총독부 부내 판임관 중에서 조선총독이 이를 명한다.

간사는 위원장의 지휘를 받아 서무에 종사한다.

「조선자원조사위원회의 규정」에 따르면 조직은 정무총감을 위원장으로 하여 약간 명의 위원으로 구성되며, 그 목적은 자원조사에 대한 심의라고 간결하게 언급되어 있다. 그러나 제3회 조선자원조사위원회 참석자 명단[48]을 보면, 위원에는 문서과장, 총독부 파견 해군대사, 외사과장, 지방과장, 세무과장, 상공과장, 광산과장대리 겸 수산과장, 임정과장, 사회과장, 경무과장, 체신국 서무과장, 체신국 감리과장, 철도국 서무과장, 철도국 감독과장, 철도국 운전과장, 철도촉탁 육군포병소좌, 토목사무관, 상공과 기사, 경무과 사무관이 위원으로 기재되어 있는 바와 같이,

---

48   「第三回朝鮮資源調査委員会出席者名簿」, 국가기록원(관리코드:CJA0002453).

주로 총동원 관련 총독부 각 과의 과장급과 육해군 파견 장교가 위원을 맡고 있다. 그리고 간사에는 문서과 속이나 체신국 서무과 서기와 같이 각 위원이 속하는 부서의 속이나 서기가 담당하고 있다. 이러한 기본적인 진용을 보더라도 조선자원조사위원회는 총독부 업무를 중심으로 한 조직 체계와 긴밀한 연계성을 가지며 총동원 계획 입안에 대응하고 있었음을 알 수 있다.

앞서 보았듯이 조선자원조사위원회의 목적은 그 규정에 따르면 자원조사에 관한 사항을 심의하는 조직이라는 간결한 규정밖에 없으나, 이에 대해 1930년 6월 24일 개최된 제1회 조선자원조사위원회에서 설명에 나선 문서과장은, 조선자원조사위원회가 설치된 것이 1930년도에서 1932년도에 걸쳐 수립하게 된 잠정 총동원 기간계획 설정을 위함이라는 사실을 밝히고 있다.[49] 또한 총동원 계획과 관련한 각국과의 긴밀한 연락 협조를 도모해 총동원 계획 수립을 완벽하게 해주기를 요청하고 있다. 조선자원조사위원회는 단순히 조선의 자원조사를 심의하는 것에 그치지 않고, 일본 본국 자원국에서 본격적으로 추진되기 시작한 잠정 총동원 기간계획 수립에 부응하며, 총동원 계획 수립에서 조선총독부 각 부서 간의 연락과 조율을 통해 업무의 효율을 추구한 조직이었다. 조직의 존재 목적은 궁극적으로 식민지 조선의 총동원 계획 수립에 있었던 것이다. 또한 문서과장의 설명에 따르면, 조직 구성은 잠정 총동원 기간계획 수립과 관련된 국과를 중심으로 위원과 간사를 임명했으며, 향후 계획 수립에 필요할 경우 인원 증원의 가능성을 시사하기도 했다. 이와

---

49 「第一回資源調査委員会会議に於ける文書課長の説明要旨の件」, 국가기록원(관리코드:CJA0002453).

더불어 보안과 관련하여, 총동원 계획과 관련하여 기밀서류 취급규정 제정에 따라 기밀서류 취급 주임을 두기로 하고, 위원회에서 논의된 협의사항이나 총동원 계획 관련된 내용은 자원국의 요청에 바탕을 둔 신문이나 기타 언론기관에 공개하지 않도록 주의를 당부했다. 제1회 조선자원조사위원회에서는 일본 자원국에서 장관을 비롯해 관계자가 참석해 총동원 계획 설정 사무, 조사 사무에 관해 설명했으며, 자원국이 제시한 처무규정이나 지시사항, 업무참고서에 관한 질의응답을 거쳐 잠정 총동원 기간계획의 자원조사에 관한 사항, 계획 및 조사의 담당에 관한 사항을 구체적으로 협의했다. 자원조사위원회에서는 자원국 담당관들이 수립한 계획의 사무적 방법과 절차 등 구체적인 설명이 총독부 담당관에게 주지되었다고 할 수 있으며, 이를 통해 총독부의 총동원 계획 설정 사무가 본격화되었던 것이다. 기본적으로 조선총독부도 일본 자원국의 총동원 계획 설정 작업과 보조를 맞추며 진행된 것이다. 자원국과 조선총독부의 총동원 계획 수립 업무의 가교역할을 조선자원조사위원회가 담당했던 것이다.

그로부터 1년이 지난 1931년 5월 15일에는 제2회 조선자원조사위원회가 개최되었으며 주로 잠정 총동원 기간계획 강령 설정에 관한 사항이 논의되었다. 기본적으로 앞서 제1회 회의가 일본에서 개최된 총동원 계획 회의 이후에 추진된 바와 같이, 제2회 회의 또한 일본에서 4월에 개최된 총동원 계획 회의에 이어 열린 것이었다. 즉 기본적으로 자원국에서 기본방침으로 큰 틀이 제시되면 이를 조선총독부 실무자들에게 전달하고 주지하는 역할을 수행했다고 할 수 있다. 제2회 회의에서의 주안점은 잠정 기간계획 강령 작성 문제였다.

조선자원조사위원회가 큰 틀에서 자원국이 총동원 계획 설정 사무에 관한 방향을 제시하고 조선총독부의 각 담당관들이 자신의 역할을 이해하고 조사 또는 계획 수립의 방법을 숙지하는 모임의 성격이었던 것이라면, 실무차원에서 실제 사안별 논의는 별도로 사무급 차원의 협의로 이루어졌다. 총독부는 총동원 계획 설정 사무협의회를 개최해 논의를 이어갔다. 1932년 4월에 개최된 사무협의회에서는 잠정 총동원 기간계획 강령안에 대한 사항이 논의되었다. 1934년 10월에는 총동원 계획 설정 사무협의회를 개최해 조선총동원 계획 설정 사무의 담당에 관한 사항이 논의되었다.

이러한 실무차원에서의 사무협의는 분과회로 세분화해 총동원 계획 관련 업무는 좀 더 구체적으로 업무가 추진된 것으로 보인다. 즉 1934년 11월에는 조선총동원 계획 중 농축분과회를 개최해 관련 사항이 논의되었다. 논의된 내용을 보면 말 증산 이용 및 보전에 관한 방책, 소의 평시 증산 및 전시 이용에 관한 방책, 면양의 증산에 관한 방책, 목화의 증산에 관한 방책, 소가죽의 증산에 관한 방책, 호두의 현황 조사, 타닌재의 증수에 관한 계획 등이 논의되었다. 12월에는 조선총동원 계획 중 식료분과회가 개최되어, 여기에서는 식량관제 계획의 완성, 건초 및 그 대용품의 생산 소비 현황 조사, 미곡 도정 능력 조사, 축산 식량품 및 통조림의 생산 소비 상황 조사, 소금의 증산에 관한 계획 등이 협의되었다. 또한 조선총동원 계획 중 교통분과회를 개최해 항만에 관한 계획, 교통 상호의 연락에 관한 사항, 자동차 특히 국산 자동차 증가를 위한 평시시설, 전시 일반 교통 운송능력의 부족에 관한 처리(연안항로), 통신에 관한 계획, 민간항공사업의 진흥책 및 전시 이용에 관한 사항, 개전 초기 철도 운송능력의 통제 이용, 전시 만주에서 수입하는 주요 물자에 필요한 운송능력의 안배 등의 사항이 협의되었다. 또한 같은 달 조선총동원 계획 중 연료 및 전력 분과회를 개최해 석탄 저온 건류공업의 확립지도에 관한 사항, 저렴한 휘발유 대용연료 생산에 관한 사항, 석유 수급 조사 및 배급에 관한 사항, 전시 조선 내 석탄의 증산 및 배급에 관한 사항, 전시 조선 목탄의 증산 및 배급에 관한 사항, 전력에 관한 사항이 협의되었다.

1935년에 들어와서 1월에는 조선총동원 계획 중 공광분과회를 개최해 무산에서의 철광 증산계획, 제철용의 코크스탄의 생산 가능량 연구, 자원(니켈·아연광·흑연 등)의 소재지 매장량 반출의 어려움 등을 조사해 생산(증산)에 관한 계획을 입안, 가스공업에 있어 벤졸·톨루엔 회수 평시시설 및 전시 증산계획 등이 논의되었다. 2월에는 조선총동원 계획 중 경비분과회를 개최해 총동원 경비에 필요한 주요 지역 및 물건의 조사, 경비력의 정비에 관한 사항, 경비통신망에 관한 사항, 경비력의 보충에 이용할 수 있는 모든 단체의 조사 훈련 이용, 군기 및 총동원상의 기밀 보지의 강화, 치안 유지에 관한 사항, 계엄의 경우 신속하게 이에 응용하기 위한 준비와 관련 연구, 접경 지역에 대한 정보 선전망의 정비에 관한 사항, 정보 선전의 통제 사무처리에 관한 사항 등이 협의되었다. 4월에는 조선총동원 계획 중 노무분과회가 개최되어 노무 수요에 대한 노무 통제 기관의 정비가 논의되었다. 7월에는 지난 2월 개최되었던 조선총동원 계획 중 경비분과회가 재차 개최되어 전시 사변 시 경비 실시 준비를 위해, 군부에 대한 협력 사항, 총동원경비의 계획 준비에 관한 총독부 및 군부 간의 연락 협조 요령이 논의되어, 특히 경비상에 있어 조선 주둔 일본군과의 협조가 협의되었다.

한편 자원국은 1934년 5월, 일단락된 응급 총동원 계획 설정 작업에 이어서 제2차 총동원 기간계획 설정 작업에 착수했다. 잠정 총동원 기간계획, 응급 총동원 계획에 이은 세 번째 총동원 계획 설정 작업이었다.

제2차 총동원 기간계획은 1936년, 1937년도에 있어서 개전의 경우 적용할 목적으로, 1934~1935년 2년에 걸쳐 설정하려고 한 총동원 기간계획이었다. 조선총독부는 1934년 6월 자원국에서 개최된 외지 총동원 계획 관계 회의 출석 이후 제2차 총동원 기간계획 설정 작업에 착수했으며 분과회별로 개최된 실무협의는 계획 설정을 위한 작업이었다. 잠정 총동원 기간계획, 응급 총동원 계획의 경험이 축적되면서 제2차 총동원 기간계획 작업이 진행되었다고 볼 수 있다.

제2회 위원회 개최에서 4년여가 지난 1935년 9월 11일·12일 이틀간 제3회 조선자원조사위원회[50]가 개최되었다. 이번 회의는 기본적으로는 제2차 총동원 기간계획 설정 작업과 관련된 내용이 협의되었지만, 자원국뿐 아니라 육군성·해군성·척식성 관계관이 조선 현지의 자원 시찰을 목적으로 회의에 참석한 것이 특징이었다. 또한 회의에서는 자원국에서 특히 조선에서 기대하는 자원에 대한 설명이 있었다. 위원회에서는 조선에서 광물의 증산계획, 부산·인천·여수항만의 정황에 대한 설명을 진행했다.

자원국은 제2차 총동원 기간계획 작업을 추진해 1936년 6월 26일 자원국 참여 사무관 회의에서 제2차 총동원 기간계획서안을 심의 결정했다. 제2차 총동원 기간계획은 자원의 수급과 보전에 관한 것, 각종 전시기관의 조직, 금융재정, 정보선전, 예산 등에 이르는 방대한 내용이었다.[51]

1938년도와 1939년도 적용을 구상한 제3차 총동원 기간계획은,

---

50 「第3回資源調査委員会開催に関する件」, 국가기록원(관리코드:CJA0002453).
51 防衛庁防衛研修所戦史室, 1967, 앞의 책, 493쪽.

1936~1937년도에 걸쳐 작업이 추진되지만, 1937년 7월 중일전쟁이 발발함에 따라 계획 설정 작업은 이에 영향을 받으며, 또한 제3차 총동원 기간계획의 계획서는 확인할 수가 없으나 계획 작업은 지속된 것으로 추정된다.[52]

총동원 계획 수립 추진기관으로 자원국이 설치된 이후 잠정 총동원 기간계획, 응급 총동원 계획, 제2차 총동원 기간계획이 수립되었다. 이와 보조를 맞추어 조선총독부도 일본 자원국에서 개최된 총동원 계획 회의에 참석하고, 자원국 장관이 임석한 조선에서 세 번 개최된 조선자원조사위원회를 통해 자원국이 제시한 총동원 계획의 방침을 숙지하고 조선 내의 자원조사와 자원 증산 방안 등에 대해 자원국에 보고해 기간별로 작성된 총동원 계획 입안에 기여를 했다. 이들 기간계획은 기본적으로 전시를 상정한 계획으로 계획이 실제 적용된 것이 아니었으나, 조선총독부의 조선 내 자원 현황에 대한 지속적인 조사와 그에 대한 방안 강구책을 마련하는 작업을 지속함에 따라, 실제 전쟁 발생 시 이에 대응할 수 있는 능력을 배양해 나아갔다고 할 수 있다.

이상 조선총독부의 총동원 계획 관련 추진 과정을 살펴봤다. 여기서 몇 가지 사실을 확인할 수 있다. 첫 번째로 조선총독부는 중일전쟁 이전 단계에서 이미 일본제국주의의 총동원 계획에 관여하고 있었다는 점이다. 또한 이는 기밀사항으로 취급되는 중요한 업무였다. 두 번째는 총동원 계획 수립과 관련해 일본과 조선총독부가 긴밀하게 협조관계를 유지했다는 점이다. 조선자원조사위원회에 일본 자원국을 비롯해 관계 담당자들이 조선에 직접 와서 설명과 협조를 구했던 것이다. 세 번째는 이

---

52 防衛庁防衛研修所戦史室, 1967, 위의 책, 527쪽.

러한 과정을 통해 식민지 조선의 지하자원과 공업 생산능력을 포함한 조선의 자원과 인프라가 일본제국주의의 침략전쟁을 위한 총동원체제에 편입하게 되었다는 사실이다.

2. 총동원 법체계의 정비

1) 「국가총동원법」의 제정

1927년 설치된 자원국은 정부 주도의 총동원 계획의 입안조직으로, 총동원 계획 설정, 자원조사, 자원 보유에 대한 여러 시책을 추진했다. 그러나 자원국은 계획수립 추진기관으로서 한계가 있었다. 이를 보완하고자 정부는 1935년 5월 내각심의회(칙령 제118호)와 내각조사국(칙령 제119호)을 설치했다.[53] 내각심의회는 내각의 자문에 응해 중요 정책에 관해 조사 심의하고, 중요 정책의 조사, 특히 명령받은 중요 정책의 심사 등을 수행하도록 했다. 내각심의회의 회장은 수상, 위원은 15명 내외로 내각서기관장, 법제국장관, 내각조사국장관이 간사로 임명되었다. 그리고 내각조사국이 심의회의 서무를 담당했다. 내각조사국은 장관 아래 조사관, 속, 그리고 관계 각 청 칙임관과 학식자로 구성된 참여 등을 두고 조사에 임하도록 했다. 정부는 내각심의회와 내각조사국을 통해 각 성청 간의 갈등 해소와 공정한 예산 분배를 도모했다. 정부는 각 성을 초월하

---

53 防衛庁防衛研修所戦史室, 1967, 위의 책, 549쪽.

는 국책종합통제 기관으로서 기대를 했으나 현실적인 제도의 벽에 가로막혀 제대로 그 기능을 발휘하지 못하고 결국 2년 후에는 기획청으로 개조되었다.

총동원 계획 입안뿐만 아니라 전반적인 총동원 계획의 수립 및 추진이라는 견지에서 내각심의회, 내각조사국에 이어 정보위원회가 설치되었다. 1936년 2·26사건 즉 쿠데타 미수사건이 발생했다. 천황을 중심으로 한 국가개조를 주장하는 황도파계의 군인들이 중심이 된 쿠데타는 오히려 천황의 측근인 사이토(齋藤) 내대신이 살해당한 것에 분노한 히로히토에게 진압되었다. 급진적 청년장교를 중심으로 한 쿠데타는 실패했지만, 정치 환경과 여론은 오히려 군부에게 유리하게 작용했다. 사태 수습을 위해 등장한 히로타 고키(廣田弘毅)를 수반으로 하는 히로타내각[54]은 '서정일신 단행'을 표방하고 육군은 내각에 대해 국방의 충실 강화를 위시한 요망사항을 제시했다. 이 요망사항에는 '국가의 내외에 대한 정보선전의 통제 강화를 도모하기 위해 필요한 평시 준비를 완성한다'라는 내용도 포함되어 있었다.[55] 히로타내각에서는 군부대신 현역무관제가 부활되어 군의 정치적 발언권은 한층 강화되었으며 군부가 의도하는 총동원체제 구축을 하나하나 추진했다.

히로타내각은 서정을 일신하고 국론을 통일하기 위해 내외의 사태에 대한 정부의 인식과 신시책에 대한 적절한 계몽선전의 필요성을 인식했다. 이에 1936년 6월 기존의 연합통신과 전통을 통합해 동맹통신사를 출범시키고, 이 동맹통신사 관련 업무와 각 성 간의 연락을 조정할 목적

---

54 제1차 내각. 1936.3.9~1937.2.2.
55 防衛庁防衛研修所戦史室, 1967, 앞의 책, 551쪽.

으로 내각에 정보위원회 설치를 고려하게 되고, 6월 26일 정보위원회 관제안을 결정했다. 이후 정보위원회는 총동원체제의 한 부분을 담당하게 되었다.

히로타내각을 이은 하야시 센주로(林銑十郞)내각[56]은 기대한 만큼의 역할을 발휘하지 못하고 있는 내각조사국을 강화하고자, 1937년 5월 내각조사국을 해소하고 기획청(칙령 제192호)을 신설했다. 이는 육군이 추진하고 있었던 중요산업 5개년 계획, 이 계획은 일본과 만주를 일체화하는 일만경제블록을 강화해 생산력확충으로 군비의 획기적인 확충을 추구한 것이었다. 이를 위해서는 수출입의 조정, 자금의 조달, 물가의 억제 등 해결해야 할 문제가 쌓여 있었다. 하야시내각은 이러한 문제를 종합적으로 해결하고자 내각조사국을 확대 개편해 기획청을 신설했지만, 고노에에 기대를 건 군부의 정치공작으로 사임함에 따라 기획청은 고노에내각하에서 본격적으로 활동을 개시했다.

기획청 설치 후 고노에 후미마로(近衛文麿)내각[57]이 출범했다. 고노에내각이 직면한 문제는 일본 경제의 악화였다. 이전 내각인 히로타정권에 의한 군 예산의 확대로, 물가의 앙등, 수입 증대에 의한 국제수지의 악화 등 심각한 경제 문제에 봉착했다. 이러한 상황에서 생산력확충을 도모해야 하는 고노에내각은 재정경제3원칙을 방침으로 제시했다. 3원칙은 생산력의 확충, 국제수지의 적합, 물자 수급의 조정으로 이는 생산력확충과 국제수지를 적합시킨다는 것이다. 다르게 표현하면 수입의 한도 안에서 생산력확충을 꾀한다는 것이며 이 한도 안에서 물자 수급을 조정한다

---

56 1937.2.2~1937.6.4.
57 1937.6.4~1939.1.4.

는 것이었다.

조각 한 달 후인 7월 7일 베이징(北京) 교외의 루거우차오(蘆溝橋) 부근에서 일본군과 중국군이 교전을 벌였다. 고노에내각은 중국과의 개전 초기에는 불확대방침을 천명하지만 결국 확대방침으로 전환하고 군대를 늘려 파견했다. 고노에내각의 이러한 확대방침은 정당·재계·언론의 지지를 얻었으며, 전선을 확대해 중일전쟁은 선전포고도 없이 전면전쟁으로 치달았다. 중국 동북지방을 만주사변으로 장악한 일본은 이제 중국 내륙으로까지 침략을 확대한 것이다.

7월 28일 고노에내각은 중국에 대한 침략전쟁 감행에 따라 「총동원계획의 일부 실시에 관해」를 각의 결정했다.[58] 상세한 내용은 분명하지 않으나 지금까지 자원국이 추진해 온 것은 계획을 수립하는 것이었지 실제 이 계획을 적용한 적은 없었다. 그런 의미에서 이번 각의 결정에 따라 일부이기는 하나 총동원 계획이 실제 적용된 첫 사례였다. 이때 자원국이 추진하고 있었던 것은 제3차 총동원 기간계획이었다.

고노에내각은 전쟁의 호칭을 '북지사변'에서 9월 2일 '지나사변'으로 개칭했다. 즉 전장을 화북지방으로 제한한 방침에서 중국 모든 대륙으로 전쟁을 확대한다는 의미였다. 이렇게 급박하게 돌아가는 정세 속에서 자원국과 기획청을 통합해 전쟁 수행을 위한 전시 통제와 동원의 원활화를 도모하려는 구상이 대두하게 되었다. 자원국과 기획청을 통합해 전시 통제와 동원의 기획실시 기관으로서 총동원청을 설치하는 것을 강하게 주장한 것은 육군이었다. 평시와 전시의 구분이 모호한 현실과 이에 더해 자원국과 기획청으로 분장되어 있는 상황에서 조직 간의 상호 갈등

58　防衛庁防衛研修所戦史室, 1967, 앞의 책, 616쪽.

과 마찰을 야기할 수 있다는 우려 때문이었다. 다만 문제는 기획청으로 개조한 지 얼마 되지 않았다는 점, 해군이 이에 소극적이었다는 점이었다. 그러나 해군이 동의를 표명함에 따라 통합은 급물살을 타 1937년 10월 1일「기획원조직요강」이 각의 결정되었다. 더불어「기획원관제(칙령 제605호)」는 10월 25일 공포 시행되었다. 기획원은 '평전시에 종합국력의 확충 운영에 관한 안을 기초', '각 성 대신으로부터 각의에 제출되는 안건 중 평전시에 있어 종합국력의 확충 운용에 관해 중요한 대강을 심사', '평전시에 있어 종합국력의 확충 운용에 관한 중요사항의 예산의 통제에 관해 의견을 더하여 수상을 거쳐 내각에 상신', '국가총동원 계획의 설정 및 수행에 관한 각 청 사무의 조정 통일을 도모한다' 등의 업무가 규정되었다.[59] 전쟁은 이제 현실이 되었다. 국력의 진단과 이에 따른 자원의 확보와 배분을 효율적이며 종합적으로 수행할 기관의 필요성이 대두된 것이다. 이렇게 총동원 계획의 종합 국책기관으로서 기획원이 발족되었다.

기획원이 당면한 과제는 물자동원계획, 생산력확충 계획, 국가총동원법 제정이었다. 먼저 물자동원계획 설정에 대해 살펴보자. 총동원 기간 계획의 주체가 자원의 수급과 그 보전, 관제대책이었으며, 자원국은 이미 물자 수급 계획안에 대해 준비를 하고 있었으며 기획원이 발족하자 바로 11월 기획원 안에 육군·해군·상공·농림 기타 관계청의 위원으로 구성하는 물자동원협의회를 설치해 종합적인 물자 수급 대책 수립안을 검토했다. 지금까지의 물자 수급, 보전, 관제의 계획은 가정상의 작업이었으나 이번 물자동원계획은 현실의 상황에 기반을 둔 계획이었다. 작업

---

59 防衛庁防衛研修所戦史室, 1967, 위의 책, 631쪽.

은 속도를 더해 1938년 1월 16일, '중요 물자 수급대조 및 보전대책일람표'라는 명칭으로 1938년 물자동원계획이 각의 결정되었다. 이번 계획은 1938년 1월에서 12월까지 연간계획으로 처음 책정된 것이다. 물자동원계획이란 다품목의 물자별로 어디에서 공급할 것인지, 어디로 배당할 것인지를 입안하는 계획으로, 기본적으로 물자 통제의 큰 틀은 이 계획에 따라 정해졌다. 공급은 국내생산, 재고 회수에 의한 보전, 만주 중국에 의한 획득, 제3국에 의한 수입을 모두 포함하는 것으로, 배당은 육군·해군의 군수와, 기타 국내 수요 민수의 합계이다. 물자동원계획은 연도별 100에서 300가지의 중요 물자의 공급 가능성을 책정하고, 이를 토대로 각 기관의 수요를 조사하고, 이를 육해군 군수용, 생산력확충 계획용, 관청 수요용, 수출용, 민수용 등으로 구분해 배분하는 것이었다. 이번 물자동원계획에서는 중일전쟁 수행상 필수의 물자로서 철강, 비철금속, 섬유 기타, 연료, 화학제품, 기계, 수입잡품, 농림관계 등으로 구분해 계획되었다. 계획품목은 96가지로 계획의 중심은 수입자금의 배분에 있었다. 또한 군수·민수에서 군수충족을 우선시하는 관점에서 편성된 것이 특징이었다.[60]

    그럼 생산력확충 계획과 관련해서 살펴보자. 만주국에서 관동군의 지도하「만주 산업개발 5개년 계획」이 책정되고, 육군성은 1937년 6월 기획청에「중요산업 5년 계획요강안」을 제시하고 그 실현을 요망했다. 그러나 기획청이 곧 자원국과 통합, 기획원으로 확충 개조되었다. 이에 기획원은 물자동원계획과 더불어 생산력확충 계획의 작업을 추진해 1939년 1월 17일「생산력확충 계획요강」을 각의 결정했다. 생산력확충

---

60 防衛庁防衛研修所戦史室, 1967, 위의 책, 633쪽.

계획은 일본의 괴뢰국인 만주국의 산업 5개년 계획에 대응하는 것으로, 1938년도에서 1941년도까지 4년 계획으로 책정되었다. 생산력확충 계획은 일본뿐만 아니라 만주 및 중국 또한 중요한 구성 부분이었다. 이러한 생산력확충 계획은 중요한 군수산업, 기초산업에 관해 1941년을 기해서 일정한 목표를 달성하고자 하는 생산력의 종합적인 확충 계획으로, 중요자원에 있어 일본의 세력이 미치는 지역에서 자급자족에 노력하여, 유사시 제3국에 자원을 의존하지 않겠다는 것을 목표로 한 계획이었다. 이 계획은 철강, 석탄, 석유 및 대용 연료, 경금속, 비철금속 등의 대상 품목에 대해 1938년도를 기준으로 연도별 증산 목표가 제시되었다. 생산력확충 계획과 물자동원계획은 서로 밀접하게 연계되어 있었다. 생산력확충 계획에서 책정하는 물자의 증산은 물자동원계획 공급력의 원천이 되는 것이었다.

이제「국가총동원법」제정 과정을 살펴보기로 하자. 유사시 인적·물적 자원을 총동원해 이를 유효하게 활용하기 위해 총동원과 관련한 적절한 기본법의 필요성에 대해서는,「군수공업자원법」제정 이후 총동원 관련 기관의 주된 관심사였다. 육군성은 1937년 5월 자원국에 대해「총동원법 기안 방침의 확립과 그 업무촉진」[61]을 요청했다. 기획원 또한 사태의 긴박성을 감안해「국가총동원법」완성을 서둘렀다. 그리고 고노에내각은「국가총동원법」의 제국의회 제출에 앞서 기본적인 내용을 언론에 공개했다. 이에 대해 '위헌론'이니 '의회부정론'이라는 비판이 대두했다.「국가총동원법」은 총동원을 위해 필요한 물자 및 노동력에 대한 통제와 운용뿐만 아니라 생산수단, 언론, 금융에까지 광범위한 분야를 통제할 수

---

[61] 防衛庁防衛研修所戦史室, 1967, 위의 책, 636쪽.

있도록 한 법이었다. 제국의회에서 정당 세력은 이러한 국가의 조치들이 법률이 아닌 제국의회의 협찬을 필요로 하지 않는 칙령으로 실시할 수 있게 한 것을 문제시했다. 만약 이 법이 시행된다면 제국헌법 아래에서 제한적으로나마 존재 의미가 있었던 의회주의를 부정하는 것으로 간주했다. 양대 정당인 정우회와 민정당은 「국가총동원법」에 대해 비판적인 태도를 취하면서 고노에수상에 대해 법의 재검토를 요구했다. 정당의 반대에 직면한 고노에내각은 원안을 수정했다. 법안 중 집회와 대중운동의 제한 또는 금지, 신문의 발행금지 압류 및 이와 관련된 벌칙을 정한 조문을 삭제하고, 제50조에는 자문기관으로 국가총동원 심의회를 설치한다는 조항을 추가했다. 한편 정당이 「국가총동원법」에 대한 비판적 입장을 표명하는 가운데, 이들 정당 세력에 대한 폭력적 수단을 동반한 탈법적 행위가 가해졌다. 2월 17일, 우익단체인 방공호국단은 정우회와 민정당의 본부를 습격, 정우회 본부를 점거한 우익단체는 정당의 즉시 해산과 신당 수립을 주장했다.[62] 폭압적 방법으로 정당 정치가들을 무력화하고자 한 것이다. 이 사건은 「국가총동원법」이 갖는 반민주성·강제성·폭력성의 본질을 여실히 드러낸 것이었다.

다음 날 18일 고노에내각은 법안을 각의 결정하고 제국의회에 제출했다. "근대국가의 특질을 감안해 국가총동원의 실시 및 준비에 있어 준거해야 할 법규를 제정해 현하 시국의 추이 및 장래 전시 사변에 대비할 필요가 있다. 이에 본안을 제출하는 바이다"[63]라고 법안 제출 배경을 설

---

62 김봉식, 1999, 「정당정치의 쇠퇴와 국민동원의 강화」, 박진우 외 공저, 『일본근현대사』, 좋은날, 268~269쪽.

63 防衛庁防衛研修所戦史室, 1967, 앞의 책, 637쪽.

명하고 있다. 새로운 전쟁 형태의 총력전 태세에 대응하고 또한 진행 중인 중일전쟁과 향후 발생할 수 있는 전쟁에 대비하기 위해 총동원의 기본법으로서「국가총동원법」을 자리매김하고 있는 것이다.「국가총동원법」은 진행 중인 전쟁뿐 아니라 향후 일으킬 수 있는 침략전쟁까지 감안한 법으로, 향후 일본은 전쟁을 통해 국익을 추구한다는 방침을 명확히 한 것으로도 해석할 수 있다.

「국가총동원법」은 법률 제정이라는 절차를 통하지 않고도 정부가 총동원에 필요하다고 판단한다면 제국의회의 협찬이 필요 없는 칙령 제정을 통해 기업 활동에 개입할 수 있으며, 국민생활 또한 포괄적 광범위하게 통제할 수 있도록 했다. 제국의회와 정당의 입장에서 보자면 이는 제국의회의 입법 기능을 제한하는 것이나 다름없었다. 중의원에 제출되어 심의가 개시된「국가총동원법」에 대한 제국의회에서의 비판의 주된 논점의 하나는 천황의 비상대권을 침해하고 있다는 점이었다. 또 한 가지는 국민이 가지는 권리의 통제는 각각의 법률로 시행해야 함에도 그 권한을 일괄적으로 정부에 백지위임하고 있는 점이었다. 그러나 고노에내각과 군부가 법안 성립에 강경한 태도를 취하고, 우익의 점거사건과 같은 폭력적 테러에 의한 압력, 그리고 전쟁을 수행하고 있는 현실을 감안한 정당이 반대를 관철할 수는 없었다. 결국「국가총동원법」(1938년 법률 제55호)은 제국의회에서 성립되어 1938년 4월 1일 공포, 5월 5일 시행되었다. 이로써 1918년 제정된「군수공업동원법」은 폐지되고, 국가총동원, 군수동원의 법적 근거는「국가총동원법」으로 이행하게 되었다.

국가총동원법[64](발췌)

제1조 이 법에서, 국가총동원이란 전시(전쟁에 준하는 사변의 경우를 포함 이하 이와 동일)에 있어 국방목적 달성을 위해 국가의 전력을 가장 유효하게 발휘하도록 인적·물적 자원을 통제 운용하는 것을 말한다.

제2조 이 법에서 총동원물자는 아래에 열거하는 것을 말한다.

1. 병기, 함정, 탄약 기타 군용물자
2. 국가총동원상 필요한 피복, 식량, 음료 및 사료
3. 국가총동원상 필요한 의약품, 의료기계기구 기타 위생용 물자 및 가축위생용 물자
4. 국가총동원상 필요한 선박, 항공기, 차량, 말, 기타 운송용 물자
5. 국가총동원상 필요한 통신용 물자
6. 국가총동원상 필요한 토목건축용 물자 및 조명용 물자
7. 국가총동원상 필요한 연료 및 전력
8. 앞 각호에 열거한 물자의 생산, 수리, 배급 또는 보존을 요하는 원료, 재료, 기계기구, 장치 기타 물자
9. 앞 각호에 열거한 물자를 이외 칙령에 의해 지정한 국가총동원상 필요한 물자

제3조 이 법에서 총동원업무란 아래에 열거하는 것을 지칭한다.

1. 총동원물자의 생산, 수리, 배급, 수출, 수입 또는 보관에 관한 업무

---

[64] 猪俣浩三, 1940, 『一億人の法律:国家総動員法の綜合的研究』, 有光社, 259~264쪽. 이후 「국가총동원법」 조문과 관련된 내용 중 별도 주를 첨가하지 않은 이상 본 자료에 따른다.

2. 국가총동원상 필요한 운송 및 통신에 관한 업무

3. 국가총동원상 필요한 금융에 관한 업무

4. 국가총동원상 필요한 위생, 가축위생 또는 구호에 관한 업무

5. 국가총동원상 필요한 교육훈련에 관한 업무

6. 국가총동원상 필요한 시험 연구에 관한 업무

7. 국가총동원상 필요한 정보 및 계몽선전에 관한 업무

8. 국가총동원상 필요한 경비에 관한 업무

9. 앞 각호에 열거한 것 이외 칙령에 따라 지정한 국가총동원상 필요한 업무

제4조 정부는 전시에 있어 국가총동원상 필요할 때는 칙령이 정하는 바에 따라 제국신민을 징용해 총동원업무에 종사하게 할 수 있다. 단 병역법의 적용을 방해하지 않는다.

제7조 정부는 전시에 있어 국가총동원상 필요할 때는 칙령이 정하는 바에 따라 노동쟁의의 예방 혹은 해결에 관하여 필요한 명령을 내리거나 작업소의 폐쇄, 작업 혹은 노무의 중지, 기타의 노동쟁의에 관한 행위의 제한 혹은 금지를 행할 수 있다.

제8조 정부는 전시에 있어 국가총동원상 필요할 때는 칙령이 정하는 바에 따라 물자의 생산, 수리, 배급, 양도, 기타의 처분, 사용, 소비, 소지 및 이동에 관하여 필요한 명령을 내릴 수 있다.

제9조 정부는 전시에 국가총동원상 필요한 경우에는 칙령이 정하는 바에 따라 수출 또는 수입의 제한 또는 금지를 하고, 수출 또는 수입을 명령하며 수출세 또는 수입세를 부과하거나 수출세 또는 수입세를 증세·감면할 수 있다.

제10조 정부는 전시에 임하여 국가총동원상 필요한 경우에는 칙령

이 정하는 바에 따라 총동원 물자를 사용 또는 수용하거나 총동원 업무를 수행하는 자에게 이를 사용 또는 수입하게 할 수 있다

제11조 정부는 전시에 국가총동원상 필요한 경우에는 칙령이 정하는 바에 따라 회사의 설립, 자본의 증가, 합병, 목적 변경, 사채의 모집 또는 제2회 이후의 주금의 불입에 대하여 제한 또는 금지를 하고, 회사의 이익금의 처분, 배상 기타 경리에 관하여 필요한 명령을 할 수 있다. 또는 은행, 신탁회사, 보험회사, 기타 칙령으로 지정한 자에 대해 자금의 운영, 채무의 인수자는 채무의 보증에 관해 필요한 명령을 할 수 있다.

제12조 정부는 전시에 국가총동원상 필요한 경우에는 총동원업무인 사업을 경영하는 회사의 해당 사업에 속하는 설비의 비용에 충당하기 위한 사채의 모집에 대하여 상법 제297조의 규정에 구속받지 아니한다. 칙령으로 별도로 정할 수 있다.

제14조 정부는 전시에 국가총동원상 필요한 경우에는 칙령이 정하는 바에 따라 광업권, 사광권 및 물의 사용에 관한 권리를 사용 또는 수용하거나 총동원업무를 수행하는 자에게 특허발명 및 등록실용신안을 실시하게 하거나 광업권, 사광권 및 물의 사용에 관한 권리를 사용하게 할 수 있다.

제19조 정부는 전시에 국가총동원상 필요한 경우에는 칙령이 정하는 바에 따라 가격, 운송비, 보험료, 임대료 또는 가공비에 관하여 필요한 명령을 할 수 있다.

제20조 정부는 전시에 국가총동원상 필요한 경우에는 칙령이 정하는 바에 따라 신문, 기타 출판물의 게재에 대하여 제한 또는 금지를 할 수 있다.

정부는 전항의 제한 또는 금지를 위반한 신문, 기타 출판물에 대하여 국가총동원상 지장이 있는 것의 발매 및 배포를 금지하고 이를 압류할 수 있다. 이 경우에는 또한 원판을 압류할 수 있다.

제21조 정부는 국가총동원상 필요한 경우에는 칙령이 정하는 바에 따라 제국신민 및 제국신민을 고용 또는 사용하는 자에게 제국신민의 직업능력에 관한 사항을 신고하게 하거나 제국신민의 직업능력에 관하여 검사할 수 있다.

제22조 정부는 국가총동원상 필요한 경우에는 칙령이 정하는 바에 따라 학교, 양성소, 공장, 사업장 기타 기능자의 양성에 적합한 시설의 관리자 또는 양성되는 자의 고용주에게 국가총동원상 필요한 기능자의 양성에 관하여 필요한 명령을 할 수 있다.

제32조 제9조의 규정에 따른 명령을 위반하여 수출하거나 수입을 하거나 하려고 한 자는 3년 이하의 징역 또는 1만엔 이하의 벌금에 처한다.

전항의 경우에 있어서 수출 또는 수입을 하거나 하려고 한 물건에 대해서 범인이 소유하거나 소지한 것은 이를 몰수할 수 있다. 만약 그 전부 또는 일부를 몰수하지 못하는 경우에는 그 가격을 추징할 수 있다.

제33조 다음 각호의 한 가지에 해당하는 자는 3년 이하의 징역 또는 5,000엔 이하의 벌금에 처한다.

1. 제7조의 규정에 따른 명령 또는 제한 또는 금지를 위반한 자
2. 제8조의 규정에 따른 명령을 위반한 자
3. 제9조의 규정에 따른 명령을 위반하여 수출 또는 수입을 한 자
4. 제10조의 규정에 따른 총동원물자의 의용 또는 수용을 거부, 방

해하거나 회피한 자
  5. 제13조의 규정에 따른 시설, 토지 또는 공작물의 관리, 사용이
    나 수용 또는 종업자의 사용을 거부, 방해하거나 회피한 자
  6. 제19조의 규정에 따른 명령을 위반한 자
제50조 본 법 시행에 관한 중요사항(군사기밀에 관한 것은 제외)에 대
  하여 정부의 자문에 응하기 위해 국가총동원심의회를 설치한다.
  국가총동원심의회에 관한 규정은 칙령으로 정한다.

「국가총동원법」은 총동원과 관련한 일본 정부의 기본적 인식을 나타내는 법이었다. 총력전에 대응하기 위해 새로운 체제 구축에 부심해 온 일본은 자원국에서 공식적으로 총동원이라는 표현을 사용하기 시작했으나, 일본 정부가 사용하는 국가총동원이란 무엇인지 그 정의에 대해 다시 한번 되짚어 볼 필요가 있다. 「국가총동원법」 제1조에는 국가총동원에 대해 "국방목적 달성을 위해 국가의 전력을 가장 유효하게 발휘하도록 인적·물적 자원을 통제 운용하는 것"이라고 정의하고 있다. 다시 말하면 국가의 인적·물적 자원의 효과적 통제와 운용, 이것이 바로 일본이 표방하는 총동원이었고 그 목적은 두말할 나위 없이 전쟁의 원활한 수행이었다.

국가총동원은 군기군령의 사항을 포함하지 않으며, 군 동원 이외의 국가자원의 전반에 걸친 동원을 지칭하는 것이다. 인적 자원으로는 정신력·지력·노동력 등을, 물적 자원으로서는 물자·설비·기타 자원을 지칭하며, 이는 곧 전쟁 승리라는 목적을 달성하기 위한 전국력을 의미하는 것이다. 그리고 이를 통제 운용한다는 것은 전쟁에 승리하기 위해 국가가 전력을 발휘할 수 있도록 이들 자원을 평시에서 전시체제로 이행

하여 그 목적을 달성할 수 있도록 제반의 정부 조치를 강구한다는 것이었다.

총동원에서 물자란 병기를 포함하는 군용물자를 위시해 피복, 식량, 사료, 의약품 및 의료기기, 선박, 항공기, 자동차, 말을 포함한 운송수단, 통신기기, 토목건축 자재, 연료 및 전력이다. 또한 법에 지정되어 있지 않아도 칙령으로 이를 지정할 수 있도록 하여, 전쟁 수행에 필요한 것뿐 아니라 일상 국민생활과 직접 관련 있는 물자까지 포함되었다. 결국 이는 군수의 수급 여하에 따라서는 국민의 생활이 어려워지고 핍박받을 수밖에 없는 구조이기도 했다.

「국가총동원법」에서 규정하는 총동원업무란, 물자의 생산 수리 배급 수출입 업무, 운송 및 통신 업무, 금융 업무, 위생 가축위생 구호 업무, 교육훈련, 시험 연구, 정보의 계발 선전, 경비 업무, 그리고 이외에는 칙령으로 정할 수 있도록 했다. 동원업무를 자원의 생산·관리 차원뿐만 아니라 교육훈련, 그리고 정보의 선전까지도 고려한 점, 즉 물적 자원뿐 아니라 정신적 동원까지 총동원의 범주에 포함시키고 있음을 확인할 수 있다.

「국가총동원법」에서 정부는 전시에 국가총동원상 필요한 경우 시행해야 할 사항으로 노무, 물자, 자금, 시설, 사업, 물가, 출판을 규정하고 있으나 구체적인 사항은 칙령에 위임하는 위임입법이었다. 평시에도 직업능력의 신고, 기능자 양성, 물자 보유, 계획의 설정, 시험 연구, 사업육성에서도 칙령을 통한 국가 통제를 규정하고 있다. 그리고 징벌 조항이 있어 칙령에 근거한 정부의 명령에 불응하는 경우, 최고 3년의 징역형과 5,000엔의 벌금에 처할 수 있도록 규정했다.

이와 같이 「국가총동원법」은 전시 국방목적 달성을 위해 인적·물적 자원을 통제 운영하는 것을 목적으로 한 위임입법으로, 이 목적 달성을 위해서 정부는 칙령 제정을 통해 국민의 징용, 단체 등의 협력, 고용의 제한, 노동쟁의의 방지, 물자의 수급 조정, 수출입의 통제, 자금의 수급 조정, 광업권의 제한, 물가 통제, 언론의 통제, 출판의 제한 금지 등 모든 면에 걸쳐 명령할 수 있는 권한을 가지게 되었다. 「국가총동원법」의 제정으로 일본제국주의의 총동원은 새로운 국면을 맞이하게 된 것이다.[65]

2) 「국가총동원법」 시행 이전 조선의 총동원 관련 법 적용

「국가총동원법」 제정은 앞서 서술한 바와 일본의 국가총동원 정책에 있어 하나의 전기가 되는 커다란 의미를 지닌 사건이었다. 그 연장선상에서 「국가총동원법」 성립이 갖는 의미를 두 가지 더 음미해 볼 수 있을 것이다. 먼저 하나는 입법 체계의 근간을 흔든 사안이었다. 일본 제국헌법 아래에서 법 제정 즉 입법권은 기본적으로 천황의 대권으로 규정되어 있었다. 따라서 법 제정에 있어 오늘날과 같이 의회가 법 제정을 최종 의결하는 것이 아니라, 당시의 제국의회는 천황의 대권 행위인 입법권 행사에 대해 협찬하는 행위로 이해되었다. 즉 법률은 제국의회의 협찬을 거칠 것을 필요로 했으며, 내각의 보필에 따라 천황은 이를 재가하고, 공포 및 집행을 명하는 것이었다. 그러나 현실적으로 천황의 입법대권 행사는 중의원의 협찬 즉 의결이 필요한 것이 전제였으며 이를 통해 중의

---

[65] 「국가총동원법」 성립 직후, 고노에수상은 법을 적용하는 데 신중했다. 그러나 중일전쟁의 장기화에 따른 군의 적극적 적용 요구와 제2차 세계대전의 발발이라는 정세의 변화 속에서, 법에 근거한 칙령 공포가 증가했다. 주요 칙령을 열거하면 「국민징용령」, 「가격등통제령」, 「임금통제령」, 「중요산업단체령」, 「기업정비령」 등이다.

원은 정부의 정책을 어느 정도 견제할 수 있었다. 이와 별개로 제국헌법에는 법령의 한 형태로 칙령을 규정하고 있었다. 법 형태의 하나인 칙령은 제국의회의 협찬조차 필요 없이 국무대신의 보필에 따라 천황이 제정할 수 있도록 한 것이다. 칙령은 긴급 시 제국의회가 소집되기 곤란한 시점에서 법 집행이 필요할 경우 천황이 단독으로 내릴 수 있는 명령인 긴급칙령과는 구분되는 별개의 명령이다. 칙령은 법에 대해 독립적인 독립명령, 법을 집행하기 위한 집행명령, 법률의 위임에 근거한 위임명령의 세 가지 성격의 칙령이 존재했다. 특히 위임명령 성격의 칙령은 법률이 어떤 사항에 대해 이를 법에서 직접 규정하지 않고 칙령에 이를 위임하는 것을 말하고, 이 칙령은 특정 법률에 종속하게 되는 것이다. 칙령은 어떤 의미에서는 제국의회의 한 축인 중의원이 국민의 투표로 선출된 의원으로 구성되어 혹여나 천황 정치의 걸림돌이 될 수도 있는 점을 감안한 장치이기도 했다. 예를 들자면 중의원의 존립 기반은 법으로 규정되어 있지만, 제국의회의 한 축인 귀족원[66]은 귀족원령 즉 칙령으로 규정해 중의원의 간섭을 배제하고 있다. 문제는 「국가총동원법」에서 국가총동원에 필요한 조치를 칙령으로 규정하겠다고 하는 것은, 현실적으로 정부가 필요하다면 총동원의 명목으로 제국의회의 동의 없이, 즉 아무런 견제 조치가 없이 정부의 의도대로 법(칙령)을 제정할 수 있다는 것을 의미했다. 전쟁이 장기화되어 총동원 명목으로 지속적으로 칙령이 발동된다면, 총동원 관련해서 결과적으로 법이 형해화되는 것이고 칙령이 그

---

66 제국의회는 국민의 투표로 선출된 의원으로 구성되는 중의원에 대해 황족의원, 화족의원, 칙선의원과 같이 특권계층 출신의 의원으로 구성되어 있는 귀족원이 존재했다. 귀족원은 중의원과 같이 해산도 없고 국민에 따라 선출되지 않도록 하여 가능한 항구적 보수적으로 중의원을 견제하는 것을 목적으로 했다.

자리를 대체하는 형국이다. 이와 같이 「국가총동원법」은 일본 법체계의 근간을 흔들 수 있는 커다란 파급력을 가진 법이었다.

또 하나는 정당 세력의 법안 반대 행위가 갖는 의미이다. 정당 세력이 「국가총동원법」에 대해 반대한 것을 무조건적으로 정부의 군사적 통제나 전쟁 수행에 반대하는 민주적인 의사로 간주하는 것으로 바라볼 수 없다는 것이다. 대부분의 정당 세력은 「국가총동원법」 시행으로 자신들의 정치 권력 기반인 제국의회가 유명무실화되는 것에 대한 우려가, 그들이 법안에 반대한 근본적인 원인으로 볼 수 있다. 그들은 앞서 고노에내각의 중일전쟁 전면 확대에도 동의를 표명했으며, 이로부터 2년 후 고노에의 신체제운동 즈음에는 자발적으로 자신들의 정치 기반인 정당을 해산한 장본인들이다. 즉 대다수의 정당 세력 그들의 목적은 권력유지에 있었다는 것이다.

식민지 조선에서도 1938년 5월 「국가총동원법」의 시행에 따라 총동원의 법적 근간이 되었다. 다만 조선은 일본과는 조금 상이한 특수한 법적 체계가 있었다.

일본에서 제정된 법률의 시행구역은 기본적으로 일본 본토에 국한된 것으로, 식민지 조선에까지 적용 대상은 아니었다. 다만 식민지 조선까지 구속하기 위해서는 특별히 식민지에서 시행을 목적으로 하여 법률을 제정하거나, 칙령의 형태로 식민지에서 시행을 규정한 것으로 제한되었다. 이들 이외 기본적으로 일본에서 입법된 법은 조선에서 시행할 수 없었다.

이와 별도로 식민지 조선에서는 일본 본토의 법을 대신해 조선총독의 명령으로 제령을 제정해 시행할 수 있었다. 조선총독은 수상을 거쳐 칙재를 받아 제령을 제정할 수 있었다. 사실 이 부분은 행정권과 입법권의 책임자가 총독에게 집중된다는 사실을 의미하기도 하여 조선총독의 권력을 상징하는 것이기도 했다. 제령은 통상 두 가지의 형태가 있어, 일본 본토의 법을 조선에 적용하고자 할 때 제정했으며, 또 하나는 조선 독자적으로 제정하는 경우였다. 또한 조선총독은 법이나 칙령에 저촉하지 않는 범위 안에서 천황의 칙재를 필요로 하지 않는 명령인 조선총독부령을 제정할 수 있었다.

이와 같이 식민지 조선에서의 법 시행은 일본 본토에서 제정된 법과 칙령 중 일부가 제한적으로 시행되는 경우와, 독자적으로 조선총독의 명령인 제령과 부령이라는 형태로 시행되는 두 가지의 형태가 함께 존재했다. 이는 일본과는 다른 식민지 조선 법체계의 특징이었다. 그리고 총동원 관련 법령 또한 이러한 법 시스템하에서 적용되었다.

그럼, 중일전쟁 발발 이후 1938년 7월 31일 시점까지, 「국가총동원법」 제정 전후의 식민지 조선에서 총동원 관련 법이 적용된 현황에 관해, 조선총독부 기록을 통해 살펴보기로 하자.[67] 조선총독부가 총동원 관련으로 분류한 법령으로, 「폭리를 목적으로 하는 매매 단속에 관한 건」은 1937년 총독부 부령 60호로 제정, 「수출입품 등에 관한 임시조치에 관한 법률」은 1937년 일본에서 법 92호로 제정되어 조선에는 칙령 515호로 시행, 「국가총동원법」은 1938년 법 55호로 제정되어 칙령 316호로 조선에서 시행, 「군수공업동원법의 적용에 관한 법률」은 1937년 법 88호로 제정되어 조선에서는 칙령 505호로 시행, 「조선 북지사건 특별세령」은 1937년 총독부 제령 14호로 조선에서 시행, 「조선 지나사변 특별세

---

67 「事変関係,産業経済その他国家総動員に関する重要諸法令」,국가기록원(관리코드:CJA0004243). 이후의 기술은 특별한 인용이 없는 한 본 사료에 따른다.

령」은 1938년 총독부 제령 12호로 시행,「임시자금조정법」은 일본에서 1937년 법 86호로 제정되어 칙령 594호로 조선에서 시행,「조선임시비료 배급통제령」은 1937년 조선총독이 제령 18호로 제정,「인조석유제조사업법」은 일본에서 1937년 법 52호로 제정되어 조선에서는 1938년 칙령 44호로 적용,「임시선박관리법」은 일본에서 1937년 법 93호로 제정되어 조선에서는 칙령 552호로 시행, 일본에서 1937년 법 73호로 제정된「무역 및 관계 산업의 조정에 관한 법률」은 조선에서는 칙령 721호로 일부 시행, 1931년 법률 40호로 제정된「중요산업의 통제에 관한 법률」은 1937년 칙령 25호로 조선에 시행,「조선중요비료업통제령」은 총독부 제령 1호로 1937년 조선에서 시행, 1937년 일본에서 법률 68호로 제정된「제철사업법」은 칙령 508호로 조선에 적용되었으며,「조선산금령」은 1937년 제령 16호로 총독이 제정했으며, 1938년에는 제령 20호로「조선중요광물증산령」을 제정, 1937년 일본에서 법률 47호로 제정된「방공법」은 칙령 661호로 조선에서 시행되었다.

　이상 중일전쟁 발발 이후 조선총독부가 위반 시 벌칙이 부과되는 총동원 관련 중요 법령으로 분류한 법의 시행 상황을 살펴봤다. 앞서도 지적했듯이,「국가총동원법」과 같이 근간이 되는 법이나 일본에서 제정된 법은 칙령이라는 형태로 시행되고 있다. 또 하나의 형태인 조선임시 비료 배급통제령과 같이 조선총독이 제령으로 제정하는 명령은, 법령의 앞에 '조선'이라고 지역을 제한하고 있는 특징을 알 수 있다.

　또한 이들을 통해「국가총동원법」이 시행되기에 앞서, 이미 조선에서 총동원 관련 법령이 적용되고 있음을 알 수 있다. 예를 들면 총동원법의 효시라 할 수 있는「군수공업동원법」이「군수공업동원법 적용에 관한 법률」로 일본에서 제정된 후, 조선에서는 칙령의 형태로 적용되었다.

앞서 제1장에서 서술했듯이, 1918년 시베리아간섭전쟁을 계기로 제정된 「군수공업동원법」은 실질적으로 적용되지 않고 있었으나, 중일전쟁을 기회로 육군의 요구에 따라 발동된 것이다. 그리고 1931년 일본에서 제정된 「중요 산업의 통제에 관한 법률」이 칙령의 형태로 조선에서 시행되었다. 또한 군수동원을 보완하기 위해 1937년 일본에서 제정된 「수출입품등임시조치법」,「임시자금조정법」이 식민지 조선에서는 칙령의 형태로 적용되었다. 이들 법령은 물자동원 및 생산력확충을 위한 전시경제 통제의 기본법 역할을 수행한 것으로,「국가총동원법」시행 이전단계에서 이미 조선에서도 주요 총동원 관련법이 시행되고 있었음을 확인할 수 있다. 그리고 그 직접적 계기는 중일전쟁이었다. 경제적 측면에서의 생산력확충과 국방의 목적으로 한 생산력 증강이 별개로 추진되어 오던 정책이, 중일전쟁을 계기로 총동원을 목적으로 일원화되기 시작한 것이다.

국가총동원을 목적으로 한다면 그 범주를 특별히 제한하지 않고 칙령이라는 형태로 광범위하게 법을 양산할 수 있게 된 상항에서, 총동원 문제는 계획이 아닌 현실의 문제로서 식민지 조선에 다가온 것이다. 그 계기는 무엇보다 일본의 중국에 대한 침략전쟁이 그 직접적인 전환점이 되었으며,「국가총동원법」의 시행은 이를 더욱 가속화시켰던 것이다.

3. 조선총독부의 총동원 계획 추진

1) 총동원 담당 조직의 정비

총동원 계획이 정부 차원에서 본격적으로 입안되기 시작하는 것은 1927년 자원국의 설치 이후였다. 자원법이 제정되고 1930년 이후에는 잠정 총동원 기간계획 설정 작업이 구체화되었다. 이에 자원국에서 제1회 총동원 계획 회의가 개최되었다. 이 회의에 일본 각 성청뿐만 아니라 식민지 각 관청에서 담당관들이 출석했으며, 앞서 언급했듯이 첫 회의에 조선총독부에서는 문서과 소속 관료가 참석했다. 문서과는 조선총독의 직무에 대한 보좌와 주요 행정업무를 관장한 조직인 총독관방 소속으로, 문서 접수, 발송, 사열, 편찬 및 보존, 관인의 관수, 관보 및 인쇄물, 통계 및 보고, 도서 박물관 업무 등에 관한 사항을 담당하고 있었던 총독관방 총무부 총무과가 1919년 8월 20일 서무부 문서과로 바뀐 조직이었다.[68] 총독관방 문서과는 각 부서와의 업무를 총괄하며 자원국에서 요구하는 조선 자원에 대한 조사 보고를 수행했다. 또한 1930년 조선총독부에 조선자원조사위원회가 설치되자, 간사를 문서과가 맡아 총동원 계획 수립에 있어 조선의 상황을 조사 협의하는 회의를 관장하고, 조사와 협의를 통해 도출된 결과물을 자원국에 보고해 총동원 계획 수립에 일조한 조직이 문서과였다. 그러나 일본 본토에서 기획청이 신설되고

---

68 朝鮮総督府, 1940, 『施政三十年史』, 547~548쪽; 민족문제연구소, 2017, 『일제식민통치기구사전통감부·조선총독부편』, 138~144쪽. 이후 총동원 관련 기구에 대한 기본적인 서술은 상기 자료에 따른다.

중일전쟁이 발발함에 따라 총동원 문제가 계획의 차원에서 현실적인 문제로 다가오는 와중에 총독부는 1937년 9월 총독관방에 자원과를 신설해 종래의 자원조사 업무와 총동원 계획 사무, 방공에 관한 업무를 담당하도록 했다. 총독관방 내 문서과에서 처리할 수 있는 업무가 좀 더 구체화되고 정밀해짐에 따라 기존의 문서과로는 대응하는 데 한계를 드러냈다고 볼 수 있고, 이를 타개하기 위해 총독관방에 별도로 자원국을 설치한 것으로 보인다.

1937년 9월 10일 현재 조선총독부 기구인 관방, 내무국, 재무국, 식산국, 농림국, 법무국, 학무국, 경무국의 사무관 40명 중 관방은 8명, 기사 46명 중 관방은 1명, 속 227명 중 관방은 45명, 기수 165명 중 관방은 14명이 재직하고 있었다.[69] 마찬가지로 1937년 9월 10일 현재 관방 자원국의 업무별 정원을 보면, 자원 일반이 사무관 1명, 서무계가 속 1명, 자원조사계가 속 2명 및 기수 1명, 방공계가 속 2명으로 전체 합계로 보면 사무관 1명, 속 5명, 기수 1명으로 구성되어 있었다. 이렇게 새롭게 시설된 자원과는 방공업무와 총동원 계획 업무의 증가를 이유로 증원을 했다. 방공업무와 관련된 인원으로 사무관 1명, 기사 1명, 속 3명, 기수 2명과 총동원 계획 관련 업무와 관련된 증원 인원은 기사 1명, 속 2명, 기수 2명으로, 새롭게 자원과는 사무관 1명, 기사 2명, 속 5명, 기수 4명이 증원된 것이다. 이러한 증원에 대한 배경으로 총독부는, 종래「자원조사법」및「자원조사령」에 근거해 총동원 계획의 기초가 되는 조선의 인적·물적 자원을 조사해 이를 내각에 보고해 왔으나, 이번에 중

---

69 「朝鮮総督府官制中ヲ改正ス(防空法施行及総動員計画事務ノ為職員増員)」, アジア歴史資料センター, (レファレンスコード:A01200743900). 이후 총독관방 자원과에 관한 기술은 본 사료에 바탕을 둔다.

국과의 전쟁이 개시되는 시국의 급변은, 업무에서 정밀함과 신속함을 요구하기에 이르렀고, 제3차 총동원 기간계획 설정 작업과 관련해 업무 폭증에 따른 상황이라고 설명하고 있다. 이렇게 하여 증원된 상황에서 신설된 자원과가 총동원 계획과 관련해 담당하게 된 업무는 다음과 같다.

〈표 1-2〉에서 언급한 자원과의 업무는 기존의 문서과에서 기본적으

〈표 1-2〉 자원과 자원조사 및 총동원 계획 업무 분장

부서	업무 분장
서무계	1. 자원조사 관계 문서, 총동원 관계 문서 및 기밀문서 등의 접수, 발송, 편찬 및 보관에 관한 사항 2. 자원조사위원회 기타 회의의 협의에 관한 사항 3. 자원조사표의 교부 및 회수에 관한 사항 4. 과내 인사에 관한 사항 5. 물품의 출납 및 급여에 관한 사항 6. 과내 타계에 속하지 않는 사항
자원조사계	1. 「자원조사령」에 따른 보고서의 분류 정리 및 제출에 관한 사항 2. 자원조사자료의 심사에 관한 사항 3. 자원조사자료의 집계에 관한 사항 4. 「자원조사령」 이외의 특별 조사에 관한 사항 5. 총동원 계획 자료의 수집 및 정리에 관한 사항 6. 외국인의 우리나라 자원조사 및 국정 조사에 관한 사항 7. 소속관청에 대한 지휘감독에 관한 사항
자원기획계	1. 총동원기관에 관한 사항 2. 총동원 각청 계획에 관한 사항 3. 총동원 계획 자료 조사에 관한 사항 4. 관계 각청과의 연락에 관한 사항 5. 총동원 계획에 관해 총독부 부내 각국과 사무의 통활에 관한 사항 6. 자원 및 총동원 관계 법령에 관한 사항
자원기술과	1. 자원조사 자료의 기술상의 심사에 관한 사항 2. 총동원 자료 기술상의 심사에 관한 사항 3. 각청 계획 설정의 기술관계의 사항 4. 소속청의 기술상의 지도 감독 5. 기타 기술상의 사항

출처: 「朝鮮総督府官制中ヲ改正ス(防空法施行及総動員計画事務ノ為職員増員)」, アジア歴史資料センター, (レファレンスコード:A01200743900).

로 해왔던 총동원 계획 설정 관련 업무로 자원과로 독립하면서 그 업무의 내용이 좀 더 구체화되고 무엇보다 현실적인 문제로 신속한 대응이 요구됨에 따른 업무 분장이라 볼 수 있다.

해가 바뀌어 1938년 이후 물자동원계획과 생산력확충 계획이 수립되어 실행에 옮겨지고 「국가총동원법」이 제정되어 5월부터 조선에서도 시행되었다. 이러한 상황에서 총동원업무는 격증하게 되고 지금까지의 계획 설정을 위한 조사 보고와 차원이 다른 실질적 동원 문제가 현실로 다가왔다. 총독부는 1938년 9월 식산국에 임시물자조정과를 신설해 자원과에서는 기존의 중심적 사무였던 총동원 계획의 기획 업무를, 임시물자조정과는 총동원 실시와 관련된 업무, 즉 물자의 수급 조정에 관한 사무를 담당하도록 했다. 임시물자조정과가 담당했던 업무 분장은 아래와 같다.

식산국 임시물자조정과의 역할은 기본적인 물자의 수급 조정에 관한 것으로 그 대상은 금속, 비금속, 석유, 석탄, 기계, 섬유제품, 화학공업품, 목재 등 전쟁 수행에 있어 필수적인 물자였다.[70]

〈표 1-3〉 식산국 임시물자조정과 업무 분장

부서	업무 분장
총무계	인사, 예산, 문서 수수, 보고 청취, 각 관계의 연락, 종합적 계획 수립 기타 타계에 속하지 않는 사항
제1계	금속관계품인 철, 비철금속 및 비금속철광물 등의 수급 조정에 관한 사항
제2계	석탄, 석유 기타 연료의 수급 조정에 관한 사항
제3계	기계류의 수급 조정에 관한 사항
제4계	섬유 및 동제품의 수급 조정에 관한 사항
제5계	화학공업품의 수급 조정에 관한 사항
제6계	목재 기타 필요한 물자의 수급 조정에 관한 사항

출처:「朝鮮総督府企画部臨時設置制ヲ定ム」,1939.11.22,アジア歴史資料センター,(レファレンスコード:A02030107400).

그러나 이러한 자원과와 임시물자조정과의 이원화한 구조로는 중일 전쟁의 장기화와 그 범위가 확대되어 가는 물자동원의 업무 대응에 있어 한계에 도달했다. 이에 1939년 11월 28일에는 자원과와 임시물자조정과를 통해 새롭게 총동원업무를 관장하는 3과제의 기획부를 신설했다. 새롭게 설치된 기획부의 설치에 대해 총독부는 '국가총동원 계획의 설정 및 수행에 관한 종합 사무 및 시국에 긴요한 물자의 배급의 조정에 관한 사무를 담당'하도록 했다. 즉 기존의 자원과 임시물자조정과의 업무를 통합한 것이다. 조직 구성은 기획부장과 사무관 7명, 이사관 1명, 기사 6명, 속 19명, 기수 12명으로 구성되었다. 새롭게 설치된 기획부의 업무 분장은 다음과 같다.

기존의 자원과가 담당했던 업무는 주로 제1과가, 임시물자조정과가 담당했던 수급과 조정의 업무는 제2과·제3과로 이관되었다. 기획부의 업무 분장을 보면, 기존에 비해 총동원업무가 크게 확대되었음을 알 수 있다. 전쟁 수행에 필요한 물자뿐 아니라, 노무·교통·전력·자금 등 각종 동원계획의 수립과 실시가 더욱 광범위하고 복잡해진 것을 알 수 있다. 그리고 기획부에는 총동원 계획의 성격상 군과의 연관성과 이러한 군과의 업무 연락을 긴밀하게 해 총동원 계획의 설정 및 수행을 원활하게 하려고 육해군 현역 무관을 사무관으로 기획부 사무에 참여시켰다. 이들 무관의 역할은 주로 총동원 계획의 설정 및 수행의 종합에 있어 간접 군수, 관청 수요 중 교통항만 등 군과 관계가 깊은 사항 및 일반민간 수요 중 특히 군과 관계하는 사항, 생산력확충 계획의 설정 및 실시의 종

---

70 「朝鮮総督府企画部臨時設置制ヲ定ム」, 1939.11.22, アジア歴史資料センター, (レファレンスコード:A02030107400). 이후 임시물자조정과와 기획부에 관한 기술은 본 사료에 따른다.

〈표 1-4〉 기획부 업무 분장

부서		업무 분장
제1과	제1계	물자, 노무, 교통전력, 자금 기타 총동원 계획 설정 및 수행의 종합에 관한 사항. 생산력확충 계획의 설정 및 수행의 종합에 관한 사항
	제2계	「국가총동원법」 이행의 종합에 관한 사항. 기술자 할당에 관한 사항
	제3계	자원조사에 관한 사항
	제4계	기밀 보호에 관한 사항, 부내 타과의 주관에 속하지 않는 사항
제2과	제1계	철류에 관한 물자동원계획의 설정 및 배급 조정에 관한 사항
	제2계	비철금속·비금속광물에 관한 물자동원계획의 설정 및 배급 조정에 관한 사항
	제3계	기계류에 관한 물자동원계획의 설정 및 배급 조정에 관한 사항
제3과	제1계	섬유, 피혁, 생고무 및 목재에 관한 물자동원계획의 설정 및 배급 조정에 관한 사항
	제2계	연료에 관한 물자동원계획의 설정 및 배급 조정에 관한 사항
	제3계	공업약품, 화학성품류, 비료·의약품에 관한 물자동원계획의 설정 및 배급 조정에 관한 사항. 식료·수입 잡품에 관한 물자동원계획의 설정 및 배급 조정에 관한 사항

출전:「朝鮮総督府企画部臨時設置制ヲ定ム」,1939.11.22,アジア歴史資料センター,(レファレンスコード:A02030107400).

합에 관한 사항 중 석유 및 그 대용품, 철도차량, 선박, 자동차 등 군과 관계가 깊은 사항을 담당하도록 했다.

 초기 총동원 계획 설정 단계에서는 조선총독부는 새로운 조직을 신설하기보다는 기존의 조직을 활용하는 방법으로 일본의 총동원 계획에 대응 가능했다. 그러나 이러한 방침이 전환되는 계기가 되는 것이 중일전쟁이었다. 지금까지의 계획에 머물렀던 총동원이 현실적인 문제로 당면 해결과제로 대두된 것이다. 이에 대응하기 위해 조선총독부는 새로운 조직을 신설했다. 그러나 단기간에 종결될 것으로 예상했던 중국과의 전쟁이 장기화의 길로 접어들면서, 총동원의 범주는 더욱 확대되고, 이와 관련된 증산의 문제, 배급의 문제 등의 수급과 조정이 중요한 현안으로 대두되었다. 이에 총동원 부서를 확충한 기획부로 이에 대응하고자 했다.[71]

2) 총동원의 모색

지금까지 살펴본 바와 같이 조선총독부는 일본 자원국 그리고 기획원의 총동원 계획 수립 설정 작업과 이의 추진에 호응해 문서과, 자원과, 임시물자조정과 그리고 기획부로 관련 업무를 처리했다. 다만 이러한 조직은 어디까지나 일본의 방침에 수동적으로 대응하는 조직이었으나, 이와 별도로 조선총독부는 식민지 지배 통치의 관점에서 조선의 독자적 지배방안에 대해 고심하게 되고 이를 위해 새로운 조직을 신설해 새로운 시국, 즉 중일전쟁에 대응해 식민지 조선을 평시 태세에서 전시 태세로 전환하는 폭넓은 정책 방향을 모색하게 되었다. 그리고 이러한 정책 전환의 핵심적 역할을 수행했던 것이 조선총독부 시국대책조사회였다.

1937년 7월 7일 시작된 일본의 중국 침략은 대내외 정책의 변화를 초래했고, 식민지 조선도 여기에서 자유로울 수 없었다. 변화하는 시국에 대처해 조선의 시책을 강구하기 위한 별도의 조직이 요청되었던 것이다. 1938년 2월 조선총독부는 정무총감을 위원장으로 하는 시국대책준비위원회를 설치했다.[72] 중일전쟁 이후 급변하는 시국에 대응하기 위한 장기적 안목에서 시국대책을 심의하기 위해 시국대책조사회를 설치하기로 하고 이에 대한 사전 준비로 시국대책준비위원회를 설치한 것이다. 이 준비위원회는 시국에 대한 중요한 정책의 입안을 목적으로 하

---

71 이후 기획부는 1940년 7월 제4과가 신설되어 제3과가 담당했던 연료에 관한 물자동원계획 설정 및 수행에 관한 업무를 추진했다. 1941년 11월에는 기획부는 정식 총독부 본부 기구로 개편되었다(민족문제연구소, 2017, 앞의 책, 200~203쪽).

72 朝鮮總督府, 1940, 앞의 책, 547쪽; 민족문제연구소, 2017, 앞의 책, 647~649쪽. 이후 시국대책준비위원회에 대한 기술은 상기 두 자료에 따른다.

였기에 그 구성원은 총독부 관료로 조직되어 분야별로 논의를 전개했다. 시국대책준비위원회의 위원은 조선총독부의 내무, 재무, 식산, 농림, 법무, 학무, 경무, 체신, 철도, 전매 국장 등 15명, 간사 43명, 주사 19명으로 출범했다. 준비위원회에는 부를 두어 부에서 구체적인 안건을 협의해 안을 작성하도록 했으며 이를 원활하게 하기 위해 간사회와 주사회를 별도로 두었으며, 조사 항목별로 분과회를 설치했다. 준비위원회는 1938년 2월 18일 제1회 회의를 시작으로 8월까지 10회의 준비위원회를 개최했다. 또한 이를 위해 간사회는 21회, 주사회는 8회를 개최했다. 향후 조선이 시행해야 할 정책을 각 부회에서 논의해 시안을 작성하고 이를 전체 준비위원회에 상정하면 전제적인 조율을 거쳐 다시 세부적인 사항 심의를 위해 간사회 등을 개최하는 구조였다.

　이러한 논의와 협의 과정을 거쳐 시국대책준비위원회는 18개 항목에 이르는 조선총독 자문 사항을 결정했다. 준비위원회에서 결정된 중요 정책의 기본안은 크게 네 가지였다. 즉 조선대책, 소련대책, 중국대책, 만주대책이었다. 조선대책은 내선일체의 강화 철저, 국민정신총동원[73]의 강조, 교육의 확충 및 개선, 지원병제도의 확산, 국민체위의 향상, 사회시설의 확충 강화, 군사 부조 및 군사원호 강화, 생활 합리화의 철저, 농산어촌진흥운동의 강화, 중국 만주의 경제발전에 따른 조선 내 산업경제시설의 재검토, 물자 수급 및 가격 조정에 관한 검토, 교통 통신기관의 정비, 각종 연구기관의 통합과 과학의 이용 촉진, 방공의 강화, 행정기구에 대한 검토, 재정에 관한 검토, 산업금융기구의 정비 등이었다.

　시국대책준비위원회는 이와 같이 중일전쟁으로 당면한 조선의 대내

73　국민정신총동원은 다음 제2장에서 상술한다.

및 대외 정책의 기본 방향을 총독부 관료들의 기안과 협의를 거쳐 기본적인 안을 제시한 조직으로, 1938년 8월 시국대책조사회가 설치되면서 폐지되었다.

시국대책준비위원회에서 7개월에 걸친 논의를 거쳐 기본안이 확정되자, 조선총독부는 8월 시국대책조사회 관제를 공포하고 준비위원회에서 준비한 기본안에 대한 포괄적 논의를 개시했다.[74]

조선총독부 시국대책조사회 관제(발췌)

제1조 조선총독부 시국대책조사회는 조선총독의 감독에 속하는 제 문제에 응해 조선에서 시국대책에 관한 중요사항을 심의한다.

시국대책조사회는 전항의 사항에 대해 조선총독에게 건의할 수 있다.

제2조 시국대책조사회는 회장 1인 및 위원 약간 명으로 이를 조직한다.

특별한 사항을 조사·심의하기 위해 필요할 경우에는 임시위원을 둘 수 있다.

제3조 회장은 조선총독부 정무총감이 담당한다.

위원 및 임시위원은 조선총독의 주청에 따라 관계 각 청 고등관 및 학식경험자 중에서 내각이 이를 명한다.

---

[74] 朝鮮総督府時局対策調査会, 1938, 『朝鮮総督府時局対策調査会関連資料』. 이후 시국대책조사회에 관한 기술은 본 자료에 따른다.

시국대책조사회는 앞서 보았듯이 특정 사안을 결정하는 기구는 아니었다. 조선총독에게 건의를 하는 조직, 즉 총독의 자문기관이었다. 그 구성은 정무총감이 회장으로 조직을 총괄하고, 위원은 사회 명망가로 조선인을 포함해 위원으로 임명했다. 출범 당시의 위원 및 임시위원은 일본인 41명, 조선인은 윤덕영, 박중양, 한상룡, 박영철, 한규복, 최린, 현준호, 이기찬, 박흥식, 이승우, 김연수 등 48명, 만주 5명, 중국 3명이 임명되었다. 이는 식민지 조선이 시행해야 할 정책이 단순히 조선만의 문제가 아니라 일본 본토의 협력이 무엇보다 긴요한 것이었고 또한 단순히 조선총독부의 독자적인 결정이 아니라 조선인 명망가들이 참가해 함께 논의했다는 사실, 즉 일정 부분 조선인의 지지를 이끌어내기 위한 복안이 담겨 있었다고 할 수 있다.

시국대책조사회는 9월 6일에서 4일간에 걸쳐 회의를 개최했다. 회의는 미나미 지로(南次郎)총독, 나카무라 고타로(中村孝太郎)조선군사령관[75]이 참석한 가운데, 오노 로쿠이치로(大野緑一郎)정무총감[76] 주재로 비공개로 진행되었다. 회의에서는 18개의 자문안에 대한 심의가 진행되었으나 그 자문안은 아래와 같다.

---

[75] 1938년 7월에서 1941년 7월까지 재임했다. 조선군사령관을 역임한 미나미 지로(1929.8~1930.12)와 고이소 구니아키(1935.12~1938.7)는 조선총독으로 부임했다.

[76] 정무총감은 조선총독을 보좌하며 총독부 업무를 총괄했다. 오노는 1936년 8월에서 1942년 5월까지 정무총감으로 재임했다.

조선총독부 시국대책조사회 자문안

1. 내선일체 강화 철저에 관한 건
2. 북선의 특수성에 대응할 방책에 관한 건
3. 조선 만주 북지 간의 사회적 연계촉진에 관한 건
4. 재지(在支) 조선인의 보호 지도에 관한 건
5. 북지(北支) 중지(中支)의 경제개발과 조선의 경제개발의 연계에 관한 건
6. 해운의 정비에 관한 건
7. 통신기관(라디오 포함) 정비에 관한 건
8. 항공시설의 정비에 관한 건
9. 해외무역의 진흥에 관한 건
10. 반도 민중의 체위 향상 및 생활 쇄신에 관한 건
11. 농산어촌진흥운동의 확충 강화에 관한 건
12. 사회시설의 확충에 관한 건
13. 노무 조정 및 실업방지 구제에 관한 건
14. 군수공업 확충에 관한 건
15. 지하자원 적극적 개발에 관한 건
16. 쌀 증산에 관한 건
17. 육상교통기관 정비에 관한 건
18. 축산 적극적 장려에 관한 건

자문안을 살펴보면 주로 경제와 산업과 관련된 사안들로, 식민지 조선에서 시행할 생산력확충 계획이나 국민정신총동원과 같은 총동원 정

책에 대한 대책도 담겨 있었다. 첫날 회의에서는 총독의 훈시와 회장인 정무총감의 인사가 이어지고, 분과별 위원을 결정하고, 18개의 자문안이 제시되었다. 7일에서 8일 이틀 동안 분과회별로 토의가 진행되었다.

그럼 분과별 논의 내용을 살펴보자. 제1분과회에는 내선일체 강화 철저에 관한 건, 조선 만주 북지 간의 사회적 연계촉진에 관한 건, 재지 조선인의 보호 지도에 관한 건, 반도 민중의 체위 향상 및 생활 쇄신에 관한 건, 농산어촌진흥운동의 확충 강화에 관한 건, 사회시설의 확충에 관한 건, 노무 조정 및 실업방지 구제에 관한 건과 같이 주로 사회 문화 및 일반에 관한 사항이 논의되었다.

제1분과회에서 논의된 안건 중 반도 민중의 체위 향상 및 생활 쇄신에 관한 건의 자문답신안을 살펴보면 "대륙 전진 병참기지인 조선의 특수 사명에 비추어 반도 물적 자원의 급속 개발 및 생산력확충상 필요한 인적 자원 배양을 위해 적극적 소극적 양 방면에 걸쳐 '반도' 민중의 체위 향상을 꾀함과 동시에, 시국하 반도총후의 임무를 완전하게 수행하기 위해 시국에 즉응하는 반도 민중 생활의 쇄신 검토를 행하고 필요한 것에 대해 대요에 있어서 아래 방책을 취할 것을 요한다고 인정함"이라고 하여, 조선인의 체위 향상의 그 목적성이 바로 전쟁 수행을 위한 물적 자원 증산의 노동력으로서의 필요성에 기인하고 있음을 밝히고 있다. 조선총독부에 있어 조선인은 증산을 위한 도구·수단이었다는 것이고 그것을 충실히 추진하고자 한 것이 체위 향상이었다. 생산력확충을 도모하고 노동력 동원을 위한 방책이었던 것이다.

제2분과회에서는 '북지 중지'의 경제개발과 조선의 경제개발 연계에 관한 건, 해외무역의 진흥에 관한 건, 군수공업 확충에 관한 건, 지하자원 적극적 개발에 관한 건, 쌀 증산에 관한 건, 축산 저극적 장려에 관한 건으로 산업 경제에 관한 사항이 논의되었다.

제2분과회에서 특히 중요한 논의 사항이 14번 군수공업 확충에 관한 건이었다. 고노에내각에 들어와 일본의 경제정책은 일본과 만주와의 경제 일체화를 통해 국제수지를 개선하고 나아가 생산력확충을 도모한다는 것이었다. 이러한 상황하에서 조선총독부는 나름의 생존 전략을 꾀하지 않을 수 없었다. 이에 물자동원계획과 연동해 기획원이 설정 작업을 추진하고 있었던 생산력확충 계획이 하나의 수단이 되었다. 즉 조선총독부는 고노에내각의 일만중경제블록에 대해, 식민지 조선을 대륙병참의 전진기지로서 자리매김했다. 이러한 방침에서 군수산업의 진흥은 중요한 과제였다. 자문답신안에 따르면 "현재 시국의 진전에 따라 조선이 제국의 대륙 정책에서 전진 병참기지로서 더욱 그 중요성을 더하는 것에 비추어, 한층 조선에서의 각종 공업의 진흥을 기함과 동시에, 특히 군수공업의 비약적 신장을 기하기를 요하는 것이 절실하기 때문에, 대요에 있어서 아래 방침에 따라서 이에 대하여 적극적 개발에 노력함으로써, 국책적 임무의 수행에 유감이 없도록 기할 것을 요한다고 인정"하면서, 확충 목표 연도를 1941년으로 하고 있다. 이는 일본의 총동원 계획의 하나인 생산력확충 계획의 기본적 방침에 따른 것이다. 또한 본 자문안에는 확충해야 할 업종별 목표가 상세히 책정되어 있다. 즉 경금속, 석유 및 대용품, 소다(曹達), 황산암모늄(硫安), 폭약, 공작기계, 자동차, 선박, 항공기, 가죽, 기타 광산용구, 정밀기계, 전기기계, 디젤기관 등에 관한 확충 방안에 대해 기술하고 있다. 그리고 실시방법으로서는 관계 법규의 정비, 기업 부지의 알선, 기술자 및 숙련공 양성기관의 확충, 자금융통의 원활화를 도모, 보조금의 교부 고려, 운송 시설의 정비, 동력 요금 및 운임의 경감을 도모, 원재료 공급의 알선, 하청공업의 확충 등의 조치를 강구하고자 했다. 여기에서 군수산업을 확충하여 조선총동원을 위한 병참기지화하겠다는 조선총독부의 노림수가 담겨 있었다고 할 수 있다.[77] 미나미총독은 일본 정부의 총동원 계획의 일환인 생산력확충 계획을 조선의 병참기지화라는 슬로건으로 그 의미를 부각시키고자 한 것이다. 군수공업확충 계획은 미나미총독이 표방한 병참기지 정책의 핵심적인 정책으로 만주에서 산업개발 5개년 계획에 대응한 조선의 체계적인 생산력확충 계획이었다. 군수공업확충 계획은 일본에서 추진하고 있는 생산력확충 계획의 일환으로 추진된 것이었지만, 그 한편으로 만주와 중국을 중시하는 일본에 대한 식민지 조선 존립을 위한 총독부의 자구책이기도 했다.

그리고 총동원에 있어 중요한 것은 물자의 생산뿐만 아니라 조선에서 지하자원의 개발이었다. 제2분과회에서 논의된 지하자원 적극적 개발에 관한 건을 살펴보자. "광업은 아직 여전히 투기적 경향을 다분히 지니는 기업으로서 창업 계획도 걸핏하면 적당히 한탕주의적인 것이 많은 감이 있다. 그와 같은 것들은 헛되게 자금을 고정하고 물자를 부당하게 소모하는 데에 그쳐 진정하게 광업 이익을 보전하고 천혜 자원을 활용하려는 자세가 아닌바, 사업 관계자에 대해서는 한층 더 시국의 인식을 철저히 해 사업에 대한 열의의 앙양을 꾀하여, 진솔한 기업의 흥기를 꾀하는 것은 목하 대단히 화급한 과제이다. 따라서 조선총독부는 물론 지

---

77 조선에서의 생산력확충 계획은 식민통치의 성과를 과시하려는 총독부와 식민지 생산기반에 대한 이해가 부족했던 기획원과 괴리가 존재했다. 이에 1930년대 후반 식민지 조선에서는 증산정책보다 물자 통제에 중점을 두었다(김인호, 1996, 「일제의 조선공업정책과 조선인자본의 동향(1936~1945)」, 고려대학교 박사학위논문, 24~25쪽).

방관헌은 항상 해당 업자, 기업의 태도에 각별한 주의를 기울여 사업의 정상적인 발전을 기하기 위해 당 업자의 광업 정신 작흥의 방도를 강구하기를 요함"이라며 조선광업에 대한 현황 및 문제점을 지적하며, 이의 국책 차원에서의 증산을 위해서, 광업이 영리적 사업임과 동시에 공익적 중요 산업이라는 것의 인식을 철저히 주지시킬 것, 지하자원 개발 공로자에 대한 국가적 표창을 수여할 것, 지하자원 개발 증산에 관한 계획의 주지를 철저히 꾀할 것, 광업에 관한 각종 단체의 활동 강화를 꾀할 것 등의 방책이 제시되었다.

제3분과회에서는 북선의 특수성에 대응할 방책에 관한 건, 해운의 정비에 관한 건, 통신기관(라디오 포함) 정비에 관한 건, 항공시설의 정비에 관한 건, 육상 교통기관 정비에 관한 건으로 교통 통신에 관한 사항이 협의되었다.

총동원에 있어 또 하나 중요한 점은 물류나 인원의 이송이며 그 점에서 중국 대륙의 자원 수송에 있어 조선의 교통체계의 정비와 확충 또한 중요한 과제였다. 제3분과회에서는 이와 관련 된 안건이 논의되었다. 즉 육상 교통기관 정비에 관한 건에 따르면, "제국의 전진 병참기지로서의 사명 수행상 반도 교통기관 특히 철도망의 완비, 기설 시설의 개량 정비 등을 꾀함으로써, 국방·용병상 유감스러운 일이 없도록 … 아래 방책을 취하기를 요한다"라며 철도망의 정비와 증설의 필요성과 이에 대한 방참을 다음과 같이 제언하고 있다. "조선에 철도 보급률은 매우 근소해서 철도망의 정비·확충은 가장 긴요함으로 국유 철도에서 기정(既定) 미설선 이외에 나아가서 신규 계획을 세움과 동시에, 한편으로 국철과의 운수계통의 환승 연결이 완전하지 않고, 고율 운임 때문에 국영 대행의 취지에 부합해낼 수 없는 염려가 있는 사설 철도를 매수 강화하고, 사설 철도로서 개선을 촉구함으로써 전술한 사명을 완성하기"를 촉구하고 있다. 그리고 이러한 육상 교통기관의 충실을 도모하기 위해, 기존 철로의 개선 개량과 더불어, 함흥-중강진 간 선로, 청진-나진 간 노선 건설을 제안하고 있으며, 그 목적은 두말할 것 없이 임산물이나 광산물자원의 효율적 수송이었다. 그리고 육상교통로뿐만 아니라 항공수송과 관련된 논의도 이루어졌다. 항공시설의 정비에 관한 건의 자문 답신안에 따르면, 조선 항공시설의 강화 의미에 대해 "만주국의 발달 및 중일전쟁의 진전에 따라 조선을 경유하는 내지 및 만주·북지 간의 항공 교통량은 급속한 증가를 보이고 있어 기설 수송능력만으로는 화객의 수요에 대해서 현저히 부족을 초래하고 있다. 또 선내 항공로는 대구·경성·신의주를 연락하는 간선 외에 경성·광주선 및 본년도 중에 실시 예정인 경성·청진선에 있어서 산업 교통 경제상은 말할 것도 없고 전시에서 후방 수송 연락 및 방공상 심히 유감스러운바 신속히 이에 대한 충실을 기하는 것을 요한다"라며 항공 수요의 증가와 그 효용성을 지적하고 있다. 이의 실현을 위해 노선의 신설 또는 개선 방책으로, 경성-청도선 신설, 후쿠오카-경성선의 증편 및 기종 변경, 도쿄-오사카-요나고-경성선 특급 선을 신설, 경성-북경선 급행편의 기종 변경, 도쿄-가나자와-청진-신경선 급행편 신설, 청진-연길-목단강선 신설이 제안되었고, 이와 더불어 천진과 함흥의 공항 정비와 확충이 제안되었다. 일본과 만주, 중국 대륙을 매개하는 지정학적 위치에 있는 조선에 육상교통뿐만 아니라 새로운 수송방편으로서 항공편의 정비와 강화가 제창되었던 것이다.

    이와 같이 각 분과회별로 논의를 한 후, 최종일 총회에서는 분과별 심의에 대한 결과를 보고하고 이들 자문안에 대한 의결로 4일간의 회의를 마무리했다.

전체적인 자문안에서 보이듯 조선총독부는 전쟁이라는 시국에서 우선 군수산업, 지하자원, 식량 등의 적극적 개발을 통해 물자 증산을 도모했다. 또한 이들 자원을 효율적으로 운송하기 위한 해운·항공·육상교통 등의 인프라 정비가 제언되었다. 그리고 조선인의 전쟁협력을 이끌어내기 위한 정신동원과 인적 자원을 활용하기 위한 노무동원의 방책이 강구되었다. 이들 자문안은 전시상황하에서 효율적 동원구조를 확립하고자 한 것이었으며, 이러한 동원구조는 조선뿐 아니라 만주와 중국과의 협력을 감안한 동원체제의 구축이었다.

시국대책조사회는 외관상으로는 현대 일본 정치의 한 행태로, 어떤 정책을 추진하고자 할 때 이를 외부 학식자의 의견으로 포장해 정책의 정당성·당위성을 담보받으려는 일종의 위원회와 같은 성격도 갖고 있다. 또 한편으로는 당시의 식민지 조선이 처한 상황에서 일본 본토에 대해 조선을 어필하고 정책협력을 구하려는 의지도 엿보인다. 능동적으로 조선의 전시 태세, 즉 병참기지화를 구축하고자 하는 조선총독부 아니 미나미총독의 강한 의지가 표출된 것이 시국대책조사회라고 할 수 있다. 또한 시국대책조사회를 통해 조선총독부는 중일전쟁 즈음에 총동원의 밑그림을 그리고자 한 것이었다.

제2장
국민정신총동원운동과 총동원 계획의 전개

제1차 세계대전이라는 미증유의 전쟁을 체험하면서 일본은 다가올 새로운 총력전에 대비해 일본적 총동원 태세를 준비하기 시작했다. 그리고 이러한 움직임은 먼저 계획 수립을 위해 기구를 정비했고 1930년에 들어와서 본격적으로 총동원을 상정한 계획 수립이 기간계획의 형태로 수립되었다. 이러한 일본 정부의 방침에 따라 조선총독부 역시 국가 총력의 차원에서 예외 없이 계획 수립에 동원되어 총동원 계획을 수립하는 데 일조했다. 그러나 이러한 문서상의 계획은 1937년 일본의 중국 침략전쟁으로 상황이 돌변하게 되었다. 이제 총동원은 구상의 문제가 아니라 현실적 문제로 다가온 것이다. 이에 일본은「국가총동원법」, 물자동원계획, 생산력확충 계획과 같은 현실적 동원계획을 수립했다. 그러나 여기에서 일본은 이러한 물자의 증산, 동원, 배급이라는 것은 국민의 전폭적 협력 없이는 불가능하다는 사실을 이미 총동원 계획 수립 단계에서 인지하고 있었다. 이에 일본에서는 국민들의 전쟁에 대한 협력과 동원의 원활화를 도모하기 위해 중일전쟁이 발발하자 국민정신총동원운동을 전개했다. 식민지 조선도 중일전쟁이 개시된 지 1년이 되는 시점에서 국민정신총동원조선연맹을 결성해 여기에 동참했다. 본 장에서는 이러한 총동원 태세를 효과적으로 운용하기 위해 실시했던 관제운동인 국민정신총동원운동과 총동원 계획의 추진에 대해 고찰한다. 먼저 이 운동을 전개한 제1차 고노에내각하의 추진과정을 살펴보자.[1]

---

1 미나미총독 정치와 관련해서는 전상숙, 2012,『조선총독정치연구』, 지식산업사. 조선에서의 국민정신총동원운동 조직과 활동과 관련해서는 최유리, 1997,『일제 말기 식민지 지배정책연구』, 국학자료원; 최원규 엮음, 1988,『일제말기 파시즘과 한국사회』, 청아출판사; 김영희, 2002a, 「국민정신총동원운동의 실시와 조직」,『한국독립운동사연구』, 18; 김영희, 2002b, 「국민정신총동원운동의 전개 형태와 그 침투」,『한국근현대사연구』, 22. 지역에서의 국민정신총동원운동 실태에 관해서는 김영희, 2003,

1. 국민정신총동원운동의 개시

1) 제1차 고노에내각과 국민정신총동원운동

　총동원체제의 구축은 물적 자원의 생산·배분, 인적 자원의 통제·동원에 국한된 것이 아니라 국민의 정신영역의 동원 또한 중요한 요소였다. 이를 위해 제1차 고노에내각은 중일전쟁의 전면적 전개와 더불어, 국민을 전쟁에 협력시키기 위해 국민정신총동원운동을 개시했다. 이 운동은 천황제 이데올로기로 국민의 정신영역을 통제해 이를 통해 국민의 전쟁에 대한 적극적 협력 의지를 이끌어내고자 하는 정부 주도의 정신운동이었다.

　1937년 4월 19일 하야시(林銑十郎)내각에서 내각정보위원회가 입안한 '일본정신'을 국민에게 강제적으로 침투시키고, 국민총동원체제의 수립을 지향하는 '국민교화운동방책'이 결정되었다. 이는 국민의 정신적 통제와 동원을 모색한 방안으로, 곧이어 중국에 대한 침략전쟁이 본격화되자 국민정신총동원운동으로 구체화되었다. 즉 8월 15일 고노에수상은 각의에서 '국민적 사상동원운동'을 일으켜 내무성과 문부성이 이를 지도하도록 결정하고, 8월 24일에 「국민정신총동원 실시요강」을 각의

『일제시대 농촌통제정책 연구』, 경인문화사. 중일전쟁기 총동원 계획과 관련해서는 안자코 유카, 2006, 「조선총독부의 '총동원체제'(1937~1945) 형성 정책」, 고려대학교 박사학위논문. 조선에서의 중일전쟁시기 생산력확충 계획과 관련해서는 김인호, 2000, 「조선에서의 제2차 생산력확충 계획과 실상(1942~1945)」. 중일전쟁기의 일본에서의 물동계획과 관련해서는 서정익, 2003, 「전시 일본의 총력전체제와 경제총동원」, 『사회과학연구』, 22를 참조하기 바란다.

결정하여, 국민정신총동원운동을 본격적으로 추진했다. 각의에서 결정된 실시요강의 내용은 다음과 같다.

국민정신총동원 실시요강(각의 제출안)(1937.8.24)[2]

1. 취지

거국일치 견인불발의 정신으로 현하 시국에 대처함과 더불어 금후 지속해야 할 시난을 극복해 황운을 부익해 받들기 위해 이번 전국에 관한 선전방책 및 국민교화운동방책의 실시로서 관민일체를 이루어 일대 국민운동을 전개하고자 한다.

2. 명칭

국민정신총동원

3. 지도방침

  1) '거국일치', '진충보국'의 정신을 견고히 하여 사태가 어떻게 전개되고 아무리 장기에 걸치더라도 '견인지구'로 모든 곤란을 타개하여 소기의 목적을 관철하고자 국민의 결의를 강고히 할 것
  2) 위의 국민의 결의는 실천을 통해 구현할 것
  3) 지도의 세목은 사상전, 선전전, 경제전, 국력전의 견지에서 판단하여 수시로 이를 정하고, 모든 국민이 국책의 수행을 추진할 것
  4) 실시할 즈음 대상 인물, 시기 및 지방의 정황을 고려해 가장 적당한 실시계획을 정할 것

---

[2] 朝鮮總督府, 1940.3, 『朝鮮に於ける国民精神総動員』, 126~128쪽.

4. 실시기관

   1) 본 운동은 정보위원회, 내무성 및 문부성을 계획 주무청으로 삼아 각 성 모두가 하나가 되어 실시할 것

   2) 본 운동의 취지를 달성하기 위해 중앙에 민간 각 방면의 유력한 단체를 망라한 외곽단체의 결성을 도모할 것

   3) 도부현에서는 지방장관을 중심으로 관민합동의 지방실행위원회를 조직할 것

   4) 시정촌에서는 시정촌장이 중심이 되어 각종 단체 등을 종합적으로 총동원하고 여기에 부락과 정내(町內) 혹은 직장을 단위로 실행할 것

5. 실시방법

   1) 내각 및 각 성은 각각 소관 전무 및 시설과 관련해 실행할 것

   2) 널리 내각 및 각 성 관계단체를 동원하여 각각 그 사업과 관련해 적당히 협력할 것

   3) 도부현에서는 지방실행위원회와 협력해 구체적인 실행계획을 수립 실행할 것

   4) 시정촌에서는 종합적으로 부락 또는 정내(町內)마다 실시계획을 수립 실행할 것

   5) 회사, 은행, 공장, 상점 등의 직장에서는 그 책임자가 실시 계획을 수립 실행할 것

   6) 각종 언론기관과는 본 운동의 취지를 간담하여 적극적인 협력을 요구할 것

   7) 라디오의 이용을 도모할 것

   8) 문예, 음악, 영화 등의 관계자의 협력을 요구할 것

6. 실시할 때 주의

  1) 본 운동은 실천을 중시하여 국민생활의 현실에 침투할 것

  2) 종래 도시의 지식계급에 대해서는 철저히 빠짐없이 이 점에 유의할 것

  3) 사회의 지도적 지위에 있는 자에 대해서는 솔선궁행을 요구할 것

7. 실천에 필요한 경비

임시의회에 상당액을 요구할 것

11시 30분 각의에서 결정되었다.

이어서 고노에수상은 9월 11일 도쿄 히비야공회당에서 국민정신총동원 대연설회를 개최해 거국일치(擧國一致), 진충보국(盡忠報國), 견인지구(堅忍持久)를 슬로건으로 하는 국민정신총동원운동의 개시를 천명했다.[3] 이들 슬로건은 천황제 이데올로기, 일본정신에 근거한 정신주의적이며 지극히 추상적인 것으로, 이 점이 국민정신총동원운동의 기본성격을 잘 나타내고 있었다. 9월 27일에는 오지(王子)제지회장 후지와라 긴지로(藤原銀次郎)를 비롯한 9명의 발기인을 지명하고, 9월 30일에는 각종 단체 대표 62명을 수상 관저로 초대해 외곽단체 가맹을 요청했다. 그리고 10월 12일 운동의 추진단체로서 국민정신총동원중앙연맹을 결성했다. 운동은 정부 주도의 관민일체의 국민운동이었으나, 외견상 민간단체의 모양새를 취했다. 회장에는 추밀원 고문관인 아리마 료키쓰(有馬良橘)해군대장, 이사에는 9명의 발기인과 사법관료 오하라 나오시(小原

---

3 下中彌三郎編, 1954, 『翼贊国民運動史』, 翼贊運動史刊行会, 26~39쪽. 일본에서의 국민정신총동원운동에 관한 기술은 본 자료에 따른다.

直), 가자미 아키라(風見章) 등 15명이, 평의원에는 각계 대표 74명이 취임했다. 더불어 정부는 각계 단체에게 중앙연맹에 참가를 요청해 발족 당시인 10월 말 현재 74개의 단체가 가맹했다. 가맹단체는 농업단체 10개, 교육교화단체 9개, 사회노동단체 8개, 청소년부인단체 8개, 산업단체 7개, 스포츠문화단체 6개, 의사회 4개 등이었다.

지방조직으로는 도부현(道府縣) 단위의 국민정신총동원 지방실행위원회가 중심이 되고 여기에 각 지방관청이 협력하는 형태로 추진되었다. 실행위원회의 회장에는 지사가, 위원에는 시정촌(市町村)장, 지방의회의원, 각종 단체 대표, 언론사, 교육자, 실업가 등 이른바 지방의 유력자가 취임했다. 문제는 실행위원회는 시정촌 단위의 추진조직을 보유하지 못했기에, 행정조직인 시정촌과 그 지도를 받는 부락회·정내회에 의존할 수밖에 없는 구조적 한계성을 내포하고 있었고 이는 후술하는 바와 같이 조선의 국민정신총동원운동과 차별화되는 점이었다.

한편, 제1차 고노에내각은 중앙연맹 결성시까지를 운동의 선전기라 칭하며, 운동의 일환으로 『우리는 무엇을 해야 하는가』라는 제하의 인쇄물 1,300만 부를 제작해 전국의 각 가정에 배포했으며, 이는 전례가 없는 일이었다. 이어서 정부는 9월 21일에는 「국민정신총동원 강조주간 실시요강」을 결정해 운동의 철저를 도모했으며, 문부성은 「사회풍조 일신 생활개선 10칙」을 작성해 국민정신총동원의 실천운동으로 삼도록 했다.

중앙연맹 결성 이후 운동은 본격화되어, 11월의 메이지절에 있어서의 국민봉축시간 신설과 국민정신 작흥주간, 1938년 2월의 건국(肇國)정신 강조주간 등 초기에는 주로 천황제 이데올로기 주입에 따른 정신교화운동이 중심이었다. 한편으로는 1월의 정동농업생산증강운동, 2월의 애국공채구입운동, 6월의 저축보국강조주간과 같이 국책협력운동이 정신교화운동과 함께 전개되었다. 국민정신총동원중앙연맹이 1938년 6월까지 추진한 주요사업은 연맹 주최의 강연회 20회, 강사 파견 401명, 기관지인 『국민정신총동원』(월 2회) 매호 약 7만에서 8만 부 배포, 팸플릿, 전단, 포스터의 배포, 라디오 방송, 영화 활동, 국민견인장의 제정, 메이지절 봉축, 일장기 게양운동, 기원절 가정 봉축운동, 시국자료전람회 개최, 상이군인의 위문, 가정보국운동 등이었다. 이렇게 전개된 운동은 좌담회, 강연회, 시가행진, 근로봉사, 협동작업, 신사참배, 폐품회수, 무도대회, 스모대회, 행군 등의 형태로 추진되었다.

한편 일본군이 중국 전선에서 중국의 주요 도시를 점령할 때마다, 즉 1937년 10월 상하이(上海) 전선에서 일본군에게 전선이 유리하게 전개되기 시작하자 이를 계기로 1937년 12월 난징(南京), 1938년 1월 칭다오(靑島), 5월에 쉬저우(徐州)를 점령하자, 이를 축하하는 전승축하회, 시가행진, 깃발 행렬, 제등 행렬 등이 성대하게 추진되었다. 이러한 행사는 결국 국민의 전의를 앙양하는 기능을 수행했다. 국민정신총동원운동은 중일전쟁 개시와 더불어 개시되어 전쟁 기운을 고조시키고 이를 토대로 후방에서 국민의 협력을 이끌어내고자 한 것이다.

고노에내각의 후임으로 등장한 히라누마(平沼騏一郞)내각하에서 국민정신총동원운동의 강화, 확충이 도모되었다. 즉 1939년 중앙연맹의 확충과 너불어 3월 28일 중앙에는 국민정신총동원위원회가 설치되어 중앙연맹과의 2원체제로 운동을 전개했다. 국민정신총동원위원회에는 각료, 관료, 중참의원, 학식 경험자 등 60명의 위원이 임명되어 국민정신총동원의 기획을 담당하도록 했다. 또한 지방 도부현에는 주무과가 설치되었다. 이번의 국민정신총동원 조직의 개조 이후의 주된 활동은 백억저축

강조주간운동, 중일전쟁 발발 2주년 기념 전국적 운동, 지방의회선거에 있어 계몽운동, 전기가스절약운동, 전시절미보국운동, 식수보국운동, 정동지도자 연성강습회 개최 등이었으며 무엇보다 8월에 각의 결정된 흥아봉공일(매월 1일)의 제정으로 전시생활의 실천이 더욱 강조되었다. 즉 초기의 전의 앙양이나 전승 분위기 고조에서, 점차 현실적 문제인, 전시하의 경제생활과 관련해 이에 대한 규제 통제, 그리고 전시생활에 대한 국민의 협력을 이끌어내고자 하는 방향으로 전개되었다. 그러나 관료주의에 따른 관제운동의 본질을 극복하지 못하고 여전히 운동은 저조한 협력 상황을 타개하지는 못했다.

이에 1940년 1월 16일에 성립한 요나이(米內光政)내각은 전시 태세를 강화하기 위한 방책으로 재차 국민정신총동원운동을 개조했다. 이에 4월 16일 각의에서 개조방침이 결정되었다. 그 내용은 관민일체의 운동본부를 설치, 본부의 회장은 수상, 부회장은 내무상과 본부의 이사장의 2명, 고문에는 장관, 이사장에는 민간인을 고용, 이사에는 내각서기관장, 법제국장관, 기획원총재, 내각정보부장, 각성 차관, 귀족원의원, 중의원의원 등으로 구성, 참여는 관계 관료, 귀족원, 중의원의원, 신문대표자, 민간단체 대표자, 도부현 운동관계자 중에서 회장이 위촉하는 것으로 했다. 지방조직으로는 지사를 회장으로 하는 도부현운동본부를 설치, 군시에는 연락기관을 설치, 시정촌에는 실천망을 강화한다는 것이었다. 그리고 4월 23일 중앙연맹을 해산하고 24일 국민정신총동원본부가 설치되었다. 본부 이사장에는 내무성 관료 출신으로 법제국장관을 역임한 호리기리 젠지로(堀切善次郎)가 취임하고, 회장인 요나이수상이 일원적 지도체제를 확립했다. 각 도부현에는 지방본부를 설치하고 그 본부장에는 지방장관이 취임했으며, 지방장관의 추천으로 각 1명의 참여가 중앙과 지방의 연락을 담당하도록 하여 좀 더 관민일체의 전국적 국민운동조직으로서의 성격을 강화했다. 이에 국민정신총동원운동은 제3기에 돌입했다. 새롭게 출범한 국민정신총동원운동의 중앙조직인 본부규약 제2조에 따르면 "본회는 총력전 태세 강화에 필요한 물심양면의 거국실천운동을 추진하는 것을 목적으로 한다"라고 규정해 초기 운동과 비교하면, 장기화하는 전시 태세하에서 국민을 통제하고 전시생활에 적응시키기 위한 운동으로 그 성격을 더욱 명확히 했다. 일원적 기구로 개조한 후 신생활양식 수립, 사치 전폐, 식량 보국, 120억 저축 등의 운동이 전개되었다. 정신운동과 더불어 전시생활 측면의 운동이 강화되었다. 이는 경제적 기반이 취약한 일본으로서 당연한 귀결이었다. 이번 개조를 통해 국민정신총동원운동의 관제성은 더욱 강화되었다. 조직상 하부 실천 조직이 없는 상황에서 실질적 지방행정조직을 관장하는 내무성의 관여와 지도 통제가 점차 강화되었다. 국민운동의 지역 말단조직을 전국적으로 정비했으며, 이러한 국민정신총동원운동에서 축적된 경험과 방책은, 후술하는 대정익찬회가 성립하고 개조되면서 내무성이 주도권을 장악하는 하나의 원천이 되었다고 할 수 있다.

중일전쟁의 개시와 더불어 전개된 관제국민운동인 국민정신총동원운동은 원활한 전쟁 수행을 도모하며 이에 대한 국민의 협력을 이끌어내고자 하는 목적으로 개시되었다. 전쟁의 장기화에 따라 물자동원과 인력농원의 활성화와 최소한의 국민생활 태세 유지의 필요성이 대두되었다. 이에 이를 관철하기 위해 국민의 국책협력 촉진과 더불어 정신적 인내와 절제를 요구하게 되었다. 운동의 궁극적인 목적은 전생 완수에 있었으며 그 수단으로서 국민의 정신적 통제와 동원을 도모한 것이었다. 총동원 정책의 하나로 개시된 국민정신총동원운동은 국민동원의 시험

대이기도 했다. 그러나 기대에 부응하지 못한 운동의 부진으로 일제는 새로운 방향을 모색하게 되었다.

2) 미나미총독과 조선인 통제의 강화

조선군사령관을 역임한 미나미 지로(南次郞)가 1936년 8월 5일 제7대 조선총독으로 부임했다. 미나미는 조선으로 부임하기 전 일본에서, "총독의 중임을 맡은 이상 조서의 성지를 봉체하여 이들 선배 각위가 이룬 치적에 대해, 한마음으로 신장하고 충실히 임하여, 민력의 발달 강복의 증진 산업발전을 도모하여 더욱 나아가 진정으로 내선융화의 결실을 거두고, 일시동인의 성지를 받들어야겠다고 생각합니다. 생각건대 동양평화의 근기는 일만 양국의 불가분의 관계를 더욱 확고하고 견고하게 하는 데 있습니다. 더구나 조선과 만주는 맞닿아 있는 관계이므로, 양 민족은 진정 하나가 되어 공존공영을 도모해야 합니다"[4]라는 내용의 성명서를 발표하고 조선 통치에 대한 포부를 밝혔다.

일본의 식민지 조선 통치 방침의 특징 중 하나로 동화정책을 들 수 있다. 특히 다이쇼(大正)천황은 1919년 조서를 공표해 조선 민중을 일시동인(一視同仁) 즉 천황의 신민으로서 차이가 없도록 하겠다는 것을 천명했다. 이는 일본과 식민지 조선을 구별하지 않겠다는 것이었지만 이는 어디까지 표면적인 대외 선전적 표명에 불과했다. 이러한 동화정책의 구체적 방책으로 미나미총독의 전임자였던 우가키총독이 표방했던 것이 내선융화였다. 즉 위에 서술한 미나미총독의 성명서는 기본적으로 조선

---

[4] 朝鮮總督府, 1940, 앞의 책, 409쪽.

통치의 기본 원칙인 천황의 일시동인을 기조로 하여 이의 구체적 방책인 전임 총독의 내선융화에 충실하겠다는 것으로, 이는 결국 총독 부임의 일성으로 무엇보다 동화정책의 철저한 실천을 언명한 것으로 해석할 수 있다.

부임한 이듬해 1937년 4월 두 번째로 맞이한 도지사 회의에서 미나미총독은 '5대 정강'을 발표했다. 즉 국체명징(國體明徵), 선만일여(鮮滿一如), 교학진작(敎學振作), 농공병진(農工倂進), 서정쇄신(庶政刷新)이 바로 그것이다.[5] 먼저 미나미총독은 국체명징에 대해 "일부 민중 중에는 아시아 및 세계의 큰 국면을 보지 못하고 고루한 민족주의적 편견에 사로잡힌 자 외에도 공산주의자의 준동 또한 여전히 근절되지 않아 인심을 해치는 자가 있는데, 이는 시정의 원활한 운용을 저해할 뿐 아니라 제국의 사명을 달성하는데도 반도가 분임하는 책무에 비추어 볼 때 참으로 유감스러운 일이며, 반드시 그러한 것들을 절멸, 소탕하는 것이 아주 요긴한 일입니다"라고 시정을 혼란스럽게 한다고 판단한 독립운동에 대한 경계와 이에 대한 탄압을 강조하고 있다. 또한 "지금은 마땅히 제국 9,000만 동포가 혼연일체가 되어 절연히 시국의 어려움에 임해야 할 때인데, 거국일치, 상하일심으로 천업을 회홍하고 황도를 선양하기 위해 가장 필요하고 절실한 것은 국체 관념의 명징입니다. 특히 조선에서는 한층 더 그 절실함을 통감하고 있습니다. 국체 관념을 명징하게 하고 중서의 국민적 신념을 확고불발하게 배양하는 것은 참으로 반도 시정의 근본이라고 확신하고 있습니다"라며 국체 명징을 통치의 근본으로 자리매김하고 있다.

---

5   『朝鮮総督府官報』, 1937.4.21. 이하 '5대 정강'에 대한 인용은 본 사료에 따른다.

이어서 선만일여에 대해 "조선은 만주와 맞닿아 있어서 일만관계에서 반도가 차지하는 지위는 특히 중요합니다. 즉 일만일체 필연의 내용으로서 선만일여 실체의 성립이 절실히 필요한 것입니다"라며 조선과 만주와의 본질적 동일성을 강조하고 있다. 또한 조선과 만주와의 관계와 관련해 "산업에서, 경제에서, 문화에서, 국방에서 피차 긴밀히 제휴해 가지 않으면 안 됩니다. 반도 시정의 체험과 그 수확된 실적 및 보유한 자원력으로 만주국 국세의 발전, 신장을 위해 이바지하는 것은 우리 조선의 당연한 사명에 속하는 것입니다"라며 경제적인 제휴, 항일독립운동 세력에 대한 탄압 등 조선과 만주와의 긴밀한 관계 구축을 당부하고 있다.

그리고 교학진작에서는 "반도교육의 근본이 되는 주의인 교육 수산의 병진, 실학교육의 교양, 국민 체위의 향상, 개념적 추상적 교육 배제 등은 더욱 이를 강조하고 천명하는 것이 필요한데, 그중에서도 가장 긴요하다고 생각한 것은 교학에서의 국민정신의 함양입니다. 국민교육의 근본은 바로 국민정신을 계발하고 배양하는 데 있으며 국민성을 도야하고 국민도덕을 연성하여 견고하고 치열한 국민적 신념을 널리 뿌리 내리게 하는 것은 국가 교학의 제일 근본입니다"라며 국민정신의 함양을 강조하고 있다.

농공병진 정책에서는 "농림수산업의 각 부문에 걸쳐 시정 이래 열심히 시설에 노력한 결과 특히 최근에는 철저한 농산어촌 진흥운동으로 화룡점정을 이루어 그 진전은 실로 현저합니다. 장래에는 농경지 배분의 이용 개선, 농업경영의 합리화, 공업원료생산의 촉진, 생산물 처리의 합리화, 어장 개척 등에 대해서 한층 연구를 쌓고 착착 이를 실행"하며, 특히 "반도의 인구 증가가 현저하여 남선방면에서는 이미 그 과잉 현상까지 노정되고 있는데, 이를 하늘이 주신 물적 자원력으로 바꿔 생각하면 반도의 각종 공업은 그 진전 가능한 소지 조건이 극히 풍부해 전도는 실로 다망다채하다는 생각이 듭니다"라고 지적하며, "광물자원, 수력발전의 개발 촉진, 국책공업의 유도, 제 공업의 합리적 분포, 중소공업의 진흥, 노동효율 향상 내지 이에 대응한 금융의 원활, 교통 무역의 진흥 등 시책을 강구해야 할 것은 점점 더 다양하고 다기해져서 여러분의 노력을 기대하는 바입니다"라며 공업정책으로서 향후 추진해야 할 과제를 제시하고 있으며, 조선 산업 진흥의 중요 정책으로 농공병진 정책을 자리매김하고 있다.

마지막으로 서정쇄신에 관해서는 "서정의 쇄신 민심의 창달을 꾀하기 위해서는 법령, 제도, 기구, 시설 등의 시정 이혁도 물론 필요하지만 어차피 그 중심을 이루는 것은 바로 이를 운용하는 사람들입니다. 조로 관공리 된 자의 각오 여하, 심의와 정신의 연마 여하에 달려 있는 것입니다. 무릇 관공리 된 자에게 그 본분을 지키고 국가를 위해 민인을 위해 헌신봉공하려는 큰 용맹심, 큰 기백이 있는지 없는지가 그 근본입니다. 이것 없이는 서정쇄신은 꾀하기 어려운 것입니다"라며 특히 지방장관인 도지사가 이를 숙지해 수완을 발휘해 줄 것을 주문하고 있다.

미나미총독은 부임한 이듬해 조선 통치의 기본 방향 다섯 가지를 제시했지만, 1년 뒤 그가 강조한 것은 다름 아닌 내선일체였다. 즉 그는 1938년 4월에 개최된 도지사 회의 훈시에서 "본 전쟁이 가져올 지접·간접적인 형이상하에 걸친 영향과 우리가 시행해야 할 사적을 검토한 바 5대 방침은 통치의 근본 취지인 내선일체의 본류에 따라 한층 새로운 의의를 띠며, 그 실적을 거둘 수 있음에 생각이 미칠 수 있습니다"[6]라고

---

6 朝鮮総督府, 1940, 앞의 책, 410쪽.

내선일체를 조선 통치의 기본방침으로 자리매김하고 있는 것이다.

그렇다면 조선 통치의 기본이념으로서 자리매김한 내선일체란 무엇을 의미하는 것일까. 이 점에 대해 미나미총독은 1939년 4월 18일 개최된 도지사 회의에서 내선일체에 대해 주의를 환기시키고 있다.[7] 먼저 "내선일체의 목표는 반도인을 충량한 황국신민으로 만드는 데 있습니다. 충량한 황국신민의 본질은 천황중심주의하에서 만민보익의 황도를 다하는 데 있습니다"라며 내선일체의 목표가 조선인의 황국신민화에 있음을 강조하고 있다. 또한 내선일체가 일본과 조선의 평등이라는 논리에서 조선의 일본과 동등한 권리를 주장하고 있는 점에 대해 비판을 하며 "내선일체란 결코 이상과 현실을 혼동하는 형식적 평등관의 수립을 의미하는 것은 아니라는 것입니다. 들리는 바에 따르면 반도 동포 중 일부에는 내선일체는 국가적·사회적 대우를 전면적으로 즉시 또는 급진적으로 평등화하는 것을 전제조건으로 한다는 따위의 견해를 가진 자가 없지 않다고 합니다. 또 내지인 일부에는 이로 인해 선달자의 우위를 상실하고 유해무익한 자비에 빠진다는 등의 견해를 가진 자가 없지 않다고 합니다. 이러한 것들은 모두 편협한 소승적 견해로서 심히 인심을 그르치는 것이라고 하지 않으면 안 됩니다"라고 지적하며 우선 황국신민으로서의 실질을 갖추는 것을 전제로 할 것을 강조하고 있다.

미나미총독이 식민지 조선 통치 방침으로 강조하며 추진한 내선일체, 황국신민화는 조선인을 일본제국주의를 위한 도구로 활용하기 위한 기초작업이자 최소한의 안전장치였지 결코 조선인을 일본인과 동등하

---

7   친일반민족행위진상규명위원회, 2009, 『친일반민족행위진상규명보고서』, 50쪽. 이후 도지사회의의 내선일체에 관한 인용은 본 사료에 따른다.

게 대우하겠다는 취지의 정책은 아니었다.

앞서 총동원 계획에서도 언급했지만 조선 통치의 하나의 큰 전환점이 되는 것은 중일전쟁의 발발이었다. 일본 본토에서는 중일전쟁 개시와 더불어 국민정신총동원운동이라는 정신운동을 전개해 국민의 전쟁 수행 협력을 이끌어내고자 했다. 그렇다면 조선에서는 중일전쟁과 더불어 조선인의 통제를 위해 어떻게 대처했는지 살펴보자.

1937년 7월 7일 중일전쟁이 일어나자 사태의 추이를 살펴보던 미나미총독은 고노에내각의 일본군의 중국전선 파병 결정이 내려지자 7월 15일 임시 도지사 회의를 소집했다.[8] 미나미총독은 향후 전쟁의 추이에 대해 다음과 같이 지적했다. "생각하건대 이번 사변은 당초 우연한 촉발에서 비롯된 것이므로 양국 당국의 교섭에 따라 국지적으로 수습할 가능성이 있는 외관을 보이고 있습니다"라고 언급했다. 중국과의 개전 단계에서 미나미총독은 단기전으로 전쟁이 일단락되리라는 인식이 있었던 것으로 보인다. 이를 굳이 언급하는 이유는 이러한 단기적으로 수습될 전망을 갖는 전쟁이라면 그에 상응한 정도의 대응을 총독부로서도 강구하게 된다는 것이다. 즉 우리가 일반적으로 알고 있는 장기전으로서의 중일전쟁은 사실 개전 단계에서는 미나미총독뿐만 아니라 일본 고노에내각에서도 단기전으로 수습할 전망을 갖고 있었다. 임시 도지사 회의에서 미나미총독은 "정확한 시국 인식의 파악과 거국일치하여 외훤에 맞서는 신념을 견지"할 것을 지시하며 시국 인식을 철저히 하라고 강조했다. 이의 구체적 방책으로서 미나미총독은 세 가지를 제시했다. 먼저

---

8 国民精神総動員忠清南道聯盟, 1939.3,『国民精神総動員要覧』, 39~41쪽. 이후의 임시 도지사 회의에서의 인용은 본 사료에 따른다.

하나는 "반도 주민에 대해 널리 시국의 중대성을 철저히 주지시킬 것", 두 번째는 "오늘날 진정한 동아의 안정 세력으로서 전국의 안위를 짊어진 일본제국의 지도적 지위를 내선일체인 반도 민중에게 확인시킬 것", 세 번째로 "중국의 전모를 올바르게 일반에게 이해시킬 것", 이 세 가지였다. 또한 시국에 대한 "올바른 인식과 강한 신념이 반도 관민 전 계층에게 골고루 미쳐 각자가 그 의무에 적응하는 수단 방법으로 일의전심하여 후방의 본분을 다하는 것"이 바로 거국일치의 열매를 맺고 봉공의 의의를 다하는 방법이라고 강조했다. 이러한 미나미의 지도 방침은 중일전쟁의 당위성과 정당성을 선전하고, 또 한편으로는 중국의 부당함을 조선인들에게 주지시키고 이를 통해 전쟁 수행에서 조선 내 협력을 이끌어내고자 한 것이다.

미나미총독은 도지사 회의에서 중일전쟁 발발에 따른 민심의 3대 방침을 제시하고, 더불어 언론관계자, 재계, 중추원 참의, 종교인, 교육자 등을 초대해 시국의 중대성을 널리 알리며 이에 대한 적극적인 협력을 요청했다. 이에 이들은 조선 각지에서 강연회를 개최하고 선전인쇄물을 배포해 일본의 침략전쟁을 합리화하는 선전 활동에 앞장섰다.

이러한 선전 활동을 좀 더 구체화하기 위해 총독부는 1937년 7월 22일 조선중앙정보위원회[9]를 설치했다. 조선중앙정보위원회에서는 정무총감을 위원장으로 하여 정보 선전과 관련된 중요사항을 심의했으며, 정보수집과 시국 선전, 관련 기관과의 연락 등의 기능을 수행했다. 조직 구성은 위원장에는 정무총감, 위원은 조선총독부 고등관 또는 학식 경험

---

9 민족문제연구소, 2017, 『일제식민통치기구사전통감부·조선총독부편』, 637~638쪽. 조선중앙정보위원회에 관한 기술은 본 자료에 바탕을 둔다.

자 중에서 임명 또는 촉탁되었으며, 간사장은 총독관방 문서과장이 맡았다. 출범 당시의 위원은 조선총독부 국장을 비롯한 15명, 임시위원으로는 조선군참모장, 진해요항부참모장, 조선헌병사령관이, 간사장 1명, 간사 21명, 서기 4명이었다. 각 도에는 도지사를 위원장으로 하는 도 정보위원회가 설치되어 정보수집과 시국 선전 활동에 임하도록 했다. 중앙과 지방을 연결하는 수직적인 정보 선전 라인이 작동하기 시작한 것이다. 조선정보위원회는 연중 수차례, 안건이 있을 경우 비정기적으로 개최되었다. 업무는 매주 개최되는 간사회에서 협의되었다. 간사회는 일본과 타이완 정보 당국의 정보, 조선총독부의 담당 기관의 정보 등을 수합해 관련 기관에 연락 보고하고 시국에 관한 사항을 연구 협의했다. 간사회에서 결정된 사항은 총독부 각국에서 시행되었다.

조선중앙정보위원회는 정보수집과 연락 보고, 언론기관의 통제, 이와 더불어 또 하나 중요한 역할이 시국 선전이었다. 조선총독부 관보 부록인『통보』를 발행해 시국 상황을 각 지방에 전파하고 선전 활동에 주력했다. 또한 시국 인식을 철저히 하기 위해 각종 인쇄물을 제작 배포했으며, 이외 전람회 연극회, 박람회 등을 개최해 시정 선전을 강화했다. 더불어 국민정신총동원 강조 주간, 총후보국강조운동 등이 실시되었다.

또한 10월에는 황국신민의 서사가 제정되어 조선에 거주하는 모든 이는 의식, 행사, 기타 기회가 있을 때마다 항상 낭독하도록 했다. 이는 황국신민으로서의 자각을 갖도록 도모한 시책으로, 초등학생용과 일반인용 두 종류로 제작해 배포했다. 또한 이를 신문이나 잡지에 게재하고 영화로도 제작했으며 라디오로도 선전했다. 황국신민 서사의 내용은 다음과 같다. 식민지 조선인에 대한 천황주의에 입각한 정신동원이 본격화된 것이다.

황국신민 서사[10]

황국신민 서사(초등학생용)

1. 우리는 대일본제국의 신민입니다.
2. 우리는 마음을 모아 천황폐하에게 충의를 다하겠습니다.
3. 우리는 인고단련하여 훌륭하고 강한 국민이 되겠습니다.

황국신민 서사(일반인용)

1. 우리는 황국신민이다. 충성으로 군국에 보답하자.
2. 우리 황국신민은 서로 신애협력하여 굳게 단결하자.
3. 우리 황국신민은 인고단련을 양성하여 황도를 선양하자.

11월에는 관공서, 회사, 은행, 공장, 각종 단체, 정동리, 부락 단위로 1일이나 15일 기타 날을 애국일로 정해 황성요배, 신궁참배, 국기게양, 황국신민 서사를 낭독하고 강연회를 개최하도록 했다. 이를 통해 국체명징, 내선일체의 확립을 도모했다. '황국신민 서사'를 통해 조선인의 의식부터 황국신민화를 철저히 하고자 했으며, 이는 일본 패전 시까지 이어진 어찌 보면 주술적인 정신동원이기도 했다.

이와 같이 조선중앙정보위원회는 중일전쟁의 개시와 더불어 조선인의 시국 인식에 대한 철저 강화를 도모한 조직이었다. 이를 위해 광범위한 정보수집과 공유, 보도의 통제, 다양한 매체를 활용한 선전을 통해 조선인의 인식을 통제해 전쟁이라는 비상 시국하의 식민지 통치를 위한

---

10 朝鮮総督府, 1940, 앞의 책, 790쪽.

안정적인 통제와 지배 철저를 도모한 선전·선동기구였다.

2. 조선에서의 국민정신총동원운동

1) 국민정신총동원조선연맹의 조직

위에서 살펴보았듯이 중일전쟁이 발발하자 일본에서는 국민정신총동원운동이 개시되었다. 반면 조선에서는 조선중앙정보위원회를 설치해 관 주도로 정신운동을 전개했다. 그러나 중일전쟁의 장기화로 인해 좀 더 강화된 정신운동의 전개와 이를 통해 전쟁에 대한 협력을 이끌어야 하는 과제가 대두했다. 이에 미나미총독은 1938년 4월 개최된 도지사대회에서 "시국대처의 시정에 개절을 도모할 때, 이의 실행 운용에 필수적인 것은 실로 관민이 하나가 되는 유기적 조직입니다. 환언한다면 국가 비상사태의 계속 또는 발전에 처하여 일사불란한 통제 아래 유효한 국민적 활동을 실시할 조직과 훈련입니다. … 생각건대 시정 이후 관민협조의 미풍을 지켜온 우리 조선은 국민운동의 통제 강화 또한 결코 어려운 일이 아니라고 믿습니다. 이 때문에 반도의 관민은 중앙과 지방이 서로 호응해 먼저 모범을 일본 전국에 보여준다는 기개와 포부로 일정 발안(一定發案) 아래 적절한 방법을 찾고 있습니다"[11]라며 국민운동의 통제 강화를 강조했다.

---

11 国民総力朝鮮連盟, 1945, 『朝鮮に於ける国民総力運動史』, 22~23쪽.

이러한 미나미총독의 발언에서 알 수 있듯이, 1937년 7월 중일전쟁 발발과 함께 조선에서는 조선중앙정보위원회를 통한 시국 선전 활동을 개시했다. 그리고 곧이어 일본에서 국민정신총동원운동이 개시되었지만, 조선에서는 조선중앙정보위원회 조직을 통한 운동 전개를 견지하며 일본처럼 새로운 조직을 결성하지 않았다. 그러나 중일전쟁이 결과적으로 단기적 해결에 실패하면서 시국은 변화하게 되고 미나미총독의 입장에서도 정보 통제와 선전을 주안으로 하는 기존의 운동 방식에 한계를 느낄 수밖에 없었다. 결국 1938년 단계에 들어와 미나미총독은 일본에서 전개되고 있는 국민조직을 기반으로 한 국민운동을 고민하기 시작했다. 그 구체적 성격은 발언에서 나와 있듯이 관민협조, 즉 총독부의 시책 방침에 순응하며 이를 말단의 개개인에게까지 전달할 수 있는 상의하달적 조직을 구상했다. 그리고 시국대책준비위원회에서의 검토를 거쳐 내선일체를 위한 강화의 한 방편으로서 국민정신총동원의 구상이 구체화되었다.[12] 일본에서는 내무성·문부성·내각정보부가 주무부서였으나, 조선에서는 학무국을 중심으로 작업이 추진되었다. 6월 12일 야나베 에이자부로(矢鍋永三郎), 마에다 노보루(前田昇), 윤치호, 한상룡, 조병상, 박영철, 최린 등 국민정신총동원조선연맹 결성 준비위 10명이 조선연맹 결성을 위한 모임을 갖고 14일 발기인 준비위원회를 개최해 조선연맹 규약안, 발기인의 인선 등을 거친 다음 6월 22일 경성부민회관에서 단체 65개, 유력자 57명으로 발기인회를 개최해 조선연맹 설립 취지 및 연맹 규약안을 결정했다. 또한 지방연맹의 결성을 독려하기 위해 지방장관 및 지방 각 방면에 지방연맹 결성을 위한 의뢰장을 발송하기도 했다.

---

12 시국대책준비위원회 및 시국대책조사회는 제1장 3절을 참조하기 바란다.

7월 1일에는 창립총회를 개최해 취지 및 연맹 규약을 결정하고 학무국장 시오바라 도키사부로(塩原時三郎)를 이사장으로 추대하고 각 간부를 결정했다. 그럼 기본적인 국민정신총동원운동의 성격 및 조직을 이해하기 위해 출범 당시의 「국민정신총동원연맹 규약」을 살펴보기로 하자.

국민정신총동원연맹 규약(1938.7.7)[13]

제1조 본 연맹은 국민정신총동원조선연맹이라 칭한다.
본 연맹의 사무소는 당분간 조선총독부 안에 둔다.
제2조 본 연맹은 내선일체 거국일치 국민정신총동원의 취지 달성 도모함을 목적으로 하고, 본 취지에 찬동하는 조선의 각종 단체 및 개인으로 조직한다.
제3조 본 연맹은 전 조의 목적을 달성하기 위해 다음 사업을 실행한다.
  1. 강연회 좌담회 등의 개최 또는 강사의 알선 및 파견
  2. 인쇄물의 제작 배포
  3. 가맹단체 및 개인 상호간의 연락 조성 및 가맹단체 이외의 단체 및 본 운동 실시 기관의 활동 원조
  4. 기타 전조의 목적을 달성하기 위해 필요한 사업
제4조 본 연맹은 본 운동에 관해 당국의 자문에 응하거나 당국에 건의할 수 있다.
제5조 본 연맹 설립 이후 가맹하려는 자는 이사회의 승인을 받아야

---

13 国民総力朝鮮連盟, 1945, 앞의 책, 79~81쪽.

한다.

제6조 본 회는 조선총독부 정무총감을 명예총재로 추대한다.

본 회에 고문 약간 명을 둔다.

제7조 본 회에 아래의 임원을 둔다.

이사장 1명

이사 약간 명(이중 약간 명을 상무이사로 한다.)

평의원 약간 명

참여 약간 명

제8조 이사장은 이사회에서 추천한다.

이사장은 본 연맹을 대표하고 회무를 총리한다.

이사장 사고 시에는 이사장이 지명한 이사가 그 직무를 대리한다.

제9조 이사는 이사장이 지명한다.

이사회는 평의원회의 의결에 회부되는 것을 제외한 본 연맹에 관한 중요한 사건을 심의하고 상무이사는 본 연맹에 관한 사무를 장리한다.

제10조 평의원은 가맹단체 관계자 및 개인 중에서 이사장이 위촉한다.

평의원회는 본 연맹의 중요한 사건으로 이사장이 논의를 회부한 사건을 심의한다.

제11조 고문과 참여는 이사회에서 추천한다.

참여는 본 연맹에 관한 중요한 사건에 참여한다.

제12조 이사회와 평의원회는 이사장이 소집한다.

이사회와 평의원회의 의장은 이사장이 맡는다.

제13조 본 연맹에 필요한 직원은 이사장이 임면한다.

중일전쟁 발발 1주년이 되는 1938년 7월 7일 국민정신총동원조선연맹 발회식이 개최되었다. 위에 열거한 규약을 보면, 제1조에서는 국민정신총동원조선연맹이라고 명하여 기본적으로 일본의 운동명칭을 그대로 답습하고 있다. 그러나 제2조에서는 운동의 목적으로 내선일체를 명시해 미나미총독의 조선 통치 방침을 전면에 내세움으로써 식민지 조선에서 추진되는 운동임을 표명하고 있다. 제3조에 명시된 사업을 보면, 강연회, 좌담회, 인쇄물 제작 배포 등의 선전 활동을 주요한 활동으로 삼고 있다. 이는 중일전쟁 초기인 1938년인 단계에서는 경제적인 측면보다 정신적인 동원 측면이 강조되었던 점을 반영한 것이다. 조선연맹의 조직은 총재, 고문, 참여, 이사장, 상무이사, 평의원, 참사로 구성되어 군부, 고위 관료, 재계 유력자 및 학식 경험자 등이 임원으로 위촉되었으며, 설립 초기에는 오노 로쿠이치로(大野綠一郞) 정무총감이 명예총재를 맡았으나 전임총재의 필요성이 대두되어 조선군사령관을 역임한 가와시마 요시유키(川島義之)가 총재를 맡게 되었다. 학무국장 시오바라가 이사장으로 연맹을 총괄했으며 이사회와 평의원회가 각종 사안에 대해 심의하는 구조였다.
　또한 조선연맹의 이사와 평의원에 조선인이 참여해 운동을 추진하는 데 협력했다. 조직 초기 단계에서의 조선인 임원 명단은 〈표 2-1〉과 같다.

〈표 2-1〉 국민정신총동원조선연맹 조선인 임원 명단

직위	명단
이사	윤치호(尹致昊)·박흥식(朴興植)·박영철(朴榮喆)·이각종(李覺鍾)·이승우(李升雨)·한상룡(韓相龍)·조병상(曺秉相)·손정규(孫貞圭)·원덕상(元悳常)·최린(崔麟)·최창학(崔昌學)·김활란(金活蘭)·김대우(金大羽)·김명준(金明濬)·김성수(金性洙)·김사연(金思演)·민규식(閔奎植)
상무이사	윤치호·이각종·이승우·조병상·김대우
평의원	박기효(朴基孝)·장직상(張稷相)·한규복(韓圭復)·고원훈(高元勳)

출처: 친일반민족행위진상규명위원회편, 2009, 『친일반민족행위진상규명보고서Ⅲ-3』, 693~694쪽.

조선총독부는 중앙본부격 조직인 조선연맹을 민간단체라 규정했지만, 실질적으로는 조선 통치를 보좌하며 총독부와의 긴밀한 협력 관계를 중시한 조직이었다. 즉 학무국장인 시오바라가 이사장으로 연맹의 실질적 운영을 맡았으며 중요 의사결정기구인 이사회의 구성원인 이사를 이사장이 임명하는 구조하에서는, 조선총독부의 학무국이 운동의 기획과 추진 방향을 주도한 것으로 보인다.

조선총독부는 조선 통치의 근본방침을 "일시동인의 성지에 순종하여 반도 동포의 국체 관념을 확립하고 황국시민으로서의 신념을 확고히 하여 내선일체가 되어 황운을 돕고 황도를 선양"하는 데 두었다.[14] 그러다 1937년 7월 중일전쟁의 개시로 동아 신질서 건설에 있어 조선은 병참기지로서 자리매김했다. 이에 조선총독부는 "황국신민으로서 흔들림 없는 정신적 태세를 갖추고, 내선일체 협심육력을 통해 시국의 급무에 부응하는 것은 제국의 대륙정책 수행에서 절대적으로 필요한 일로 … 반도 동포의 급속한 황국신민화 및 내선일체 구현의 최선의 방책"으로 국민정신총동원운동의 강화에 힘쓰게 되었다. 이러한 인식은 국민정신총동원운동 조선연맹의 창립총회에서 결정된 취지에서도 나타난다. 취지의 일부 내용을 살펴보자.

취지[15](발췌)

용이하지 않는 시국을 재인식하여 더욱 국민정신을 강화하고 금후

---

14 朝鮮総督府, 1940, 앞의 책, 827쪽.
15 国民総力朝鮮連盟, 1945, 앞의 책, 25~26쪽.

어떠한 난국을 만나더라도 항상 견인지구하여 만난을 극복함으로써 국민적 사명을 달성하고자 한다.

당국은 이러한 정세를 감안하여 국민정신총동원운동을 철저히 시행하여 존엄한 우리 국체를 본받아 진충보국의 정신을 앙양하고 이를 국민의 일상생활의 실천으로 구체화하고 항상화하여 소기의 목적을 관철시키고자 한다. 이는 또한 국민 전체의 의지이자 의무이다. 우리는 여기에서 국민정신총동원조선연맹을 결성하여 사회 각 방면에 걸쳐 동일한 지도정신 아래 운동을 통제 강화하고 진정한 관민협력 내선일체 국체에 순응하여 총후를 간고히 지킴으로써 시국의 어려움을 극복하고자 한다.

「국민정신총동원연맹 규약」제2조에서도 규정하고 있듯이 "내선일체 거국일치 국민정신총동원의 취지 달성 도모함"을 목적으로 했다. 또한 1938년 7월 7일 국민정신총동원조선연맹 발회식에서는 선언이 채택되었는데 그 선언의 내용은 다음과 같다.

선언[16]

동양평화를 확보하여 팔굉일우의 커다란 정신을 세계에 앙양하는 것이 제국의 변하지 않는 국시이다. 우리는 여기에서 일치단결하여 국민정신을 총동원하고 내선일체의 모든 능력을 발양하여 국책의 준행에 협력함으로써 성전의 궁극적인 목적을 관철하고자 한다.

---

16   朝鮮総督府, 1940.3, 앞의 책, 63~64쪽.

결성 당일의 선언에 국민정신총동원운동의 기본적 목적이 함축적으로 서술되어 있다. 일본제국주의의 대외 침략을 정당화하는 슬로건인 팔굉일우의 국시하에서 일상화된 정신까지 동원해 내선일체를 강화하고, 이를 통해 총독부의 시책에 순응 적극 협력하여 중일전쟁의 완수에 기여하고자 한 것이다. 또한 「국민정신총동원조선연맹 강령」에는 '내선일체의 완성'을 하나의 목표로 내걸고 있다. 그 내용을 잠시 살펴보자.

하나 내선일체의 완성[17]

반도 민중의 진정한 행복과 향상은 내선일체의 완성을 통해 이루어진다. 내선은 오래도록 바다를 경계로 언어 풍속을 달리했지만 원래부터 뿌리가 동일하다. 이제 시절이 도래하여 고대의 모습으로 환원하여 그 병합을 보기에 이르렀다. 황도에 바탕하여 인정은 일시동인의 성지를 본받아 다만 양지일가의 건설에 노력하고 있다. 지금 우리나라는 동아의 맹주로서 대륙에 영년에 걸쳐 군림하던 요기를 일소하고 명랑한 신생 아시아 건설 중임을 떠안아 많은 어려움을 물리치면서 소신 있게 매진하고 있다. 조선은 그 전진기지로서 중대한 사명을 떠안고 있다. 이번에 우리 연맹원은 서로 성의를 피력해 내선을 상호이해하고 서로 친목하여 융합일체의 실질을 거두었다. 또 반도의 일반 민중에게도 충량한 황국신민으로서 신아시아 건설의 성전에 협력 참가하는 것은 국민으로서 더 없는 영예이다. 이것이야말로 진

---

17 朝鮮總督府, 1940.3, 위의 책, 67쪽.

정으로 반도의 영원한 안녕과 향상에 있어 정도라는 것을 자각할 필요가 있다.

중일전쟁에서 전진기지로서 자리매김되고 있는 조선과, 일본이 상호 융합 하나로 되어 충량한 황국신민으로서 신아시아 건설을 위한 침략전쟁에 협력 동참하는 것이 정도라고 규정하고 있다. 이와 같이 조선에서의 국민정신총동원운동은 "내지의 거국일치, 견인지구, 진충보국이라는 세 가지 목표는 말할 것도 없고, 그 중심은 일시동인의 성지에 기초한 내선일체를 통한 통치 방침의 철저 및 반도 동포의 황국신민화를 도모"하는 것에 주안점을 두었다. 1939년 5월 30일 연맹 임원 총회 석상에서 미나미총독은 다음과 같이 훈시했다. "연맹의 궁극적인 목표가 무엇인지 말한다면, 2,300만 민중을 충량한 황국신민으로 만드는 것에 있다. 충량한 황국신민, 이는 진정한 일본인이 되는 것이다. 일본인이라 천황중심주의의 만민부익의 황도를 철저히 하는 것에 있다. 따라서 연맹의 궁극적인 목표는 내선일체의 완전한 구체화에 있다."[18]

미나미총독의 조선 통치의 기본이념이었던 내선일체는 조선에 시행된 국민정신총동원운동의 궁극적 목표이기도 했던 것이다. 즉 미나미총독이 1938년 9월 22일 개최된 국민정신총동원연맹 협의회에서의 고시에서 "국민정신총동원은 즉 일본정신의 총동원입니다. 일본정신은 단순한 마음자세가 아니라, 행동과 실천을 통해 구현됩니다. 또한 국민정신총동원은 국민 전반의 정신운동입니다. 한 정부, 한 관청, 일부 민간의 일로 끝나서는 안 됩니다. 어디까지나 모든 국민 사이에 팽배하여 끓어

---

18 国民総力朝鮮連盟, 1945, 앞의 책, 36~37쪽.

오르는 관민일치, 내선일체의 커다란 국민운동이어야 합니다"[19]라고 언급하듯이, 국민정신총동원운동은 관민일치에 따른 내선일체의 구현에 있었다.

또 한 가지는 국민정신총동원운동에서 정치운동 배제를 지적할 수 있다. 앞서 언급했듯이 1938년 11월 기존의 명예총재를 폐지하고, 가와시마가 전임총재로 취임한 후 총독부에서 열린 연회에서 미나미총독은 "조선연맹은 만주국 협화회, 독일과 이탈리아의 소위 1국1당은 물론 내지에서 강조하는 국민총동원과도 그 취지가 다른 순수한 정신총동원에 중점을 두는 것이다"[20]라며 조선 안에서 제기되고 있었던 국민정신총동원운동의 정치운동화를 경계했다.

또한 1939년 4월 18일 도지사 회의에서 미나미총독은 "연맹은 통치의 보익기관으로 어디까지나 정신운동으로서의 본질적 사명에 따라 문무 각 관아와 긴밀히 연락 협조해 관의 힘이 미치는 부면을 개척해 상의하달, 하의상달을 통해 통치의 제미, 군국의 시무에 기여하는 것을 본의로 합니다"[21]라고 지적했다.

식민지 조선에 앞서 일본에서 전개되고 있었던 국민정신총동원운동에 대해 정치적 무기력으로 운동이 저조하다는 비판에서, 이를 극복하고자 징치력을 결집하려는 움직임이 일어나고 있었다. 이러한 일본의 상황을 경계한 미나미총독은 국민정신총동원운동이 정치운동이 아닌 정신운동임을 명확하게 했던 것이다.

---

19 国民精神総動員忠清南道聯盟, 1939.3, 앞의 책, 54~55쪽.
20 国民総力朝鮮連盟, 1945, 앞의 책, 33쪽.
21 国民総力朝鮮連盟, 1945, 위의 책, 36쪽.

일본에서 국민정신총동원운동은 단체의 연락 기관적인 성격이 강해 그 실천에 있어 취약점이 많이 노출되었다. 이에 조선에서는 국민정신총동원연맹을 결성할 때 주의를 환기한 점이 바로 하부의 실천기구를 가지는 조직체로서 출발하는 것이었다. 그럼, 조선에서는 어떠한 방식으로 하부 조직을 만들어갔는지 「국민정신총동원조선연맹 조직대강」을 통해 살펴보자.

국민정신총동원조선연맹 조직대강[22]

1. 조선연맹 도연맹 및 전 조선을 구역으로 하는 단체로 구성한다.
2. 도연맹 부군도연맹 및 도를 구역으로 하는 단체로 구성한다.
3. 1) 부연맹 정동리연맹 및 부를 구역으로 하는 단체, 기타 부 안의 각종 연맹 및 개인으로 구성한다.
   2) 군도연맹 읍면연맹 및 군도를 구역으로 하는 단체로 구성한다.
   3) 읍면연맹 정동리부락 및 읍면 안의 각종 단체 기타 각종 연맹 및 개인으로 구성한다.
4. 1) 정동리부락연맹 부에서는 정동리부락을 구역으로 하고 구역 안의 개인으로 구성한다. 읍은 토지의 상황에 따라 부연맹의 조직에 준할 수 있다.
   2) 각종 연맹 부읍면 안의 관공서, 학교, 회사, 은행, 공장, 큰 상점 등 일상적으로 다인수를 포용하는 것으로 각기 소속 인원으로 구성한다.

22　朝鮮総督府, 1940.3, 앞의 책, 64쪽.

5. 애국반

　　1) 정동리부락연맹 및 각종 연맹은 그 기저조직으로 애국반을 조직한다.

　　2) 정동리부락연맹의 애국반은 모두 10호로 조직한다.

　　3) 각종 연맹의 애국반은 해당 연맹의 정황에 따라 적당히 구분해 조직한다.

　　4) 애국반은 인보협력해 본 연맹의 기저조직으로서 임무를 수행한다.

　　5) 빌딩 아파트 기타 일상적으로 다인수를 포용하는 사무소 등에서는 실정에 따라 앞 각항에 따라 연맹 또는 애국반을 조직할 수 있다.

　　6) 연맹의 정황에 따라 애국반의 정황을 생략할 수 있다.

위에 제시한 조직대강에서 확인할 수 있듯이, 하부 조직은 행정단위를 매개로 한 지방연맹과 단체로 구성하는 각종 연맹으로 조직되었다. 즉 조선연맹의 결성 즈음에 지방연맹의 결성에 이르러 지방에는 도 이하, 부, 군, 도(島), 읍, 면, 정, 동, 리, 부락에 연맹이 조직되었다. 이와 함께 관공서, 학교, 회사, 은행, 공장, 큰 상점 등에서도 연맹 결성이 촉진되어 이들을 각종 연맹이라고 칭했다. 즉 하부 조직은 행정단위를 중심으로 한 지방연맹과 각 기관 단체에 설치된 각종 연맹의 이중구조로 구성하여, 조선인을 지역과 지역에서 이중으로 통제할 수 있는 구조였다. 또한 좀 더 말단의 실천 조직으로 애국반을 정동리부락연맹과 각종 연맹에 조직하도록 하고 있다. 이는 일본에서의 국민정신총동원운동과 확연하게 차별되는 점으로, 조선에서의 운동은 실천 조직을 확보한 상태에서 추진되었다. 이는 일본에 비해 조선인에게 운동을 침투시키기에 효과적이었으며 바꿔 말하면 조선총독부에 의한 조선인 동원이 더욱 철저하게 기능하도록 한 것이다.

국민정신총동원 정동리부락연맹 규약 준칙[23]

제1조 본 연맹은 국민정신총동원 ○○연맹이라 칭한다.
　　　본 연맹의 사무소는 ○○에 이를 둔다.
제2조 본 연맹은 내선일체 거국일치 국민정신총동원 취지의 달성을 도모함을 목적으로 한다.
제3조 본 연맹은 ○○도 ○○부 ○○정동리(○○군 ○○도 ○○읍면 ○○정동리 ○○부락)을 구역으로 한다.
제4조 본 연맹 가맹자는 모두 10호씩으로 하나의 애국반을 조직하고 일치단결하여 그 실천을 도모한다.
제5조 본 회에 다음 임원을 둔다.
　　　이사장 1명
　　　이사 약간
　　　반장 약간 명
제6조 이사장은 이사회에서 이를 추천한다.
　　　이사장은 본 연맹을 대표해 회무를 총리한다.
　　　이사장의 사고 시에는 이사장이 지명한 이사가 그 직무를 대리한다.

23　朝鮮総督府, 1940.3, 위의 책, 66쪽.

제7조 이사는 이사장이 이를 지명하며 본 연맹에 관한 사무를 장리한다.

제8조 반장은 1개의 애국반에 1명으로 하고 반원 중으로부터 이사장이 이를 지명한다.

반장은 반원을 통솔하고 전달 연락에 종사한다.

반장 사고 시에는 반장이 지명한 반원이 이를 대리한다.

제9조 본 연맹에 필요한 직원을 두고 이사장이 이를 임면한다.

국민정신총동원의 실천 단위로 조직된 애국반에 대해 좀 더 살펴보자. 위에 열거한 「국민정신총동원 정동리부락연맹 규약 준칙」에 명시되어 있듯이, 애국반은 최하위 말단 조직으로 대개 10호 단위로 조직하도록 하고 있다. 애국반을 운동의 중심적인 실천 조직으로 삼아 적극적으로 활동하도록 했다. 이는 실천 조직 없이 형해화하고 있던 일본의 운동 경험에서, 조선에서는 결성초기 단계에서 실천 조직의 정비를 도모한 것이다. 그리고 결과적으로 애국반은 패전까지 조선에서 조선총독부에 의한 관제운동의 최말단 실천 조직으로 기능하며 조선총독부의 시책을 전파 침투시키며 동원 조직으로 기능했다.

이러한 애국반 조직에 주력한 총독부는 애국반 서약서 41만 장을 전 조선에 배포해 애국반을 결성하는 데 독려했다. 애국반 서약서의 양식은 다음과 같다.

국민정신총동원 ○○연맹 애국반 서약[24]

우리가 이번 국민정신총동원 ○○연맹에 가입하고 ○○애국반을 조직하는 것은 국민정신총동원의 취지에 따라 그 목적의 관철을 도모하고 각원 일치 협력하여 본 연맹 기저단체로서의 임무를 완수할 것을 여기에 서약한다.

서약서에는 반원이 연명 서명하도록 하여 이를 다시 정동리부락연맹에서 정리해 상부연맹에 보고하도록 했다. 이 애국반은 일본의 운동과 구별되는 조선에서의 국민정신총동원운동의 특징이기도 했다. 1939년 2월에는 애국반을 빠짐없이 조직하라는 통첩을 내려 좀 더 강제적으로 애국반 조직에 주력했다. 1939년 미나미총독은 연맹 춘계 임원 총회 석상에서 아래와 같이 언급했다.

나의 직무는 총재이지만 조선에 거주하는 주민으로서 애국반의 한 사람입니다. 나의 애국반은 나의 부인과 운전수, 정원사 등의 부인 및 경무국장과 비서관의 부인으로 반장은 경무국장입니다. 매일 아침 항상 먼저 황거를 요배하고 황국신민의 서사를 외운 다음, 매월 1일에는 신사를 참배합니다. 첫째·셋째 일요일에는 근로봉사를 합니다. … 오늘날 조선연맹은 애국반 31만 3,000여 개, 그 반원수 425만 명입니다. 이들은 우리 반과 동일한 행동을 하고 있습니다. … 연맹의 목표는 너무 많아 곤란할 정도인데 궁극적인 목표는 내선일체의 구현화입니다.[25]

24　国民総力朝鮮連盟, 1945, 앞의 책, 31쪽.
25　国民総力朝鮮連盟, 1945, 위의 책, 34쪽.

애국반은 미나미총독의 지적대로 약 31만 3,000여 개, 애국반원 수는 약 425만 명에 달해 거의 전 조선인을 포함하는 실질적 국민정신총동원운동의 실천 조직으로 기능했다. 즉 조선에 거주하는 모든 이들은 동일한 지침에 따라 동일한 행동을 실천하도록 애국반을 통해 강요당했던 것이다. 애국반을 통해 조선인은 본인 의지와 상관없이 일본의 총동원체제에 편입된 것이다.[26]

1939년 4월 기구 개조를 통해 조선총독부는 국민정신총동원위원회 및 국민정신총동원간사회를 설치해 운동의 기획 지도기관으로 했다. 「국민정신총동원위원회 규정」은 아래와 같다.

국민정신총동원위원회 규정[27]

제1조 국민정신총동원에 관한 중요사항을 조사 심의하기 위해 조선총독부에 국민정신총동원위원회를 둔다.

제2조 위원회는 위원장 1인 및 위원 약간 명으로 이를 조직한다.
필요시 임시위원을 둘 수 있다.

제3조 위원장은 조선총독부 정무총감이 이를 담당한다.
위원은 조선총독부 안의 고등관 가운데 조선총독이 이를 임명한다.
임시위원은 학식과 경험이 있는 자 가운데 조선총독이 이를 촉탁한다.

---

26 애국반의 지역 실태에 대해서는 김영희, 2002a, 앞의 글을 참조하기 바란다.
27 朝鮮總督府, 1940.3, 앞의 책, 59쪽.

제4조 위원장은 회무를 총리한다.

위원장의 사고 시에는 위원장이 지명한 위원이 그 사무를 대리한다.

제5조 위원장이 필요하다고 인정할 때는 조선총독부 내의 고등관이나 기타 적당한 자를 회의에 출석시켜 의견을 진술할 수 있다.

제6조 위원회에 간사를 두고 조선총독부 안의 고등관 가운데 조선총독이 이를 임명한다.

간사는 위원장의 지휘를 받아 서무를 정리한다.

제7조 위원회에 서기를 두고 조선총독부 안의 판임관 가운데 조선총독이 이를 임명한다.

서기는 상사의 지휘를 받아 서무에 종사한다.

출범 당시의 국민정신총동원운동이 기관과 단체를 중심으로 조직되면서 운동의 성과가 개개인까지 제대로 미치지 못한다는 지적에서, 조선총독부는 운동 조직을 개편하고 확충하는데 이 결과 국민정신총동원위원회가 설치되었다. 물론 여기에는 1939년 3월 일본에서 국민정신총동원 중앙연맹과 국민정신총동원위원회로 개조된 사실이 그 배경에 있기도 했다.

먼저 위원회의 조직을 보면 위원장, 위원, 임시위원, 간사, 서기를 두었으며 별도 간사들로 구성된 간사회를 두었다. 위원장은 정무총감이 맡았고 위원은 조선총독부의 내무, 재무, 식산, 체신, 철도, 학무, 법무, 농림, 전매 국장 등이, 간사는 조선총독부 사무관이 담당했다. 조선총독부 관료로 구성된 위원과 간사는 위원회를 통해 국민정신총동원운동의 지도 감독을 했을 뿐만 아니라 국민정신총동원조선연맹의 이사와 참여로

도 참여해 주요 의사결정에도 적극 참여했다. 중앙에 설치된 위원회의 하부 기관으로 도에는 도위원회가 군·면에는 군·면위원회가 설치되었다.

국민정신총동원위원회는 일본에서 결정된 국민정신총동원운동의 주요 방침을 조선에서 시행, 확산하는 데 주요한 조정역할을 했다. 결과적으로 보아 조선에서 1938년 7월 국민정신총동원운동이 개시되고 곧이어 1939년 4월에 국민정신총동원위원회가 설치된 것은 운동을 전개할 때 일본과 보조를 맞춰 본국과 식민지에서 국민정신총동원운동의 긴밀화를 도모한 것으로 보인다. 이와 더불어 중일전쟁의 장기화는 국민정신총동원운동의 확충이 요구되었고, 이를 한층 더 식민행정과의 연계성을 가지며 추진할 필요성이 이번 조직 개편으로 이어진 것으로 볼 수 있다.

더불어 4월의 기구 개조에서는 총독부 주무과가 문서과로 변경되었으며, 임원에 참여·참사·감사를 새로 추대했으며, 조선주둔군 및 조선헌병대의 무관이 참여 또는 고문으로 참가하게 되었다.

한편 국민정신총동원연맹과 조선주둔군과의 관계에서는 1939년 4월 19일 총독부 문서과장이 각 도지사에게 통첩한 내용을 통해 살펴보기로 하자.

국민정신총동원연맹에 대한 군측의 협력에 관한 건[28]

조선군은 국민정신총동원조선연맹의 실시기구에 가입하지 않지만,

28　朝鮮総督府, 1940.3, 위의 책, 139쪽.

그 정상적인 발전에 적극적으로 원조하겠다는 뜻을 전달해 왔다. 이러한 취지에 바탕하여 지방연맹기관에 대해서도 동일한 협력의 의향이 있다. 필요하다면 다음과 같이 지방연맹기관에 수시로 협력을 요청할 수 있음으로 염두에 두기 바란다.

기(記)

도연맹기관	요새참모 또는 요새사령부 고급부원
	사단사령부 소속
	헌병대장 또는 동 분대장
	연대 소속 사관 위관(학교 배속 장교를 포함, 이하 동일)
부군(도)연맹기관	연대 소속 사관 위관
	헌병분대장
읍면연맹기관	필요하다면 연대 소속 사관 위관
	헌병의 장

위 통첩에서 나타나듯이 조선군과의 관계는 군은 직접적으로 연맹과의 조직적 관계를 맺지는 않았지만, 기본적으로 협력 관계를 견지한다는 방침이었고 이는 중앙뿐만 아니라 지방에서도 동일한 협력이 기대되고 있었다. 조선군사령관을 역임한 가와시마가 총재를 맡게 된 점, 그리고 조선군이 조직에 직접 참여하게 됨에 따라 군과의 관계가 더욱 긴밀하게 되었음은 두말할 나위가 없다. 그리고 이는 국민정신총동원운동이 관과 군의 통제를 받는 관제운동임을 의미하는 것이기도 했다.

〈표 2-2〉 국민정신총동원연맹 결성 상황 조(1939.6월 말 현재)

	부군도연맹		읍면연맹		정동리부락연맹		각종 연맹 수	애국반	
	부군도수	결성수	읍면수	결성수	정동리 부락 수	결성수		반수	인원
경기	23	23	236	236	6,541	6,541	702	35,260	496,648
충북	10	10	106	106	3,695	3,695	333	15,024	203,570
충남	13	13	174	174	6,334	6,333	668	24,294	231,556
전북	16	16	176	176	6,241	6,087	237	23,300	268,327
전남	24	24	232	232	22,182	7,423	432	33,327	613,149
경북	24	24	231	231	11,030	6,392	603	37,992	423,830
경남	21	21	245	245	9,114	6,821	738	60,344	364,499
황해	18	18	212	212	5,096	4,657	227	21,155	299,388
평남	16	16	140	140	2,166	2,212	399	19,840	419,260
평북	20	20	178	178	1,481	2,914	909	18,426	317,753
강원	21	21	176	176	3,288	4,121	691	22,582	303,466
함남	18	18	131	131	2,979	3,441	1,082	19,446	254,010
함북	13	13	77	77	963	1,056	869	14,519	204,988
합계	239	239	2,352	2,352	81,310	61,915	7,914	347,728	4,622,444

출처: 朝鮮總督府, 1940.3, 『朝鮮に於ける国民精神総動員』, 79쪽.

위의 〈표 2-2〉의 1939년 6월 말 현재 국민정신총동원연맹의 조직 결성 상황을 보면, 부군도연맹의 경우 전국의 부군도가 239개였으며 조직된 연맹은 239개로 모든 구역에서 조직이 된 것을 알 수 있다. 마찬가지로 읍면연맹의 경우도 전국의 읍면 2,352개에, 실제 결성된 읍면연맹 또한 동일한 2,352개였다. 이는 지방행정의 읍면 단위까지 국민정신총동원연맹이 결성되었다는 것을 의미하며, 행정구역별로 조직된 국민정신총동원운동의 관제성을 엿볼 수 있는 부분이었다.

지방연맹, 각종 연맹, 애국반이라는 조직 특성이 있었던 조선의 국민정신총동원운동은 1939년 9월에는 새로운 추진력으로 연맹추진대[29]를 신설했다. 조직 구성원 중에서 운동을 적극적으로 추진할 수 있는 '정예'를 선발해 도연맹에 부설했다. 이들은 중견청년수련소를 수료한 자, 육군특별지원병훈련소를 종료한 자로서 입영, 제대한 다음 국민정신총동원조선연맹의 강습을 받은 자, 흥아보국근로대 조선부대원인 자, 및 조선연맹에서 적당하다고 인정하는 자 등을 대원 자격으로 하여 운동의 활성화를 도모했다.[30] 이렇게 조직된 연맹추진대는 지방연맹 및 애국반과 긴밀하게 연락하면서 운동의 추진력이 되도록 기대되었다. 연맹추진대는 일정한 연성을 거쳐 일본제국주의의 교화를 받은 인물을 중심으로 하여 이들에게 별도의 지령서를 교부한 뒤 추진대 마크를 착용하게 하고, 3개월마다 보고서를 작성해 도연맹에 보고하도록 하는 등 운동의 활성화를 위한 추진 매개체로서 관리 운용되었다.

이와 같이 일본과의 시간적 차이를 두고 1938년 7월에 조선에서도 국민정신총동원운동이 전개되었다. 일본과 조선의 운동을 비교한 총독부(국민총력조선연맹)는 이를 세 가지로 지적했다.[31] 첫 번째는 "내지에서는 정당, 군부, 재계, 국가주의 단체 등이 각자 오래된 역사를 지니고 있고 복잡한 세력 분포로 인해 그 지도자의 일체화가 아주 어려웠지만, 조선에서는 총독부의 정치력 앞에 종래의 민간단체 등의 힘이 약하기 때문에 통일적인 지도체의 결성이 내지보다 훨씬 용이했다"는 점, 두 번째 특징으로는 "내지에서는 하나의 환경 속에 오랜 역사를 지속해 온 민족이기 때문에 많은 외래사상이 들어오더라도 국체 관념 아래 이들을 불

---

29 国民精神總動員朝鮮連盟, 1939.10, 『総動員』, 64~65쪽. 이후 관련 서술은 본 자료에 따른다.
30 연맹추진대와 지원병과의 관련에 관해서는 김영희, 2002b, 앞의 글을 참조하기 바란다.
31 国民総力朝鮮連盟, 1945, 앞의 책, 21~22쪽.

〈그림 2-1〉 국민정신총동원운동 조직도해

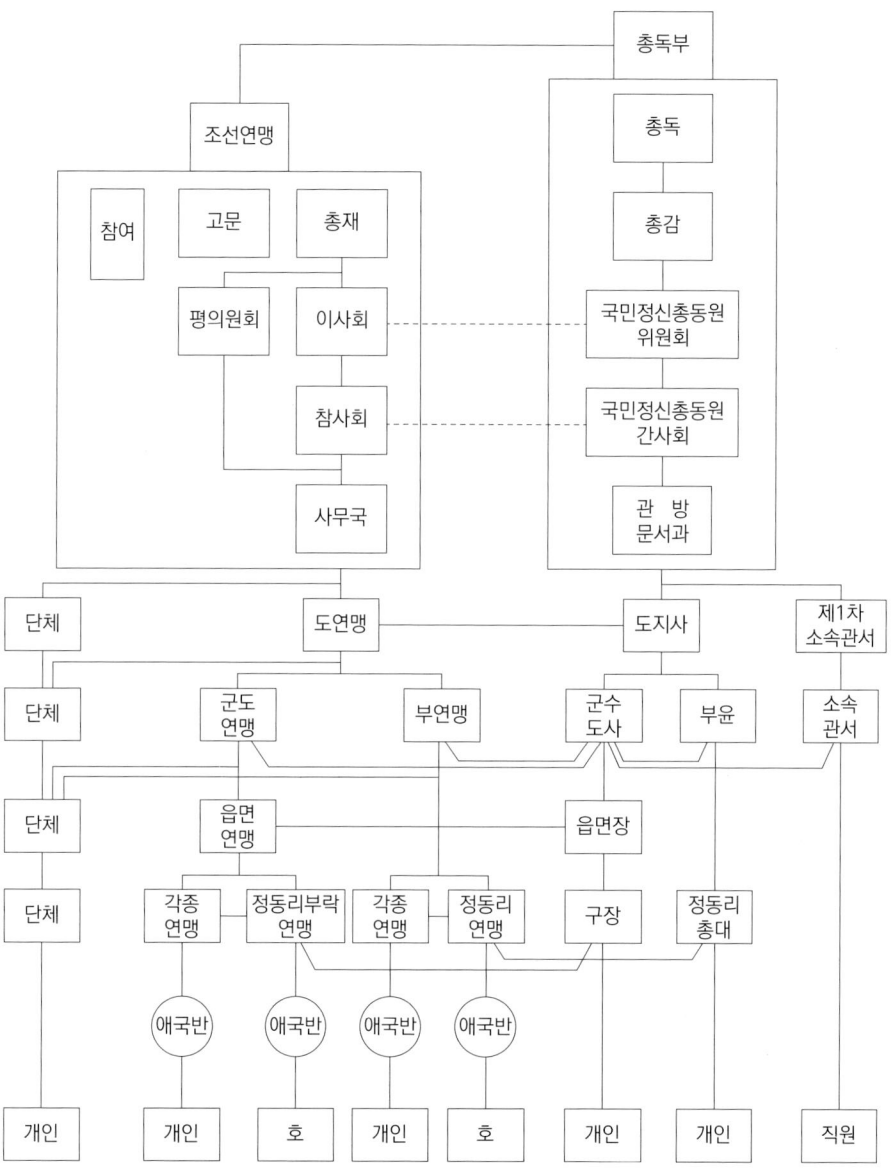

출처: 朝鮮總督府, 1940.3, 『朝鮮に於ける國民精神總動員』, 47쪽.

식시켜 일치단결하는 것이 용이하지만, 조선에서는 2천 수백만의 백성에 국체 관념을 침투시키는 일이 가장 중요하고 더욱이 어떻게 하면 내지인과 조선 재래인이 일체가 될 것인가가 선결문제이었다"는 점, 세 번째는 "참정권을 갖고 상당한 훈련의 세월을 거친 내지와 달리 반도에서는 정치운동과 혼동되지 않도록 어디까지나 행정과 일체의 관계에 있는 정신적 실천 단체일 필요가 있었다"라는 점을 지적하고 있다. 이러한 분석은 조선총독부가 통치상의 문제와 한계를 스스로 인정한 것이었다.

식민지 조선에서 전개된 국민정신총동원운동이 조선총독의 강한 지도력을 바탕으로 하고 있었다는 점, 그리고 운동이 내선일체 즉 총독부의 조선 통치 방침을 지향하고 있었다는 점, 조선 통치에 있어 절대권력인 조선총독의 전제적 지배 시스템하에서 조선인의 정치운동을 용인하지 않았던 점, 마지막으로 애국반과 같은 하부 실천 조직을 갖고 있었던 점이 일본과 구별되는 특징이었다. 그리고 이러한 조직과 운동방침의 저변에는 조선인을 통제대상과 차별적으로 바라보는 총독부의 굴곡된 인식이 자리 잡고 있었다. 전제적인 조선총독정치, 조선인의 황민화를 도모한 내선일체, 상의하달의 실천 조직, 이러한 방침이 조선의 운동이 일본보다 더 관제적일 수밖에 없는 이유이기도 했다.

2) 국민정신총동원운동의 전개

국민정신총동원조선연맹은 1938년 7월에 조직되었지만, 운동은 조선중앙정보위원회가 추진한 사업이 이미 1937년 7월 이후 전개되어 왔었다. 운동의 목적은 시국의 인식 철저와 내선일체의 강화였다.

조선중앙정보위원회의 선전 활동의 일환으로 개시된 애국일 설정은 국민정신총동원조선연맹 결성 이후에는 조선연맹의 운동으로 계승되었다. 시국의 인식, 내선일체의 철저, 고난극복의 정신 함양 등을 목적으로 일정한 날을 정해, 국기게양, 신사참배, 황국신민 서사 암송 등을 통해 국체 관념을 고취시키고, 한편으로는 매실장아찌 도시락을 지참하게 하여 인고의 정신 함양에도 노력했다. 운동 초기에는 1일이나 15일 등을 설정했으나 일본에서 1939년 9월 매월 1일을 흥아봉공일로 결정함에 따라 조선에서도 일본과 같은 날 국민정신 작흥에 동원되었던 것이다. 특히 흥아봉공일로 결정된 이후에는 종래의 애국일 행사와 더불어 자숙, 자정, 생활쇄신의 활동 즉 절연 금주 기호품의 금지, 오락생활의 자숙, 백화점의 휴업, 통근 통학의 도보 장려 등 전쟁 장기화에 따른 전시 태세 강화에 주안점을 두었다.

애국일과 마찬가지로 조선중앙정보위원회에서부터 개시된 황국신민 서사 낭송은 국민정신총동원조선연맹의 운동으로 계승되어 조선인의 황국신민으로서의 신념을 강화하도록 했다.

또한 연맹은 여러 주간행사를 설정해 추진했다. 국민정신총동원 강조주간, 국민정신총동원 총후보국 강조주간, 국민정신총동원 저축보국주간, 국민정신총동원 경제전 강조주간, 국민정신총동원 총후후원 강화주간, 연말연시 총후보국 강조주간 등을 설정해 관련 행사를 진행했으며, 1939년에는 일본정신 발양 주간, 황실에 대한 보은 감사일, 근로보국주간 등을 설정해 조선인의 정신동원을 위해 적극적으로 운동을 추진했다.

이상 열거한 내용들은 조선중앙정보위원회 설치 이후 실천되어 온 정신운동으로 국민정신총동원운동으로 계승되었던 것이다.

국민정신총동원운동의 명칭이 상징하듯이 운동의 가장 기본적 활동은 시국 인식의 철저와 이를 위한 선전 활동과 그 지도였다. 이를 위해 국민정신총동원연맹은 강연 및 강습회 개최, 인쇄물을 통한 선전 활동, 영화를 통한 선전, 사진을 통한 선전, 종이연극을 통한 지도계발, 라디오·전람회를 통한 다양한 매체와 형태를 통해 선전 활동이 전개되었다.

그럼, 먼저 강연을 통한 경우를 보면, 유식자나 전 도지사, 중추원 참의, 종교인 등을 각지에 파견해 순회강연을 실시했다. 이러한 순회강연은 어떠한 형태로 이루어졌을까. 이를 1929년 8월 3일 총독부 문서과장이 각 도지사에게 통첩한 「국민정신앙양 순회강연 실시요강」을 통해 살펴보자.

국민정신앙양 순회강연 실시요강[32]

1. 취지
지나사변 제2주년을 맞이해 시국은 더욱 중대해지고 여기에 제3국과의 교섭 또한 매우 심각 미묘하여 국민으로서 목전의 안일을 도모하기 어려운 상황이다.
따라서 이번 기회에 각 도에 남녀강사를 파견하고, 대중에게 시국의 추이를 인식시킴과 더불어 총후국민으로서의 결심과 견고한 각오를 새롭게 하고자 한다.
2. 강사후보사
별지와 같음(생략)

---

32 朝鮮総督府, 1940.3, 앞의 책, 146~147쪽.

3. 강연 제목

  1) 시국추이에 대한 인식

  2) 정신총동원

  3) 백억 저축

  4) 생활 쇄신

4. 순회 지방 및 기간

  1) 각 도 8월·9월 중으로 한다.

  2) 순회일수는 왕복 10일간 이내로 하고 강사의 형편을 참조하여 결정한다.

  3) 강연지 및 일정은 2)에 바탕으로 각 도의 결정에 따른다.

5. 수당(생략)

6. 경비(생략)

7. 기타

  1) 각 후보자에 대해 강사(학무국 일시 촉탁) 수락 조회 위에 총독부 또는 다른 장소에 모여 협의할 것

  2) 협의회에서 전국의 추이 등에 관한 강연을 청강시킬 것

  3) 강연 자료를 모집 교부할 것

  4) 이상 결정 위에 각 도연맹에 통첩할 것

  5) 각 강사에게 각지 연맹 애국반의 철저 상태를 조사하게 하고 그 보고서를 모아 본관 앞으로 2통 제출할 것

    6월 24일자 본관 명의의 통첩「지방출장 시 애국반의 활동상황 시찰요항의 건」에 준하여 시찰요항을 작성 교부할 것

위에 열거한 순회강연 실시요강은 총독부의 문서과장이 순회강연에

앞서 조선연맹과 각 도연맹에게 강연 준비에 만전을 기하도록 통첩한 내용으로, 취지에서 밝히고 있듯이 일본이 중일전쟁을 개시한 지 2년이 지난 시점에서 민심의 동요 이반을 바로잡아 전시 태세 확립을 도모한 것이다. 파견된 강사는 시국 인식, 정신동원, 저축 장려, 생활 쇄신 등의 주제로 강연하도록 하여 전시하 시국 인식의 철저를 도모했다.

그리고 매년 1회 실시하는 전조선 중견청년 강습회 석상에서 시국 인식을 철저히 하고자 별도로 강연회를 개최해 시국 인식을 강화하려고 했다. 또한 지방에서 지도자들에 대한 지도자 협의회와 강습회를 수시로 개최해 지도책임자의 인식을 철저히 했다. 또한 경찰이나 주재소원을 부락에 파견해 강연하도록 하고 질의응답을 받아 이들의 인식을 전환하는 데 힘썼다. 인쇄물을 통한 선전 활동으로는 『통보』의 발행을 들 수 있다. 이는 조선중앙정보위원회에서 1937년 8월부터 시행한 것으로, 총독부의 시정상의 중요사항의 평이한 해설, 정부 공표의 내외정세와 시국 해설, 총후 국민으로서 실천해야 할 사항 기타 널리 시국 인식 및 계발 선전에 도움이 되는 사항을 게재해 조선 각지에 한 달에 두 번 배포했다. 이러한 정기적인 발간물 외에 여러 종류의 소책자, 예를 들면 중일전쟁에 대한 국민의 각오, 시국에 대한 문답, 중일전쟁과 조선과의 관계 등과 같이 시국을 알리는 여러 인쇄물을 제작해 배포한 뒤 총독부 시정뿐 아니라 전쟁의 정당성 선전에도 활용했다.

〈시국뉴스〉, 〈황국신민의 서서〉, 〈총후의 조선〉과 같은 시국영화를 제작하거나 구입하고 이를 상영해 조선인의 시국 인식을 고취하고자 했다. 지방에는 '뉴스사진'을 배포해 학교나 관공서의 게시판에 게재해 이를 회람시켜 시국을 인식하는 하나의 자료로 활용하도록 했다. 이는 영화와 마찬가지로 시각적인 방법으로 조선인의 시국 인식을 자극하고

자 한 것이다. 그 외 지방에서도 오지와 같이 특별히 오락 시설이 없는 곳에서는 〈지나사변과 반도〉와 같은 시국 관련 종이연극을 만들어 이를 활용했다. 그리고 총독부의 간부나 연맹의 임원이 라디오 방송에 출연해 시국에 대한 선전 활동을 했다. 문자로 제작된 선전물에 비해 이러한 사진·음성·영상을 통한 선전은 글(한글이나 일본어)을 알지 못해도 누구나에게 국책을 전달할 수 있는 유효한 수단이었으며 그 자체 흥미를 유발시킬 수 있었기에 일제는 이러한 다양한 매체를 조선인의 의식개조와 시국협력을 위한 도구로 활용했다.

또한 전람회를 통해 시국 인식을 철저히 하는 데 힘썼다. 예를 들면 1938년 11월 하순부터 1939년 2월 상순에 이르기까지 총독부 주최 내각정보부 후원으로 경성·부산·대구·광주·평양·함흥·청진 등 각지에서 사상전람회를 개최해 특히 방공방첩에 대한 인식을 철저히 했다. 이와 같이 국민정신총동원연맹에서는 선전 활동에 활용할 수 있는 모든 방법과 매체가 동원되어 전쟁 수행하의 조선인의 전시 태세 강화에 더욱 그 고삐를 죄어 갔던 것이다.

그리고 이러한 운동의 원활한 전개를 위해 1939년 4월에는 충남 부여에 중견청년수련소를 설치했다. 이러한 조치는 조선에서 사회적으로 중견적 지위에 있는 남녀를 대상으로 일본의 신민으로서의 자각을 고취시켜 이들을 활용하고자 하는 의도에서 시행되었다. 마찬가지로 경성에서는 1939년 4월에 교학연수소를 설치해 초등학교, 중등학교 교원의 국체 관념 고취와 이를 통해 교육현장에서 확산해 나가게 했다.

한편으로 조선연맹이 결성되자 이와 관련된 운동의 활성화를 위해 여러 조치들이 시행되었다. 이제 무엇보다 단순한 선전에 그치지 않고 국민정신총동원연맹의 구성원 스스로가 그 실천 주체가 되는 것으로, 전시생활 태세를 확립하기 위해 생활 방면에서의 운동이 적극적으로 전개되었다. 전쟁의 추이와 함께 운동의 양상이 변화되고 더 확대되었다.

1938년 9월 22일 각 도연맹 대표자 및 연맹의 가맹자가 모여 연맹협의회를 개최했다. 이 협의회에서 향후 국민정신총동원운동이 지향해야 할 실천 활동의 목표와 세목이 결정되었다. 이날 결정된 국민정신총동원조선연맹 강령에서는 황국정신의 현양, 내선일체의 완성, 생활의 혁신, 전시경제정책에 대한 협력, 근로보국, 생업보국, 총후의 후원, 방공방첩, 실천망의 조직 및 지도의 철저가 결정되었다. 더불어 21항목에 달하는 국민정신총동원조선연맹 실천요목이 결정되었다. 결정된 21항목의 내용은 아래와 같다.

국민정신총동원조선연맹 실천요목[33]

1. 매일 아침 황거 요배
2. 신사참배 장려
3. 조상의 제사 장려
4. 기회 있을 때마다 황국신민의 서사 낭독
5. 국기의 존중 게양의 장려
6. 국어생활의 장려
7. 비상시 국민생활 기준양식의 실행
8. 국산품 애용
9. 철저한 소비절약과 저금의 장려

---

33 国民総力朝鮮連盟, 1945, 앞의 책, 89~90쪽.

10. 국채응모권장

11. 생산의 증가 및 군수품 공출

12. 자원의 애호

13. 근로보국대의 활약 강화

14. 1일 1시간 이상 근로 증가의 장려

15. 농산어촌갱생 5개년 계획의 완전 실행

16. 전가 근로

17. 응소군인의 환송 환영 부상병의 위문

18. 출정군인 및 순국자 유가족의 위문 위령 가족 방문

19. 기회 있을 때마다 순국자 영령에 묵도

20. 유언비어 삼가와 간첩의 경계

21. 방공방첩의 협력

국민정신총동원조선연맹은 21항목에 걸친 실천요목을 결정해 이를 실천하도록 강요했는데 특히 1939년 5월에 궁성요배, 근로, 저축을 특히 '필행 2칙'이라 하여 중요한 실천요목으로 삼아 운동을 전개했다. 예를 들면 저축의 경우, 애국저금이라고 하여 각 호마다 금액을 할당해 저축을 강제화하고, 관공서 학교직원들을 비롯해 회사, 은행, 공장 등에서는 종래의 규약저금의 증액을 요구하는 등 전쟁 수행에 필요한 자금 마련을 국민운동의 명분으로 강제적으로 실행했던 것이다. 조선총독부는 전비 조달을 위해 1938년 「저축 장려 계획요강」을 결정해 급여공제저축, 국채, 채권의 할당 등을 통해 일본인에 비해 조선인에게 강제적으로 저축을 강요했으며 1939년에는 개인별 저축액을 정해 다양한 방법으로 저축을 강요했다. 그 결과 조선에서 저축 실적은 〈표 2-3〉과 같이 매년

〈표 2-3〉 저축 장려 실적액
(단위: 천 엔)

연도	목표액	실적액	달성률(%)
1938	200,000	269,979	134
1939	300,000	390,021	130
1940	500,000	576,339	113

출처: 近藤釼一編, 1964, 『太平洋戦争下の朝鮮(5)』, 財団法人友邦協會, 93쪽.

그 목표액이 상향 조정되고 있음에도 불구하고 100퍼센트를 넘는 실적을 달성해 갔다. 그리고 이 저축액은 전비 조달로 유용되고 결국은 수탈되었다.[34]

그리고 7번째 항목인 비상시 국민생활 기준양식의 실행과 관련해 비상시 국민생활개선 기준을 발표했다. 총독부가 조선인의 생활을 어떻게 통제하고자 했는지를 잘 보여주는 것으로 구체적 내용은 아래와 같다.

비상시 국민생활개선 기준[35]

의

1. 의료 애호사상의 철저한 함양
2. 의료자원의 배양
3. 사장 의료의 활용
4. 재제재료의 동원운동
5. 신조의 익세
6. 신조가 어쩔 수 없는 경우는

34　朴慶植, 1986, 『日本帝国主義の朝鮮支配(下)』, 青木書店, 150쪽.
35　朝鮮総督府, 1940.3, 앞의 책 36~39쪽.

1) 남자 조선복은 색복을 본지로 하고 골무를 폐지할 것
2) 여자 조선복은 조선문제연구회안을 기본으로 할 것
3) 양복 상용자는 본 연맹 소장의 표준복으로 하고 지질 및 색은 임의로 할 것
7. 길흉 기타 의례의 경우는 평상복에 본 연맹 소정의 휘장을 차용해 예복으로 대신한다.
8. 고재료의 공예화를 통한 이용

식

1. 식사는 보건 및 영양을 중시하여 간소화할 것
2. 식사 시에는 감사의 뜻을 표하고 모든 가족이 같은 시각에 식탁에 앉을 것
3. 잔치에 따른 향응 및 연회는 검소하게 하고 쓸데없이 경쟁하듯이 설비를 성대하게 준비하는 기분을 배제할 것
4. 내객의 접대에 술을 제공하지 않을 것
   접대에 차를 사용하는 습관을 기를 것(조선인 가정에서)

주

1. 주거는 청결을 중시할 것
2. 간단한 구멍창고를 마련하여 평소에는 물건을 쌓아두는 데 사용하고 유사시에는 방공의 목적으로 충당할 것
3. 거실은 통풍 채광을 좋게 할 것
4. 조선 가옥의 행랑채를 없앨 것
5. 조선 가옥 표준규격 제정을 요망할 것

의례

1. 일가는 매일 아침 궁정을 요배하고 황실의 안태를 빌 것

2. 측제일에는 국기게양은 물론 적극적으로 신사(神社) 참배할 것
3. 황국신민의 서사를 기회 있을 때마다 낭독할 것
4. 혼례상의는 간단 엄숙하게 허세를 부리지 말고 혼례 피로연 기타 각종 연회는 절대로 필요한 범위에 한해 간단히 할 것(조선인은 총독부 제정 의례준칙을 따를 것)
5. 모든 답례 계절 인사 역 앞에서의 송영 등 형식적인 것은 이를 폐지할 것
6. 조문용 조화 증정은 특별한 경우를 제외하고 폐지할 것
7. 사제 장유 주종 및 집회의 예의를 올바르게 할 것

사회풍조

1. 물자의 애용과 소비절약
    1) 폐품의 이용회수를 위해 각 지방에 제품회수 시설 실행을 촉진할 것
    2) 군수 관계품(면·종이·양모·마·고무·피혁·금속 등)은 물론 생활용품은 새로 만들지 말고 있는 것을 활용할 것
    3) 서신은 절대로 어쩔 수 없는 경우를 제외하고 엽서를 사용할 것
2. 사교상의 관례 개선
    1) 연회에 대해
        (1) 오후 11시를 넘지 않을 것
        (2) 헌수의 전폐
        (3) 주류는 국산품으로 한정
    2) 연두에는 각지에서 적당한 방법으로 명함교환회 또는 인사 모임을 열고 소재지에서의 회례 및 연하장을 전폐할 것
3. 음력을 폐지하고 태양력 사용을 장려할 것

4. 미신 타파에 힘쓸 것

5. 시간을 엄수할 것

    비상시국하의 생활개선은 의, 식, 주, 의례, 사회풍조에 이르는 일반 삶에 걸쳐 모든 행위에 대한 것이었으며 얼핏 보기에 허례의식을 지양하는 단순한 계몽적 지침으로 보일 수도 있겠지만, 그 목적은 물자 부족에 대한 인내를 강제하는 것이었다. 전쟁을 수행하는 데 절대적으로 필요한 물자를 우선으로 동원함에 따라, 현실적으로 실생활에서는 물자 부족 현상이 심각해질 수밖에 없었고, 이에 대한 실질적 대책이었다고 할 수 있다. 또한 생활개선이라는 미명하에 조선인들의 생활양식을 부정하고 일본식으로 바꾸려는 의도가 그 기저에 담겨 있는 것이다. 이제 조선인의 정신면에서뿐만 아니라 일상적 생활면에까지 동화를 꾀한 것이다. 그리고 이러한 것을 국민운동으로서 애국반을 통해 개개인에게 강제했다.

    조직의 말단인 애국반은 조선연맹의 기초조직으로서 국체 관념의 명징, 황국신민화 의식의 철저, 시국인식의 철저와 같은 정신동원 운동 측면뿐 아니라, 근로, 저축, 절약, 생산 증산 등 물적동원의 기초적 동력으로서의 역할을 수행했다. 이들 애국반의 일반적 활동을 보면, 애국일의 요배식은 애국반 단위로 활동이 이루어졌으며, 신사의 청소, 도로공사, 정화조 청소, 국방헌금을 목적으로 하는 근로작업 등의 근로봉사도 애국반의 작업으로 이루어졌다. 폐품회수 또한 애국반을 단위로 실시되었으며, 국방헌금, 애국보따리, 출정군인 유가족의 위로 등도 애국반의 활동영역이었다. 저축 장려에서는 반장이 이를 검열하고 저축을 강제했으며, 식량대책으로는 절미운동 즉 7분도 이하의 쌀밥 잡곡 혼식, 죽이 장려되었고 이의 중심에 애국반이 있었다. 또한 육군특별지원병제도를 시행함에 있어 제도 취지의 전파, 군사사상의 보급, 지원병 유가족에 대한 원조 등도 애국반을 주체로 하여 실시되었다.

국민정신총동원연맹의 활동 방침은 기본적으로 일본의 국민정신총동원중앙연맹과 위원회가 결정한 사안을 조선총독부가 조선의 국민정신총동원위원회와 동간사회, 조선중앙정보위원회와의 연계를 통해 조선에서 전개하는 운동으로 전환해 기획과 심의를 주도하고, 이를 조선연맹에 지시했다. 이에 따라 연맹의 운동방침은 두 가지 형태로 추진되었다. 일본의 방침을 답습하는 경우, 또는 일본과 별도로 조선 독자적으로 결정 실행하는 경우가 있었다. 국민정신총동원조선연맹은 총독부 및 관계 관공서 및 조선군의 협력하에 이사회를 중심으로 실천사항을 심의 결정하고 이를 다시 각각의 실천 조직에 시달하여 실천 및 운동에 착수하도록 했다. 또한 도연맹 이하는 각각 이사회를 개최해 각 지방의 실정에 맞는 실천사항을 토의 결정하여 실천에 옮기는 방식으로 활동이 전개되었다.

예를 들자면 1939년 7월 6일 일본 국민정신총동원위원회에서 결정한 「공사생활을 쇄신하여 전시 태세화하는 기본방책」을 척무성을 통해 이첩받아 9월 6일 총독부 문서과장이 「공사생활을 쇄신하여 전시 태세화하는 구체적 방책에 관한 건」으로 국민정신총동원조선연맹에 통첩해 이의 실행을 지시하고 있다.

〈표 2-4〉를 보면 알 수 있듯이 운동을 전개하는 데 일본의 지침뿐 아니라 조선 독자의 방침이 추가되어 있는 것을 알 수 있다. 즉 앞서 언급한 적이 있는 애국일 행사 및 당면 필행 2칙의 면행 철저, 형식적 연하장, 계절 인사장 등의 폐지 및 의례적인 환송과 환영의 폐지·연회 회식

〈표 2-4〉 공사생활을 쇄신하여 전시 태세화하는 기본방책의 구체적 분담

(항목 중 ○인은 조선 측 추가)

	내지 측			총독부 측		
	담임 관청	주요협력 관청	주요협력 단체	담임국부과	주요협력 국부과	주요협력 단체
○1. 애국일 행사 및 당면 필행2칙의 면행철저				관방문서과	각 국부관방과 외 국	조선연맹
2. 요리점, 음식점, 카페, 유희장 등의 영업시간 단축	내무성	내각정보부 후생성	중앙연맹	경무국	관방문서과 학무국	조선연맹
3. 네온사인의 억제	내무성	내각정보부	중앙연맹	경무국	관방문서과	조선연맹
4. 일정 계층의 금주, ○금연 일정 장소의 금주	문부성 철도성	내각정보부 내무성 후생성	중앙연맹	학무국 철도국	관방문서과 경무국	조선연맹
5. 관혼상제에 따른 폐풍 타파	문부성 후생성	내각정보부 내무성	중앙연맹	학무국	관방문서과 경무국 내무국	조선연맹
6. 중원(中元), 세모의 증답 (贈答) 폐지	상공성 후생성	내각정보부 문부성	중앙연맹	관방문서과 식산국	학무국 경무국 내무국	조선연맹
7. 복장의 간소화	후생성	내각정보부 문부성 상공성	중앙연맹	관방문서과 학무국	경무국 내무국 식산국	조선연맹
8. 남자학생 생도의 장발 금지 ○기차통학 이외의 전차 버스 등의 승차 제한	문부성			학무국	관방문서과 철도국	조선연맹
9. 부녀자의 '파마 웨이브' 기타 부화한 화장과 복장금지	후생성	내각정보부 내무성 문부성 상공성	중앙연맹	관방문서과	학무국 내무국 경무국 식산국	조선연맹
○10. 형식적 연하장, 계절 인사장 등의 폐지 및 의례적인 환송과 환영의 폐지				관방문서과	학무국 경무국	조선연맹
○11. 연회 회식 등의 정리 긴축 및 헌수의 폐지				관방문서과	학무국 경무국	조선연맹
○12. 시간의 철저한 면행				학무국	관방문서과	조선연맹

출처: 朝鮮総督府, 1940.3, 『朝鮮に於ける国民精神総動員』, 158~159쪽.

등의 정리 긴축 및 헌수의 폐지, 시간의 철저한 면행 등의 활동은 조선에서 독자적으로 적용한 활동이었다. 이와 같이 조선에서 국민정신총동원 운동은 일본의 운동방침과 밀접하게 연계되어 추진되었지만, 그 한편으로 조선총독부의 시책 상의 필요성과 식민지의 특수성을 반영한 운동 또한 전개되었다.

그럼, 국민정신총동원조선연맹의 마지막 활동 시기인 1940년에는 어떠한 활동이 기획되고 추진되었을까. 이를「1940년도 국민정신총동원 운동방침에 근거한 사업계획」을 통해 알아보자.

1940년도 국민정신총동원 운동방침에 근거한 사업계획[36](발췌)

1. 건국(肇國)의 대정신 앙양 천명
   1)『국체명감(國體明鑑)』및 『연맹정전(聯盟正典)』(가칭)의 기념간행
   2)『국체의 본의(國體の本義)』의 조선어 역(또는 중국어 역) 간행
   3) 기념축전의 거행
   4) 기념순회강연회의 개최
   5) 동아신질서 건설의 취지 및 그 추이의 부단한 주지 선전
2. 내선일체 완성의 촉진
   1) 부여신궁 어조영 근로보국 작업
   2) 내지에 대한 시설
      (1) 강사파견

---

36 国民総力朝鮮連盟, 1945, 앞의 책, 100~106쪽.

(2) 좌담회 및 영화회 개회

　　　(3) 조선 이주자의 증가 및 정착의 선전

　　　(4) 소책자의 간행 배포

　　　(5) 라디오 전국방송

　　3) 선내(鮮內)에 대한 시설

　　　(1) 국어의 보급

　　　(2) 강습회 개최

　　　(3) 지원병제도의 상시 선전 보급

　　　(4) 지원병 합격자의 표창

　　　(5) 창씨제도의 보급 철저

　　　(6) 내선결혼의 장려 및 편의 제공

　　　(7) 만주, 북지 및 내지행 이민에 대한 선전 교화

　　　(8) 내선 풍속의 융합

　　　(9) 내선 습관의 융합

　　　(10) 일본 취미로의 유도

　　4) 대외 시설

　　　(1) 만주국 전반에 조선사정 선전

　　　(2) 북, 남, 중지의 반도인에 대한 조선사정의 선전

　　　(3) (1)과 (2) 민중에 대해 팔굉일우의 정신 및 신동아 건설의 취지 선전

3. 전시생활의 철저(인쇄물, 강연, 방송, 좌담회, 표어 등)

　　1) 시국인식의 철저 강화

　　2) 국방사상의 보급 강화

　　3) 황군 위문

4) 은진(殷賑) 산업단체에 국민정신총동원운동 정신의 보급

5) 생활개선위원회의 설치

6) 물자의 애호절약

7) 생산의 증가와 한해 영향의 극복

8) 저축 장려

9) 1인 1기념사업의 필행(必行)

10) 근로보국작업의 장려

4. 모든 국가적 시설 실행의 추진

그때마다 시책할 것

5. 도시에서의 운동 강화

1) 경성부연맹의 강화 촉진

2) 기타 도시연맹에 대한 촉진

(1) 도별 도시연맹 진흥타합회 개최

(2) 도시에서의 각종 연맹의 운동 강화

6. 운동 능률의 증진

1) 조선연맹의 기구 강화

2) 위에 준한 지방연맹 기구의 강화

3) 애국반의 철저 강화

(1) 애국반의 정비

(2) 애국반장의 훈련

(3) 우량 애국반의 표창

(4) 『애국반지도필휴(愛國班指導必携)』의 간행

4) 학교연맹의 정비

5) 학교교원지방연맹의 애국반 지도

6) 청년단에 국민정신총동원운동 보급부 설치

  7) 각 도연맹 사무담임자 타합회 및 지방연맹 관계자 강습회

  8) 각 도별 지도자 타합회

  9) 부군도 이상 연맹 이사장대회

  10) 추진대원의 훈련강습회

  11) 만주국 파견 근로보국대의 지도

  12) 도연맹에 국민정신총동원운동 조사위원회의 설치

  13) 지방연맹 및 애국반의 시찰지도

7. 국민총훈련으로의 유도

  1) 여러 행사의 목표를 이 점에 집중할 것

  2) '국민총훈련'의 표어보급 및 선전

  3) 매일 아침 행사 및 애국일의 보급 철저

  4) 라디오 '정동의 시간' 활용

  5) 영화 제작 및 순회영사

  6) 연맹가의 보급

  7) 연맹 및 애국반의 집단훈련

8. 기타

  1) 사변기념 및 연맹결성대회의 거행

  2) 부읍면 또는 정동리부락연맹마다 기념식 거행

  3) 일반 연중행사에 대한 협력

  4) 국민정신총동원운동 소개책자 및 도표 간행

  5) 각종 강연록, 강습록의 간행

  6) 『총동원』 및 『새벽(曉)』의 개선충실

위에 언급한 「1940년도 국민정신총동원운동 사업계획」은 「1940년도 국민정신총동원 운동방침」[37]에 근거한 것으로, 건국(肇國) 대정신의 앙양 천명, 내선일체 완성의 촉진, 전시생활의 철저, 모든 국가적 시설 실행의 추진, 도시에서의 운동 강화, 운동 능률의 증진, 국민총훈련으로의 유도, 이상의 일곱 가지 항목을 운동의 기본방침으로 삼고 있다.

먼저, 건국(肇國) 대정신의 앙양 천명에서는 "건국의 대정신은 진무(神武) 천황 즉위 시에 수립되어 이후 2600년 동안 나날이 제국의 진로를 비추어왔다. 신동아 건설이나 내선일체의 실현은 모두 이러한 대정신의 발로이다. 우리는 지나 대륙에서의 성전의 세계사적 의의를 재인식하고, 현하 세계정세의 추이와 일본을 중심으로 한 동아의 역사, 문화 등에 대한 이해를 한층 깊게 하여 건국정신의 앙양 천명"에 노력하도록 했다. 전쟁의 장기화에 따른 피로와 불안감, 그리고 물자 부족에 따른 고통을 불식시키기 위해, 조선총독부는 일본정신, 천황제 이데올로기 주입을 통해, 물자 부족 등의 현실 생활을 정신적 교화를 통해 극복하고자 한 것이다. 그리고 이것은 단순히 현상 유지에 그치는 것이 아니라 좀 더 철저한 동원을 위한 기초작업이기도 했다.

내선일체 완성의 촉진에서는 "내선일체의 완성은 본 연맹이 제창한 바이다. 반도에서 내선 민중의 진정한 행복은 말할 필요도 없이 그 구현을 통해 이루어질 수밖에 없다. 내선일체라는 것은 멀리 신대(神代) 무렵부터 그 사실을 찾을 수 있다. 신라와 백제시대에 그 구현이 특히 현저했다는 것은 역사가 증명하는 바이다. 즉 내선일체라는 것은 결코 이론이나 관념의 문제가 아니라, 엄연한 사실이다. 오늘날 총독정치의 여러

---

37 国民総力朝鮮連盟, 1945, 위의 책, 96~100쪽.

시설은 이러한 사실의 복원을 목표로 그 정신을 담아내고 있다. 특히 최근 부여신궁의 창설, 교육제도의 개정, 지원병제도의 제정, 창씨제도의 설정 등은 모두 이러한 내선일체의 대정신을 반영한 것이다. 또한 민중은 깊은 감격의 마음으로 이를 받아들이고 있다. 우리는 동아의 맹주로서의 제국의 기초를 강고히 다지기 위해서도 이번에 내선일체를 완성을 특히 정신방면으로부터 촉진"하여 연맹의 한 축으로 하도록 했다. 일본에서는 중일전쟁의 장기화에 따라 물자 부족뿐 아니라 인력난까지 대두하고 있었다. 이러한 상황에서 식민지 조선인은 노동력이나 병력으로 효용성이 증가하고 있었다. 다만 이를 실현하기 위해서는 조선인의 일본인화, 즉 황국신민화가 전제조건이었고 이러한 의미에서 조선총독부는 더욱 내선일체를 강화하고 그 실천을 강조해야만 했다. 이는 결국 조선인의 동원으로 이어졌다.

전시생활의 철저에서는 "성전은 지금도 계속되고 있다. 국민은 이에 대한 강한 의식 아래 각자 생활을 명심해야 한다. 제1선의 황군 장병과 인고를 함께 나누겠다는 생각을 품어야 한다. 경제통제의 강화에 순응하고 극도의 간소생활을 실천해야 한다. 필요 없는 것을 배제하고 전시식량을 확보 … 한해의 영향을 극복하려는 시책의 실행에 힘써 생산의 증가를 도모하고, 전시경제 도덕의 확립을 강조해야 한다. 다만 이로 인해 정신이 위축되거나 활기나 진취적 기상을 유지하며 불퇴전의 용맹심"으로 나아가야 한다고 강조했다. 식민지 조선에서는 장기화되고 있는 중일전쟁으로 인한 물자 부족뿐 아니라 가뭄으로 큰 고통을 겪고 있었다. 이러한 조선인의 불만을 완화시키기 위해서 조선총독부는 전쟁을 성전으로 미화하고 전선에서의 장병의 고통을 공감하도록 했다. 이를 통해 시국 극복과 전시생활 실천을 강제했다.

모든 국가적 시설 실행의 추진에서는 "본 운동은 국가의 흥망성쇠와 관련되어 있다. 형이상학과 형이하학을 불문하고 그 어떤 국가적 시설의 실행에는 모든 분야에 걸쳐 협조해야 한다. 또 이것이 추진력이 되어 효과를 거둘 수 있는 취지"로 운동을 전개하도록 했다.

도시의 운동 강화에서는 "도시에서의 본 운동 실적이 아직도 충분하지 못하다는 것은 부인할 수 없는 사실이다. 이는 단지 도시만의 슬픈 일이 아니다. 그 영향은 나아가 지방에도 영향을 미칠 우려가 있으므로 도시에서 본 운동의 강화에 특별히 힘을 쏟아야 한다. 도시에는 사회의 지도적 지위에 있는 자가 많다. 먼저 이들 계급부터 실천하는 모범을 보이는 태도로 나서야 한다. 또 은진(殷賑)산업[38] 관계자에게 강력히 호소하여 본 운동 정신의 침윤 철저"를 도모하도록 했다.

운동 능률의 증진에서는 "본 운동의 효과를 크게 하고 소기의 목적을 달성하기 위해서는 인적 자질을 향상시키고 기구조직을 충실히 개선해 나가야 한다. 종횡 간의 연락을 원활히 하고 현재의 유기적 조직을 한층 강고히 해야 한다. 또한 본 운동의 성질을 고려하면 특히 말초조직을 정비하여 운동 능률의 증진 향상"을 도모하도록 했다.

마지막 국민총훈련으로의 유도에서는 "국민정신총동원운동은 한편으로 국민총훈련이다. 국민총훈련은 실질적으로 사변 발생 이후 국민정신총동원운동의 전개를 통해 이미 실시되어 왔다. 하지만 현재 시국하의 국내외 정세는 한층 철저하고 강력한 국민의 총체적 훈련이 요구되고 있다. 국민총훈련의 목표는 크게 보면 영원한 황국 융창의 초석을 다지는 것으로, 우선은 신동아의 건설을 추구한 사변의 유효한 처리에 집중

---

38 호경기에 있는 산업을 의미한다.

해야 한다. 즉 금후의 국민정신총동원운동은 기존의 기구와 세포를 이용하여 각개훈련과 전체훈련을 통해 운동의 효과를 국민총훈련이라는 원대한 목표를 향해 이를 귀납적"으로 유도하고자 했다.

이상의 1940년 국민정신총동원운동방침을 보면 비교적 정신동원에 주안점을 둔 철학적 담론의 성격을 띠고 있다. 또한 위에 언급한 구체적인 방책인 사업계획을 보면 국체의식의 철저, 내선일체의 강화 추진, 미흡한 조직 기구의 정비 확충, 시국 인식 선전의 강화, 궁핍한 생활의 전시화를 통한 인내를 강요하고 있다. 이는 국민정신총동원운동의 하나의 특징인 정신운동, 즉 현실 문제를 천황제 이데올로기로 극복하도록 하여, 전쟁 수행을 위한 협력과 동원을 이끌어내고자 하는 방책이었다.

1940년에 들어오면서 국민정신총동원운동은 중일전쟁의 장기화에 따른 시국 인식을 철저히 함과 동시에 전시생활을 위한 통제를 더욱 강화했다. 총독부시책을 선전하기 위해『새벽(8월부터 애국반으로 제호 변경)』을 인쇄해 애국반에서 회람하도록 했으며, 3월부터는 라디오 방송을 정기적으로 중계했다. 또한 조선 안의 초등학교·중등학교에 각각 연맹 결성을 독려하는 등 운동의 확산에 더욱 매진했다. 9월에는 일본의 사치생활 억제에 호응해 조선의 전시 국민생활 태세 확립을 꾀했다. 일상생활 중에 외국어 사용 제한, 불필요한 회식 폐지, 과도한 높은 굽이나 부인복의 폐지, 화장 매니큐어의 억제, 남자의 장발 억제, 마작의 폐지 등 사치·향락을 금지하고 생활 쇄신을 강조했다. 이러한 운동은 전년에 발생한 가뭄과 중일전쟁의 장기화에 따른 조선인의 피로와 고통을 인고하며 감내하도록 한 하나의 방편으로 조선인의 삶의 질의 향상을 도모한 것은 결코 아니었다. 또한 운동의 방향이 전쟁의 장기화에 따른 민심의 이반을 방지하는 한편, 새로운 증산활동을 독려하기보다는 소비의 억제를 통한 전시하 물자 부족을 감내하도록 하고 있는 것이 특징이라고 할 수 있다. 이는 중일전쟁이라는 하나의 전쟁이기에 가능한 것이었다. 후술하는 바와 같이 중일전쟁과 동시에 태평양전쟁을 감행한 일본제국주의는 억제와 소극적인 동원이라는 방책으로는 상황을 돌파할 수 없다고 판단, 이에 본격적인 증산과 인적·물적 동원으로 운동의 방향이 강화되었다.

 2년여의 짧은 기간에 조선에서 추진된 국민정신총동원운동은 일제가 감행한 중국에 대한 침략전쟁 완수를 목표로, 조선인의 전쟁협력을 이끌어내기 위해 정신교화운동을 중심으로 추진되어, 시국 인식을 철저히 하고 내선일체를 도모했다. 또한 전쟁의 장기화와 조선에 닥친 가뭄으로 인해 운동은, 생활 확보를 위한 소비 억제가 강행되었다. 이와 같이 조선에 시행된 국민정신총동원운동은 천황주의에 입각해 조선인을 중일전쟁에 직간접적으로 동원하고자 한 총동원 정책의 일환으로 추진된 관제운동이었다.[39]

---

39 일본의 불법행위에 따라 주권을 침탈당하고 식민지로 전락한 조선과 달리, 타이완은 일본과 청나라와의 전쟁에서 일본이 승리한 대가로 할양받은 영토였다. 1895년부터 시작된 타이완에 대한 식민지 지배는 초기의 무력점령에서 시작해 1915년부터는 내지연장주의에 입각한 동화정책을 전개했다. 중일전쟁을 전후해 식민지 타이완에는 정책적으로 큰 변화가 일어났다. 20년간 관행으로 해왔던 문관총독에서 해군대장 출신의 고바야시 세이조(小林躋造)가 총독으로 부임해「황민화, 공업화, 남진기지화」라는 징책방침을 전명했다. 중일전쟁 이후의 전시체제하에서의 타이완 식민정책은 황민화 정책을 특징으로 한다. 황민화운동은 일본어 보급운동, 개명운동, 지원병제도, 종교풍속개혁이 주요 정책이었다. 이는 결국 타이완인의 일본인화이며, 일본의 전쟁 수행과 더불어 부족한 인적 자원을 확보하겠다는 의도가 농후한 정책이었다. 「국가총동원법」이 제정되자 타이완에서도 이에 부응해 보갑제도를 전시동원을 위한 도구로 전환시켰다. 즉 군에는 보갑협회, 주에는 보갑협회연합회를 조직하고, 각 주에는 연합보갑장정단을 조직해 동원조직으로 활용했다(김영신, 2001,『대만의 역사』, 지영사).

이러한 국민정신총동원운동에 대해 조선인은 냉소적이거나 형식주의에 빠지기도 했고,[40] 한편으로는 운동이 지역사회에 침투되어 일정 부분 영향을 미치기도 했다.[41] 설령 조선인의 운동 참여가 형식주의에 치우쳤다고 하더라도, 운동을 통해 각 가정을 포섭하는 그물망 같은 동원체계가 갖추어진 것은 부정할 수 없다. 그리고 후술하는 바와 같이 태평양전쟁이 발발하면 이러한 조직을 활용해 좀 더 철저한 동원이 모색되었다.

3. 총동원 계획의 전개

1) 기간계획에서 연도실시계획으로

중일전쟁 개시와 더불어 일본은 포괄적 국가총동원을 가능하도록 한 기본법인 「국가총동원법」을 제정했으며, 물자의 증산과 동원을 원활하게 하고 이를 확충하기 위해 1938년 1월에는 1938년도 물자동원계획을, 1939년 1월에는 생산력확충 계획을 각의 결정했다. 물자동원계획은 연도계획이었으나, 생산력확충 계획은 1938년도에서 1941년도까지의 연차별 예정액을 정한 4년 계획이었다.

이와 병행해서 당초 단기전으로 예상했던 중국과의 전쟁이 점차 장

---

40 최유리, 1997, 앞의 책, 119~121쪽.
41 김영희, 2002b, 앞의 글, 257~259쪽.

기전으로 접어들자, 이에 대응하기 위한 실질적 총동원 계획으로 일본은 1938년 9월 23일 「1939년도 국가총동원 실시계획 설정에 관한 건」을 각의 결정해 실질적이며 종합적인 총동원 계획 설정 작업에 착수했다.

1939년도 국가총동원 실시계획 설정에 관한 건[42]

1. 방침

1939년도 국가총동원 실시계획은 장기전 태세의 강화를 목적으로 1939년 4월 1일부터 1940년 3월 31일까지 적용하는 실행 계획으로 중요 물자의 동원계획을 주체로 하여 이 실행을 완벽하게 하기 위해 필요한 노무의 동원, 교통전력의 동원, 자금 및 무역의 통제에 있어 종합적으로 가능한 구체적인 계획을 수립한다.

2. 계획 설정 기일

1938년 12월까지를 준비 기간으로 하여 각 반의 자료 정비, 계획 강령 개략안 작성을 하여 이후 보수정리한 후 가능한 한 신속하게 계획 강령을 각의 결정한다.

3. 계획 설정의 요령

   1) 별도로 정하는 바에 따라 각 청은 계획 강령 설정의 자료를 기획원에 제출한다.
   2) 기획원은 위 자료를 종합정리하여 계획 강령안을 입안하여 각 청의 협의를 거쳐 각의에 제출한다.

---

42 防衛庁防衛研修所戦史室, 1970, 『陸軍軍需動員(2)実施編』, 朝雲新聞社, 278쪽. 이후 1939년도 국가총동원 실시계획 설정 작업에 관한 내용은 본 자료에 따른다.

위에 인용한 자료에서 언급하고 있는 바대로 정부에서 제시한 총동원 계획 설정의 방침에 따르면, 기존의 총동원 계획은 기간계획으로 2년에서 3년을 실행 기간으로 하여 계획이 설정되었으나, 이번 총동원 계획은 기본적으로 회계연도(4월에서 다음 해 3월)와 일치시킨 점이 가장 큰 특징이었다. 또한 본 계획은 실제 수행 중인 전쟁을 위한 '실행' 계획이었다. 그리고 중요 물자동원을 주안점으로 이와 관련된 노무, 교통전력동원, 그리고 자금과 무역의 통제에 관한 계획을 설정하도록 했다. 계획의 설정은 각 청이 제출한 자료를 토대로 기획원이 계획을 책정하고 다시 각 청과의 협의를 거쳐 최종적으로 각의에 제출하도록 했다.

이에 총동원 계획 설정 작업의 추진을 가속화하기 위해 정부는 기획원에「국가총동원업무위원회규정」을 각의 결정하여 이를 설치했다.[43] 국가총동원업무위원회는 '각 청 총동원업무를 조정 통일하고 그 적정 원활한 수행을 도모'하는 것을 목적으로 기획원 총재가 필요한 사항에 대해 설치할 수 있도록 했다. 이들 위원 또는 간사는 관계 각 청의 고등관이 위촉되었다. 이에 기획원 총재는「국가총동원업무위원회규정」에 바탕을 두고 아래 〈표 2-5〉와 같이 7개의 위원회를 설치했다.

이러한 진용과 정부가 제시한 방침에 따라 기획원은 1939년도 물자동원계획 설정 작업에 임했다. 그리고 원래 계획보다 늦은 1939년 5월 26일「1939년도 물자동원계획강령」이 각의 결정되었다. 1939년도 물자동원계획은 군수의 충족, 수출무역의 진흥, 생산력확충 계획 수행상 필요한 물자의 공급, 대륙과의 물자 공급과 관련해서는 만주는 산업 5개

---

43 防衛庁防衛研修所戦史室, 1970, 위의 책, 279쪽. 이후 국가총동원업무위원회와 관련된 내용은 본 자료에 따른다.

〈표 2-5〉 국가총동원업무위원회 담당 업무

위원회	위원장	담당 업무
총동원 계획위원회	기획원차장	총동원 기본계획에 관한 사항
총동원 법제위원회	기획원차장	국가총동원법령에 관한 사항
물자동원위원회	산업부장	물자의 동원에 관한 사항
노무동원위원회	내정부장	노무의 동원에 관한 사항
교통전력동원위원회	교통부장	교통전력이 동원에 관한 사항
무역위원회	기획원차장	무역에 관한 사항
자금통제위원회	기획원차장	자금통제에 관한 사항

출처: 防衛庁防衛研修所戦史室, 1970, 『陸軍軍需動員(2)実施編』, 朝雲新聞社, 279쪽.

년 계획, 중국은 치안유지 또는 전쟁 처리상 필요한 물자 및 자원개발 또는 자원 취득상 필요한 물자의 공급을 중심, 최소한의 물자로 국민생활을 확보, 이상의 다섯 가지에 중점을 두었다.[44] 이러한 1939년도 물자동원계획의 실적은 기획원총재가 천황에게 보고한 내용에 따르면 생산은 14퍼센트 감소, 회수 및 재고 보전은 19퍼센트 감소, 엔블록 수입은 36퍼센트 감소, 제3국으로부터의 수입은 22퍼센트 감소로 총액 약 20퍼센트의 감소를 추정했다. 이러한 감소 요인으로 자연재해 및 제2차 세계대전의 발발에 따른 것이라고 기획원총재가 지적을 하고 있지만, 공급력의 약 20퍼센트 감소라는 현실은, 각 수요층의 요구를 감안한 과도한 계획 설정의 결과이기도 했다.[45]

물자동원계획과 더불어 핵심적인 동원계획인 생산력확충 계획은 4년 계획으로 1939년 1월에 각의 결정되었다. 다만 1941년까지 장기적인 안목에서 책정된 이 계획을 실행하기 위해서는 연도별 자재, 자금, 노

---

44 防衛庁防衛研修所戦史室, 1970, 위의 책, 294쪽.
45 防衛庁防衛研修所戦史室, 1970, 위의 책, 357~359쪽.

무, 전력 등의 제 계획을 면밀하게 작성할 필요가 있었다. 이에 일본 정부는 3월 13일 내각에 '생산력확충위원회'를 설치했다.[46] 정부는 '생산력확충 계획의 적정한 실시를 촉진하고 관계 각 청 사무의 조정 통일을 도모하기 위해 생산력확충 계획 실시에 관한 중요사항을 조사 심의'하기 위해 생산력확충위원회를 설치한 것이다. 기획원총재를 회장으로 기획원산업부장을 간사장, 각 청 고등관을 위원으로 했으며 그 인원은 41명이었다. 내각에 설치된 생산력확충위원회의 주요 조사 심의 사항은, 계획 실시의 종합계획에 관한 사항, 계획 실시의 상황 및 성적에 관한 사항, 계획에 관한 각 청 사무의 조정 통일에 관한 사항, 기타 계획의 적정한 실시를 촉진하기 위해 필요한 사항을 심의하게 했으며, 위원회에는 총무분과회와 제1분과회에서 제8분과회까지 설치해 조사 심의를 담당하도록 했다. 연도실시계획 설정 첫 작업이라는 점을 감안해 3월 17일에는 계획의 목적, 입안 방침, 계획 입안 순서 등을 정한 「1939년도 생산력확충 실시계획 설정요령」을 결정해 작업에 임하도록 했다. 이에 기획원은 「1939년도 생산력확충 실시계획 설정에 관한 건」을 성안하고 5월 10일 각의 결정했다. 이는 3월 17일 결정한 생산력확충 실시계획 요령에 바탕하여 생산계획, 산업별 자재배당계획, 자금계획, 노무계획, 전력계획을 설정한 것으로 시기가 상당히 늦어진 관계로, 관계 분과회의 결정으로 실시계획을 확정하게 하여 바로 실시할 수 있도록 했다. 이와 같이 1939년도 생산력확충 계획은 생산력확충위원회의 설치, 생산력확충 실시계획 설정요령을 거쳐 생산력확충계획 설정에 관한 건의 결정으로 분과회별로 각각 사안을 결정 실시하도록 했다.

46　防衛庁防衛研修所戰史室, 1970, 위의 책, 300~301쪽. 생산력확충위원회와 관련된 내용은 본 자료에 따른다.

1940년도 이후 국가총동원 계획 설정 방침[47](발췌)

제1장 총칙

1. 1940년도 이후 국가총동원 계획은 연도실시계획과 1942·1943년도에 적용할 기간계획(이하 제4차 총동원 기간계획이라고 한다)의 두 가지로 설정한다. 계획의 진전에 따라 기본계획강령에 소요의 수정으로 이를 완성한다.
2. 계획 설정의 요령은 대체로「총동원 계획 설정 처무요강」에 준거하지만 특히 필요한 것에 대해서는 기획원 각 청과 협의해 이를 정한다.
3. 계획 설정에서는 일만지의 총력을 가장 유효하게 발휘하도록 특히 만지 양국과의 연계를 긴밀히 한다.

제2장 연도실시계획의 설정

1. 연도실시계획은 이번 가변 처리를 위해 특히 매년 계획적으로 실시할 필요가 있는 사항에 대해 계획하고 전국의 확대 또는 경제압박을 받을 시 대응해야 할 조치를 병행해서 고려한다.
2. 연도실시계획에서 별고 시획하는 국가총동원 준비에 관한 장기정비계획의 연도별계획을 실시함도 고려한다.
3. 연도실시계획 설정의 범위는 인원, 물자, 교통, 전력, 자금, 무역, 물기, 과학연구, 정신삭흥 등에 관한 사항으로 한다.
4. 연도실시계획에 계획해야 할 각 사항의 세목 및 그 정도 및 설정의 요령은 당해 국가총동원업무위원회에서 이를 정한다.

47　防衛庁防衛研修所戦史室, 1970, 위의 책, 329~330쪽.

5. 연도실시계획은 매년 11월 말일까지 익년도의 것을 개정하고 2월 말일까지 이를 결정한다.

제3장 제4차 총동원 기간계획의 설정

1. 제4차 총동원 기간계획은 장래의 전쟁에 적용할 계획으로 1941년도 말까지 이를 완성한다.

일본 정부는 1939년 6월 16일 「1940년도 이후 국가총동원 계획 설정방침」을 각의 결정했다. 이 방침은 1940년도 이후의 총동원 계획은 연도실시계획과 1942년도 1943년도에 적용할 제4차 총동원 기간계획의 설정에 대한 기본적 방침을 정한 것이다. 즉 총동원 계획을 연도실시계획과 기간계획으로 이원화하겠다는 것이며, 연도 총동원 실시계획이 현재 수행 중인 전쟁에 대한 계획을 수립하는 것이라면, 제4차 총동원 기간계획은 현재 당면한 전쟁이 아닌 미래에 발생할 전쟁을 상정해 2년 기간을 상정한 계획이었다. 이를 표로 정리한 것이 〈표 2-6〉 국가총동원 계획 일람이다. 이번 방침에 따르면 연도실시계획은 인원, 물자, 교통, 전력, 자금, 무역, 물가, 과학연구, 정신작흥 등에 관한 사항을 책정하도록 했으며 계획 수립 강령은 국가총동원업무위원회에서 결정하도록 했다.

또 한 가지 여기서 주목할 점은 총동원 계획 설정에 있어 만주와 중국의 총력, 연계를 긴밀히 하도록 하고 있는 점이다. 즉 여기에는 조선의 존재가 부각되지 않고 있다는 것으로, 만주사변 이후 중일전쟁에 이르는 시기에서의 일본의 식민지 조선에 대한 기대치가 만주와 중국에 비해 낮았다는 것을 방증하고 있다고 본다. 이러한 점에서 앞서 언급했듯이 미나미총독은 더욱 조선을 전진 병참기지로 자리매김하여 이를 일본 본

〈표 2-6〉 국가총동원 계획 일람

기간계획	연도계획	계획상 설정연도	계획상 적용연도	실제 계획 완성	비고
잠정 총동원 기간계획		1930~1932	1933~1935	1933.7	
응급 총동원 계획		1932~1933	1934~1935	1934.5	
제2차 총동원 기간계획		1934~1935	1936~1937	1936.6	
제3차 총동원 기간계획		1936~1937	1938~1939		1937년 7월 28일 「총동원 계획의 일부 실시에 관해」각의 결정
	1939년도 국가총동원 실시계획	1938	1939	1939.5	물동, 노무동원, 교통전력동원, 자금무역통제
제4차 총동원 기간계획		1940~1941	1942~1943		

출처: 防衛庁防衛研修所戦史室, 1967, 『陸軍軍需動員(1)計画編』, 朝雲新聞社, 防衛庁防衛研修所戦史室, 1970, 『陸軍軍需動員(2)実施編』, 朝雲新聞社.

토에 어필하고자 했다.

이상으로 살펴본 바와 같이 중일전쟁 이전 단계에서 총동원 계획의 특징을 지적해 보자. 첫 번째는 2년에서 3년의 기간을 설정한 기간계획 형태로 수립되었다는 점이다. 잠정 총동원 기간계획, 응급 총동원 계획, 제2차 총동원 기간계획 모두 실제 계획보다 설정 작업은 늦어졌지만 기본적으로는 수년간의 실행을 목적으로 책정된 것이었다. 두 번째는 이러한 총동원 계획은 실제 전쟁에 적용되지 않았다는 점이다. 중일전쟁 이후 책정된 제3차 총동원 기간계획의 일부는 각의 결정에 따라 중일전쟁에 적용되었지만, 기본적으로는 실전 계획 수립을 위한 준비 계획으로의 성격을 갖고 있었다. 세 번째는 반복되는 조사 작업을 통해 일본의 국력 판단 자료를 확보하게 되었다는 점이다. 그리고 이는 일본이 침략전쟁인 태평양전쟁을 감행하는 하나의 기초적 지표가 되었다고 볼 수 있다. 그리고 마지막으로 총동원 계획 수립을 위한 시스템을 구축했다는 점을 지적할 수 있다. 방대한 업무를 총동원 계획 기관 단독으로 해결할 수는 없다. 자원 보유 조사와 수급 조사, 그리고 분배, 이를 위한 각 기관과의 업무 분장 등 수차례에 걸친 계획 입안 과정을 통해 경험치를 축적하고 이를 상호 공유하여 총동원 실시계획 수립을 위한 최소한의 토대를 구축했다고 할 수 있다.

2) 조선총독부의 대응

각의 결정된 「1939년도 국가총동원 실시계획 설정에 관한 건」 방침과 국가총동원업무위원회의 설치에 따라 연도실시계획이 본격적으로 책정되었다. 이들 계획 중 근간이 되는 것이 물자동원계획이었다. 물동계획이 필요한 이유는 한정된 물자를 물자별로 용도를 명확히 하여 긴급하며 중요한 사용처에 물자를 집중하도록 하고, 반면 중요하지 않는 곳의 용도를 제한 통제하기 위함이다. 물동계획은 군수동원을 위해 중요 물자에 대해 각 연도별 공급 즉 확보 가능한 물자의 규모를 확정하고 이를 토대로 각 수요 기관에 대해 자원을 분배하는 계획이다. 물동계획은 각 연도의 기본방침을 정한 '물동계획강령', '중요 물자수급대조 및 보전 일람표', 각 부문별 내역을 정한 부속문서 등으로 구성되었다. 1939년도 물동계획을 보면, 공급 즉 확보방법으로는 생산, 회수, 재고, 제3국을 통한 수입을 통한 공급 계획과, 이렇게 확보한 물자를 다시 육군군수용, 해군군수용, 생산력확충용, 관수용, 만주중국수출용, 제3국수출용, 일반민수용 등으로 배당(수요)하는 계획으로 구성되었다. 철강을 예로 들자면 식민지 조선의 인천육군조병창이나 평양병기제조소 등은 육군군수용으로 할당을 받았으며, 철도의 경우는 조선총독부의 관수배당으로 계상되었다.⁴⁸ 따라서 물자동원계획이 책정되어야 이를 근거로 생산력확충 계획, 노무동원계획, 무역계획, 자금통제계획 등을 확정할 수 있었다. 이러한 총동원 계획의 근간이 되는 물자동원계획은 국가총동원업무위원회 산하 물자동원위원회가 중심이 되어 책정 업무를 추진했다.

총동원 계획의 책정 작업은 주관기관인 기획원에서 계획의 기본방침을 각 청에 시달하면 이를 토대로 각 청은 조사 보고하고 이를 취합 종합해 기획원이 계획안을 완성하고 이를 각 청과 조정협의를 거쳐 최종적으로 각의에서 결정하는 과정을 거쳤다. 물자동원계획 책정 작업에서도 조선은 공급과 배당(수요)에 관련된 내용을 기획원에 보고했다. 그리고 물자동원계획이 결정되면 조선총독부는 이에 명시된 배당(수요)와 공급(생산)에 대한 실시계획을 책정해 이를 시행했다. 조선총독부가 1938년 4월 6일 각국에 통첩한 「1939년도 물자동원계획 관청수요에 관한 건」을 보면, 기획원의 최종 성안과정에서 관수의 45퍼센트 삭감이 예상됨에 따라 총독부의 관수 50퍼센트 삭감안을 제출하도록 지시하고 있다.⁴⁹ 또한 총독부가 발행한 시정 연보에 따르면 각의의 물동계획에 따라 "조선에서의 물자의 수급계획을 생산, 수요, 배급, 절약, 대용, 회수 등 실시계획을 수립하여 각각의 관계 국과 협력 실시사무에 유감이 없도록 도모"⁵⁰했다고 기록하고 있다. 좀 더 조선총독부의 자료를 통해 구체적으로 보자.

---

48 山崎志郎, 2016, 『太平洋戦争期の物資動員計劃』, 日本経済評論社, 8~9쪽.
49 「昭和14年度物資動員計画官庁需要に関する件」, 국가기록원(관리코드:CJA0004243).
50 朝鮮総督府, 1941, 『朝鮮総督府施政年報1939年度』, 601쪽.

「1939년도 물동계획에 관한 건」에 따르면 1939년도 물자동원계획 요강이 결정되자, 조선총독부에서는 이를 토대로 각국과에서 담당 사항에 대한 생산, 취득, 소비 등에 대한 관제(管制)계획을 수립하여 기획원에 제출하기 위해 1938년 9월 10일까지 제출하도록 했다.[51] 우선 관수에 대한 계획에서는 각국부과의 소관 사업에서 물자동원계획을 실시하면서 물자의 공급이 불충분해지자 어디에 중점을 둘 것인지에 대해 충분히 검토하도록 지시하고 있다. 그리고 민수에 대한 계획에서는 〈표 2-7〉과 같이 철강과 철강 이외의 물자로 구분하고 각각의 담당을 정해 배분의 기본적 방침 및 시설대책을 강구하도록 했다. 즉 총독부 각과별로 물자 항목을 배당해 그에 대한 수요조사를 실시했다.

물자동원계획은 중요 물자 100여 개에서 300여 개에 이르는 중요 물자별 공급과 배당계획으로, 〈표 2-7〉과 같이 조선총독부에서는 철강을 최우선 중요 물자로 간주하고 그에 대한 각과별 담당을 정해 이에 대해 대응하고 있다. 나머지 철강을 제외한 물자에 관해서는 식산국의 상공과, 광산과, 산금과, 연료과, 수산과, 농림국의 농무과, 미곡과, 축산과, 경무국의 위생과, 전매국, 체신국, 자원과에서 담당하게 했는데, 철강 이외의 자원 상당수는 자원과가 담당했다.

관수, 민수에 이어 생산에 관한 계획은 〈표 2-8〉과 같이 식산국과 농림국에서 규정된 담당 구분에 바탕하여 생산계획을 기재하도록 했다. 이와 같이 물자동원계획의 결정에 따른 시행에서 조선총독부는 관수·민수·생산으로 구분해 이를 각 부서별로 담당을 정하여 물자의 관제계획

---

51 「昭和14年度物資動員計画に関する件」, 국가기록원(관리코드:CJA0003472). 이후 조선총독부의 대응은 본 자료에 따른다.

〈표 2-7〉 민수 담당 구분표(철강)

국과명	담당 사항	담당 내역	적요
내무국	공공단체의 하천, 하천, 항만, 철도, 상수도, 하수도, 방공, 도시계획 등의 토목에 관한 사항, 토목건축의 토목에 관한 사항	토목과	
회계과	공공단체의 건축에 관한 사항, 일반 건축에 관한 사항	회계과	
식산국	기계광공업에 관한 사항, 화학공업에 관한 사항	물자조정과	
	광업에 관한 사항	광산과	
농림국	공공단체의 토지개량사업에 관한 사항	토지개량과	
	(국민생활)민간임업에 관한 사항	임업과	
	(국민생활)농기구에 관한 사항		
	(국민생활)대장장이에 관한 사항	농무과	
철도국	사설철도에 관한 사항	철도국	
체신국	(공공단체)방송사업에 관한 사항, 선박에 관한 사항, 가스사업에 관한 사항, 기타 □공사업에 관한 사항	체신국	
전매국	(국민생활)민간 담배 경작에 관한 사항	전매국	

출처: 「昭和14年度物資動員計画に関する件」, 국가기록원(관리코드:CJA0003472).

〈표 2-8〉 생신 담당 구분표

국과명	담당 사항	담당 내역	적요
식산국	광물에 관한 사항	광산국	
	수산물에 관한 사항		
	기타 생산물에 관한 사항(농림국, 전매국, 광산과 및 수산과 담당의 것을 제외)	상공과	
농림국	농산물에 관한 사항	농무과	
	축산물에 관한 사항	축산과	
	임산물에 관한 사항	임업과	

출처: 「昭和14年度物資動員計画に関する件」, 국가기록원(관리코드:CJA0003472).

을 수립하는 작업을 추진했다. 물동계획에 있어 조선은 일본 정부의 일만중자급체제의 추진과 더불어 조선 또한 그 일환으로 역할을 짊어지게 되었다. 다만 독립국의 형태인 만주국에 비해 식민지인 조선은 중앙정부에 따라 물자가 종합안배되는 관계로, 총독부의 요구와 기획원의 판단에는 괴리가 존재했다. 즉 종래의 생산력을 기준으로 하는 기획원의 사정 (査定)은 항상 적을 수밖에 없었다.[52]

물자동원계획에 결정된 수치는 실제 생산액 및 수입 원료에 따라 상황이 유동적이었기에, 조선총독부 기획부에서는 4분기 또는 매달 상공성 및 기타 관련 부서와의 타협을 통해 해당 시기의 배당액을 결정했다. 이렇게 일본으로부터 배당된 물자는 다시 총독부하의 관련 국·과, 이들로 구성된 협의체의 의견을 받아, 각 소비부문별 조선 안에서 할당액을 결정했다. 이렇게 결정된 할당에 기초해 할당증명서, 제조허가서, 기타 쿠폰을 회사 등에 교부하며, 이들 수요자는 일본의 생산회사나 도매점에서 증명서를 제출하고 물자를 배급받는 식으로 조선에서 물자 공급과 통제가 이루어졌다.[53] 이러한 과정을 거쳐 조선에 배급된 주요물자는 보통강 강재, 선철, 주철관, 주강, 아연철판, 선재제품, 크라운 코르크, 공관, 특수강, 텅스텐광, 몰리브덴광, 구리, 납, 주석, 안티몬, 니켈, 수은, 운모, 기계기구, 석탄, 가바이드, 석유, 방범용 면화, 제면용 면화, 면봉사, 면사, 면범포, 노포, 인조섬유, 스펀 레이온사, 인견사, 펄프, 모사, 마닐라 로프, 원료 고무, 피혁, 미국 수입목재, 비료, 시멘트 등이다.

이상과 같이 조선총독부에서의 물자동원계획 수립 과정은, 조선에서 생산 가능한 물자와 필요한 물자를 각과별로 조사 취합하여, 이를 기획원에 제출하여 계획 책정에 일조했다. 그리고 다시 결정된 계획 방침에 따라 조선에서의 시행계획을 수립하는 작업 과정을 거쳤다. 이와 같이

52　大蔵省管理局, 『日本人の海外活動に関する歴史的調査』通巻第7冊, 朝鮮編第6分冊, 17~18쪽.
53　朝鮮総督府, 1940, 『施政三十年史』, 552~553쪽.

중일전쟁 이후, 조선총독부는 연도실시계획인 물자동원계획을 축으로 총동원체제의 한 축을 짊어지고 있었다. 그러나 총독부의 요구보다 적게 계상 공급되는 물자로 인해, 물자 부족으로 인한 불편과 고통은 오롯이 조선인이 감내해야 할 몫이었다.

제3장
국민총력운동으로의 전환과 총동원 계획

중국에 대한 침략전쟁을 개시했지만, 전쟁 수습의 전망이 불투명한 가운데, 유럽에서는 독일을 중심으로 기존의 국제질서에 반기를 든 움직임이 본격화되고 있었다. 그 결과 동아시아 태평양 지역의 안정을 담보하고 있었던 워싱턴체제에도 균열이 가속화되었다. 이는 제2차 고노에 내각이 추진한 정책, 대외적으로 동아신질서, 대내적으로 신체제운동에서 기인하는 것이었다. 이에 식민지 조선도 일본 본국의 영향으로 기존의 국민정신총동원운동을 국민총력운동으로 재편했다.[1] 본 장에서는 먼저 일본에서 전개된 신체제운동의 전개 배경과 그 과정을 살펴본 후 이에 대한 조선총독부의 대응을 고찰한다. 또한 태평양전쟁에 돌입하기 전 단계에서 추진되었던 총동원 계획과 그 특징을 살펴본다.

1. 신체제의 모색

1) 대외환경의 변화와 신체제운동의 전개

1940년 2월 민정당 사이토 다카오(齋藤隆夫) 중의원 의원의 반군연설을 계기로 불거진 육군의 사이토의원에 대한 강력한 처분 요구에 대해,

---

1 신체제운동과 관련해서는 다음 책을 참조하기 바란다. 김봉식, 2019, 『고노에 후미마로』, 살림; 방기중 편, 2005, 『일제하 지식인의 파시즘체제인식과 대응』, 혜인. 국민총력조선연맹의 결성 및 조직과 관련해서는 최유리, 1997, 『일제 말기 식민지 지배정책연구』, 국학자료원; 김영희, 2006, 「국민총력조선연맹의 사무국개편과 관변단체에 대한 통제(1940.10~1945.8)」, 『한국근현대사연구』, 37; 최원규 엮음, 1988, 『일제말기 파시즘과 한국사회』, 청아출판사.

이를 둘러싸고 사이토의원 제명에 찬성하는 세력과 반대하는 의원으로 정당 세력이 분열되었다. 결국 정파를 초월해 사이토의원 제명에 찬성한 의원을 중심으로 성전관철의원연맹이 결성되었으며 이는 정계 재편의 신호탄이기도 했다. 성전관철의원연맹은 모든 정당의 해산과 강력한 신당의 결성을 도모하며 정계 재편을 도모했다. 이러한 정계 재편 움직임은 친군적 정당 세력을 결집하려는 육군의 의도를 반영한 것이기도 했다.

한편, 1939년 9월에 시작된 제2차 세계대전에 대해 일본은 불개입을 천명하고 수수방관하고 있었으나 1940년 4월 이후 전쟁 국면이 급변하면서 일본의 대처에 변화가 나타나기 시작했다. 4월 독일은 노르웨이·덴마크를 침공해 이들 국가를 점령했다. 그리고 5월에는 벨기에가 독일에 항복하고 6월에는 프랑스 파리가 함락되었다. 이에 이탈리아도 영국과 프랑스에 선전포고를 하고 전쟁에 가담했다. 이러한 독일의 승리에 고무된 일본 군부는 곧 영국도 독일에게 항복할 것으로 전망했다.

일본은 독일과 이탈리아에 의해 새롭게 구축되고 있었던 유럽 신질서에 호응하여, 동아 신질서 건설에 매진하게 되고 이 구상을 구체화하기 위해서 신체제운동이 전개되었다. 기성정당도 강력한 정당 결성을 위해 해당도 불사하겠다는 움직임이 본격화되었다. 그리고 무엇보다 이러한 신체제운동은 고노에 후미마로를 중심축으로 하여 전개되었다.

6월 고노에는 추밀원 의장을 사임하고 운동에 본격적으로 동참했다. 신체제운동에 참가를 표명한 고노에는 국민에 기초를 둔 강력한 고노에 신당을 결성하여, 이를 배경으로 군부를 억제하여 자신의 제1차 내각에서 매듭짓지 못한 중일전쟁을 수습하고자 하는 구상을 갖고 있었다. 즉 고노에의 회고에 따르면 "이제 기성정당 자체의 힘으로는 군부를 억제하는 것이 불가능했다. 이에 기성정당과 다른 국민조직, 전 국민에게 뿌리를 내린 조직과 그것이 가진 정치력을 배경으로 정부가 성립해 비로소 군부를 눌러 중일전쟁을 해결할 수 있다는 결론에 달해, 이 조직화에 관해 연구하는 것이 제1차 내각 총사직에서 마음에 남은 큰 희망이었으며, 제2차 내각 조각의 중심적 희망이었다"[2]라고 지적하고 있다. 이러한 고노에가 구상한 국민조직이란, 고노에 측근인 아리마 요리야스(有馬賴寧)의 발언을 빌리자면 "우리가 하고 있는 신당운동은 의회 세력의 규합을 목표로 하는 것이 아니라, 그 목표는 독일 나치스와 같은 국민의 정치조직화"[3]라고 지적하고 있듯이 국민정신총동원운동과 같은 수동적인 관제운동이 아니라 국민의 적극적 능동적인 협력을 이끌어낼 수 있는 국민조직이었다.

고노에의 추밀원 의장 사임에 따라 신체제운동이 고무되는 가운데, 요나이 미쓰마사(米內光政)내각이 퇴진하고 1940년 7월 22일 제2차 고노에 후미마로(近衛文麿)내각[4]이 출범했다. 한편 각 정치세력의 의견 조율에 고민하던 고노에는 전 정치세력을 포괄하는 신체제구상으로 이행하게 된다.

2) 대정익찬회의 성립

고노에 후미마로의 국민적 인기에 힘입어 제2차 고노에내각은 본격적으로 신체제의 구체화에 착수했다. 해결의 기미를 보이지 않는 중일전

---

2 近衛文麿, 1946, 『失はれし政治-近衛文麿公の手記』, 朝日新聞社, 25쪽.
3 「近衛枢相の辞任」, 『東京朝日新聞』 1940.6.11.
4 1940.7.22~1941.7.18.

쟁의 장기화에 따른 피로감에 억눌린 국민들은 고노에의 신체제와 혁신 구호에 환호하며 현상타파를 열망했다. 더불어 정당은 고노에신체제에의 참가를 전제로 하나둘 자발적으로 해산을 강행했으며 마지막까지 남아 있었던 민정당 마치다(町田)파가 8월 15일 해산함에 따라 전 정당이 해산하여 이른바 무정당 상황에 돌입했다.

고노에는 조각후 신체제를 구체화하기 위해 신체제준비회를 설치했다. 준비위원은 중의원의원 7명, 귀족원의원 5명, 학계 1명, 재계 2명, 우익 4명, 지방자치체 1명, 언론계 4명, 각계 대표 25명과 각료 전원으로 구성되어 말 그대로 각 정치세력을 안배한 인선으로 여기에 이미 고노에의 전 정치세력을 포용하려는 신체제에 대한 기본적 인식이 잘 드러나 있었다. 신체제준비회는 8월 28일부터 9월 17일까지 6회 회의를 했으나 각 정치세력 간의 이해 충돌을 회피하지 못하고 타협을 거듭한 끝에, 결국 대정익찬운동의 중핵체로서 대정익찬회(大政翼贊会)를 결성한다는 방침이 결정되었다. 또한 강령 초안은 대동아신질서의 건설과 세계신질설의 확립, 국체의 본의 현양과 서정일신 및 국방국가체제의 완성, 대정익찬의 신도실천 이라는 세 가지로 정리되었다. 이에 고노에내각은 9월 27일 각의에서 「대정익찬운동규약」과 대정익찬회의 간부 인사를 결정했다.

대정익찬운동규약[5](발췌)

제1조 본 운동은 전 국민의 운동으로서 이를 대정익찬운동이라고

---

5 下中彌三郎編, 1954, 『翼贊国民運動史』, 翼贊運動史刊行会, 139~140쪽.

칭한다.

제2조 본 운동은 만민익찬, 일억일심, 직분봉공의 국민조직을 확립하고, 그 운용을 원활하게 하여, 이로써 신도실천체제의 실현을 기하는 것을 목적으로 한다.

제3조 본 운동을 추진하는 기관으로 대정익찬회를 둔다.

제4조 본 회의 구성원은 본 운동의 정신을 체득하고, 정진 이를 실천하는 자 중에서 총재 이를 지명한다.

제5조 본 회에는 아래의 간부를 둔다.

총재 1명, 고문 약간 명, 총무 약간 명(그중 약간 명을 상임으로 한다.)

제6조 총재는 본 회를 통솔하고, 본 운동을 총리한다.

제7조 고문은 총재의 자문에 응한다.

제8조 총무는 총재를 보좌하여 본 회에 관한 중요사항을 심의한다. 상임 총무는 상시 회무에 참가한다. 총무 및 상임 총무의 임기는 1년으로 한다. 단 재지명 할 수 있다.

제9조 본 회의 중앙본부를 도쿄에 둔다.

제10조 중앙본부의 사무를 처리하기 위해 사무국을 두며, 이를 국 및 부로 나눈다. 사무국에 사무총장 1명을 둔다. 각국에 국장을 1명, 각부에 부장 1명 및 부부장, 부원 각 약간명을 둔다. 사무총장, 국장, 부장, 부부장 및 부원은 총재가 지명한다. 전 가항의 외, 국 및 부의 구성 및 소관사항은 별도 이를 정한다.

제11조 사무국에 참여 약간 명을 두고, 중앙본부의 기획 및 활동에 참가한다. 참여는 총재가 임명하며 그 임기는 1년으로 한다. 단 재지명 할 수 있다.

10월 12일 대정익찬회의 발족식이 거행되었다. 뒤이어 조직되는 경제신체제(통제회), 근로신체제(대일본산업보국회)에 앞서 고도국방국가건설의 중심축인 정치신체제의 구현으로서 조직된 것이다. 중앙조직은 고노에수상을 총재로 하여, 조직국, 정책국, 기획국, 의회국, 총무국의 5국 23부체제로 출범했다. 대정익찬회의 결성에 앞서 정당을 해산한 정당세력은 의회국에 소속됨에 따라 일본파시즘체제로서 대정익찬회가 성립했다.

　또한 대정익찬회 결성에 대응하여 부락회 정내회 등이 정비되었으며, 관제국민운동단체의 재편성이 진행되었다. 즉 내무성은 1940년 9월 11일 내무성 훈령「부락회정내회(部落會町內會)정비요강」을 통해, 국책을 국민에게 침투시켜 국정의 원활한 운영과, 경제생활면에서의 지역적 통제단위로서 부락회와 정내회를 조직·정비하고, 그 하부에 10호 내외로 구성하는 인보반(隣保班)을, 그리고 각각 상회(常會)를 두도록 조치했다. 그리고 1940년 11월부터 1941년 1월에 걸쳐 상업보국회, 대일본산업보국회, 대일본청소년단 등이 결성되어 관제국민운동단체의 재편통합이 추진되고 대정익찬회 조직국이 이들 단체의 연락지도[6]를 담당하게 되었다.[7] 한편 국민정신총동원본부는 10월 23일 해산되어 그 사업과

6　木坂順一郎, 1976,「大政翼贊会の成立」,『岩波講座日本歴史20』, 岩波書店, 300~301쪽.

7　도조 히데키내각하, 1942년 6월에는 관제국민운동단체인 대일본산업보국회, 상업보국회, 일본해운보국단, 농업보국연맹, 대일본부인회, 대일본청소년단의 6개 단체가 대정익찬회의 솔하단체로 통합된다. 또한 8월에는 대정익찬회 지부규정 개정에 따라 부락회, 정내회는 대정익찬회의 하부 조직으로 편입된다. 즉 부락회, 정내회에는 대정익찬회의 세와역(世話役)을, 도나리구미에는 세와인(世話人)을 두어 국민지배의 일원화를 도모했다(栗屋憲太郎, 1977,「国民動員と抵抗」,『岩波講座日本歴史21』, 岩波書店, 172~173쪽).

자산은 대정익찬회로 인계되었다. 대정익찬회는 1941년 1월 12일 사무국 직제를 정해 사무기구를 정비했다. 사무총장하 5국23부를 두어 각각의 사무를 담당하도록 했다. 총무국에는 총무부, 감찰부, 선전부, 국민생활지도부, 협력회의부, 조직국에는 조직부, 청년부, 훈련부, 연락부, 장책국에는 내정부, 재정부, 경제정책부, 동아부, 기획국에는 경제조직부, 문화부, 제도부, 의회국에는 귀족원관계제1부, 귀족원관계제2부, 귀족원관계제3부, 중의원관계서무부, 중의원관계심사부, 중의원관계의사부, 중의원관계임시선거제도조사부를 두었다. 의회국에는 해산한 정당 세력이 그 구성원이었다. 모든 정당이 해산되고 의회 세력이 대정익찬회의 의회국으로 편입되어, 사실상의 일국일당이 실현되었다는 점은, 대정익찬회가 일본파시즘체제의 중심조직으로 결성되었다는 것을 의미했다.[8]

한편, 대정익찬회에 대한 각 정치세력에 의한 공격과 비판이 고조되자, 이에 고노에수상은 12월 11일 신체제운동의 중심적 추진세력이었던 가자미 아키라(風見章) 사법상과 야스이 에이지(安井英二)내무상을 경질하고 황도파 출신의 야나가와 헤이스케(柳川平助)를 사법상에, 우익의 거두 히라누마 기이치로(平沼騏一郎)를 내무상으로 교체했다. 이는 기존의 고노에 측근에 의한 신체제운동의 후퇴를 의미하는 것이었다. 그리고 이어진 제76회 제국의회에서의 대정익찬회에 대한 비판에 지친 고노에수상은 1941년 제국의회 폐회 후 4월 2일 대정익찬회 제1차 개조를 단행했다.[9] 그 결과 아리마 요리야스(有馬頼寧)사무총장, 고토 류노스케(後藤隆

---

8 木坂順一郎, 1976, 앞의 글, 306쪽.
9 이하 대정익찬회 제1차 개조에 관한 내용은 下中彌三郎編, 1954, 앞의 책, 212~214쪽.

之助)조직국장 등 고노에 측근이 중앙사무국으로부터 퇴진하고, 신설된 부총재에는 야나가와 사법상, 사무총장에는 이시와타 소타로(石渡莊太郎) 전 장상, 총무국장에는 구마가이 겐이치(熊谷憲一) 전 내각정보부장, 조직국장에는 하자마 시게루(狹間茂) 전 내무차관이 취임했다. 대정익찬회의 주도권은 고노에 측근에서 내무성 관료로 이행되었던 것이다. 또한 사무국의 간소화가 추진되어, 기획국, 정책국, 의회국이 폐지되고 동아국이 신설되었다. 이를 통해 대정익찬회는 내무성 지도에 의한 행정의 보조적 기관으로 성격이 농후하게 되었다. 고노에와 그의 측근들이 구상했던 국민의 자발성 환기를 통한 정치력 강화는 후퇴하게 되었다. 그러나 전시하에서의 국민생활의 통제와 국민동원을 위한 조직으로서, 총동원을 위한 국민지배의 유효한 조직으로서의 기능은 오히려 강화되었다고 할 수 있다.

2. 국민총력운동의 개시

1) 국민총력조선연맹의 조직

1940년 일본에서는 고노에 후미마로를 중심으로 한 신체제운동이 전개되었다. 이는 1937년 시작된 중국에 대한 침략전쟁을 수습하지 못하고 장기전에 돌입한 상태로 전쟁 국면의 전환을 시도할 출구를 찾지 못하고 있는 상황을 배경으로 했다. 그리고 전쟁과 동시에 추진한 국민정신총동원운동 또한 부진을 면하지 못하자 그 효용성에 대한 의문이

제기되고 있는 상황도 또 하나의 배경이었다. 전쟁 해결의 전망이 불투명한 가운데 국민운동의 무력화라는 문제를 안고 있었던 것이다. 이러한 상황에서 독일에 의한 제2차 세계대전이 유럽에서 시작되었다. 초기 일본은 중일전쟁 해결을 선결과제로 삼아 제2차 세계대전에는 관망하는 입장을 견지했다. 그러나 예상을 넘어 독일이 연승하고 프랑스가 항복을 하고 영국 또한 항복할 것이라고 판단한 일본은 태도를 바꿔 이러한 국제환경의 전환을 적극 활용해 자신의 문제들을 일거에 해결하고자 했다. 그러한 정책 전환의 상징이 바로 고노에 후미마로의 제2차 내각의 조각이었고, 고노에내각은 남진정책을 대외정책의 기조로 하여 독일에 점령된 프랑스나 네덜란드의 동남아시아 식민 지역에 대한 세력을 확장하기 시작했다. 이와 동시에 국내적으로 신체제운동을 공식화해 그 결과 1940년 10월 대정익찬회를 발족시켰다.

한편 조선에서는 일본보다 늦게 시작된 국민정신총동원운동이었으나, 1939년 4월 개조를 통해 운동을 더욱 강화하고 활성화하고 있었다. 더불어 미나미총독은 시국과 관련해 조선을 병참기지로 자리매김하고, 내선일체를 기치로 조선인의 황국신민화를 철저히 하고자 육군특별지원병제도, 창씨제도 등의 황국신민화 정책을 시행하고 있었다. 미나미총독의 입장에서 보자면, 일본 본토에서는 신체제운동이 활성화되어 대정익찬회가 결성되었으나, 조선에서는 이미 애국반이라는 조직을 두어 국민정신총동원운동의 관민일체화가 초기부터 정착되어 있어, 일본 본토와 달리 새로운 국민운동에 대한 필요성을 강하게 인식하고 있지는 않았다.

그렇다고는 하더라도 식민지 조선의 입장에서 일본 본토의 거국적인 국책으로 추진되었던 신체제운동을 무시할 수는 없는 입장에서 조선에

도 일본의 대정익찬회 결성에 호응하는 형태로 새로운 조직을 결성하게 되었다.[10]

이러한 일본 본토에서의 신체제운동에 대응하여 조선에도 1940년 10월 국민총력조선연맹이 결성되었다. 다만 조선에서는 국민총력조선연맹을 결성할 때 일본과는 조금 다른 방향성을 지향했다. 우선 하나는 국민총력운동을 신도실천, 직역봉공의 실천운동으로 하여, 일본에서 주창했던 정치운동을 철저하게 배제했다. 두 번째로는 일본에서는 정치, 국민조직으로서의 대정익찬회와 경제·문화 등 각 부문별로 신체제운동이 전개되었으나, 조선에서는 이를 국민총력조선연맹이 각종 단체를 일원적으로 통제할 수 있는 조직 체계로 출범했다.[11]

이미 국민정신총동원운동 시 조직했던 애국반을 적극 활용해 말단조직에 이르기까지 행정기구와의 일체화를 이루어 운동을 통제하고자 했다. 이러한 관민일체에 따른 관제적 성격은 국민정신총동원조선연맹 출범 시보다 노골적이었다고 할 수 있다. 이에 대해 10월 28일 조선호텔에서 열린 국민총력조선연맹과 기자단과의 좌담에서 시오바라(鹽原)훈련부장과 기자와의 응수가 그러한 문제인식을 일깨워 줬다.

---

10 국민정신총동원조선연맹에서 국민총력조선연맹으로 개조되는 문제를 정신총동원운동의 부진에서 이를 극복하고자 국민총력운동으로 전환했다고 하는 것이 기존 연구의 일반적인 시각이었다. 그러나 엄밀히 이야기하면 이러한 조직의 개편은 일본정부의 국책의 일환으로 조선뿐 아니라 만주·타이완 등 일제의 지배 영향력이 미치는 지역에서 동시에 추진된 정책이었다. 다만 기존의 운동방식에서 신체제운동으로의 개편에 소극적이었던 미나미는 고노에내각의 시책에 부응한다는 표면적인 형태를 취하면서도 오히려 국민정신총동원운동 방식의 계승과 그 강화를 도모한 것이 특징이라고 할 수 있다.

11 국민총력조선연맹에 의한 관변단체에 대한 통제 실태에 대해서는 다음 논문을 참조하기 바란다. 김영희, 2006, 앞의 글.

A기자: 지도계통을 일원적으로 했다는 것은 정동이 처음 만들어졌을 때는 민중의 자발적 발의를 통해 아래로부터 일어나는 힘을 통해 만드는 것처럼 느꼈지만, 이번에는 무언가 관제라고 하는 것이 이상하지만, 그러한 의미로 받아들여진다.

시오바라(鹽原)훈련부장: 관리가 자주 얼굴을 보인다고 하여 관제라는 것은 아니다(웃는 소리). 내지의 대정익찬회 준비위원회의 주요한 사람인데, 그중의 한 명이 … 대정익찬회는 민간으로부터 자연 발생적으로 아래에서부터 일어났는데, 그렇다면 시간이 걸리기 때문에 이쪽에서 만들었다는 아주 노골적인 설명인데, 그렇게 생각해도 좋다.

A기자: 내지는 준비위원회 등을 만들어 관민협력을 통해 그런 것을 만들었다고 느끼는데, 이쪽은 관리들이 언제인지 모르게 만들었다고 느끼는데….

시오바라(鹽原)훈련부장: 조선에서는 정동조직이 종래부터 상당히 존재했기 때문에 준비위원회와 같은 것이 필요 없었다. 내지처럼 지리멸렬한 곳과 여기처럼 처음부터 체제가 정비된 곳은 다르다.[12]

일본에서 대정익찬회 발회식이 개최된 이틀 후인 1940년 10월 14일 조선총독부는 「조선 국민조직 신체제 요강」을 발표해 조선신체제의 기본방침을 대내외에 천명했다.

12　国民総力朝鮮連盟, 1940.12, 『国民総力』, 20쪽.

조선 국민조직 신체제 요강[13]

1. 명칭

국민총력연맹

2. 강령

국체의 본의에 바탕하여 내선일체의 내실을 거두고 각각 그 직역에서 멸사봉공의 정성을 바쳐 협심육력으로 국방국가체제의 완성 동아 신질서의 건설에 매진한다.

3. 실천방책

강령에 바탕하여 국민정신총동원운동, 농촌진흥운동을 비롯해 물심 양방면의 각 부문 운동을 통합 포섭하여 그 직역에 따라 진정으로 국민총력를 발휘하는 데 내실을 거둘 수 있도록 발랄 강력한 실천운동을 전개한다.

4. 조직

  1) 지도조직

   (1) 조선총독부에 국민총력운동 지도위원회를 둔다.

   (2) 위원장은 정무총감이 이를 맡는다.

   (3) 위원은 총독부 각 국장, 국민총력과장, 국민총력조선연맹 전무이사, 조선군 관계관 및 총독이 위촉한 자로 구성한다.

   (4) 지도위원회에서는 국민총력운동의 기본방책을 심의 책정한다.

  2) 중앙조직

13　国民総力朝鮮連盟, 1940.11, 『国民総力』, 7~8쪽.

(1) 명칭

　국민총력조선연맹

(2) 구성원

　조선의 모든 단체 및 개인으로 구성한다.

(3) 임원

　① 연맹에 총재, 부총재, 고문, 이사, 참여, 참사 및 평의원을 둔다.

　② 총재는 조선총독을 추대한다.

　총재는 본 연맹을 총리한다.

　③ 부총재는 조선총독부 정무총감을 추대한다.

　부총재는 총재를 보좌하고 총재 사고 시에 이를 대리한다.

　④ 고문은 총재가 이를 위촉한다.

　고문은 총재의 자문에 응하고 중요사항에 대해 의견을 진술한다.

　⑤ 이사는 조선총독부의 각 국장, 국민총력과장 및 학식과 경험이 있는 자 가운데 총재가 위촉한 자로 구성한다.

　⑥ 이사 가운데 약간 명을 전무이사로 한다.

　이사는 이사회를 조직하고, 연맹 기본방책의 실천사항을 심의한다.

　⑦ 참여 및 참사는 총재가 이를 위촉한다.

　참여는 참여회를 조직하고, 총재의 자문에 응한다.

　참사는 이사를 보좌하고 사무 집행에 참여한다.

　참사 가운데 약간 명을 전무참사로 한다.

⑧ 평의원은 각종 단체의 임원 기타 학식과 경험이 있는 자 가운데 총재가 이를 위촉한다.

평의원은 평의원회를 조직하고, 총재의 자문에 응한다.

(4) 사무국

① 국민총력조선연맹에 사무국을 두고, 사무국 총장은 각 부의 사무를 연락 조정한다.

② 사무국에 총무, 지방, 식산, 농림, 저축, 보도, 방위지도, 문화, 훈련, 선전의 각 부를 둔다.

3) 지방조직

(1) 도

① 명칭은 국민총력 도연맹으로 한다.

② 구성원은 중앙조직에 준한다.

③ 도연맹에 회장, 고문, 이사장, 이사를 두고, 필요에 따라 중앙조직에 준하여 참여 및 평의원을 둔다.

④ 회장은 도지사가 담당한다.

(2) 부, 군도, 읍면

① 명칭은 국민총력 부, 군도, 읍면연맹으로 한다.

② 구성원은 중앙조직에 준한다.

③ 부군도읍면연맹에 이사장과 이사를 두고, 필요에 따라 중앙조직에 준하여 참여 및 평의원을 둔다.

④ 이사장은 부윤, 군수, 도사, 읍면장이 담당한다.

(3) 정, 동, 리, 부락

① 명칭은 국민총력 정동리부락연맹으로 한다.

② 구성원은 중앙조직에 준한다.

③ 정동리부락연맹에 이사장을 둔다.

④ 이사장은 정총대나 구장 등이 담당한다.

(4) 애국반

① 정동리부락연맹에 기저 조직으로서 대개 10호를 단위로 애국반을 결성한다.

② 애국반에 반장을 둔다.

조선에서 신체제로 새롭게 출범하는 국민총력조선연맹은 종래의 국민정신총동원조선연맹과 몇 가지 차이점이 있었다. 먼저 첫 번째로는 명칭을 지적할 수 있다. 앞서 1937년 일본에서 먼저 개시되어 중앙조직으로 결성된 것은 국민정신총동원중앙연맹이었고 이듬해 1938년 조선에서 시작된 국민정신총동원운동의 중앙조직은 국민정신총동원조선연맹으로 하여 기본적으로 일본의 운동 명칭을 답습했다. 그러나 이번 신체제운동의 귀결로서 일본에서는 대정익찬회라는 중앙조직을 결성했지만 조선에서는 의도적으로 대정익찬회라 하지 않고 국민총력조선연맹이라는 별칭을 사용한 점이다. 이는 앞서도 잠시 언급했지만 조선에서는 기본적으로 신체제운동이 갖고 있는 정치적 색책을 배제한 운동으로 하고자, 명칭 자체도 별도의 국민총력이라 하여 조선인 모든 국민이 총력을 발휘한다는 취지로 국민총력운동이라고 했다는 점이다.

두 번째로는 국민총력운동의 목표를 국방국가체제의 완성과 동아신질서의 건설에 두고 있다는 점을 지적할 수 있다. 이 점은 이미 1940년 8월 고노에 후미마로가 제2차 내각을 조각하면서 제시한 국책으로 조선총독부가 큰 틀에서 일본제국주의가 나아가고자 하는 방향성에 순응하는 모양새로, 바꿔 말하자면 국민총력운동은 조선의 독자적인 기획과 필요성에서 출발했다라기보다는 일본제국주의의 국책에 따른 시책이라고 할 수 있다.

세 번째로는 단순한 국민정신총동원운동의 개조가 아니라, 기존의 농촌진흥운동을 비롯한 각 운동의 통합의 형태로 국민총력운동이 개시되었다는 점이다. 특히 농촌진흥운동은 1932년부터 시작되어 제1차 5개년 계획, 제2차 5개년 계획으로 전 조선의 농촌 220만 호를 대상으로 추진해 온 운동이었다. 이들 농촌진흥운동의 조직이 해체되어 국민총력의 정동리부락연맹과 애국반에 흡수되어 국민운동의 일원화를 도모했다는 점이다.

네 번째로는 조선 안에 모든 개인과 단체로 규정해 더욱 강제성을 갖게 된 것이다. 이를 통해 국민조직으로서의 국민총력운동 성격이 좀 더 명확해진 것이다.

이미 국민정신총동원운동의 경험을 축적한 총독부는 이번 국민총력운동에서는 결성 단계에서 지도기관을 설치했다. 이는 표현을 바꾸자면 조선에서 국민총력운동은 국민정신총동원운동과 동일하게 관 주도하의 운동을 전개하겠다는 방침을 천명한 것이다. 조선에서 국민운동은 관의 주도에 따른 조선인의 협력이라는 구도가 유지 계승되었던 것이다. 이러한 지도 기구로 결성된 것이 국민총력운동지도위원회이다.

국민총력운동지도위원회 규정[14]

제1조 국민총력운동의 기본방책을 조사 심의하기 위해 조선총독부

---

14   朝鮮總督府, 1941.3, 『半島の国民総力運動』, 18~19쪽.

에 국민총력운동지도위원회를 둔다.

제2조 위원회는 위원장 1인 및 위원 약간 명으로 이를 조직한다.

필요가 있을 때에는 임시위원을 둘 수 있다.

제3조 위원장은 조선총독부 정무총감이 이를 담당한다.

위원 및 임시위원은 조선총독부 내의 고등관 및 학식과 경험이 있는 자 가운데 조선총독이 명령하거나 위촉한다.

제4조 위원장은 회무를 총리한다.

위원장 사고 시에는 위원장이 지명한 위원이 그 사무를 대리한다.

제5조 위원장이 필요하다고 인정할 때는 조선총독부 내의 고등관이나 기타 적당한 자를 회의에 출석시켜 의견을 진술할 수 있다.

제6조 위원회에 간사를 두고 조선총독부 내의 고등관 가운데 초선 총독이 이를 임명한다.

간사는 위원장의 지휘를 받아 서무를 정리한다.

제7조 위원회에 서기를 두고 조선총독부 내의 판임관 가운데 초선 총독이 이를 임명한다.

서기는 상사의 지휘를 받아 서무에 종사한다.

부(附) 국민총력운동지도위원회 위원 및 간사 명부

위원장	조선총독부 정무총감	오노 로쿠이치로(大野綠一郎)
위원	조선총독부 내무국장	우에 하야세(上瀧基)
	재무국장	미쓰다 나오마사(水田直昌)
	식산국장	호즈미 신로쿠로(穗積眞六郎)
	농림국장	유무라 다쓰지로(湯村辰二郎)

	법무국장	미야모토 하지메(宮本元)
	학무국장	마사키 나가토시(眞崎長年)
	경무국장	미쓰하시 고이치로(三橋孝一郞)
	체신국장	야마다 츄지(山田忠次)
	철도국장	야마다 신주로(山田新十郞)
	전매국장	마쓰자와 다쓰오(松澤龍雄)
	국민총력과장	노부하라 사토루(信原聖)
	국민총력조선연맹 이사장	가와기시 분사부로(川岸文三郞)
	육군소장	다카하시 엔(高橋垣)
	국민총력조선연맹 이사	정교원(烏川僑源)
	조선은행 총재	마쓰바라 준이치(松原純一)
	조선식산은행 두취	하야시 시게조(林繁藏)
	조선상공회의소 회두	히토미 지로(人見次郞)
	경성일보 사장	미타라이 다쓰오(御手洗辰雄)
	나카가와(中川) 광업사 사장	야나베 에이사부로(矢鍋永三郞)
	조선총독부 촉탁	야마자키 노부키치(山崎延吉)
간사	조선총독부 국민총력과 과장	노부하라 사토루(信原聖)
	조선총독부 국민총력과 사무관	유자와 시게야타(湯澤茂彌太)
	조선총독부 국민총력과 사무관	미조구치 고타로(溝口好太郞)
	조선총독부 국민총력과 속	고지마 겐코(兒島兼好)

국민총력운동지도위원회는 1940년 10월 16일 국민총력운동의 기본 방책을 조사 심의하는 것을 목적으로 국민총력운동의 지도기관으로 설치되었다. 지도위원회는 위원장, 위원, 간사, 서기를 두었다. 위원은 조선

총독부의 내무, 식산, 재무, 농림, 법무, 학무, 경무, 철도, 전매 국장, 국민총력과장, 국민총력조선연맹이사, 조선군참모장, 조선은행총재, 경성일보사장 등의 민간인 유력자 등으로 구성했다. 이들 위원은 지도기관과 실행기관과 원활한 관계를 유지하기 위해 국민총력조선연맹의 이사를 겸임했다. 간사는 국민총력과장 및 사무관들이 담당했다.

국민총력운동지도위원회의 첫 회의는 10월 23일에 개최되어 애국반의 훈련 방침과 애국반을 동원한 총력운동 실천방침 등이 결정되었으며, 12월 17일에 개최된 위원회에서는 국민총력조선연맹의 지방별 조직 체계의 확립과 정비 방침 등이 결정되었다.[15] 다시 후술하겠지만 2년 후 고이소총독으로 지도체제가 변경되면서, 1942년 11월 국민총력운동지도위원회는 국민총력운동연락위원회로 개편되었다.

지도기관으로 국민총력지도위원회를 설치함과 동시에, 조선총독부 및 각 도에는 국민총력과를 신설해 국민총력운동 업무를 관장하게 하여 추진하는 데 만전을 기했다. 조선총독부 총독관방에 신설된 국민총력과는 국민총력운동에 관한 업무를 관장했으나 약 1년 후인 1941년 11월 19일 신설된 사정국으로 업무가 이관되었다. 사정국은 내무국에서 지방과가 이관되었으며, 이는 국민총력운동의 지방에서의 추진을 강화하고자 한 측면이 있었다. 국민총력과는 다시 1942년 11월 일본의 행정간소화조치의 일환으로 신설된 총무국으로 이관되어 업무를 이어갔다.

---

15 민족문제연구소, 2017, 『일제식민통치기구사전통감부·조선총독부편』, 687~688쪽.

국민총력조선연맹 규약[16]

제1조 본 연맹은 국민총력조선연맹이라 칭한다.

제2조 본 연맹은 국체의 본의에 바탕을 두어 내선일체의 내실을 거두고, 각각 그 직역에서 멸사봉공의 정성을 바쳐 협심육력으로 국방국가체제의 완성, 동아신질서의 건설에 매진함을 목적으로 한다.

제3조 본 연맹은 조선의 모든 단체 및 개인으로 조직한다.

제4조 본 연맹에 총재 및 부총재 1명을 둔다.

제5조 본 연맹에 다음 임원을 둔다.

    고문   약간 명

    이사   약간 명(이 중 약간 명을 전무이사로 한다.)

    참여   약간 명

    평의원 약간 명

    참사   약간 명(이 중 약간 명을 전무참사로 한다.)

제6조 총재는 조선총독을 추대한다.

    총재는 본 연맹을 총리한다.

제7조 부총재는 조선총독부 정무총감을 추대한다.

    부총재는 총재를 보좌하고, 총독 사고 시에 이를 대리한다.

제8조 고문은 총재가 이를 위촉한다.

    고문은 총재의 자문에 응하고, 중요사항에 대해 의견을 진술한다.

제9조 이사는 조선총독부의 국장, 국민총력과장 및 학식과 경력이

---

16 朝鮮總督府, 1941.3, 앞의 책, 20~23쪽.

있는 자 가운데 총재가 위촉한 자로 구성한다.

이사는 총재의 명령을 받아 사무를 장리한다.

이사는 이사회를 조직하고, 본 연맹에 관한 중요사항을 심의한다.

제10조 참여는 총재가 이를 위촉한다.

참여는 참여회를 조직하고, 총재의 자문에 응한다.

제11조 평의원은 각종 단체의 임원 기타 학식과 경험이 있는 자 가운데 총재가 이를 위촉한다.

평의원은 평의원회를 조직하고, 총재의 자문에 응한다.

제12조 참사는 총재가 이를 위촉한다.

참사는 이사를 보좌하고, 사무의 집행에 참여한다.

제13조 이사회, 참여회 및 평의원회는 총재가 이를 소집한다.

제14조 임원에게는 수당을 지급할 수 있다.

제15조 본 연맹의 전무를 처리하기 위해 경성부 안에 사무국을 둔다.

사무국에 유급 직원을 둘 수 있다.

사무국의 직원은 총재가 이를 임면한다.

사무국에 관한 규정은 별도로 정한다.

그리고 동일 국민정신총동원조선연맹을 개조해 국민총력조선연맹을 결성했다. 앞서 언급한 국민총력운동지도위원회가 지도기관이라면 국민총력조선연맹은 국민총력운동의 실행조직이었다. 국민총력조선연맹은 모든 개인과 단체를 대상으로 했으며, 미나미총독이 직접 총재를 맡았다. 이는 일본의 대정익찬회의 총재가 고노에수상이 담당한 것에 기인한다. 다만 일본의 수상보다 상대적으로 조선총독이 갖는 정치적 권한과 위상이 다르다는 점을 감안한다면, 국민총력조선연맹이 갖는 관제성은 국민정신총동원운동조선연맹에 비해 더욱 강화되었다고 볼 수 있다. 부총재는 정무총감이 담당했으며, 조선연맹에는 고문, 이사, 참여, 평의원, 참사를 두었다. 이사는 조선총독부의 국장과 국민총력과장인 총독부 관료 및 학식자로 구성했다. 이들 이사들은 이사회를 개최해 중요사항을 심의하도록 했다. 참여는 참여회를 개최하여 총재의 자문에 응하도록 했다. 평의원은 각종 단체의 임원 기타 학식과 경험이 있는 자 가운데 총재가 이를 위촉하여 구성했으며, 평의원회를 열어 총재의 자문에 응했다. 참여는 이사를 도와 연맹의 사무를 돕도록 했다.

〈표 3-1〉은 국민총력조선연맹 1940년 10월 결성 당시의 조선인 간부 명단이다. 이와 같이 국민총력조선연맹에도 국민정신총동원조선연맹

〈표 3-1〉 국민총력조선연맹 조선인 간부 명단

직위	명단
고문	윤덕영(尹德榮)
참여	이항구(李恒九)
이사	정교원(鄭僑源)·윤치호(尹致昊)·고원훈(高元勳)·최린(崔麟) 한상룡(韓相龍)·김연수(金秊洙)·이승우(李升雨)·손영목(孫永穆) 박흥식(朴興植)·한규복(韓圭復)·오긍선(吳兢善)·김명준(金明濬) 김성수(金性洙)·김시권(金時權)
평의원	장직상(張稷相)·장헌식(張憲植)·송종헌(宋鍾憲)·박상준(朴相駿) 양주삼(梁柱三)·이창훈(李昌薰)·이해승(李海昇)·이긍종(李肯鍾) 이진호(李軫鎬)·문명기(文明琦)·홍승균(洪承均)·김갑순(金甲淳) 이종린(李鍾麟)·박기효(朴基孝)·박승직(朴承稷)·최창학(崔昌學) 김활란(金活蘭)·김동훈(金東勳)·김윤정(金潤晶)·윤갑병(尹甲炳) 신석린(申錫麟)·민규식(閔奎植)·원덕상(元悳常)
참사	계광순(桂珖淳)·김성수(金性洙)·서춘(徐椿)·하준석(河駿錫) 김사연(金思演)·이병길(李丙吉)·오긍선(吳兢善)·이묘묵(李卯黙) 김활란(金活蘭)·조병상(曺秉相)·박희도(朴熙道)·장덕수(張德秀) 이각종(李覺鍾)·방응모(方應模)·손정규(孫貞圭)·안인식(安寅植) 김우현(金禹鉉)·권상로(權相老)
사무국 총무부장	정교원(鄭僑源)

출처: 친일반민족행위진상규명위원회편, 2009, 『친일반민족행위진상규명보고서Ⅲ-3』, 725쪽.

에 이어 간부로 조선인이 참여했다. 이들은 운동방침의 심의나 자문 등의 형태로 일제의 국민총력운동에 협력했다.

국민총력조선연맹사무국 직제 및 사무분장 규정[17]

제1조 국민총력조선연맹사무국(이하 사무국이라고 칭한다.)에 총무, 지방, 식산, 농립, 저축, 보도, 방위지도, 문화, 훈련, 선전의 각 부를 둔다.

제2조 사무국에 사무국 총장을 두고, 이사 가운데 총재가 이를 임명한다.

사무국 총장은 총재의 명령을 받아 각 부 사무의 연락을 담당하고 조정한다.

사무국 총장이 사고 시에는 총무부장이 그 직무를 대리한다.

제3조 각 부에 부장을 두고, 이사 가운데 총재가 이를 임명한다.

부장은 총재의 명령을 받아 부무를 장리하고 부하 직원을 지휘 감독한다.

부장이 사고 시에는 부 내 상무의 상석 임원이 그 직무를 대리한다.

제4조 각 부에 과를 두고, 부무를 분장할 수 있다.

과장은 참사 가운데 총재가 이를 임명한다.

과장은 상직의 명령을 받아 과무를 맡는다.

제5조 사무국에 유급 주사, 서기, 기수, 촉탁 및 고원을 둔다.

주사, 서기, 촉탁 및 고원은 상직의 명을 받아 사무 또는 기술에 종

---

17 朝鮮総督府, 1941.3, 앞의 책, 23~25쪽.

사한다.

제6조 총무부는 인사, 서무, 회계, 사업성과의 감사, 각 부 사무의 연락 및 다른 업무에 속하지 않는 사항을 담당한다.

제7조 지방부는 연맹조직망의 정비 및 지방행정기관과의 연계조정에 관한 사항을 담당한다.

제8조 식산부는 상공광수산업자 및 관계 각종 단체의 국책협력에 관한 사항을 담당한다.

제9조 농림부는 농산민 및 관계 각종 단체의 국책협력에 관한 사항을 담당한다.

제10조 저축부는 국민의 저축 장려에 관한 사항 및 금융기관의 국책협력에 관한 사항을 담당한다.

제11조 보도부는 보호시설에의 협력 및 준법정신의 철저에 관한 사항을 담당한다.

제12조 방어지도부는 방공, 방첩, 방범, 방호, 재해방지, 위생 등 국민방위에 관한 사항을 담당한다.

제13조 문화부는 학술기예, 신문, 출판물, 영화, 연극흥업, 오락 기타 문화의 진흥에 관한 사항을 담당한다.

제14조 훈련부는 연맹원의 훈련에 관한 사항을 담당한다.

제15조 선전부는 국민총력운동의 취지 선전에 관한 사항을 담당한다.

국민총력조선연맹사무국 각 부장 명부

사무국총장　　가와기시 분사부로(川岸文三郞)

총무부장	연맹 전무이사	정교원(烏川僑源)[18]
지방부장	총독부 내무국장	우에 하야세(上瀧基)
식산부장	총독부 식산국장	호즈미 신로쿠로(穗積眞六郞)
농림부장	총독부 농림국장	유무라 다쓰지로(湯村辰二郞)
저축부장	총독부 재무국장	미즈타 나오마사(水田直昌)
보도부장	총독부 법무국장	미야모토 하지메(宮本元)
방위지도부장	총독부 경무국장	미쓰하시 고이치로(三橋孝一郞)
문화부장	나카가와(中川) 광업사 사장 야나베 에이사부로(矢鍋永三郞)	
훈련부장	총독부 학무국장	마사키 나가도시(眞崎長年)
선전부장	경성일보 사장	미타라이 다쓰오(御手洗辰雄)

국민총력조선연맹에는 사무국으로 총무, 지방, 식산, 농림, 저축, 보도, 방위지도, 문화, 훈련, 선전 각 부를 두었다. 이는 단순한 사무적 기능을 수행했던 국민정신총동원조선연맹과는 다른 점이었다. 국민운동의 범주가 정신운동에서 전시협력 태세 구축을 위한 포괄적 국민운동으로 확대 운영되었음을 의미하는 것이었다. 각 부의 부장은 조선연맹 이사 중에서 총재가 임명했다. 또한 부에는 과를 두고 참사 중에서 과장을 임명하여 과 업무를 담당하도록 했다. 조선연맹 각 부에서 담당한 업무를 살펴보면, 먼저 총무부는 인사, 서무, 회계, 사업성과의 감사, 각 부 사무의 연락 및 다른 업무에 속하지 않는 사항을 담당했다. 지방부는 연맹조직망의 정비 및 지방행정기관과의 연계조정에 관한 사항을, 식산부는 상

---

18 정교원의 창씨명이다.

공광수산업자 및 관계 각종 단체의 국책협력에 관한 업무를 담당했다. 농림부는 농산민 및 관계 각종 단체의 국책협력에 관한 사항을, 저축부는 국민의 저축 장려에 관한 사항 및 금융기관의 국책협력과 관련된 업무를 담당했다. 보도부는 보호시설의 협력 및 준법정신의 철저, 방어지도부는 방공, 방첩, 방범, 방호, 재해방지, 위생 등 국민방위에 관한 업무, 문화부는 학술기예, 신문, 출판물, 영화, 연극흥업, 오락 기타 문화의 진흥에 관한 전반적인 사항을 담당업무로 했다. 그리고 연맹원의 훈련에 관한 사항은 훈련부가, 국민총력운동의 취지 선전에 관한 사항은 선전부가 업무를 담당했다. 이러한 국민총력조선연맹의 각 부 활동을 원활하기 위해 지방부는 내무국장, 농림부는 농림국장, 저축부는 재무국장, 보도부는 법무국장, 방위지도부는 경무국장, 훈련부는 학무국장이 맡아 총독부와 조선연맹과의 표리일체에 따른 국민운동 전개를 도모했다. 국민총력조선연맹의 단계에 이르러 총독부와 조선연맹과의 일체성은 더욱 강화되었으며 총독부의 시책이 바로 조선연맹의 운동방침으로 전개되는 구조가 성립된 것이다. 게다가 상대적으로 일본의 수상에 비해 절대적 권력을 행사할 수 있었던 조선총독이 총재인 국민총력조선연맹은 실질적으로 식민지 전시행정의 한 축을 담당하게 되었다.

국민총력 도연맹 규약 준칙[19]

제1조 본 연맹은 국민총력 '무슨' 도연맹이라 칭한다.
　　　본 연맹의 사무소는 '어디(부, 읍)' 안에 이를 둔다.

19　朝鮮総督府, 1941.3, 앞의 책, 29~31쪽.

제2조 본 연맹의 사무국은 국민총력조선연맹의 취지 강령을 받들고, 그 실천사항의 구현에 매진함을 목적으로 한다.

제3조 본 연맹은 '어느' 도의 모든 단체 및 개인으로 이를 조직한다.

제4조 본 연맹은 다음 임원을 둔다.

  회장

  고문 약간 명

  이사장

  이사 약간 명

  참사 약간 명

  (필요에 따라 조선연맹의 조직에 준해 참여 및 평의원을 둘 수 있다.)

제5조 회장은 도지사가 이를 담당한다.

  회장은 본 연맹을 총리한다.

제6조 고문은 회장이 이를 위촉한다.

  고문은 회장의 자문에 응하고, 중요사항에 대해 의견을 진술한다.

제7조 이사장은 도 내무부장이 이를 담당한다.

  이사장은 회장을 보좌하고, 회장 사고 시에는 이를 대리한다.

제8조 이사는 도 경찰부장, 산업부장, 국민총력과장 및 학식과 경력이 있는 자 가운데 회장이 위촉한 자로 구성한다.

  이사는 이사회를 조직하고, 본 연맹에 실천사항을 심의 처리한다.

제9조 이사회, 평의원회(설지할 경우에 한함)는 회장이 이를 소집한다.

제10조 참사는 회장이 이를 위촉한다.

  참사는 이사를 보좌하고 전무의 집행에 참여한다.

제11조 본 연맹에 상회를 둔다.

상회는 회장의 소집에 따라 임원이 집회한다.

제12조 본 연맹에 총무, 경제, 저축, 보도, 방위지도, 훈련, 선전의 각 부를 둔다.

제13조 각 부에 부장을 두고, 이사장 및 이사 가운데 회장이 이를 임명한다.

부장은 회장의 명령을 받아 부무를 장리하고 부하 직원을 지휘 감독한다.

제14조 총무부는 인사, 서무, 회계, 연맹조직망의 정비, 지방행정기관과의 연계조정, 사업성과의 감사 및 기타 부에 속하지 않은 사항을 담당한다.

제15조 경제부는 산업 각 부문에 걸친 국책 협력에 관한 사항을 담당한다.

제16조 저축부는 저축 장려에 관한 사항을 담당한다.

제17조 보도부는 보호시설의 협력 및 준법정신의 철저에 관한 사항을 담당한다.

제18조 방어지도부는 방공, 방첩, 방범, 방호, 재해방지, 위생 기타 국민방위에 관한 사항을 담당한다.

제19조 훈련부는 연맹원의 훈련에 관한 사항을 담당한다.

제20조 선전부는 국민총력운동의 취지 건전에 관한 사항을 담당한다.

제21조 본 연맹에 필요할 때는 유급 직원을 둘 수 있고, 전 항의 직원은 회장이 이를 임면한다.

국민총력조선연맹의 하부 조직은 기본적으로 행정구역에 따라 도,

부, 군, 도(島), 읍면, 정동리, 부락에 이르기까지 지방연맹을 결성했다. 그리고 부윤, 군수, 도사, 읍면장, 정동리 총대 또는 구장이 각각 회장 또는 이사장을 담당하게 했다. 또한 각 지역에 군인, 관료, 민간 대표자를 임원으로 위촉해 운동의 침투를 노렸다. 이를 좀 더 자세하게 알기 위해 위에 열거한 도연맹의 규약 준칙을 살펴보자. 회장은 도지사, 이사장은 도 내무부장이 맡으며 이사는 도 경찰부장, 산업부장, 국민총력과장 및 학식과 경력이 있는 민간인으로 회장이 이를 위촉할 수 있도록 했다. 그리고 부를 두고 있는데, 조선연맹과 비교해 문화부, 지방부, 농림부가 없으며 대신 경제부를 두고 있는 것이 특색이다. 그리고 이들 부장에는 내무부장, 산업부장, 경찰부장 등 도 관료가 담당하도록 하고 있어 도연맹 또한 관과의 표리일체의 관계를 갖도록 했다. 마찬가지로 부윤, 군수, 도사, 읍면장, 정동리 총대 또는 구장이 회장 또는 이사장을 맡아 관주도의 조직이 말단까지 관철되었다. 더불어 임원에는 지역의 군관민 유력자를 위촉해 지역 침투를 도모했다. 국민정신총동원 조직과 다른 점은 상회가 추가된 점이다. 이는 정동리, 부락연맹에 이르기까지 상회의 설치가 규정되어 있다. 그리고 하부 조직으로 각종 단체에 의한 연맹 결성 또한 추진되었다. 즉 회사, 은행, 공장, 학교, 광산, 관공서, 기타 단체 등 직역에 따라 연맹을 결성했다.

> 정동리부락연맹은 실천운동의 제1선적 사명을 지닌다. 그 활동력은 총력운동의 소장(消長)과 지대한 관계가 있음으로 지도훈련에 가장 주의를 기울여야 한다. 별지의 규약 준칙에 의거하여 가급적 신속하고 빠짐없이 연맹을 정비 강화해야 한다. 이사장인 정동리 총대 또는 구장 등은 지위에 연연하지 않고 진실로 열의 있고 실행력 있는 인물

이 되어야 한다. 정동리부락연맹의 하부 조직인 애국반은 종래의 애국반 조직을 그대로 답습하기 때문에 만약 아직 결성되지 않았다면 신속히 정비해야 한다. … 관공서, 회사, 공장, 광산, 학교, 상점 기타 다수가 집단적으로 거주하는 곳에서는 빠짐없이 각종 연맹을 조직하도록 지도해야 한다. 각종 조직은 이미 애국반으로 많이 정비되었지만, 전면적으로 각 연맹이 빠짐없이 애국반 결성을 종료할 수 있도록 보급해야 한다. 별지 규약 준칙에 따라 그 단체의 성질 및 크고 작음에 따라 적절한 규약을 정해 실천운동에 나설 수 있도록 항상 주밀하게 지도해야 한다.[20]

위의 발언은 1940년 10월 임시 도지사 회의에서 미나미총독의 지시사항 중 애국반에 대한 지시 내용이다. 여기에서도 지적하고 있듯이 이들 지방연맹과 각종 연맹은 국민정신총동원연맹과 동일하게 각 10호 또는 30명 내외의 인원으로 조직된 애국반을 계승했으며, 아직 결성되지 못한 지역은 이의 조직화를 독려해 국민총력운동의 최말단 실천 조직으로 활용하고자 했다. 이미 애국반이 갖는 효용성을 인지하고 있었던 미나미총독은 국민정신총동원운동 당시 미비했던 애국반 조직에 더욱 박차를 가해 국민총력운동의 방침이 조선인 한 사람 한 사람에게 침투하도록 독려한 것이다.

이상과 같은 조직 방침에 따라 1940년 10월부터 국민총력연맹의 조직이 추진되었다. 그로부터 약 한 달 보름 후인 12월 말 현재의 조직 현황과 지난 1939년 6월 단계의 국민정신총동원연맹의 결성 상황(제2장

---

20 朝鮮総督府, 1941.3, 위의 책, 76~77쪽.

<표 3-2> 국민총력조선연맹 결성 상황 조(1940.12월 말 현재)

	도 연맹 수	부군도 연맹 수	읍면 연맹 수	정동리 부락 연맹 수	애국반 반수	애국반 호대표 반원수	각종 연맹	애국반 반수	애국반 반원수
경기도	1	23	232	6,212	35,065	467,893	1,119	6,666	342,050
충청북도	1	10	106	3,336	13,991	156,158	570	1,645	87,210
충청남도	1	15	172	5,955	24,083	271,484	1,061	4,421	126,793
전라북도	1	16	175	6,023	26,319	286,852	824	3,010	106,422
전라남도	1	24	252	7,771	34,621	534,704	946	3,412	123,753
경상북도	1	24	251	5,151	35,069	448,954	1,060	3,532	100,216
경상남도	1	22	242	6,576	40,998	393,888	1,494	6,301	188,084
황해도	1	18	212	7,361	20,045	321,469	1,195	3,258	131,957
평안남도	1	16	140	6,772	22,967	283,341	861	3,740	83,441
평안북도	1	20	173	2,800	18,491	278,774	1,249	2,812	129,442
강원도	1	21	175	4,112	23,673	287,250	1,243	3,146	84,750
함경남도	1	18	130	3,677	21,675	244,216	1,266	4,567	134,650
함경북도	1	13	76	1,082	13,429	166,416	1,135	3,947	147,014
합계	13	240	2,336	66,828	329,426	4,141,499	14,025	30,257	1,777,862

출처: 朝鮮総督府, 1941.3, 『半島の国民総力運動』, 88쪽.

<표 2-2> 참조)과 비교해 보면, 상부 단체인 도연맹과 부군도연맹은 거의 조직이 완료되어 있다. 반면 여전히 정동리부락연맹 결성은 그 수에서 국민정신총동원연맹 당시보다는 조금 상회했지만, 전체의 정동리부락 규모에 비한다면 아직도 미결성의 지역이 상당수 남아 있다는 사실을 알 수 있다. 반면 각종 연맹 수에서는 비약적으로 그 수가 증가한 것을 알 수 있다.

이상의 조직 현황표에서 알 수 있듯이 국민총력조선연맹이 단시간 안에 이렇게 조직을 완성할 수 있었던 것은 기본적으로 국민정신총동원연맹의 조직 기반을 계승했기에 가능한 것이었다. 그리고 단체 운동을 포괄한다는 국민총력운동의 성격상 단체에 따른 각종 연맹의 조직이 강

〈그림 3-1〉 국민총력운동 기본조직도

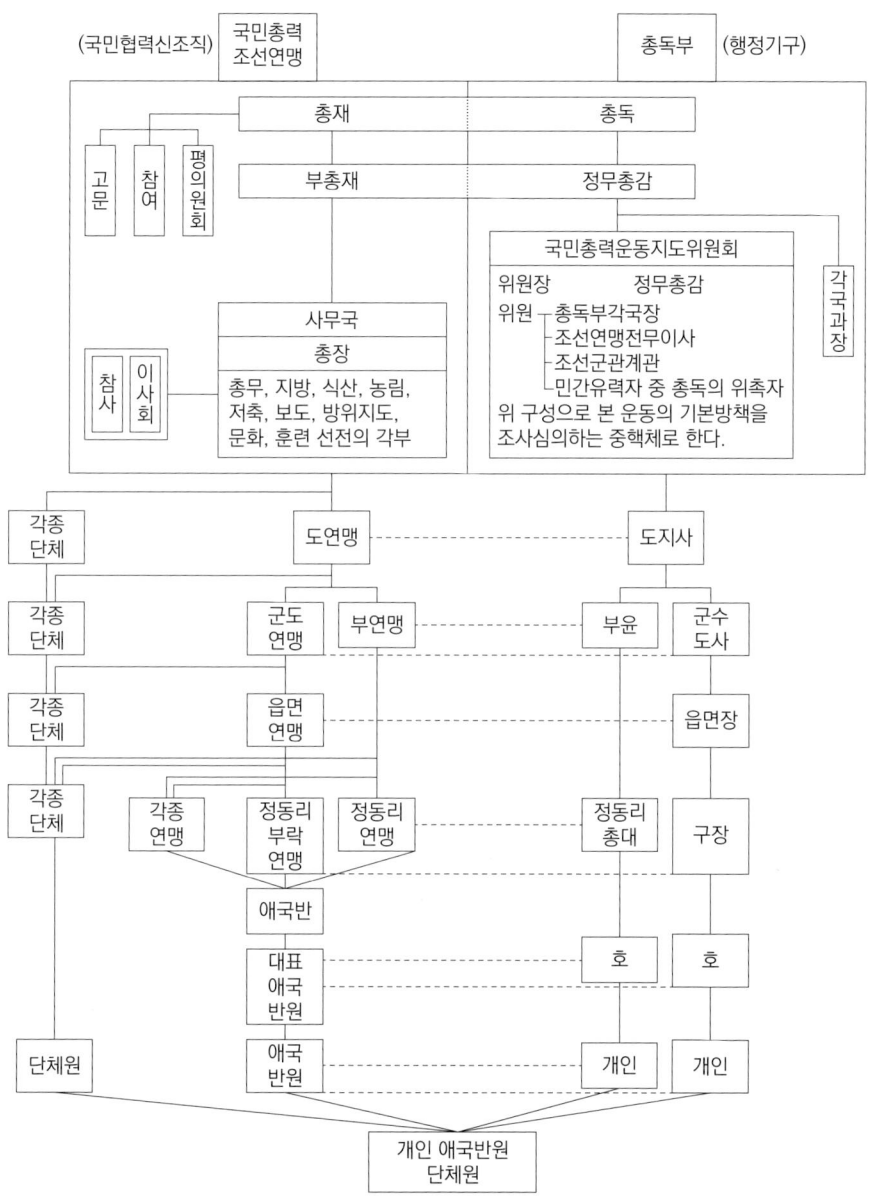

출처: 朝鮮總督府, 1941.3, 『半島の国民総力運動』, 17쪽.

화되었다는 점이며, 이는 결국 국민정신총동원운동에 비해 더욱 강화된 국민운동으로서 국민총력운동이 개시되었음을 의미하는 것이고, 이는 역설적으로 국민운동을 강화할 수밖에 없는 시국의 긴박함을 반영한 것이라 할 수 있다.

한편, 1941년 2월 11, 12일 양일간 일본에서는 대정익찬회 주최로 중앙외지 익찬운동[21] 연락협의회가 개최되었다. 여기에는 조선총독부를 비롯해 타이완, 척무성타이완사무국, 남양청, 가라후토청, 만주국 협화회의 관계자가 출석해 상호 운동의 상황 등에 관해 보고를 했으며, 앞으로 봄·가을에 연 2회 중앙외지 익찬운동연락협의회를 개최하기로 했다.[22] 이는 일제에 따라 촉발된 신체제운동이 천황제 이데올로기로 윤색된 익찬운동으로 강화되어, 일본뿐 아니라 식민지 조선을 비롯한 식민지와 점령지로 확대되어 추진되었다는 사실을 방증하는 것이다. 국민총력운동은 일제가 총동원 일환으로 시정권이 미치는 지역으로 확산시킨 국민동원운동의 하나이기도 했다.

2) 국민총력운동의 실천 방향

1940년 10월 새롭게 시작된 국민총력조선연맹에 따른 운동의 목표는 내선일체의 철저와 황국신민화를 선결 목표로 했다. 1940년 10월 개최된 국민총력경기도연맹 간부총회 석상에서 미나미총독은 "총력운동

---

21 신체제운동의 결과 대정익찬회가 결성된 이후, 국민운동 명칭은 익찬운동으로 대체되었다. 익찬(翼贊)은 천황의 정치를 보좌한다는 뜻으로, 힘을 모아 협력한다는 의미이다.
22 大政翼贊会宣伝部, 1941.4.2, 『大政翼贊会会報』.

의 목적은 말씀드릴 필요도 없이 만민 협력하여 황모를 익찬하는 것에 있습니다. 그 목적을 달성하는 방법은 군국지상주의에 바탕하여 개인 각자가 본분을 지키면서 멸사봉공과 지성으로 황국신민의 도를 실행하는 것에 있습니다. 이는 제가 누누이 밝힌 바입니다만, 저번 도쿄에서도 고노에수상은 신체제운동이라는 것은 단적으로 말하면 신민의 도를 다하는 것, 즉 신도실천이라고 말해 저의 소견과 완전히 일치하고 있습니다. 신체제운동은 지금 유행어처럼 전파되어 무언가 기상천외한 새로운 것이 발견된 것처럼 말하고 있습니다만 꼭 그렇지만은 않습니다. 목표는 확고해 조국이 처음부터 정한 것, 즉 '만민 협력 일치하여 황모를 익찬'하는 데 최선을 다하는 것입니다. 이를 실행하는 길은 황국신민의 길을 걸어 나가는 것으로 충분합니다"[23]라고 언급하며 이 점을 강조했다.

그리고 앞서 언급했던 「조선 국민조직 신체제 요강」 '강령'에 따르면 "국체의 본의에 바탕하여 내선일체의 내실을 거두고 각각 그 직역에서 멸사봉공의 정성을 바쳐 협심육력으로 국방국가체제의 완성 동아신질서의 건설에 매진한다"라고 하여 국방국가체제의 완성과 동아신질서의 건설을 국민총력운동이 추구하는 목표로 내걸었다. 12월 11일 이사회에서는 국방국가체제의 확립을 목표로 이를 구현하기 위한 실천방책을 〈표 3-3〉과 같이 제시했다.

우선, 운동의 최고 목표를 고도국방국가체제의 확립으로 규정하고 있다. 이 점은 단순히 내선일체를 국민정신총동원운동의 궁극적 목표로 삼았던 것과 비교하면 보다 운동의 목적이 단순 조선만이 아니라 일본제국주의가 내걸었던 국책인 국방국가 건설에 있음을 표방하는 것으로

---

23 朝鮮総督府, 1941.3, 앞의 책, 79~80쪽.

〈표 3-3〉 국민총력조선연맹 실천요강

최고목표	실천대강	실천요목	(중점)	실천사항
고도국방국가체제의 확립	제1 사상의 통일	1. 일본정신의 앙양	국체 관념의 명징	1. 아침의 궁성요배
			경신숭조 거국일치	2. 신사참배
			멸사봉공의 대정신 발양	3. 정오의 묵도
			황국신민의 신념 철저	4. 국기게양
				5. 황국신민의 서사 낭독
		2. 내선일체의 완성	일시동인의 성지 봉체	1. 국어의 보급
			내선일체 이념의 철저	2. 내선 풍습의 융화
			내선 사실의 재확인 신애협력의 실천	3. 단결의 강화
	제2 국민총훈련	1. 직역봉공의 철저	고도국방국가체제 확립의 결의	1. 책임의 완수
			국가제일주의의 실천	2. 능률 증진, 직능 발휘
			책임 관념의 철저	3. 의무의 즉결즉행
				4. 무위도식의 배격
		2. 생활신체제의 확립	성전 완수의 결의	1. 간이 절약생활의 강행
				2. 국민복의 보급
				3. 건전오락의 장려
			인고연마의 철저	4. 국민체위의 향상
				5. 위생사상의 보급
				6. 과학정신의 앙양
			국방사상의 보급	7. 단체훈련의 철저
				8. 방공, 방첩, 방공, 방화, 방범
			공덕심의 발양	9. 총후 후원의 강화
				10. 상회의 장려
	제3 생산력확충	1. 전시경제의 추진	경제전 필승의 결의	1. 매점매석, 암거래 폭리 행위의 괴멸
			통제법령의 엄수	2. 적정 이윤의 엄수
				3. 식량 대책의 장려
				4. 물자 배급의 협력
			공익우선사상의 철저	5. 자원의 절약 활용
				6. 저축 장려, 국채 응모
		2. 증산의 수행	증산 필행의 결의	1. 계획 증산의 강행
				2. 근로 배가
			건설적 기백의 앙양	3. 창의 공부의 장려
				4. 잉여 노동력의 활용
			유한 근로의 실천	5. 노자 협조
				6. 미간지 공유지 활용

출처: 国民総力朝鮮連盟, 1941.7, 『国民総力読本』, 12~13쪽.

운동에서 일본과 식민지 조선 사이의 간극이 더욱 좁혀진 것이라 할 수 있다. 이를 구현하기 위한 실천대강으로서는 다시 사상의 통일, 국민총훈련, 생산력확충이라는 세 가지 점이 제시되었다. 특히 전쟁이 장기화되면서 군수 중심의 총동원체제하에서 민수의 부족은 국민생활 전반에 영향을 끼치고 있었고 이러한 상황하에서 국민의 전시생활 태세의 강화는 필연적이었으며, 더불어 생산력 증강을 통한 군수물자의 생산력확충 또한 현실적인 문제로서 대두한 것이었다. 사상의 통일은 일본정신의 앙양과 내선일체의 완성으로 구현하고자 했다. 일본정신의 앙양은 대정익찬회 운동에서도 강조된 점이지만 식민지 조선에서 황국신민화는 일본의 한국 주권 침탈 이후의 일관된 정책이기도 했다. 이를 위한 실천요목으로는 국체 관념의 명징, 경신숭조 거국일치, 멸사봉공의 대정신 발양, 황국신민의 신념 철저가 규정되어 이를 위한 실천사항으로서는 아침의 궁성요배, 신사참배, 정오의 묵도, 국기게양, 황국신민의 서사 낭독이 제시되었다. 이들 활동은 국민정신총동원운동에서 강조되어 온 부분으로 국민총력운동에서도 지속적으로 지향했던 점이다. 사상의 통일 두 번째 실천요목으로 제시된 내선일체의 완성은 미나미총독이 조선 통치의 근간으로 삼는 것으로 국민정신총동원운동에서도 가장 중요시한 목표이기도 했다. 국민총력운동에서는 중점항목으로 일시동인의 성지봉체, 내선일체 이념의 철저, 내선사실의 재확인 신애 협력의 실천을, 그리고 이를 위한 실천항목으로서 국어(일본어)의 보급, 내선 풍습의 융화, 단결의 강화를 제시하고 있다.

두 번째의 실천대강인 국민총훈련의 실천요목으로서는 지역봉공의 철저와 생활신체제의 확립이 규정되었다. 국민총훈련이란 조선인이 일본정신의 내면화로 전시정책에 협력하도록 만들기 위한 운동이다. 먼저 지역봉공의 철저를 도모하기 위한 중점 사항으로 고도국방국가체제 확립의 결의, 국가제일주의의 실천, 책임관념의 철저가, 그리고 이를 위한 실천사항으로 책임의 완수, 능률 증진, 직능 발휘, 의무의 즉결즉행, 무위도식의 배격이 제시되었다. 또한 생활신체제의 확립을 위한 중점 사항으로는 성전완수의 결의, 인고연마의 철저, 국방사상의 보급, 공덕심의 발양이, 이를 위해서는 간이 절약생활의 강행, 국민복의 보급, 건전오락의 장려, 국민체위의 향상, 위생사상의 보급, 과학정신의 앙양, 단체훈련의 철저, 방공, 방첩, 방공, 방화, 방범, 총후 후원의 강화, 상회의 장려가 실천사항으로서 강조되었다.

세 번째 실천대강으로 규정된 생산력확충의 실천요목으로는 전시경제의 추진과 증산의 수행이 규정되었다. 먼저 전시경제의 추진으로는 경제전 필승의 결의, 통제법령의 엄수, 공익우선사상의 철저가 중점 사항으로 제시되었으며, 이를 위해 매점매석, 암거래 폭리행위의 괴멸, 적정 이윤의 엄수, 식량 대책의 장려, 물자 배급의 협력, 자원의 절약 활용, 저축 장려, 국채 응모를 실천사항으로 강조하고 있다. 또 하나의 실천요목으로서 증산의 수행의 중점 사항으로는 증산 필행의 결의, 건설적 기백의 앙양, 유한 근로의 실천이, 그리고 이를 위해 계획 증산의 강행, 근로 배가, 창의 공부의 장려, 잉여 노동력의 활용, 노자 협조, 미간지 공유지 활용이 실천사항으로서 규정되어 있다. 이를 통해 조선에서의 국민총력운동이 지향한 것은 하나는 황국신민화를 위한 정신의 동원, 전쟁 수행을 위한 후방 국민생활의 통제를 기도한 전시생활 태세의 확립, 그리고 현실적 총동원의 필수요건으로서의 생산활동을 독려하는 근로동원, 이렇게 세 가지 측면이 당면 운동의 목표로 추진되었다고 할 수 있다.

3. 개전 전야의 총동원 계획

1) 미국의 대일 경제 제재와 총동원 계획

　미영과의 본격적인 전쟁에 돌입하게 되는 1941년 12월 이전 단계에서, 일본이 장래에 일어날 수 있는 전쟁을 상정하여 계획을 수립했던 총동원 기간계획은 제4차로 1942년에서 1943년 실시를 상정했다.[24] 그러나 최종적으로 결정된 계획 관련 자료가 현존하지 않아 구체적 내용을 확인하기는 힘들다. 다만, 기획원이 1939년 6월 5일 단계에서 작성한 「제4차 총동원 기간계획 설정 사무요강」[25]을 통해 1940년대 실시를 상정한 기간계획의 개략적인 개요는 파악할 수 있다.

　「제4차 총동원 기간계획 설정 사무요강」에 따르면, 계획은 크게 두 가지로 구분해 설정하도록 하고 있다. 국가총동원에 필요한 방책 및 조치에 관한 사항을 규정하는 통제 운용계획과, 자원의 수급에 관한 계수적 사항을 규정하는 수급계획으로 구분해 계획하도록 했다. 즉 전쟁 수행에 필요한 자원의 확보를 위한 현황의 파악과 이를 운용하고 통제하려는 방안을 세우도록 한 것이다. 더욱 구체적인 내용을 살펴보면, 먼저 통제 운용계획 설정의 범위에서는 총동원실시의 일반 통칙적 사항, 총동원기관에 관한 사항, 국민정신 즉흥에 관한 사항, 총동원에 필요한 정보

24　제4차 총동원 기간계획 기본방침에 관해서는 '제2장 3절 1) 기간계획에서 연도실시 계획으로'를 참조할 것.

25　防衛庁防衛研修所戦史室, 1970, 『陸軍軍需動員(2)実施編』, 朝雲新聞社, 330~333쪽.

선전에 관한 사항, 인원 및 국민생활에 관한 사항, 산업에 관한 사항, 과학연구에 관한 사항, 교통에 관한 사항, 전력에 관한 사항, 무역에 관한 사항, 재정금융에 관한 사항, 물가 통제에 관한 사항, 총동원에 필요한 경비에 관한 사항, 전시법령의 준비에 관한 사항 등을 설정하도록 했다. 이들 통제 운용계획 설정의 범위를 보면 결국 일본이 추구했던 총동원계획의 대상을 알 수 있다. 즉 정신, 노무, 물자, 무역, 재정금융, 교통, 국민생활, 물가 통제 등이다. 통제 운용계획 운용과 관련해서는 개전 초기와 전쟁 중인 상황을 구분해 구체적으로 정하도록 했다. 또한 각 청에서 정하는 계획은 통제 운용계획 강령에서 정하고 있는 각각의 방책 조치에 근거해 각 청에서 실시할 조치의 세목을 설정하도록 했다.

수급계획에서는 1942년·1943년도에서 인원, 가축, 물자, 자금, 운송, 통신 및 전력에 관해 다음의 각 사항에 대해 정하도록 했다. 그 구체적 사항은 먼저 수요액, 그리고 이에 대한 국내 공급액(운송, 통신의 경우는 부담능력), 수요와 공급의 차이에 기인하는 부족분의 보전액에 대한 보전 구분 및 보전액, 국내 공급액 및 보전액의 배당 구분 및 배당액이었다. 또한 수급계획 시행에 수반되는 각각의 방책 조치들은 통제 운용계획에 포함하도록 했다. 그리고 국내 공급액 및 보전액 결정 요령으로서 국내 공급액은 1942년·1943년도에 설비 전 능력 발휘에 따른 국내 생산액 및 이용 가능한 재고액을 계상하도록 했으며, 보전액에서는 전시 특별증산액, 진시 득별회수액, 엔 블록 수입액, 제3국 수입액 등을 계상하도록 했다. 또한 계획상으로는 1940년 4월에서 10월까지 계획 강령을 결정하도록 하고 있다. 이후 제4차 총동원 기간계획의 최종 결정된 내용을 확인할 수는 없지만, 개략적인 내용은 본 사무요강을 근거로 작성된 것으로 추측할 수 있다. 한 가지 흥미로운 것은 보전액 설정에 있어 만주·중국 자원의 수입뿐 아니라 제3국(미국)의 수입액이 계획에 계상되도록 하고 있는 점이다. 1939년 작업에 들어간 이 단계에서는 아직 미국과 전면적인 단절이라는 극한적인 상황까지 상정하고 있지 않았음을 알 수 있다.[26] 이는 1942년에서 1943년의 실시를 상정한 제4차 총동원 기간계획이 실질적으로 수행 중인 전쟁에 수반되는 현실적 수요가 아닌 어디까지나 장래 일어날 수 있는 전쟁에 필요한 수요 예측과 이에 대한 수급대책인 점에서 기인하는 것이다. 또한 이 점은 일본은 언제든지 침략전쟁을 수행할 수 있는 전쟁 태세를 정비하고 있었다는 점을 방증하는 것이기도 하다.

1940년 7월 제2차 고노에 후미마로내각이 발족했다. 유럽 전선에서의 독일의 승리가 이어지고 있었다. 고노에내각은 세계 질서의 변화에 착목하여, 이를 이용해 일본 경제의 부진을 타개하고자 했다. 즉 「기본국책요강」, 「세계정세의 추이에 따른 시국처리요강」, 「일만지경제건설요강」을 차례로 결정했다. 고노에내각의 방침은 일만중경제블록의 결속 강화와 동남아시아 지역에서의 원자재 확보를 도모했으며 이를 실현하기 위해서는 전쟁도 불사하겠다는 것이었다.

제4차 총동원 기간계획 수립 작업이 추진되는 한편, 1941년도 국가총동원 실시계획 관련 작업이 추진되었다. 1940년 8월 1일, 제2차 고노에내각은 「1941년도 국가총동원 실시계획 설정 업무 처리의 건」과 「1941년도 물자동원계획 개요안 작성에 관한 건」을 결정하고, 9월에는

---

[26] 앞서 언급했듯이 「제4차 총동원 기간계획 설정 사무요강」은 1939년 6월 5일 작성된 것으로, 7월 27일 미국은 「미일통상항해조약」의 폐기를 일본에 통보했고, 6개월 후에 이 조약은 효력을 잃었다. 즉 이듬해 1월 26일 이후 미국과 무 조약 상태에 들어가게 되었다. 이에 87년 만에 일본과 미국의 조약상 통상관계는 해소된 것이다.

「1941년도 국가총동원 실시계획 설정상 필요한 상정 요강의 건」을 검토 입안했다.[27] 그리고 급변하는 국제정세의 과중에서 계획의 보완을 거쳐 1941년 2월 「1941년도 물동개요안」의 성안에 이르렀다. 기획원은 완성된 개요안을 토대로 「1941년도 물동계획」의 설정 작업에 착수하지만, 생산계획, 수입물자 관계 등이 불확실한 상황에서 1940년도 말이 되어서도 계획의 완성에 이르지 못했다. 결국 우선 「1941년도 1/4분기 물동 잠정 실시계획」을 작성해 4월 4일 각의 결정했다. 수급이 불명확한 상황에서 이번 1/4분기 물동 잠정계획은 전년도 1940년도 4/4분기를 기준으로 작성되었다. 어디까지나 4월에 각의 결정된 것은 잠정계획으로 아직 1941년도 물자동원계획이 결정되지 못한 상황이었으며 이 작업은 상당한 진통을 겪고 있었다. 이 점에 대해 육군성 정비국장은 5월 14일 사단 참모장과의 회동에서 "특히 철강은 작년 9월에 미국의 고철 수출금지와 석탄의 운송난으로 필요한 공급을 확보하기 어려운 상황에 직면하고 또한 해군의 수요가 증가하여 … 잠정적으로 우선 1/4분기만의 계획을 분리 책정하고 계속해서 연도계획을 책정 중"이라고 토로하고 있다. 이러한 상황에서 「1941년도 물동계획」은 7월 8일이 되어서야 각의 결정되었다.[28] 당해 연도의 물자동원계획이 1/4분기가 지난 시점에서야 겨우 계획이 수립된 것이다. 총동원계획의 기본이 되는 물자동원계획이 차질을 빚게 된 것은 이상 언급한 바와 같이 가장 큰 이유는 미국이 일본에 대한 고철 수출금시 조치 때문이었으며, 미국과의 협상이 개선되지 않는 상황에서 정확한 수치를 결정하기 힘들었다. 또한 해군은

---

27 防衛庁防衛研修所戦史室, 1970, 앞의 책, 441~442쪽.
28 防衛庁防衛研修所戦史室, 1970, 위의 책, 445쪽.

이미 이 시점에서 미국과의 전쟁을 전제로 한 해군 함정의 건조에 박차를 가하고 있었고 이는 수급대책을 어렵게 한 또 하나의 이유이기도 했다.[29]

물자동원계획과 생산력확충 계획은 상호 긴밀하게 연계되어 있어, 물자동원계획이 생산력확충을 요구하고, 생산력확충은 그 실현을 위해 물자동원계획에서 필요한 자재를 요청하는 것이었다. 앞서 언급한 바처럼 1/4분기 물동 잠정계획이 결정되자 전년도 하반기를 답습해 생산력확충 계획을 책정했다. 1941년도 생산력확충 계획은 7월 8일 물자동원계획과 함께 각의 결정되었다. 그에 앞서 6월 군수동원 회의 석상에서 정비국장은 "제1차 생산력확충 계획 4개년 계획은 자원과 기술을 넓게 세계에 구하여 동아자급경제의 건설을 구상했으나 정세의 변화 … 사변 이후의 급팽창하는 육해군 군수의 경합상 … 확충속도는 점차 완만하게 되어 1940년도 생산실적 중 각의 목표에 도달한 것은 석탄(101퍼센트), 알루미늄(107퍼센트) 및 공작기계에 지나지 않는다. … 미국의 고철 수출금지 조치 때문에 생산이 감소할 수밖에 없는 사태에 봉착함에 따라 관민 협력 자주적 제강방식의 확립을 도모하고 선강일관작업의 강화, 제강용 원철의 증산을 중심으로 하는 선강 대책을 입안하고 … 특수강에 있어서는 니켈, 크롬 … 등은 상당히 부족하여 당분간 극단적인 절약뿐 아니라 각각 특별한 대책을 강구하고 있다. … 선박은 심각한 선복(船腹)

---

29 1940년 3/4분기 이후의 물자동원계획은 미영 의존도를 낮추고 일만지경제블록의 자립과 독일이나 이탈리아와의 경제제휴가 강조되었다. 또한 1941년 9월 미국이 자국 내 일본자산을 동결하자, 물동계획은 주요 물자 자재의 집중, 연료 식량의 확보, 긴급물자의 보유 등이 추진되었다(김인호, 1996, 「일제의 조선공업정책과 조선인자본의 동향(1936~1945)」, 고려대학교 박사학위논문, 35쪽).

부족[30]에 대처하기 위해 특별히 노력 중이지만 해군 군비 확충 때문에 조선 및 조기의 여력 부족으로 시급히 선복의 부족을 완화할 수 없는 상황이다"라고 설명하고 있다.[31]

대미전쟁을 전제로 한 상황에서 일본의 물자동원계획은 무엇보다 미국의 수출규제에 따른 원자재의 부족 현상에 직면하고 있었으며 또한 육해군의 전쟁을 위한 군비 확충에 따른 과열된 경쟁이 계획 수립을 지연시키고 있었다. 결국 미국의 고철 수출금지에 따른 고철의 부족 등에 대처하기 위해 일본은 1941년 8월 30일 「국가총동원법」에 근거하여 칙령 제835호로 「금속류 회수령」을 공포하여, 주요 군수품인 철강의 확보를 위한 철저한 금속류의 회수 동원이 강구되었다. 일본이 처한 상황에서 금속 회수는 군수품 생산을 위한 하나의 수단이 될 수밖에 없었다.

한편 식민지 조선에서는 앞서 언급한 물자동원계획과 더불어 생산력확충 계획이 추진되었다. 조선총독부가 발행한 1939년도 시정 연보에 따르면 "물자동원계획과 병행해 중요 물자의 생산력확충을 도모하기 위해 … 조선 배당분의 실현을 위해 관계 각국이 협력"[32]하고 있음을 기록하고 있다. 실제 조선의 제1차 생산력확충 계획에서는 "조선은 일본에서 자급하지 못하는 물자 혹은 조선에 공급력이 떨어지는 물자를 자원이나 기술상황에 따라 '대체품'형식"[33]으로 생산했다. 조선의 생산력확충 계획에서는 비료, 선박, 기계 수리, 소다, 시멘트 등 주로 '기초원자재'가 증산

---

30   운송력으로의 선박 수 부족.
31   防衛庁防衛研修所戦史室, 1970, 앞의 책, 449~450쪽.
32   朝鮮總督府, 1941, 앞의 책, 601쪽.
33   김인호, 1999, 「조선에서의 '제1차 생산력확충'과 '대용품 공업화'(1938~1941)」, 『사총』, 49, 91쪽.

대상이었으며, 생산력확충 실적은 1939년도의 경우 계획의 90퍼센트에 근접했다. 그러나 1940년대 이후 조선총독부는 종래의 '대체품' 중심의 생산에서 조선의 자원과 노동력을 활용한 중요 군수물자 생산으로 방침을 전환했다.[34]

---

34   김인호, 1996, 앞의 글, 35~38쪽.

제4장
태평양전쟁과 동원의 강화

제2차 세계대전하 유럽 전선에서 독일의 연승은, 국익 추구를 위한 새로운 활로를 모색하고 있었던 일본 정부를 고무시키기에 충분한 사건이었다. 1940년 9월 일본은 프랑스령 인도차이나 북부에 일본군을 진주시키는 한편, 독일·이탈리아와 삼국동맹을 체결해 미영과의 긴장 관계를 연출했다. 1941년 독일의 소련 침공에 대응하기 위해 7월 2일 개최된 어전회의에서「정세의 추이에 따른 제국 국책요강」을 결정해 정세가 유리할 경우 소련을 침공함과 동시에 남방진출을 도모하고 이를 미영이 방해한다면 전쟁도 불사하겠다는 대외정책 방침인 남북 병진론을 결정했다. 결과적으로 소련에 대한 침략은 보류되었지만, 미국과의 관계 개선은 난항을 거듭했다. 결국 일본은 천황이 참석한 어전회의에서 최종적으로 미영과의 전쟁을 결정했다. 1941년 12월 8일 육군은 영국령의 말레이반도 코타바루(Kota Bahru)에 상륙, 해군은 진주만 기습공격을 시작으로 태평양전쟁을 감행했다. 이 전쟁은 중국에 대한 침략전쟁을 수습하지 못한 상태에서, 독일의 연승 기조에 편승한 안이하면서도 낙관적 정세판단을 기조로 한 침략전쟁이었다. 그 결과 전쟁 수행에서 난맥상과 고충은 고스란히 일본 국민과 식민지 조선인에게 전가되었다. 중국과의 전쟁 지속과 새로운 전쟁국면의 전개는 전쟁 수행을 위한 보다 광범위하고 철저한 물자와 인력 동원이 요구되었고, 식민지 조선 또한 전쟁 동원체제 강화에 따라 더욱 강도 높은 수탈을 피할 수 없었다.[1]

---

1 일본의 전시경제와 관련해서는 서정익, 2008, 『전시일본 경제사』, 혜안. 태평양전쟁기 총동원 계획과 관련해서는 안자코 유카, 2006, 「조선총독부의 '총동원체제'(1937~1945) 형성 정책」, 고려대학교 박사학위논문. 조선에서의 태평양전쟁시기 생산력확충 계획과 관련한 그 실태면에 관해서는 김인호, 2000, 「조선에서의 제2차 생산력확충 계획과 실상(1942~1945)」. 내외지행정일원화와 관련해서는 김민철, 2003, 「전시체제하(1937~1945) 식민지 행정기구의 변화」, 『한국사학보』, 14. 지역

1. 개전과 총동원 계획

1) 전쟁 돌입과 조선총독부

1941년 11월 5일 어전회의는 「제국국책수행요강」을 결정했다. 최종적으로 미영과의 전쟁을 결정한 것이었다. 즉 "오늘날의 위기 국면을 타개하고 자존 자위를 관철하며 대동아의 신질서를 건설하기 위해 이번에 미영란과의 전쟁을 결의한다"라고 결정했다. 다만 미국과의 교섭 기한을 12월 1일 자정으로 하여 그때까지 교섭에 성공한다면 무력발동을 중지한다는 조건부 결정이었다. 하지만 현실적으로 이는 거의 실현 가능성이 없는 것으로, 전쟁 준비를 추진해 온 일본은 사실상 미영과의 전쟁 초읽기에 들어간 것이었다. 일본 정부는 미국이 제시한 조건, 즉 중국으로부터의 철수, 일본 정부의 난징 괴뢰정부의 부인, 일독이 삼국동맹의 사문화 등의 조건을 수용할 뜻이 없었으므로 양측의 의견은 평행선을 달리고 결과적으로 타협을 보지 못했다. 이에 일본 정부는 12월 1일 오후 4시 「대미영란개전에 관한 건」을 각의 결정하고 12월 8일 미영과의 전쟁에 돌입했다. 개전 초기 각 방면에서의 침략 작전은 순조롭게 전개되었다. 12월에는 괌을 점령하고, 1942년 1월에는 필리핀 수도 마닐라에

에서의 국민총력운동과 관련해서는 김민철, 2012, 『기로에 선 촌락 식민권력과 농촌사회』, 도서출판 혜인; 김영희, 2003, 『일제시대 농촌통제정책 연구』, 경인문화사. 국민의용대와 관련해서는 김승태, 2009, 『중일전쟁 이후 전시체제와 수탈』, 독립기념관 한국독립운동연구소; 정혜경, 2017, 『1945년 국민의용대 제도』, 도서출판선인을 참조하기 바란다.

진공, 2월에는 싱가포르를 공략하고, 3월에는 버마의 수도 랑군(현재 미얀마의 양곤)을 함락했다.

한편 개전 직후 전쟁의 전도가 예측 불허인 상황에서 물자동원계획의 원활한 수행에 지장을 초래하지 않게 하려고 기획원은 1942년도 1/4분기 물동계획 성안을 서둘러 1941년 12월 23일 각의 결정을 보았다. 각의 결정 다음 날 국장 회보에서 정비 국장은 "어제의 각의에서 내년도 1/4분기 물동계획을 결정했다. 기름이 외지에서 들어오기에 힘껏 그 운송력을 고려해 특히 선박의 수배에 유감이 없도록 했다. 기름이 300만 톤이라고 해도 괜찮다. 이 예정대로 간다면 기름에 대해서는 육해군의 요구는 100퍼센트, 민수도 90퍼센트를 해결할 수 있다"라고 상당히 고무적으로 설명하고 있다.[2] 침략으로 자원의 획득과 그의 활용이 현실화되어 가고 있었다.

1942년 4월 24일, 1942년도 물자동원계획이 각의 결정되었다.[3] 전년 12월에 미영과의 전쟁에 돌입한 일본은 초기의 전투에서 승리를 이어가며 고무되었다. 전국이 일본에 유리하게 전개되고 있었던 시점에서 결정된 물자동원계획에 대해 기획원 총재의 설명을 통해 그 특징을 살펴보기로 하자. 총재는 먼저 본 계획의 취지에 대해 "태평양전쟁 완수를 위해 절대 필요한 군비의 증강을 중심으로 입안"되었음을 분명히 하고 있다. 그리고 이의 실현을 위한 계획상의 특징으로 우선 기존에는 연도 계획을 먼저 설정한 후 이에 따라 각 분기별 계획을 수립해 온 것을, 연

---

2 防衛庁防衛研修所戦史室, 1970, 『陸軍軍需動員(2)実施編』, 朝雲新聞社, 519쪽.
3 防衛庁防衛研修所戦史室, 1970, 위의 책, 529~531쪽. 이후 서술하는 1942년도 물동계획과 생산력확충 계획과 관련된 내용은 본 자료에 따른다.

도별 계획과 분기별 계획을 동시에 설정하도록 했다. 또한 공급력 확보를 확실히 하기 위해 해상수송력의 전폭적인 활용을 기도하여 지역, 기별, 물자별 배선계획을 설정했다. 그리고 중요 물자의 일부를 "남방점령지"에서 확보하도록 했다. 또한 철강·알루미늄 등의 군수품 생산뿐만 아니라, 식량의 확보 및 조선의 촉진에 힘을 기울이고, 석유류의 수급에서는 남방점령지로부터의 취득을 고려해 계획을 세웠음을 밝히고 있다. 즉 1942년도에서 물자의 수급에 있어 국내의 생산, 회수의 강화, 만주·중국으로부터의 기대치 증가, 남방으로부터의 취득, 재고의 이용 등 모든 수단을 마련해 물자동원계획을 수립한 것이었다. 무엇보다 계획의 특징은 남방 지역의 자원을 취득하는 것, 이를 위해 해상수송력 증강에 힘썼다. 그리고 이러한 물자동원계획은 민수의 희생 때문에 군수에 필요한 자원을 충족할 수 있는 것이었다. 전쟁이 현실화되면서 총동원 계획의 근간이 되는 물자동원계획은 변동성이 강화된 물자 수급 상황을 고려해 보다 세분되어 분기별로 또한 자원 획득을 위한 수송 부분에서의 실행 계획이 구체화되었다고 할 수 있다. 미국보다 자원 및 물자가 부족한 상황에서도 일본이 전쟁을 결의한 것은 이러한 점령지에서 자원을 확보하고 이를 일본으로 수송하여 전쟁 수행을 위한 군수물자화하겠다는 나름의 의도가 있었다. 그리고 이러한 기본적인 구상이 담긴 것이 바로 1942년도 물자동원계획이라고 할 수 있다.

한편 조선에서의 1942년도 물자동원계획에서는 자동차, 항공기, 조선, 공작기계, 제철, 밀가루 등의 식료품, 전력, 경금속, 흑연, 코발트, 니켈, 몰리브덴 등의 특수 광물, 카바이트 등의 합성 화학, 스테이블파이바 무수알코올, 펄프, 인견 등의 화학, 시멘트 등의 요업 등 종합적인 육성 대책이 제시되었다. 이러한 조선총독부의 조치는 1941년 이후 일본에서

원자재 부족 등에 따라 부진했던 자동차, 석유정제, 철도 차량, 무수알코올, 펄프, 시멘트 등의 경제 상황을 반영한 것이었으며, 이는 '본토경제에 대한 기여'를 의미하는 것이었다.[4] 바꿔 말하면 물자 부족에 직면한 일본은 하나의 대안으로 식민지 조선에서의 중요한 기초 소재의 증산과, 생필품의 생산, 기계류의 생산 등 일본 경제의 결손을 식민지 조선에 기대했던 것이다. 그리고 그 연장선상에서 조선에서의 제2차 생산력확충 계획이 추진되었다.

생산력확충 계획은 공급력 보전의 중요한 요소로 물자동원계획의 설정과 더불어 입안 검토되었다. 그리고 5월 8일「1942년도 생산력확충 계획」이 각의 결정되었다. 이번 생산력확충 계획은 지난 1938년에 책정된 제1차 계획이 1941년도로 종료됨에 따라 제2차 생산력확충 계획의 초년도 계획에 해당하는 것으로, 앞서 언급한 물자동원계획과 연동해 특히 전쟁 수행에 필요한 직접 군수와 선박 건조용의 자재 확보가 중시되었다. 즉 이를 위해 해상운송력이 부족한 현황을 고려해 선박의 조속한 건조에 전력을 다하도록 했다. 이와 관련해 해상운송력을 요구하는 철강, 특수강 원광석, 비철금속 등은 응급적으로 국내 자원을 개발하도록 했다. 더불어 설비의 확충에서는 철저하게 군수에 절대적으로 필요한 중요 국방자원인 철강, 니켈, 알루미늄, 항공연료, 공작기계, 전력 등에 집중하도록 방침을 정했다.

한편 전쟁 국면의 추이에 따라 일본은 식민지 조선에 대해 군수물자의 확보를 위한 보다 적극적인 생산력 증산을 요구했다. 이에 조선총독

---

4 1942년도 조선 물자동원계획에 관한 기술은 다음의 논문에 따른 것이다. 김인호, 1996,「일제의 조선공업정책과 조선인자본의 동향(1936~1945)」, 고려대학교 박사 학위논문, 105쪽.

부는 제1차 생산력확충 계획에 비해 보다 적극적으로 일본 경제에 도움이 되는 방향으로 정책을 전환했다. 즉 미나미총독은 1942년 4월 「생산력확충 4대시책」을 발표해 "철광석, 텅스텐, 몰리브덴, 아연, 운모 등을 위시한 군수광물자원의 획기적 증산, 조선 서북부의 풍부한 전력을 기반으로 한 화학공업의 확충, 미곡 3,400만 석의 식량증산과 인적 개발 등으로 일본 경제에 적극적으로 기여하자"[5]라고 강조했다. 또한 1942년 10월에는 「생산력확충 추진운동 실시요강」을 발표했다.[6] 요강에 따르면 첫 번째 특징은 일본에서는 기간을 5년 계획으로 입안한 것에 비해 조선에서는 태평양전쟁 종결 시까지로 그 기간을 특별히 명시하지 않고 실시했다는 점이다. 두 번째는 책임소재를 명확히 하고 감시 감독을 독려함으로써 제1차 생산력확충 계획에 비해 좀 더 강화된 '국가 통제'를 했다는 점이다. 세 번째는 조선총독부의 기획위원회가, 사무는 기획부 기획과가 담당하도록 운용했다는 점이다. 조선에서 제2차 생산력확충 계획은 철강·석탄·경금속 등과 같은 중요 원자재의 증산을 도모하는 것으로 결과적으로 총동원체제하에서 조선의 역할 비중을 증대했다고 할 수 있다.

앞서 언급한 물자동원계획, 생산력확충 계획의 결정에 이어 5월 26일에는 국민동원계획, 6월 2일에는 무역계획, 자금통제계획이 각각 각의 결정되었다.

국민동원계획은 1939년도부터 총동원 계획의 목적으로 노무동원계획으로 책정되기 시작했으나, 신체제운동에 따른 고도국방 국가건설이

---

5 김인호, 2000, 앞의 글, 278쪽.
6 이후의 기술은 김인호, 1996, 앞의 글, 105~106쪽에 바탕을 둔다.

주창되면서, 1941년도부터는 동원 범위가 확대되어 이른바 노동자의 동원뿐만 아니라 실질적으로는 근로할 수 있는 국민 대다수의 동원으로 확대되었다. 이로 인해 1942년도 계획은 태평양전쟁이라는 새로운 단계에 대응해 전쟁 수행능력의 확보 증강과 계획 범위가 확대됨에 따라 종래의 노무동원에서 국민동원으로 명칭을 변경했다. 중일전쟁 발발 이후 일본 국내의 노무 수급 상황은 점차 불균형을 초래하게 되었으며, 1941년에 들어와서는 국제정세의 급격한 변화에 따라 군수의 충족과 그 생산을 위한 노무 수요가 급격하게 증가했다. 이에 일본 정부는 노무 긴급대책을 결정하고 이에 근거해 국민직업능력신고령이나 국민징용령의 개정, 노무조정령과 중요사업장 노무 관리령의 시행 등 조치를 마련했으나 1941년도의 노무동원계획의 실적은 양호하지 못했다.[7] 침략전쟁의 개시는 필연적으로 군수 생산의 확충을 위한 노동 확대의 필요성이 더욱 절실해지면서 노동력 동원이 강화되게 되었고, 「1942년도 국민동원 실시계획 책정에 관한 건」에 명시된 국민동원 수급계획에 따르면 필요한 인원은 130만 7,300명으로 그중 조선인 노무자의 필요 인원은 12만 명이었다.[8] 전체 필요한 노동력의 약 10퍼센트를 조선인에게 의존하고 있었던 것이다. 이미 일본은 중일전쟁을 수행 중이었고 건장한 청장년층을 전쟁터로 보낸 상태였기 때문에 새로운 전쟁을 위해 더욱 많은 전투 병력이 필요했다. 이는 필연적으로 생산현장에서 노동력으로 활용할 인력이 제한적일 수밖에 없다는 상황에 직면하게 된 것이다. 이를 극복하고자 조선인을 포함한 보다 광범위한 인력동원이 태평양전쟁 개

---

7   『週報』, 295号.

8   石川準吉編, 1975, 『国家総動員史資料編1』, 国家総動員史刊行会, 1101~1105쪽.

시와 더불어 확대 강화된 것이다.

6월 2일 각의 결정된 자금통제계획은 총동원 계획의 주요한 일익을 담당하는 것으로, 자금의 배분과 공급에 관한 체계적인 계획을 세우고 이를 통해 재정·산업·금융 등에 관한 여러 정책의 실행 운영을 빈틈없이 하여 원활한 전쟁 수행을 도모하고자 하는 총동원 계획의 일환이었다.[9] 1942년도의 계획에서는 태평양전쟁의 완수와 점령지에서 경제건설, 전쟁재정의 수요충족과 산업자금의 원활한 공급을 목표로 자금의 동원과 적정한 배분·공급의 확보를 도모한 계획이었다. 즉 공채의 발행과 소화, 산업자금의 소요와 조달, 만주 및 중국, 남방에 대한 투자, 새로운 자금의 축적 등 이러한 종합적 자금의 동원 공급에 관한 계획과 이를 실현하기 위한 여러 조치를 마련한 것이다. 새로운 침략전쟁을 개시함에 따라, 원활한 전비 조달 및 군수물자 생산을 위한 자금 조달과 새롭게 확장한 점령지에 대해 개발자금의 운용을 도모한 것이 이번 계획의 특징이었다.

1941년 10월 고노에내각 후임으로 발족한 도조 히데기(東条英機)내각[10]은, 이미 언급한 바와 같이 12월 미영과의 전쟁을 감행했다. 초기의 전쟁국면에서 승리를 이어가며 점령지를 확대하자, 도조내각은 이듬해 6월 16일 「행정간소화강령」[11]을 각의 결정했다. 개전 초기 동남아시아 지역에서의 점령지를 확대해가고 있었던 일본은 행정 인력의 효율적 분배를 참작해 행정 간소화 방침을 결정하고 일본의 시정권 안에서 실시에 들어갔다. 즉 「행정간소화강령」에 따르면 "시국에 적응하고 행정 각

---

9 『週報』, 297号.

10 1941.10.18~1944.7.22.

11 內閣制度百年史編纂委員会, 1985, 『內閣制度百年史下』, 內閣官房, 105~106쪽.

청의 사무의 능력을 간소 강력하게 함과 동시에 인원을 정리해 그 나머지를 대동아 전반에 걸쳐 활약하는 인사의 충실을 기할 필요"에 따른 조치로, 정원 감축의 비율은 중앙관청은 3할, 지방관청은 2할로 조선총독부 또한 위의 방침에 따라 실시하도록 규정했다.

한편 초기 전투에서 승리한 결과 확보한 동남아시아 점령 지역에서 새로이 창출된 행정수요 문제는, 기존 일본의 식민지에 대한 행정의 효율성을 재고하게 되는 계기가 되었다. 그 결과 내외지행정일원화 방침이 결정되고 새로이 대동아성이 신설되었다. 식민지 조선은 대동아성의 통제를 받는 것은 아니었지만, 행정 간소화와 내외지행정일원화 방침에 따라, 조선총독부는 관제를 개정하고, 수상과 조선총독부의 사이에 내무성 대신이 관여하도록 했으며, 조선총독은 수상과 각성 대신의 감독을 받도록 명문화되었다.[12] 이와 같이 내외지행정일원화 방침은 조선총독부가 행사해 왔던 행정적 독자성과 조선총독의 권한을 제한하고 중앙의 통제를 강화하고자 한 방침이었다. 그러나 현실은 조선총독부의 강한 반발과 조선총독 출신의 추밀원 의원의 견제로 원활하게 추진되지는 못했다.[13]

내외지행정일원화와 행정 간소화 방침에 따라 1942년 11월 총독부의 기획부는 폐지되고, 총동원 계획의 설정과 수행에 관한 업무는 총무국 기획실로 이관되고, 물자의 수급 조정과 배급 등의 업무는 식산국 상공과, 물가과, 철강과, 연료과 등으로 이관되었다.[14]

---

12 「朝鮮総督府官制中改正の件」, 1942.9, アジア歴史資料センター, (レファレンスコード:A03010011700). 이후 조선총독부 관제 개정과 관련한 기술은 본 사료에 따른다.
13 김민철, 2003, 앞의 글, 300쪽.
14 1942년 11월 기구 개편 때문에, 식산국은 상공 제1과와 상공 제2과가 상공과로, 광정과와 특수광물과는 광산과로 철강과로 개편, 물가과가 신설되었다. 상공과는 상업

〈표 4-1〉 총무국 업무 분장

부서	업무 내용
문서과	문서의 사열(査閱) 수발 등에 관한 사항 통계에 관한 사항 다른 부국에 관한 사항
기획실	중요 정책의 심의 입안 및 종합 조정 국가총동원 계획 및 생산력확충 계획의 설정 및 수행의 종합에 관한 사항 자원조사에 관한 사항 국토 계획에 관한 사항 법령의 심의 입안
정보과	여론의 지도계발에 관한 사항 정보수집 및 보도에 관한 사항
국민총력과	국민총력운동에 관한 사항
감찰과	일반 행정의 감찰 경제통제 상황의 고사(考査)
국세조사과	국세조사에 관한 사항

출처: 「朝鮮總督府官制中改正の件」, 1942.9, アジア歷史資料センター, (レファレンスコード:A03010011700).

〈표 4-1〉에서와 같이, 총무국은 문서과, 기획실, 정보과, 국민총력과, 감찰과, 국세조사과 1실 5과로 구성되어 기존의 총독관방의 기능과 총동원 계획의 업무를 총괄하도록 한 것이다. 표면상으로는 행정 간소화 조치에 따른 기구 축소와, 총동원 계획과 물자 배급과 생산을 실무과에서 담당하도록 하여 총동원업무의 효율성을 기대한다는 측면도 있었지만, 내외지행정일원화 방침에 따라 조선총독의 권한을 제한하고자 총독관방을 축소[15]한 영향이기도 했다.

일반 무역 공업 섬유공업 화학공업 잡공업 등에 관한 사항, 물가과는 종합적 물가정책 수립 및 실사 조정 등에 관한 사항, 철강과는 철강 제철 사업 및 기계 등에 관한 사항, 연료과는 연료 정책 일반 등에 관한 사항을 관장했다(민족문제연구소, 2017, 앞의 책, 169~170쪽).

15 1942년 3월 현재 총독관방은 비서실, 심의실, 인사과, 문서과, 회계과, 국세조사과, 정보과로 구성되어 있었다. 그러나 기구 개편 때문에 1942년 11월에는 비서관실,

총무국에 새롭게 할당된 정원은 문서과 10명, 기획실 40명, 정보과 8명, 국민총력과 3명, 감찰과 3명, 국세조사과 13명으로 기획실이 총동원 계획의 핵심적인 임무를 수행하도록 했다. 즉 가장 많은 인원이 할당된 기획실은 국가총동원 계획과 생산력확충 계획의 설정 업무 및 실행에서의 중요한 역할을 하도록 했다. 또한 국민총력과는 국민총력조선연맹의 국민총력운동을 담당하도록 했다. 총무국의 신설은 조선의 식민지 행정과 총독의 권한을 제한하고자 하는 일본의 내외지행정일원화 방침에 따른 총독관방의 축소에 의한 결과이기도 했다. 그러나 일본 정부의 조선에 대한 행정일원화 시도는 총독부의 저항을 받게 되고 1년의 시간이 흐른 뒤 1943년 11월, 결전 행정체제 돌입과 더불어 총무국은 폐지되고, 총독관방 기능이 다시 복원되었다. 이에 따라 총동원 계획 설정 업무는 새롭게 신설된 광공국 기획과로 이관되었다. 태평양전쟁 기간에 조선총독부의 총동원 계획 관련 업무는 기획부에서 총무국 기획실로 다시 광공국 기획과로 업무가 이관되었던 것이다. 초기 전투의 승리에 편승하여 식민지 조선에 대한 행정 통제를 강화하고자 한 중앙정부의 시도는 결과적으로 총독부의 총동원업무의 혼란을 야기했다고 할 수 있다.

2) 전국(戰局)의 전환과 총동원 계획

초기 전투에서 승리로 고무된 대본영은 1942년 5월 5일 야마모토 연합함대에게 하와이 서쪽에 위치한 미드웨이 제도에 대한 공격을 명령했다. 그러나 미드웨이로 향하던 일본 기동함대는 6월 미군과의 전투에

인사과, 회계과로 축소되었다.

서 항공모함 4척과 다수의 전투기를 상실하는 참패를 당했다. 미드웨이 해전을 전환점으로 일본의 태평양에서의 제해권은 미국으로 크게 기울게 되고 이는 결국 일본의 전쟁 수행을 목적으로 한 군수품 조달에 적지 않은 영향을 미치게 되었다.

이러한 상황에서 1943년에 들어와 2월 18일 「1943년도 국가총동원제 계획 등의 편성에 관한 건」이 성안되었다.[16] 각의에 상정된 이 사안은 그 취지에서 "직접 전력의 확대와 국민 전시 생활의 최저 확보에 매진해야 하는 긴요한 현 단계"라는 긴박한 시국 인식에서 "대동아전쟁 완수를 위한 전력 증강"을 목표로 각 기관이 계획 수립에 전폭적으로 협력하도록 독려하고 있다. 그렇다면 전국의 상황이 일본이 개전 시 상정한 바와 달리 불리하게 전개되고 있는 시점에서 어떻게 대응하고자 했는지를 좀 더 구체적으로 살펴보자. 각 기관이 여러 총동원 계획을 수립함에 있어서는 1942년도 물자동원계획을 근간으로 하되, 1942년 12월의 대본영 정부연락회의에서 결정된 사항을 가미하도록 하고 있다. 먼저 일반 방침으로, 제 계획 수립에 있어 운송계획(특히 육로운송을 가미), 공급력계획, 배당취득구분계획, 액체연료계획으로 구분하도록 했으며, 철강, 경금속, 석탄, 조선, 항공기 및 최저한도의 식량 확보에 중점을 두도록 했다. 공급력에 관한 방침에서는 국내의 증산, 회수의 강화, 만주와 중국 특히 만주에서의 기대증가, 추축국으로부터의 취득, 특별한 생산방식의 개척이 강조되었다. 배당에 관한 방침에서는 직접 전력의 증강에 필요한 자재의 확보에 노력하도록 했다. 특히 최소한 확보해야 할 자원으로, 보통강 강

---

16 「昭和十八年度国家総動員計画等ノ編成ニ関スル件」, 1943.2.19, アジア歴史資料センター, (レファレンスコード:A03023609300). 이후의 기술은 본 자료에 따른다.

재, 고급알루미늄, 조선, 석유(남방) 등이 강조되었다. 이러한 방침 아래에 물자동원계획(운송계획, 공급력계획, 배당계획, 액체연료계획) 및 교통동원계획은 4월 상순에 각의 결정, 생산력확충 계획 및 국민동원계획, 전력동원계획, 자금통제계획은 4월 중순에 각의 결정, 생활필수품 물동계획은 4월 하순에 각의 결정, 교역계획은 5월 상순에 각의 결정할 수 있도록 계획을 작성하도록 했다. 제해권에 타격을 입은 일본은, 점령지에서의 원활한 물자 수송에 장애가 발생함에 따라 해상운송뿐 아니라 육로운송, 그리고 공급력의 수단으로 회수의 강화, 생산방식의 연구, 만주 및 추축국을 통하는 등 좀 더 다양한 루트로 물자를 확보하게 된 것이 이번 총동원 계획의 기본적인 특징이었다.

앞서 언급한 「1943년도 국가총동원 제 계획 등의 편성에 관한 건」 방침에 따라 기획원은 관계 각 성, 육해군과의 협의를 거쳐 4월 말부터 순차적으로 물자동원계획, 교통동원계획, 생산확충 계획, 국민동원계획, 전력동원계획, 생활 필수물자 동원계획, 국가자금계획, 교역계획 등 여덟 가지의 「1943년도 국가총동원 관련 계획」을 책정했다.[17] 이번 1943년도 계획에서 군수와 민수를 구별하기 위해 물자동원계획에서 국민생활 확보를 위한 자재를 별도로 생활 필수물자 동원계획으로 분리했으며, 자금계획 또한 국가적 차원의 성격을 강화해 국가자금계획으로 명칭을 변경했다. 이러한 1943년도에 새롭게 또는 변경된 총동원 계획에서 전국 추이와 연동되어 일본의 물자 상황의 긴박성을 읽을 수 있을 것이다.

그럼, 1943년도 총동원과 관련된 계획을 간략히 살펴보도록 하자. 먼저 1943년도 물자동원계획은 4월 30일 석유 관련을 제외한 상태에서

---

17 『週報』, 344호.

각의 결정되었다.[18] 당일 설명에 나선 기획원 총재는 1943년도 물자동원계획의 특징을 "적의 반격을 철저하게 분쇄하고 황국의 승리를 결정적인 것으로 하기 위해서, 국가 총력을 전력 증강한 곳으로 집약하고, 이를 전 능력의 발휘에 힘쓰며, 물적 전력에서는 철강, 석탄, 경금속, 조선, 항공기 등의 획기적 증산 보강을 확보하는 것을 지상목표"로 했음을 밝히고 있다. 또한 이를 구현하기 위해 산업 정비에 박차를 가하고자 했다. "전국의 진전에 대응하기 위해 물적 전력의 유지 증강에 대해 계획상 조기만전의 처치를 마련함과 동시에, 운송계획의 시행 확보, 계획공급력의 확보에 대한 특별 조치를 마련하고" 있음을 지적하고 있다. 물적 전력의 증강과 이를 위한 공급원의 확보에 중점을 두고 있었다. 결과적으로 1943년의 상황은 개전 초기와 사뭇 다른 분위기에 휩싸여 있었다. 전년 미드웨이 해전에서 일본의 패배는 결과적으로 남방에서 물자 운송을 통한 전쟁 수행이라는 일본의 큰 그림에 있어 지대한 영향을 미쳐, 현실적으로 이에 대한 대응책 마련에 부심하지 않을 수 없었으며 이는 국가 총력을 다해 대응하지 않으면 안 되는 상황에 직면하고 있었다. 전쟁 국면을 돌파하기 위해 일본은 전쟁 수행에 절대적으로 필요한 부분에 집중하여 이의 물적 증강에 노력하는 한편, 직접적 군사상 관계가 없는 부분은 최대한 축소하는 방향으로 추진되었다. 바꿔 말하면 모든 물자의 증산과 동원은 전쟁 수행에 우선시되고 일반 국민의 생활에 필요한 물자는 더욱 후순위로 전락했음을 의미하는 것이었다. 이렇게 1943년도 물자동원계획은 철강, 석탄, 경금속, 조선, 항공기 등의 증산과 기업 정비,

---

18 防衛庁防衛研修所戦史室, 1970, 앞의 책, 609~613쪽. 이후 서술하는 물자동원계획을 비롯해 1943년도 국가총동원 제 계획과 관련된 내용은 본 자료에 따른다.

액체연료배급의 계획, 육로운송을 포함한 육해운송의 일체화 등이 강조되었다.

한편 조선에서의 1943년도 물자동원계획[19]의 골자는 첫 번째는 생산력확충을 위해, '자급적' 공업력 신장 및 증강을 도모, 두 번째는 섬유공업과 생활필수물자의 '자급 확립'을 통해 전시생활 안정을 도모, 세 번째는 인적·물적 자원의 '총동원'을 통한 특수광물과 조선 계획의 달성 도모이다. 또한 계획 추진에서는 기존의 산업설비를 이용하며 '재고 물자'와 '유휴 자재'의 적극적 활용이 제시되었다. 전쟁 국면의 악화는 시설확충과 새로운 원자재의 확보를 통한 생산력확충에서, 종래의 시설과 물자를 활용한 '자급'적 생산확충으로 방침을 전환한 것이다.

1943년도 물자동원계획이 각의 결정된 같은 날, 교통동원계획이 각의 결정되었다. 해상 및 육상의 운송이 물자동원계획상 공급력 책정에 그 기초가 된다는 점에서 태평양전쟁이라는 침략전쟁을 통해 자원의 침탈을 도모하고 있는 일본에서는 교통동원계획과 물자동원계획의 긴밀성과 유기성은 더욱 강화되었다. 이번 계획에서는 다음과 같은 점에 중점을 두었다. 기본적인 교통계획은 군사상의 요청 충족을 목적으로 했다. 또한 점령지 자원의 군수물자화, 전력화를 증대 강화하면서 물동계획과 종합적으로 검토하도록 했다. 그리고 육운과 해운의 일체적 운용을 도모하며, 해상운송물자를 육로운송으로 변경하고 운송경로를 변경하도록 했다.[20]

---

19   김인호, 2000, 앞의 글, 281쪽.
20   개전 이후 1943년 4월까지 침몰 대파된 선박의 누계는 365척, 136만 6,000톤, 월평균 21척, 7만 9,000톤이었다.

곧이어 5월 3일에는 1943년도 생산력확충 계획이 각의 결정되었다. 물자동원계획에 의한 물자의 확보와 자원배당이 생산력확충을 가능하게 하는 것으로 생산력확충 계획 또한 물자동원계획과 밀접하게 연계되어 있었다. 계획의 중점을 "철강, 석탄, 경금속, 선박, 항공기 및 이와 관련된 중요 국방산업의 생산 증강"에 두었으며, 물적 자원을 해상운송력에 의존하고 있는 상황을 고려해 해상과 육상에 따른 운송력의 증강에 힘쓰는 한편, "내외지의 산업 정비"를 통해 생산력의 응급적 증강을 도모했다. 또한 이번 계획에서 눈에 띄는 것은 공습 등에 따라 공장이 파손되어 생산에 차질이 발생할 것을 고려해 이에 대한 대책 수립을 촉구하고 있는 점이다. 전쟁은 이제 본토에까지 그 영향을 미치기 시작한 것이다.

5월 11일 각의 결정된 1943년도 생활필수물자 동원계획은 주요 식량, 연료, 섬유제품의 계획 수립에 주안점을 두었다. 또한 원료보다 완성된 제품을 중시하고 긴요하지 않은 품목은 이를 피하도록 했다. 이는 전시 상황에서 국민의 절약과 인내를 담보로 한 계획이었으며, 최소한의 생활영역을 확보하기 위한 몸부림이었다. 전쟁 수행을 위해서는 군수의 절대적 우위가 당연시되었지만, 전쟁의 장기화에 따른 국민의 피로와 물자 부족의 심각함에서 오는 민심이반을 방지하기 위해서는 절약뿐 아니라 민수용 물자의 확보 또한 중요한 과제였다. 이에 일제는 민수물자를 별도 계획으로 분리해 이를 관리하고자 한 것이다.

이상 열거한 1943년도 국가총동원 계획은 일본 정부의 국책 선전지였던 『주보』에 연재되어, 일반 국민의 적극적 협력을 이끌어내고자 했다. 이제 총동원 계획은 특정 기관의 문제가 아니라, 현실적이며 절실한 현안으로 국민의 일상 삶에 깊숙이 파고들고 있었다.

2. 국민총력운동의 강화

1) 국민총력운동의 운동방침

　국민총력운동의 추이를 살펴보기 위해 각 연도별 운동방침 및 사업계획을 통해 국민총력운동의 전체적인 특징을 파악해 보도록 하자. 먼저 1941년 국민총력운동의 추진 방향을 알아보기 위해 「1941년도 사업계획」[21]을 살펴보자. 「1941년도 사업계획」은 기본적으로 전년에 결정된 「국민총력조선연맹 실천요강」의 방침을 따르고 있는 것이 하나의 특징이다. 시국 인식, 하부 조직 및 인적 기구의 쇄신, 상회(常會)의 운영, 각 연맹 지도자의 강습, 실행 감독, 이상의 다섯 가지 항목을 지도의 중점으로 삼고 있다. 조직이 결성된 지 얼마 되지 않은 시점에서 조선연맹의 중요한 지도 사항은 지방에까지 이르는 조직의 정비와 지도자의 강습 문제 그리고 새롭게 설치한 상회의 적극적 운영을 도모하고 있는 점에 그 특징이 있다고 볼 수 있다. 또한 조선연맹은 1941년도의 운동방침에서 사상의 통일, 국민 총훈련, 특히 생산력확충에 주안점을 두었다. 이를 좀 더 구체적으로 살펴보자. 계획에 따르면 생산력확충은 전시경제의 추진과 증산의 수행이라는 두 가지를 큰 틀로 했다. 먼저 전시경제의 추진방책으로 저축 장려에 관한 시설, 국채응모의 장려, 경제사범 방지의 철저, 시국 관계 법령의 주지 철저, 경제통제협력회의 확충 강화, 공장, 광산, 상업, 공업, 광업, 어업 관계 공로자의 표창, 생활필수품 배급에 애국

21　国民総力朝鮮連盟, 1945, 앞의 책, 108~116쪽.

반 활용, 절식, 혼식, 대용식의 독려, 공정가격의 장려가 추진되었다. 또한 증산 수행의 방책으로는 부락 생산확충 계획의 완수(공동 경작의 장려, 전가 근로의 철저, 부인 활동의 촉진, 추경의 장려), 미곡의 증산 장려(건묘 육성, 적기 파종, 병충해의 방제, 적기 수확), 밭작물의 증산 장려(이모작의 확충, 면, 대마, 감자, 마령서의 증산, 적기 파종, 적기 수확), 유축(有畜) 농업의 보급, 자급 비료의 증산(퇴비 및 녹비의 증산, 액비의 저장 이용, 풀베기 경기회의 개최), 가마니의 증산 장려(가마니 짜기 독려주간의 실시, 가마니 증산 공로자의 표창, 원료 지푸라기의 확보 및 저장), 공휴지의 이용(1평 원예의 장려), 목탄 및 숯의 증산 장려, 수산, 광산, 임산물의 증산 장려, 업무종사자 훈련 및 능률증진 시책, 광산연맹의 운영 강화, 수산연맹의 운영 강화, 폐품 회수의 철저, 전가 근로의 장려, 교화인 예술인의 노무자 위안회 개최, 노무자에 대한 복리시설의 장려, 농촌 부인의 활동 장려 및 지도원의 양성이 추진되었다.

결성 후 1년간의 국민총력조선연맹의 활동은 우선 지역, 그리고 유관 단체 조직의 확충, 지도자의 양성 등 조직 운영을 위한 기본적인 활동과 더불어, 식량의 증산, 노무 환경의 개선 등을 통한 생산력확충이 도모되었다.

1941년 12월 일본이 미영과의 전쟁을 개시함에 따라 국민총력조선연맹은 「1942년도 총력운동방침」[22]을 "반도 국민의 총력을 결집하여 어떠한 장기적인 전쟁도 승리할 수 있는 필승체제의 확립"으로 삼았다. 또한 이를 실현하기 위한 구체적 운동방침으로 필승체제 확립에 대한 계도, 지도자의 연성, 국민개로 운동, 부인계발 운동, 상회(常會)의 운영, '국

22　国民総力朝鮮連盟, 1945, 위의 책, 116~118쪽.

어' 생활의 철저에 두었다.

먼저, 필승체제 확립에 대한 계도에서는 "강연, 좌담회, 연구회, 영화, 방송, 인쇄물의 배부, 기타 선전을 통해 필승불패의 신념을 견지시키고, 국민의 결속, 내선일체의 강화, 민심의 안정 등을 도모해 최후의 목적을 달성하는 데 필요한 체제의 강화 확립을 도모해야 한다. 특히 각 종교, 교화, 정신단체를 통제 지도해 사상을 통일"하도록 했다. 새로운 침략전쟁을 개시한 일제는, 각종 단체를 활용하여 전쟁에 대한 선전 활동을 강화하여, 조선인의 전쟁협력 의지를 동원하고 동시에 민심이반을 방지하고자 한 것이다.

지도자의 연성에서는 "조선연맹 및 각 도연맹에서 계획적으로 강습회 등을 개최해 지도자의 능력을 향상하고, 연맹 하부 조직의 인적 구성을 쇄신해 총력운동의 진전을 도모"하는 것을 방침으로 했다. 국민개로(國民皆勞) 운동에서는 "국민개로 운동을 조직적으로 철저히 하여 국민의 훈련, 생산력확충에 노력한다. 또 대동아 건설에 필요한 인적 자원의 배양 및 전국적 수급의 조정을 통해 반도에 유익한 노무자를 산업 전사로서 참가"시키도록 도모했다. 부인계발 운동에서는 "일본 부덕(婦德)의 함양, 자녀의 육성, 생활 쇄신 등을 철저히 시행한다. 대일본부인회와 협력해 부인의 계발"을 도모하도록 했다. 상회의 운영에서는 "대조봉공일 상회를 비롯해 각 도 각 연맹 및 애국반의 정례 상회를 장려하고 상의하달, 하정상통을 도모해 총력운동을 철저히 실천"하도록 했다. 그리고 '국어' 생활의 철저에서는 "반도인의 황국신민화, 내선일체의 완성에서 국어 생활의 철저함을 도모하는 것이 오늘날의 급무이다. 모든 시설을 통해 이를 구현"하도록 도모했다.

1942년도 운동방침에서 보이는 특징을 정리해 보면, 먼저 태평양전쟁 개시에 따른 시국 인식의 철저가 도모된 점이 가장 눈에 띄는 점이다. 그리고 조직 운영에서는 지도자 연성이나 상회의 철저한 운영을 통해 운동의 적극적 실천과 활성화를 도모하고 있는 점이다. 또한 국민개로운동을 통해 전쟁 수행과정에서 현저화되고 있는 인력난 해소를 위해 노동력 확보에 나서고 있음을 알 수 있다. 그리고 이러한 노동력 부족 현상은 여성의 역할 증대를 초래했고 조선에서도 부인계발운동이라는 명목으로 여성의 전쟁 수행에 대한 기여를 기대했다. 마지막으로 특기할 사항은 일본어 보급이 총력운동의 일환으로 전개되었다는 사실이다. '국어전해운동'과 '국어상용운동'이 전개되어 교실에서뿐 아니라 일상생활에서 일본어 사용을 강제했다. 일본어 보급 확산운동을 통해 조선의 말을 부정하고 일본어를 강제함과 동시에 충성스러운 신민을 양성하고자 했으며, 이는 조선인의 민족의식을 말살하는 데 그치지 않고 나아가 그들 제국주의의 도구로 활용하기 위해서였다. 특히 이 시점에서는 조선에서의 징병제 시행을 앞둔 상태에서 조선인의 일본 신민화를 촉진하는 중요한 정책으로 간주되었다. 이를 위해 학교와 직장 그리고 애국반을 통한 일본어 강습회가 진행되었으며, 애국반의 경우 강습회 불참 시 배급의 불이익을 주는 식으로 강제성을 부여했다. 일본어 전문 강사에 따른 순회강연, 일본교본의 인쇄 배포, 일본어 상용 가정에 대한 표창을 통해 경쟁심을 유발하는 방법을 사용하는 등 국민총력운동이라는 형태를 통해 일본어 보급에 더욱 박차를 가한 것이다.[23]

태평양전쟁 국면은 1943년에 들어와 일본에 더욱 불리하게 되었다.

---

[23] 国民総力朝鮮連盟, 1943.9, 『国民総力運動要覧』, 42쪽; 최유리, 1997, 『일제 말기 식민지 지배정책연구』, 국학자료원, 162~171쪽.

이러한 상황에서 국민총력조선연맹은 「1943년도 국민총력운동요강」[24]을 통해 전쟁 목적의 완수를 위해 매진할 것을, 그리고 징병제도 시행에 따른 준비를 1943년도 운동의 기본방침으로 삼았다.

1943년도 국민총력운동에서는 주요 목표를 도의 조선 확립, 황민의 연성, 결전 생활의 확립, 필승 생산력의 확충, 징병제도 시행의 준비에 두었다.

먼저, 도의 조선 확립문제를 살펴보자. 도의 조선 확립이란 천황제 이데올로기를 조선에 관철하겠다는 의미이다. 즉 "황국 도의의 진수는 숭신(崇神)의 대도(大道)를 다해 신민의 본분을 다하며 살아가는 데 있다. 지금 자유주의 사상에 따른 공리생활은 그 한계에 도달했다. 황국 도의에 입각한 새로운 세계 질서가 역사의 필연으로 왕성하게 건설되고 있다. 도의 조선을 확립한다는 것은 진정으로 내선일체가 되어 황국 본래의 모습을 반도에 현현(顯現)함으로써 도의 세계의 건설에 최선을 다하는 것"이라고 역설한다. 그리고 이를 실현하기 위해 "황국 연성을 통해 황도 문화를 앙양하고, 발랄(潑剌)한 도의 생활운동을 전면적으로 전개" 하도록 했다.

도의 조선 확립을 위한 하나의 실천방안이라 할 수 있는 황민의 연성에서는 "황민연성의 본지는 황국신민으로서의 심혼(心魂)을 양성하고, 과감히 국사(國事)에 참여하는 강건한 심신을 연마함으로써 억조일심(億兆一心) 대화협력(大和協力)하여 도의 생활의 실천에 매진하는 것"에 있다고 지적한다. 그리고 이를 구체화하기 위해 "청소년의 연성에 힘을 쏟음과 동시에 황민의 어머니인 부인의 자각을 촉구"하며 또한 "직장의

24　国民総力朝鮮連盟, 1943.9, 앞의 책, 74~87쪽.

연성을 통해 직역봉공의 국풍을 일으켜야 한다. 각 계층 지도자를 연성하여 솔선수범의 내실을 올리고, 행동을 중심으로 한 연성과 더불어 부단히 국민에게 도의 실천의 생활훈련을 철저히"하도록 했다.

결전 생활의 확립을 위해서는 "미영적인 폐풍, 그중에서도 자아공리의 관념을 일소하고 나아가 국가의 요청에 응하는 정신봉공(挺身奉公)의 신념을 양성"하고, 또한 "간소강건(簡素剛健)한 생활을 확립하고 국토방위의 강화, 방첩의 철저, 물자 배급의 조정, 소비의 절약, 국민저축의 증강, 전쟁용 자원의 활용"에 전력을 다할 것을 주장하며 조선인의 일상생활에서의 통제를 강화하고자 했다.

필승 생산력의 확충에서는 "결전하 병참기지라는 중책을 담당한 조선으로 생산력확충에 필승의 태세를 확립하는 것은 시세의 급무이다. 필승 생산력을 확충하기 위해서는 국가가 요청하는 전략물자의 증산 공출에 국민의 총력을 발휘"해야 한다고 지적하며, 이를 위해 "국민의 노력을 동원 활용해 군수 자재 및 식량의 비약적 증산"을 독려했다.

징병제도 시행 준비를 위해서는 "징병제도 시행의 성과를 완수하는 것은 실로 지금 조선에서 제일 중요한 일이다. 올해는 징병제도 시행을 앞둔 해로 그 준비에 완벽을 기해야 한다. 전 조선에 걸쳐 건군의 본의와 군대 생활의 실상을 인식시켜 철저히 징병제도 시행의 진정한 정신을 알리고, 더불어 국어의 보급에도 노력하고 호적 정비에 협력"하도록 획책했다. 특히 징병제도 시행 준비를 위한 방책으로 군인칙유의 성지 철저, 징병제의 밤' 개최, 징병제에 관한 영화, 종이 연극, 인쇄물 등의 작성 및 지도, 징병제도 취지 선전 문예, 연극 등의 지도 조성, 육해군에 관한 전람회 및 행사, 강연회, 영화상영회, 인쇄물 등을 통한 선전, 군대숙박 연성회, 군대생활 및 연습 견학 등이 추진되었다.

1943년도 국민총력운동방침을 정리해 보면, 우선 시국의 악화에 따른 조선인의 동요를 최소화하고자 정신 동원에 역량을 집중하고 있음을 알 수 있다. 이는 황민 연성을 통해 도의 조선 확립이라는 형태로 추진되었다. 물론 충량한 신민을 양성하고자 하는 것이지만 표현을 바꿔 말하자면 조선인에 대한 사상통제를 더욱 강화하겠다는 의미였다. 또한 전쟁 수행에 따른 민수는 물론 군수물자의 부족을 해소하기 위해 조선인의 일상생활에서의 절약·저축이 강조되고 공출·증산이 더욱 강제되었다. 그리고 조선에서의 징병제 시행에 따른 환경조성을 위해 관련 방책이 강구되었다.

전쟁을 지속한다는 것이 거의 한계에 다다른 1944년, 국민총력조선연맹은 「1944년도 국민총력운동요강」[25]을 통해 "대동아전쟁의 완승"을 도모하는 것을 운동의 기본방침으로 삼았다. 이를 위한 1944년도 국민총력운동의 주요 목표를 국민 신앙의 확립, 황민연성의 철저, 내선일체의 철저, 황도문화의 작흥, 사봉(仕奉)증산의 강화, 결전 생활의 철저, 징병제도의 완수에 두었다.

먼저, 국민 신앙의 확립에서는 "유신(惟神)의 대도를 선양하여 일억 신민을 철저한 경신존황(敬神尊皇)의 대의로 확고한 국민 신앙을 수립하는 일이 조국의 이상 달성의 근본의이다. 신의 아들로서 신의 나라에 태어나신 현진어신(現津御神) 천황께 모든 생활을 바쳐 천업회홍(天業恢弘)에 봉사정신(奉仕挺身)을 다하는 것이야말로 국민 신앙의 요체이다. 조선에서는 먼저 1면 1사(一面一祠)를 목표로 봉무자를 양성하고, 이들에게 신사 봉무 이외에 지방민심의 교화계발의 임무를 맡긴다. 또 씨자(氏子)

25　国民総力朝鮮連盟, 1945, 앞의 책, 139~149쪽.

조직의 확립과 더불어 신지(神祇) 중심의 연중행사를 설정하고, 가정에서 철저한 신지봉재(神祇奉齋)를 도모"하도록 했다. 전쟁국면의 악화는 정신면에서의 교화 및 동원이 중시되었고 그 인프라로 각 지역에의 신사 설치가 강조되었다.

황민연성의 철저에서는 황민연성의 취지를 "황국신민으로서의 심혼(心魂)을 양성하고, 과감히 국사(國事)에 참여하는 강건한 심신을 연마함으로써 억조일심(億兆一心) 대화협력(大和協力)하여 도의 생활의 실천에 매진"하는 것에 두었다. 그리고 이를 구현하기 위해, 청소년 및 각 계층과 각 직역의 지도자 연성의 철저를 강조했다.

내선일체의 철저에서는 "팔굉위우(八紘爲宇)의 건국(肇國) 이상에 따른 대동아 민족 공영의 대업을 완수하기 위해서는 먼저 그 기반인 내선의 결합을 단단히 하여 일억일체(一億一體)의 태세를 시급히 확립하는 일이 선결문제이다. 즉 일시동인의 성지를 받들어 야마토 민족의 정신을 더욱 견고히 함과 동시에 동근일본(同根一本)의 사실을 현창하여 내선 동근의 일체감을 심화시키고, 약진 조선의 현상을 널리 일반에게 이해 인식시켜 내외 거주 반도인의 지도 의식을 철저히 하는 등 명실공히 내선 야마토 일체의 완성"을 도모하고자 했다.

황도문화의 작흥에서는 "문화인을 연성하고 황국 세계관에 철저한 문화기관의 결전적 동원"을 통해 국민의 전의(戰意) 앙양을 도모하고자 했다. 또한 일본어 생활운동을 강화하고 황도문화를 지역에 침투시켜 "황도민으로서의 정조(情操)의 도야에 노력함으로써 청신발랄(清新潑剌)한 국민문화의 배양"을 꾀했다.

사봉(仕奉)증산의 강화에서는, 식민지 조선에 부여된 생산력확충에 전력을 다하기 위해 "사봉정신(仕奉精神)을 보급하고 이를 직역에 철저히 침투시켜 각종 사봉대의 활동을 충실 강화함과 동시에 국민개로 운동의 강화를 통해 유휴 노동력의 일소"를 도모하도록 했다. 또한 "산업 전사의 위문 격려와 철저한 노무 원호에 노력해 책임 생산의 달성에 매진하고, 나아가 결전 수송의 수행에 협력"하여 물자 및 식량 증산의 완수에 이바지하도록 했다.

결전 생활 철저에서는, 결전 생활의 주안점을 전력 증강에 두고, 이를 실현하기 위해 "사봉정신의 기백 양성", "간소강건(簡素剛健)한 생활 확립", "국토방위 태세의 강화, 소비의 절약, 국민저축의 증강, 전쟁용 자원의 활용, 군인 원호의 강화, 건민운동(健民運動)의 철저" 등을 획책했다.

징병제도의 완수와 관련해서는 "징병제도 시행의 성과를 완수하는 것이 실로 현재 조선의 긴급한 요무이다. 특히 올해는 처음으로 입영자를 보내는 데에 전력을 기울여 징병제도 시행의 진의를 철저히 보급"하도록 강조하고 있다. 그리고 이를 위해 장정의 연성, 일본어 교육, 호적 정비 등에 만전을 기하도록 했다.

일본의 전쟁 수행 상황은 날로 악화되었다. 그럼에도 항복은커녕 결전에 대한 의지를 잃지 않았던 일본은 식민지 조선 또한 조선인의 안전이나 생활은 안중에도 없었다. 오히려 더욱 강력한 동원 태세로 조선인을 통제·억압하여 전쟁 수행에 매진했다. 이를 확인하기 위해 국민총력 조선연맹의 1944년도 운동 주요 목표의 구체적 실천방책을 아래에 열거해 보자.

   1. 국민신앙의 확립
     1) 유신(惟神)의 대도 선양운동
     2) 1면 1사를 목표로 하는 봉무자 양성

    3) 씨자조직 결성 운용에의 협력

    4) 신지(神祗)를 중심으로 한 연중행사의 설정

    5) 가정에서의 신지봉재(神祗奉齋) 지도

2. 황민연성의 철저

    1) 지도자의 연성

        (1) 지역연맹 지도자의 연성

        (2) 직역연맹 지도자의 연성

    2) 청소년의 연성

        (1) 무도, 각력(角力), 수영, 등행, 국방경기 등의 장려

        (2) 해양국방훈련의 보급

        (3) 청소년 사봉대의 내지 파견

        (4) 학교 졸업자의 연성

3. 내선일체의 철저

    1) 일시동인의 성지 철저

    2) 부여신궁 근로봉사의 실시

    3) 내지식 작법 및 생활양식의 보급

    4) 내선인 융화운동의 전개

    5) 내외 재주 반도인의 지도

    6) 조선사정 소개 선전의 강화

    7) 동근(同根) 사실에 관한 조사 및 계발 선전

4. 황도문화의 작흥

    1) 황도에 바탕을 둔 사상문화생활의 지도

    2) 폐풍적 미영문화의 일소

    3) 문화기관의 결전체제 강화

    4) 문화인의 연성 및 성지와 생산현지 등에의 파견

    5) 국어생활의 강화

    6) 국어문학, 국어연극의 지도 표창

    7) 일본적 예능에 의한 정조 도야

    8) 건전한 지방오락의 육성지도

    9) 직장 극단, 음악단의 육성지도

 5. 사봉증산의 강화

    1) 사봉정신의 각 직장 철저

    2) 광산, 공장연맹 사봉대의 활동 강화

    3) 근로관리의 연습지도

    4) 증산상황 시찰 격려반 파견

    5) 개동운동(皆動運動) 진두 지도운동의 실시

    6) 산업전사 위문격려반 파견

    7) 사봉증산서의 간행 배포

    8) 징용제 취지의 보급 철저

    9) 노무장려운동의 전개

    10) 농업사봉대의 조직 및 활동 강화

    11) 생산책임제 완수에 협력

    12) 농촌에서의 적기(適期) 및 공동작업의 지도 철저

    13) 상업사봉대의 활동 강화

    14) 국민개로운동의 강화를 통한 유휴 노동력의 일소

    15) 결전 수송, 하역력(荷役力) 강화에 협조

    16) 조림운동의 철저

 6. 결전생활의 철저

1) 도의실천운동의 강화

   (1) 준법운동

   (2) 규율예의 철저운동

   (3) 청소운동

   (4) 친절운동

   (5) 가두 도덕앙양운동

2) 결전생활운동의 강화

   (1) 생활간소화운동

   (2) 조기운동

   (3) 공지(空地) 이용운동

   (4) 금속회수운동

   (5) 군수물자 공출운동

   (6) 물자배급에 협력

   (7) 연료 절약운동 및 무연탄 이용의 강화

   (8) 군인원호, 해원(海員) 원호운동의 강화

   (9) 국토방위 태세의 강화

   (10) 하부연맹 및 애국반 시찰 지도의 철저

   (11) 총력상담소의 설치

   (12) 비행기헌납운동의 실시

3) 저축생활의 철저

   (1) 18억 저축 돌파운동

   (2) 국채 소화(消化)의 철저

   (3) 저축조합의 지도

   (4) 신흥 소득계층에 대한 저축지도

4) 건민운동(健民運動)의 철저

　　(1) 황민적 건강관의 확립

　　(2) 무도, 체육진흥, 위생보건사상의 보급

　　(3) 유아 및 모성보건운동

　　(4) 무의면(無醫面) 순회 의료반 파견

　　(5) 후생보건시설의 보급 및 철저

7. 징병제도의 완수

　1) 징병제의 실시 철저

　　(1) 입영 장정의 사기 앙양

　　(2) 갑종 합격운동의 실시

　　(3) '군국의 밤'(軍國の夕) 이동 선전

　　(4) 군대생활 및 연습 견학

　　(5) 육해군에 관한 전람회 등 행사

　　(6) 징병제 취지 선전 문예, 영화, 연극, 종이연극 등의 지도 및 작성

　　(7) 강연, 방송, 인쇄물 등을 통한 선전

　2) 장정 국어력의 철저 향상

　3) 청년특별연성소 및 군무예비훈련소에 협력

　4) 청년훈련소 및 동 별과(別科)에 협력

　5) 호적 정리에 협력

　　(1) 호적사상의 철저

　　(2) 호적정비에 관한 선전

　　(3) 소재 불명자 조사 및 이동 신고서의 장려

1944년도 국민총력운동은 악화되는 전쟁 상황 속에서, 시간의 경과에 따라 심각해지는 조선인의 생활 궁핍을 해소하고자 정신적 측면에서의 동원이 더욱 강화되었다고 할 수 있다. 내선일체 운동은 이미 미나미 총독부터 식민지 조선의 통치 방침으로 추진해 온 것이다. 이와 더불어 천황을 정점으로 하는 국민 신앙의 확립, 그리고 일본적 사상 문화를 조선인에게 철저하게 침투시키기 위한 황도문화의 작흥, 또한 조선인을 지도하고 이끌어야 할 지도자에 대한 황민 연성이 추진되었다. 그리고 이러한 정신적 통제를 일상생활의 통제로 확대하고 나아가 전쟁 동원을 위한 물자·인력 동원의 강화를 도모했다. 이것이 결전 생활의 철저 운동이다. 절약을 강조한 생활간소화운동, 물자 배급 협력운동, 금속 회수 및 군수물자 공출에 대한 협력운동, 비행기 헌납운동의 시행, 19억 저축 돌파 운동, 국채소화 운동, 위생 보건 사상의 보급을 통한 건민운동의 철저 등이 결전 생활의 미명하에 조선인에 강제되었다. 또한 국민개로 운동은 사봉정신의 강화로 이어져 광산, 공장에서의 증산뿐만 아니라 농업·상업에 이르기까지 증산을 독려했다. 물질적 부족에 따른 궁핍을 인고하고 저축·공출과 증산을 독려하기 위해 정신적 동원이 더욱 강화된 것이다. 물적 임계치에 다다른 일본은 조선인의 정신적 동원을 강화함으로써 그들의 체제에 대한 불만 또는 이탈을 방지하고 남아 있는 미력, 조선의 물자와 조선인 인력까지도 전쟁 수행을 위해 동원하고자 한 것이다.

　또한 조선인의 징병제 도입에 따른 원활한 동원을 위해 이미 전년도 단계에서 준비 운동을 전개해 온 국민총력조선연맹은 구체적 활동을 전개했다. 이는 징병의 기초가 되는 호적의 정비에서 시작해, 일본 군인으로의 임무를 수행하기 위한 일본어 학습, 환경조성을 위한 부대 견학, 징병을 위한 이벤트, 다양한 매체를 통한 선전 활동이 전개되었다.

2) 예산으로 보는 국민총력운동

지금까지 연도별 국민총력조선연맹의 국민총력운동방침과 그 주요 실천 방책에 대해 살펴보았다. 그럼, 이번에는 예산의 흐름을 통해 국민총력운동의 활동에 대해 살펴보기로 하자.

〈표 4-2〉는 국민총력조선연맹의 1941~1944년까지의 세입 예산이다. 국민정신총동원운동이 개시된 1938년의 세입 합계는 10만 1,303원, 1939년에는 11만 4,616원에 불과했다. 그러나 국민총력조선연맹으로 개조되고 나서 이듬해인 1941년에는 세입 총계가 77만 3,339원으로 증가했다. 그리고 1944년에는 182만 3,964원으로 급격하게 증가했다. 이는 국민총력운동의 역할이 증대하고 있음을 방증하고 있다고 할 수 있다. 그리고 이러한 수입 증가가 가능한 것은 국고보조금의 덕분이었다. 수입에서 가장 높은 항목을 차지하고 있는 부분이 국고보조금으로 1941년에는 30만 3,640원으로 전체 세입의 약 65퍼센트에

〈표 4-2〉 세입 예산

	1941년	1942년	1943년	1944년
재산수입	12,152	11,901	11,901	11,901
국고보조금	303,640	726,218	1,094,600	1,662,813
기관수입	23,000	18,000	61,200	37,600
잡수입	20,368	20,681	1,647	1,647
기부금	73,399	76,615	150,000	20,001
이월금	138,380	183,000	133,000	70,000
조성금	-	-	11,000	-
차입금	-	-	-	-
세입 합계	773,339	1,036,415	1,564,148	1,823,964
징병후원사업부	-	-	563,260	772,231

출처: 国民総力朝鮮連盟, 1945, 『朝鮮に於ける国民総力運動史』, 150쪽.

불과하던 것이, 1944년에는 166만 2,813원으로 증대했다. 즉 1944년 전체 세입액 182만 3,964원의 약 91퍼센트, 거의 대부분을 국고보조금이 차지하고 있는 것으로 이는 국민총력운동이 관제운동임을 여실히 드러내고 있는 것이다. 전쟁의 전개와 더불어 조선총독부의 행정적 지원조직으로, 그 역할이 증대했음을 방증하는 것이다. 조선인의 민심이반을 방지하고, 공출과 저축을 독려하며, 증산을 강제하고, 일본어 교육을 강화해 징병제 시행을 원활하게 하기 위해서는, 전국에 그물망처럼 설치된 국민총력연맹의 조직과 활동이 절대적으로 필요했다는 것을 의미한다.

다음 〈표 4-3〉 세출 예산은 앞서 살펴본 세입에 대한 세출의 구체적 항목이다. 먼저 하부 지역연맹에 지원금인 보조비를 보면 1942년이 8만 9,890으로 전체의 약 26퍼센트를 차지했으며 전반적으로 약 20퍼센트 규모로 지역연맹에 대한 지원이 이루어지고 있었음을 알 수 있다. 1941년이나 1942년에는 상대적으로 강연회, 좌담회, 강습회 등 대중에 대한 일반적 교육에 예산이 활용되고 있음을 알 수 있다. 그러나 태평양전쟁이 일본에 불리하게 전개되고 동원의 통제가 강화되면서, 국민신앙운동비, 황도문화진흥비, 일본어 보급비, 사봉운동지도비, 생활운동비 등의 비중이 증대한 것을 알 수 있다. 특히 예산 집행이 큰 항목은 국민신앙운동비와 사봉운동지도비, 연성비로 조선인에 대한 정신적 통제, 전쟁국면의 악화에 따른 체제 이탈을 방지하고 충량한 신민을 유지하기 위한 정신동원과 전쟁 수행을 위한 증산운동과 병력 자원 동원을 위해 국민총력운동이 주안점을 두고 있음을 엿볼 수 있다. 또한 이를 위해 선전비로 상당한 비용을 지불하고 있음을 확인할 수 있다. 또한 1943년부터는 별도로 상당한 액수의 예산이 징병운동에 사용되고 있음을 알 수 있다. 결국 위의 예산 집행 내역을 통해 보자면 단순히 식민지 조선의 지배를 용이하

〈표 4-3〉 세출 예산

	1941년	1942년	1943년	1944년
회의비	1,370	2,270	4,390	3,250
제급	-	-	510,176	563,502
수용비	14,400	21,960	32,460	41,100
수선비	300	300	300	300
잡비	2,500	4,000	7,300	7,300
수당	27,820	27,820	-	-
급료	39,792	40,236	-	-
잡급	33,125	38,614	-	-
여비	27,080	29,430	-	-
기획조사비	4,750	5,400	22,400	18,195
행사비	1,880	1,250	3,250	2,000
연성비	-	-	18,323	70,834
국민신앙운동비	-	-	23,645	146,070
황도문화진흥비	-	-	7,625	6,730
국어보급비	-	26,000	13,920	13,540
사봉운동지도비	-	-	96,930	126,677
생활운동비	-	-	62,420	37,120
선전비	24,242	23,679	77,629	68,220
휘보비	64,950	74,121	92,088	71,000
표창비	12,160	17,030	21,800	41,880
조성비	-	10,000	30,000	32,500
건초증산운동비	-	19,300	110,000	-
대정익찬회연락비	-	4,000	-	-
강연회비	9,600	11,603	-	-
좌담회비	4,680	4,580	-	-
강습회비	-	34,832	-	-
간행비 (1943년 이후는 선전비에 포함)	23,833	21,833	-	-
지도관리비	120,992	128,805	-	-
청년교양비	12,381	-	-	-
보조비	157,150	303,728	288,830	387,003
사무소신축개축비	30,000	37,630	10,000	20,000
직원단합비	-	-	-	6,000
수련소시설비	112,390	63,000	20,000	3,000
재산관리비	2,300	2,300	3,000	3,000
잡비	9,737	7,740	13,392	23,820
예비비	10,300	20,300	30,000	100,000
세출합계	773,339	1,036,415	1,564,348	1,823,964
징병후원사업비	-	-	563,260	772,251

출처: 国民総力朝鮮連盟, 1945, 『朝鮮に於ける国民総力運動史』, 151~153쪽.

기 위한 측면 그 자체보다는, 전쟁 수행에 조선인의 협력을 이끌어내기 위한 각종 방책의 수단으로 국민총력운동이 전개되었음을 엿볼 수 있다.

3) 국민총력운동의 전개

앞서 각 연도별 운동방침과 세입세출 현황을 통해 국민총력운동의 전개 양상을 살펴보았다. 이번에는 총독(총재)별 국민총력운동의 전개 양상을 살펴보기로 하자.[26] 미나미총독이 국민총력조선연맹 총재를 맡은 상황에서 결성 이듬해인 1941년에는 각종 연맹의 결성이 촉진되었다. 우선 1월에는 조선경제통제협력연락회를 조직했다.

국민총력 상공업 지도 조직요강[27]

1. 목적
   1) 전 조선 기구의 정비를 도모하고, 상의하달 하정상통의 계통을 확립한다.
   2) 관청과의 연계를 긴밀히 한다.
2. 조직
   1) 조선경제통제협력연락회
      (1) 대체적으로 현재의 조직을 답습하고, 그 구성원은 도협력회

---

26 国民総力朝鮮連盟, 1945, 위의 책, 59~77쪽. 이후의 국민총력운동 서술은 특별하게 인용처를 기술하지 않는 한 본 자료에 따른다.
27 朝鮮総督府, 1941.3, 『半島の国民総力運動』, 45~48쪽.

　　　　및 전조선 지구의 경제단체로 한다.
　　(2) 연락회의 회의는 도협력회 대표자, 부읍협력회장, 군도협력회장 중의 대표자 약간 명 및 전조선 지구경제단체 대표자로 조직한다.
2) 도협력회
　　(1) 구성원은 부군도 협력회 및 도 지구의 경제단체(필요한 경우는 특히 큰 공장, 회사를 포함한다)로 한다.
　　(2) 도협력회에 회장, 부회장, 고문을 둔다.
　　(3) 회장은 원칙적으로 소재지 부군 협력회장으로 하고, 경우에 따라서는 도 산업부장(또는 도지사)이 담당한다.
　　(4) 부회장은 협력회장을 회장으로 할 경우는 도 산업(상공)과장 및 다른 협력회의 부회장(1명)으로 하고, 도 산업부장을 회장으로 할 경우는 협력회 회장(1명 또는 2명)으로 한다.
　　(5) 고문은 협력회장을 회장으로 할 경우는 도지사 및 도 내부, 산업 및 경찰 각 부장으로 한다. 도 산업부장을 회장으로 할 경우는 도지사 및 도 내무, 경찰 각 부장으로 한다.
3) 부읍협력회(단 읍협력회는 상공회의소 소재지로 한정)
　　(1) 구성원은 부읍 내의 각종 상공업자의 조합 또는 단체(특수 공장, 회사를 추가할 수도 있음)로 한다.
　　(2) 부읍협력회에 회장, 부회장을 둔다.
　　(3) 회장은 상공회의소 회두로 한다.
　　(4) 부회장은 상공회의소 부회두로 하고, 사정에 따라 부읍의 직원을 추가할 수도 있다.
4) 군도협력회

(1) 구성원은 읍면상공회 및 군도 지구의 경제단체(특수 공장, 회사를 추가할 수도 있음)로 한다.
(2) 회장은 소재지 상공회의소 또는 상공회의 회두 혹은 회장이 담당한다. 사정에 따라서는 군수, 도사 또는 군도 근업계 주임이 담당한다.

조선경제통제협력회는 조선총독부가 물가문제를 비롯한 다양한 경제통제를 실시하기 위해 상공업자를 망라하는 조직으로 1940년 5월에 조직을 개시했으며, 협력회의 상호 연락을 위해 조선경제통제협력연락회가 조직되었다. 이후 국민총력 조산연맹의 결성에 따라 위에 열거한 식산부의 「상공업 지도 조직요강」에 바탕하여 도, 부읍, 군도협력회의 조직이 촉진되었다. 1월에 각 도부군읍협력회를 구성하고 이들 대표자를 포함한 조선경제통제협력연락회를 구성해 상공인에 대한 조선총독부, 조선연맹에 따른 지도를 통해 조선 상공인에 대한 경제통제를 도모했다.

3월에는 각 광산별로 조직한 국민총력 조선광산연맹이 결성되었으며, 4월에는 국민총력 조선수산연맹이 결성되어 도부군도에 수산연맹이 결성되었다. 생산력확충을 목표로 각종 연맹의 조직화가 추진된 것이다. 「국민총력 광산연맹 조직요강」[28]을 통해 광산연맹에 대해 좀 더 살펴보기로 하자. 요강에 따르면 각 광산에서 먼저 광산 애국반을 결성하고 이를 기초로 각 광산연맹을 조직한다. 각 광산연맹의 상부 기관으로 도 광산연맹을 설치하지만, 사무 연락 및 보조기관적 의미로 도 광산연맹 하

---

28 朝鮮總督府, 1941.3, 위의 책, 48~52쪽.

부에 광산연맹 군 지부를 설치한다. 도 광산연맹은 조직의 중추적인 조직으로서, 도내 소재 광산에 대해 물자, 노무, 기술 등의 조정 및 지도, 정신적 지도를 통해 생산력확충의 완수를 도모하도록 했다. 그리고 이들 하부 조직에 대한 통합 연락기관으로서 조선광산연맹을 조직해 국민총력조선연맹의 지도하에 광산의 계통적 통제가 가능하도록 했다. 조선광산연맹에는 지도부와 사업부를 설치하여, 지도부에서는 주로 국민총력조선연맹의 지도방침을 말단의 각 광산연맹까지 침투시키기 위한 기능을 담당했으며, 사업부에서는 물자, 노무, 기술 등의 실무를 담당하도록 했다. 이와 같이 국민총력운동에서는 광산연맹, 수산업연맹과 같이 산업별 계통적 각종 연맹을 조직하여, 이들 통제를 통해 전시하 산업증산을 도모했던 것이 하나의 특징이다.

한편, 국민총력운동에서 동원의 가장 말단 조직으로 자리매김하고 있는 애국반에 대한 정비 기능도 강화했다. 2월에는 가정방호조합이 애국반에 통합되었다. 그리고 4월에는 면포, 타올, 고무신 등의 배급이 애국반을 통해 배급하게 되었다. 5월에는 연맹하부 조직을 토대로 저축조합이 설치되어, 애국반의 전시생활 통제의 기초조직으로의 성격이 더욱 명확하게 되었다. 앞서 국민정신총동원운동에서도 언급했지만 저축강제는 국민총력운동에서도 보다 강력하게 추진되어 저축조합을 조직하여 '성전'의 미명하에 저축이 강제되었다. 그리고 이렇게 수탈한 저축액은 일제의 주요한 군수자금이 되었다. 이러한 저축의 실적은 아래 〈표 4-4〉와 같이 할당액은 태평양전쟁을 계기로 점차 증대하지만 이에 대해 조선인의 저축실적은 항상 100퍼센트를 넘는 실적을 달성했으며 이는 국민운동으로 전개된 저축강제운동의 결과물이었다. 이와 같이 저축과 더불어 공출과 배급은 조선총독부가 식민지 조선의 물자를 통제 동원하

<표 4-4> 저축 장려실적액
(단위: 천 엔)

연도	목표	실적액	달성률(%)
1941	600,000	754,854	125
1942	900,000	996,225	110
1943	1,200,000	1,524,119	127

출처: 近藤釖一編, 1964, 『太平洋戰爭下の朝鮮(5)』, 財団法人友邦協會, 94쪽.

는 데 있어 가장 기본적인 정책으로 그 실행조직으로서 애국반의 기능이 강화되었다.

또한 1941년에는 「국민근로보국협력령(国民勤労報国協力令)」이 공포되었다. 「국민근로보국협력령」은 임의적으로 행해지던 근로보국을 의무화하고 종합적으로 통제하고자 하는 목적으로 만들어진 것이었다. 이 칙령에 바탕으로 근로보국대가 조직되었다. 근로보국대는 14세에서 40세 미만의 남자 및 14세에서 25세까지의 미혼 여성이 부읍면연맹, 동정리연맹, 학교연맹 등 각종 연맹으로 편성되어 특정 기간 군수공장, 광산 등지에서 무보수로 근로봉사를 하도록 했다. 전쟁은 이제 전쟁터에 나가 있는 출정한 병사만의 문제가 아니었다. 후방의 조선인들은 이들 전쟁 수행을 위해 무상으로 자신의 노동력을 일본제국주의에 제공하지 않으면 안 되었다.

1942년 태평양전쟁이라는 새로운 국면에 들어선 일본의 긴장감은 식민지 조선에서도 여실히 나타나게 되었다. 그 첫 번째가 바로 대조봉대일(大詔奉戴日)의 제정이다. 이는 일본에서 제정되어 조선에서도 시행되었다.

1942년 1월 8일부터는 일본에서는 기존의 흥아봉공일(興亞奉公日)을 폐지하고 대조봉대일로 삼았다. 즉 태평양전쟁의 개시, 진주만 기습공격을 감행한 1941년 12월 8일의 8일을 계기로 국민의 전쟁 기운을 고조시키고자 하는 의도였다. 이에 조선에도 애국일을 폐지하고 매월 8일을 대조봉대일을 중심으로 행사가 진행되었다. 국민총력조선연맹의 지도하, 매월 8일에는 정동리연맹에서 방송 시간에 맞춰 상회를 개최하도록 했다. 상회는 대략 30분 정도 진행되었으며, 국민총력의 노래, 국기 게양, 국가 제창, 궁성 요배, 묵도, 방송에서 흘러나오는 강화 청취, 황국신민의 서사 제창, 만세 삼창 등으로 진행되어, 매달 전쟁의 기운을 고취시키며 이 행사는 패전까지 이어졌다. 결국 이는 태평양전쟁의 원활한 수행을 도모하고, 동원을 위한 기초적인 정신 교화운동이었다. 태평양전쟁을 강행하며 국민총력운동은 전쟁의 수행을 위한 총동원체제의 기본단위로 자리매김되어 그보다 철저한 운동이 강조되었다고 할 수 있다.

중일전쟁에서 태평양전쟁 개전 시까지 조선의 총독으로 군림했던 미나미 지로가 일본으로 귀국하고 1935~1938년까지 조선군사령관을 역임한 바 있는 고이소 구니아키(小磯國昭)가 조선총독으로 부임했다. 정무총감은 오노 로쿠이치로 후임으로 다나카 다케오(田中武雄)가 임명되었다. 고이소는 고노에의 신체제운동에 대해 비판적이었으며, 단지 행정보조적 기관으로 전락한 대정익찬회의 필요성에 대해 회의적이었다. 이러한 인식에 바탕을 둔 고이소는 총독 부임 후 국민총력조선연맹을 불요한 이중인 행정기관으로 파악해 연맹을 교양단체로 개조하고, 그 대신 행정기관을 강화하는 쪽으로 고려했던 것 같다. 즉 그는 자서전에서 "조선에 와 보니 명칭은 다르지만, 내용적으로는 익찬회와 동일 기구인 국민정신총동원조선연맹(원문 그대로 저자)이라는 것이 있다. 필자의 생각은 이를 바로 폐지하고, 행정부문 자체의 긴장활약에 박차를 가하는 것이 지당하다는 결론에 도달했지만, 그렇게 하면 대정익찬회부인과 미나미

통치 비판을 너무 노골적으로 하는 것으로 … 조직이나 명칭은 그대로 두고 인적요소에서 관료를 제거하고, 내선민간인으로 이를 대체하여, 그 달성해야 할 목적을 내선민간인 독자의 입장에 있어, 자기의 민족성의 본질을 내성자득하여 각자의 직업에 근면한 교양단체로 할 것을 결심했다"[29]라고 적고 있다. 실제 한상룡을 국민총력조선연맹의 사무총장으로 임명하기도 했지만, 고이소총독은 식민지 조선에서 재임 기간[30] 태평양전쟁에 필요한 물자 수급 및 인력의 동원을 위한 전시 동원 태세의 확립과 이를 원활하게 시행하기 위해 조선인의 황국신민화에 주력했고, 이를 위해 국민총력조선연맹의 조직을 적극 활용했다.

앞서 언급한 일본의 행정간소화와 내외지일원화정책 방침에 따라 국민총력조선연맹도 11월 4일 기구 개혁을 단행했다. 기존의 조직을 축소하여 총무부, 연성부, 후생부, 경제부, 선전부의 5부로 했다. 총무부에는 총무과, 기획과, 연락과, 연성부에는 사상과, 연성과. 청년과, 군사보급과, 경제부에는 저축과, 진흥과, 후생부에는 후생과, 생활과, 선전부에는 선전과, 편집과, 문화과를 두었다. 이를 단순히 행정간소화의 일환으로 해석하기보다는, 향후 고이소총재하 국민총력운동이 나아갈 방향을 5부가 나타내고 있다고 볼 수 있다. 즉 운동의 중점을 어디에 두었는지를 나타내고 있는 것이다. 태평양전쟁의 개시와 더불어 연성부 군사보급과, 생산력확충과 노무를 담당하는 경제부 진흥과, 전시생활의 확립과 배급 물자 회수를 담당하는 후생부 생활과의 설치 등이 바로 그것이다.[31]

---

29 小磯国昭, 1968, 『小磯国昭自伝葛山鴻爪』, 丸ノ内出版, 760~761쪽.
30 1942.5.29~1944.7.24.
31 예를 들면 1942년 10월 「조선청년연성령」을 공포해 17세에서 21세 사이의 조선 청년들에게 군사훈련을 실시하고, 1944년 2월에는 「조선여자청년연성소규정」을 공포

또한 기구 개혁과 더불어 「국민총력조선연맹 규약」을 개정했다. 국민총력운동의 목적을 초기 결성 시에는 고노에내각의 국책방침에 따라 국방국가체제의 완성, 동아신질서의 매진에 두었으나, 이번 개정에는 제2조에서 "본 연맹은 국체의 본의에 바탕으로 내선일체의 내실을 거두고, 각각 그 직역에서 봉공의 정성을 바쳐 그 총력을 결집해 황도를 부익하고 받드는 것을 목적으로 한다"라고 하여 황도 부익을 그 목적으로 했다. 구체적 국책 구현에서 고도국방국가가 사라지고 황도, 즉 천황주의가 운동의 전면으로 드러나게 되었다. 제16조에는 "부·도·군·도·읍·면·정·동·리·부락에 각각 연맹을, 정동리부락연맹에 약간의 애국반을 두고, 각각 바로 위의 연맹에 예속시킨다. 도 이하의 연맹 및 애국반에 관한 규정은 별도로 이를 정한다"로 하여 애국반을 규약에 규정했다. 제18조에는 "본 연맹의 경비는 국고보조금 기타 수입으로 충당한다"로 하여 국민총력운동이 관제운동임을 규약에 명시하고 있다.

규약의 개정, 사무국의 개편과 더불어 국민총력운동지도위원회를 국민총력운동연락위원회로 개칭했다. 이는 국민총력조선연맹이 관제적이라는 비판을 의식[32]한 것으로 명칭을 지도에서 연락으로 변경한 것이다.[33]

했다. 「조선청년연성령」의 목적은 두 가지로 하나는 장래 군인으로서 복무를 상정하여 이를 위한 기본적 자질을 양성하는 것이었으며, 또 하나는 근로에 적용할 수 있는 능력을 겸비하도록 한 것이었다(최유리, 1997, 앞의 책, 203~204쪽). 즉 일제의 전쟁 수행과 더불어 날로 심각해지고 있는 병력 및 노동력의 문제를 조선인 청년에서 그 해답을 구하고 있었다.

32 국민총력조선연맹에서는 이를 "이는 관과의 관계가 지도가 아니라 연락이었다. 이것이 기구개혁의 정신이다"라고 평가하고 있는 점에서도 여실히 드러난다(国民総力朝鮮連盟, 1945, 앞의 책, 66쪽).

33 민족문제연구소, 2017, 앞의 책, 708~710쪽. 이후 국민총력운동연락위원회에 관한 기술은 위 자료에 따른다.

국민총력운동지도위원회는 그 명칭이 시사하는 바대로 국민총력운동에 대한 중요사항을 심의 의결하는 조직이다. 고이소총재에 들어와 이를 지도에서 연락으로 명칭을 바꾸었다. 위원장은 정무총감이, 위원에는 조선총독부 국장을 비롯해 식산국 사문과, 총독관방 문서과장, 심의실 서기관, 회계과장, 사정국 지방과장이, 임시위원에는 국민총력조선연맹 사무총장, 총무부장, 연성부장, 선전부장, 조선군 참모장 등 국민총력조선연맹과 조선군 관계자를 임명했다. 이것은 어디까지 표면적인 변화로 실상은 전쟁의 추이와 더불어 조선총독부에 의한 국민총력조선연맹에 대한 지도 통제는 강화되었다. 국민총력연락위원회의 개최를 월 1회로 하여 오히려 조선총독부와 국민총력조선연맹과의 연계를 더욱 강화했다.

1943년 4월 6일 도지사회의에서 훈시[34]에 나선 고이소총독은 1943년 조선 식민통치의 정책 방향에 대해 언급했다. 이 자리에서 그는 전력증강시책의 중점책으로, 식량 대책 및 증산과 중점 광공업의 증산을 포함한 전략물자의 증산, 자원의 절약과 회수 활용, 수송력의 강화와 조선, 노무대책의 강화, 국민저축의 증강, 치안 유지, 방공의 완벽, 지방행정의 쇄신 강화를 강조했다. 특히 국민총력운동의 철저와 관련해 "앞에서 누차 이야기해 온 시정의 제 중점에 대해서 행정과 표리일체의 관계에 있는 국민총력운동기구가 가장 강력하게 활용되지 않으면 안 된다는 것은 말할 필요도 없습니다. 조선연맹이 그 진용을 새로이 한 이래 항상 발랄한 기획과 행동으로 중요 국책의 추진에 기여하고 있는 바가 많고, 금후 더욱 하부 조직과의 연계를 긴밀히 하여 특히 결전 조선의 2대 명제인 증산과 연성의 수행에 전 기구의 힘을 쏟는 유효한 활용을 희망하

---

34 『朝鮮總督府官報』, 1943.4.7.

는 바입니다"라고 국민총력운동의 효용성에 대해 언급하고 있다. 앞서 언급했듯이 1942년 처음 조선에 부임하기 전 고이소는 국민총력조선연맹에 대해 상당히 회의적이었으며 오히려 행정기구의 강화로 식민통치를 이어갈 구상을 했다. 그러나 식민지 조선에 착임하여 현실 상황을 지켜본 고이소의 선택은 국민총력운동의 약화가 아니라 오히려 전시행정을 담당하는 보완책으로 활용을 강화했다고 할 수 있다. 또한 국민총력운동의 기본적인 목적을 전시상황하에서 전쟁 수행을 위한 물자증산에 두고 있으며, 더불어 충량한 조선인을 황국신민으로 양성해 부족한 그들의 병력 및 노동력을 보충하기 위해 연성을 강조하고 있는 점이 고이소 총독하 국민총력운동의 특징이라고 할 수 있다.

1943년 국민총력조선연맹 사무국은 새로 신축한 조선총독부 제3별관으로 이전해 총독부와의 긴밀성을 강화했다. 매월 실천 철저 사항으로 경신숭조(敬神崇祖), 보은감사운동, 청소운동, 조기(早起)운동, 시간이행운동, 가두 도덕운동 등 황민화를 위한 정신운동이 지속적으로 강조되었다. 또한 8월 징병제 실시와 더불어 이와 관련된 선전과 징병을 고취하기 위한 행사가 진행되었으며, 11월에는 사무국에 징병사무후원국이 설치되었다. 고이소총독이 추진한 식민지정책으로 조선인의 병력동원을 들 수 있다. 전쟁의 장기화는 필연적으로 노동력뿐만 아니라 병력 자원의 확충이 요구되었다. 이를 위해 고이소총독은 조선인 징병을 위한 사전 작업으로 1942년 10월부터 호적 조사를 실시, 이를 토대로 조선인 징병제 실시 요강을 확정했다. 8월의 징병제 실시에 이어 1943년 7월에는 「해군특별지원병령」을 공포하고, 1944년 1월에는 학도특별지원병제를 시행해 병력자원으로의 조선인을 본격적으로 동원했다.

한편 9월 29일에서 30일에는 국민총력조선연맹 주최로 '내선만화(內

鮮滿華) 연락강화 간담회'가 경성에서 개최되어, 국민운동 담당자들이 한 곳에 모여 국민운동과 관련된 의견을 개진했다.

1944년에 들어와서는 비행기헌납운동 결과 수백의 비행기를 육해군에 헌납했다. 또한 선전 활동이 강화되어, 1월에는 홍보정신대를 조직하고, 3월부터는 매월 3번에 방송하던 '연맹정보'를 '연맹홍보'로 하여 매일 밤 9시 보도 이후 방송했다. 5월과 6월에 걸쳐서는 이사급 30명이 일본으로 건너가 각지의 강제동원된 조선인에 대한 '위문 방문'을 실시하기도 했다. 또한 국민신앙의 확립이라는 취지 아래 1면 1사 운동이 전개되어 신사를 설치하기 위한 봉무자의 양성을 대대적으로 추진했다.

일본에서는 중일전쟁 이후 노동자를 통제하기 위한 목적으로 광산 공장에 산업보국운동을 전개했다. 이는 기존의 노동운동이 노동자의 권익을 추구하는 바에 대해, 산업보국운동은 관 주도하 노동자의 불만을 통제 관리하여 이를 증산으로 연결하고자 하는 관제국민운동이었다. 이러한 목적으로 산업보국회가 설치되었으며, 대정익찬회 결성 이후에는 대정익찬회의 하부 조직으로 편입되어 지도 통제를 받게 되었다. 이러한 산업보국운동과 같은 운동을 식민지 조선에 전개하고자 한 것이 사봉대(仕奉隊)이다.

국민총력조선연맹 결성 초기에는 직역에 각종 연맹을 결성하도록 하고 있었으나, 이의 역할이 기대에 미치지는 못했다. 이에 고이소총독 부임 이후 직역연맹을 사봉대 조직으로 더욱 강화했다.

먼저 조직 개편에 들어간 것이 광산 공장 직역연맹이다. 1943년 8월 군대식 조직을 채용해 사봉대를 직역연맹에 조직했다. 사봉이란 봉사한다는 의미가 아니라 천황에게 생활과 일 모두를 바친다는 의미로 부여한 명칭이었다. 「광산, (공장)연맹 사봉대 조직에 관한 준칙」[35]에 따르면 사봉대는 종업원(직원을 포함) 전원으로 조직하도록 했다. 편성은 기본적으로 직장에서 담당하고 있는 부분별로 조직 편성하도록 했다. 한편 남성의 경우, 25세 이하와 26세 이상을 구분하고 여성대원은 별도로 조직하도록 했다. 분대는 개략 10명 정도로 조직하도록 했으며 2·3개의 분대로 소대, 2·3개의 소대로 중대, 2·3개의 중대로 대대를 편성하도록 하여, 대대·중대·소대·분대라는 군대식 조직을 채용했다. 12월에는 은행회사연맹에도 사봉대를 조직했다. 1944년에 들어와서는 이 운동을 상업으로 확대해 3월에는 각 부군도 지역별로 상업사봉대를 결성했다. 전쟁이 장기화되면 군수물자의 필요성은 더욱 필요해지고 이를 위한 증산이 요구되었다. 일본에서는 이미 중일전쟁 이후 노동자의 증산을 독려하기 위해 산업보국운동을 추진해 왔지만, 1943년 식민지 조선에서 이러한 새로운 조직을 결성한다는 것은 현실적으로나 시간적으로 제약이 따를 수밖에 없었다. 이에 대한 대안으로 조직의 기본 틀은 기존의 직역 연맹을 활용하되, 그 내실을 산업보국운동 정신을 이용하여, 군대식 상의하달과, 노동자 개개인의 이익이 아닌 국가 즉 천황에 충성한다는 사봉대를 결성한 것이다. 이는 전황이 날로 악화되고 있다는 방증이기도 하며 식민 조선에서의 증산이 더욱 기대되고 있었음을 알 수 있다.

이처럼 제2대 총재인 고이소총독하에서 국민총력운동은 무엇보다 천황주의에 입각한 조선인의 황민화, 정신적 동원이 강조된 측면이 강하다고 할 수 있으며 조선총독부와 국민총력조선연맹의 관계는 더욱 긴밀해져 관의 통제가 더욱 강화되었다고 할 수 있다. 또한 동원에서도 증산을 위한 사봉대를 설치해 조선인의 철저한 협력을 이끌어내고자 했으

35　国民総力朝鮮連盟, 1943.9, 앞의 책, 66~68쪽.

며, 징병제 실시에 따라 조선인을 노무인력뿐 아니라 병력자원으로의 동원이 본격화되었다. 그리고 이러한 국민총력운동의 강화는 다름 아닌 전쟁 추이의 악화를 반영한 것이기도 했다.

1944년 7월 아베 노부유키(阿部信行)총독이 부임하면서 국민총력조선연맹은 아베체제로 이행했다. 정무총감에는 엔도 류사쿠(遠藤柳作)가 임명되었다. 수상을 역임한 바 있는 아베총독은 기본적으로 고이소 정책을 계승하면서 식량 및 군수물자의 증산에 주력했다.

1944년 8월 28일 도지사회의에서 훈시[36]에 나선 아베총독은 "국체의 본의에 기초한 도의 조선 건설을 시정의 안목으로 한 전 총독의 의도는 본 총독 역시 이를 이어받아 그 철저를 꾀함은 물론이지만, 본 총독은 특히 그 숭고한 이념의 실천적 방면을 중시해 현실즉응의 시조를 추진하고 도의 조선의 참모습 구현과 함께 전력의 기본으로 키우고자 하는 것입니다"라며 전 총독의 시정방침을 계승하겠다는 방침을 천명하고 구체적 방책으로 근로 태세의 강화, 식량 기타 중요 물자의 증산에 매진하도록 독려했다. 전쟁을 수행하기 위한 물자의 수급이 원활하지 못한 상황하에서 식민지 조선에서의 수탈이 더욱 강화된 것이다. 아베총독의 부임으로 국민총력조선연맹은 기구 개조를 단행하여 총무부, 실천부, 근로부, 병사후원부 체제로 재편했다. 근로부의 설치는 식민지 조선에서의 증산을 독려하기 위함이었으며, 전년도부터 실시하기 시작한 징병제와 관련해 군인원호부가 설치되었다. 물자 증산, 병사 및 노무 인력동원이 국민총력조선연맹의 당면 과제로 역점을 두었다.

1945년 4월 5일 훈시[37]에서 아베총독은 "전국의 어떠한 변화에 처해

---

36 『朝鮮總督府官報』, 1944.8.29.

서도 조선이 짊어진 제 전력물자 증산의 책무를 각 부문에 걸쳐 이루기 위해 더욱 중점적 노력을 경주할 필요가 있음은 말할 필요도 없습니다. 특히 금년은 식량, 석탄, 금속, 목재 등의 계획 증산에서 책임 달성을 기대하는 외에 송탄유(松炭油), 송근유(松根油), 저류(藷類)와 같은 군수물자의 증산계획이 추가된 것에 대해 국민의 모든 노력을 쏟지 않으면 안 됩니다"라며 전국의 악화와 조선인의 생활의 피폐함에도 불구하고 오로지 식민지 조선의 책무로서 전쟁 수행을 위한 군수물자의 증산을 독려했다. 그러나 일본 본토에 대한 미군에 의한 공습이 일상화되는 상황하에서 "적의 공격이 조선을 향해서도 시도될 때가 있을 것을 예상하고 이에 대해 모든 준비를 하는 것이 초미의 급무입니다. 지나사변 이래 우리 조선은 인적·물적·지리적 조건을 들어 비교적 간접 상태로 국가의 전쟁 수단에 기여하는 입장에 있었습니다"라며, 자급자족을 거론하며 전국의 악화를 반영해 조선이 직접적인 적의 공격을 받을 수 있다는 위기의식에 대응하도록 주문했다. 이제 식민지 조선은 기존의 증산, 동원 태세에서 직접적 전투를 상정한 새로운 국면에 돌입하고 있었다.

지금까지 총독(총재)별 국민총력운동의 양상을 살펴봤다. 그럼 이번에는 하부 조직 운용을 통한 국민총력운동의 실태를 살펴보자. 국민총력조선연맹의 하부 조직으로 도연맹, 부군도연맹, 읍면연맹, 정동리부락연맹 등이 있다. 앞서 살펴보았듯이 조선연맹은 중앙조직으로 조선총독부와 표리일체적 관계에 있었다. 이 점은 하부 조직에서도 예외는 아니었다. 특히 부군도연맹, 읍면연맹은 행정기관의 업무를 대행하는 역할을 수행했다.

---

37 『朝鮮總督府官報』, 1945.4.5, 號外.

도, 부군도, 읍면연맹 사무분담 예시[38]

1. 도연맹

회장	지사
이사장	내무부장
총무부장	내무부장
경제부장	산업부장
저축부장	내무부장
보도부장	법원검사정
방위지도부장	경찰부장
훈련부장	내무부장
선전부장	신문사 사장 또는 지국장 혹은 지방 유력자 중 적임자

2. 부군도연맹

이사장	부윤, 군수, 도사
총무부장	내무과장
경제부장	근업과장
방위지도부장	경찰서장
저축부장	내무과장
훈련부장	학교장

3. 읍면연맹

이사장	읍면장

---

38 朝鮮総督府, 1941.3, 앞의 책, 41~42쪽.

총무부장	주재소 수석
저축부장	금융조합 이사
훈련부장	학교장

이러한 지역에서의 하부 조직의 관과의 밀착성은 위에 열거한 자료, 즉 국민총력조선연맹이 제시한 도연맹, 부군도연맹, 읍면연맹의 사무분담 예시에서도 알 수 있다. 각 계통별 연맹에서는 행정장이 연맹 이사장을 역임하고 그 아래 각 부장 또한 행정기관의 담당 관료나 경찰 등을 선임하도록 하여 조직의 행정과 국민총력운동과의 일체성을 도모하고 있다.

국민총력의 조직계통에서 가장 하부에 위치하고 있었던 것이 정연맹과 부락연맹이다. 정연맹[39]은 도시지역에서 부락연맹은 촌락 지역에서 결성되었다. 그리고 부락연맹에게 부여된 역할이 바로 증산활동,[40] 즉 생산력확충 계획의 실행이었다.

---

[39] 도시지역에서 동리의 이름을 사용할 때, 그 연맹의 명칭은 '어디' 동리연맹으로 하지만, 그 조직의 실체는 정연맹에 준하여 조직하도록 했다.

[40] 조선은 1939년 극심한 가뭄을 겪은 이후 1940년대 초반까지 가뭄에 시달렸다. 1940년 조선총독부는 조선증미계획을 수립하여 경종법을 활용하여 미곡증산을 독려했다. 그러나 태평양전쟁의 개전과 더불어 계획을 갱신하여 증산을 도모하나 노동력과 물자의 부족, 이어지는 가뭄에 생산량은 계획에 미치지 못했다. 더구나 조선인의 소비량에 턱없이 부족한 상황임에도 조선총독부는 강제로 미곡을 공출하여 일본으로 반출했다. 그 대신 조선인에게는 미곡 소비 억제를 강요했다(최유리, 1988, 「日帝末期『朝鮮增米計劃』에 對한 硏究」, 『한국사연구』, 61·62).

국민총력 농산촌 생산보국 실천요강[41]

시국의 진전에 따른 대국의 취향은 신도(臣道)실천, 멸사봉공의 이념에 바탕을 두고 더욱 농림생산의 확충에 매진하여 시국하 농산촌에 맡겨진 사명의 완수를 도모할 필요가 있다. 총독부 방침에 따라 다음 요강을 통해 실천 구현을 도모해야 한다.

기(記)

1. 실천요목
국방국가체제 완성을 위한 공익우선, 직역봉공의 정신에 따라 '생산력의 확충'을 도모하고 생산보국을 실천 구현한다. 농산촌 각호의 생활 안정 향상은 이에 귀일 통합한다.

2. 실천방법
  1) 부락생산확충 계획의 수립실행
      농림생산의 확보증산을 완수하기 위해 다음과 같이 부락을 단위로 하는 부락생산확충 계획을 수립하여 그 수행을 도모한다.
      (1) 부, 읍, 면의 부락 개황조사 및 부락 계획의 수립은 부락연맹 간부 및 연맹원이 협력해야 한다.
      (2) 부락 계획의 내용은 부락연맹 상회(월례회)에서의 협의를 통해 개인에게 할당하는 등 구체적으로 실행방법을 정해야 한다. 연맹원은 각자의 실행 목표에 바탕하여 이사장 또는

---

41 朝鮮総督府, 1941.3, 앞의 책, 43~44쪽.

애국반장 등의 지도와 함께 더욱 공려(共勵), 협력하여 이의 수행에 노력해야 한다.

(3) 부락 계획의 완전한 수행은 총력운동 목적완수의 중요한 부문이라는 것을 이해시키고, 정신의 앙양, 생활개선의 시설과 함께 이의 공려 실천에 힘써야 한다.

(4) 1941년 4월 1일 이후 전 조선의 농산촌 각 부락은 일제히 부락 계획 실행 선서식을 거행하여 곧바로 이를 실행으로 옮겨야 한다.

(5) 고리채는 가사비 등의 현금지출을 억제하고 상환하도록 유의해야 한다.

1) 부락생산확충 계획 조성시설의 실행

부락생산확충 계획을 완수하기 위해 (1)지주, 소작인의 협조 협력을 통해 농경지의 적정한 배분 및 소작조건의 개선에 힘쓰고, (2)부락의 각종 공동시설을 확충하여 그 기초를 견고히 함과 동시에 영농의 협동화를 도모하고, (3)부락에서의 노동력을 계획적으로 조정하여 경영소요 노동력을 자급자족하고, (4)기타 생산물의 적확한 집하 및 경영 필수물자의 합리적 배급도 연맹원이 일치 협력하여 원활한 수행을 도모할 수 있도록 유의해야 한다.

일본이 식민지 조선에서 수탈한 주요한 물자 중의 하나가 바로 식량이다. 식량 증산을 독려하기 위해 국민총력조선연맹은 「국민총력 농산촌 생산보국 실천요강」을 결정하여 부락연맹을 통해 이의 실천을 강요했다. 요강에 따르면 각 부락연맹은 먼저 부락의 개황 조사를 거쳐 각 부락별 생산확충 계획을 수립하도록 했다. 그리고 수립된 계획은 부락연맹 상회를 통해 각 개인에게 할당량을 지시하도록 했다. 그리고 이를 위해 1941년 4월 1일 이후 전 조선의 농산촌 각 부락은 부락 계획 실행 선서식을 거행하고 곧바로 실행에 옮기도록 했다. 또한 부락연맹은 증산운동뿐 아니라 식민정책의 말단 행정기구적인 성격을 겸하며 국민총력운동의 추진력으로 활용되었다.[42]

국민총력운동의 실천 조직으로 자리매김된 것이 애국반이다. 애국반은 정연맹 및 부락연맹 아래 국민총력연맹의 기초로서 10호 내외의 호수로 조직했다. 애국반은 초기의 국민총력운동의 취지나 국책을 전파하는 단순한 기능에서 점차 동원과 배급의 중요한 단위가 되었을 뿐만 아니라 전시행정의 가장 기초조직으로의 역할도 수행했다. 즉 저축과 공채의 소화, 배급을 받는 기구도 애국반을 유력한 단위로 삼았으며, 근로 동원 시에도 애국반이 단위가 되었고, 적의 공습에 대비하는 방호방화도 애국반 단위로 설치, 총독부 업무에 필요한 여러 조사에서도 애국반이 최소 단위가 되었다. 조선인의 가정 근저에서 전시동원체제를 지탱하고 있었던 것이 애국반이었다.[43]

42　이러한 부락연맹의 실태에 관해서는 김영희, 2003, 앞의 책, 322~336쪽을 참조하기 바란다.

43　타이완에서는 1940년 11월 현역 해군대장 하세가와 기요시(長谷川清)가 타이완총독으로 임명되었다. 하세가와는 해군의 남진정책을 추진함에 있어 타이완을 군사거점으로 한다는 명분 아래 해군 현역으로 총독에 부임했다. 하세가와총독은 일본의 대정익찬회 결성에 따라 조선의 국민총력조선연맹보다 늦은 1941년 황민봉공회(皇民奉公會)를 결성했다. 타이완의 전 주민을 가입 대상으로 했으며 '台湾一家'를 이념으로 했다. 본부장에는 총무장관이 취임하고, 중앙본부하에 사무국, 운영위원회, 중앙실천협력회의, 지방사무국연락회의를 설치했다. 조직은 일본의 대정익찬회를 모델로, 또한 기존의 보갑제도를 활용했다. 지방 지부와는 별도로 봉공장년단, 타이완

3. 전쟁 말기의 동원

1) 전쟁 말기의 총동원 계획

1942년 하반기 이후 불리하게 전개된 국면으로, 전쟁은 소모전 양상으로 접어들었다. 점령지에서 확보하기로 한 자원은 수송선의 소실로 기대에 부응하지 못했으며 물자동원계획은 수급 상황이 불투명한 상황 속에서 지속적인 수정을 하지 않을 수 없었다. 생산력확충 계획 또한 산업기반의 확대를 도모했지만, 중화학공업이 열악한 일본 경제의 특성상, 군부가 요구하는 군수물자 생산에 대응하기 위해서는 한층 더 강화된 경제의 통제가 필요했다.

도조내각은 1943년 9월 21일 「현 정세하 국정운영 요강」[44]을 각의 결정했다. 이는 악화일로에 있는 전국 상황하에서 일본이 대처해야 할

청소년단, 타이완산업봉공회, 대일본부인회타이완지부를 두었다. 한편 태평양전쟁이 개시되고 타이완에서는 1942년 4월부터 육군특별지원병제도를 시행했다. 1943년 8월부터는 해군특별지원병제도를 실시, 결국 1945년에는 징병제가 타이완에도 시행되었다. 이러한 병력자원뿐 아니라 타이완 총독부는 노무자, 통역원, 선원의 목적으로 타이완인을 동원했으며, 이렇게 동원된 사람은 공식적으로 20만 7,183명, 그중 사망자가 3만 304명에 달했다(손준식, 2002, 「일본의 대만식민지지배 통치정책의 변화를 중심으로」, 『아시아문화』, 18). 전황이 악화되자 1944년 12월 안도 리키치(安藤利吉) 제10방면군사령관이 타이완총독을 겸하게 되었다. 제10방면군은 사이판이 함락되자 연합군의 타이완진공을 저지하기 위해 편성된 부대로, 타이완 방어를 염두에 두고 현역사령관이 타이완총독을 겸하게 된 것이다. 그러나 일본의 예상과 달리 오키나와전투가 일어났을 뿐 타이완에서 연합군과의 교전은 없었다.

44　大久保達正他, 1995, 『昭和社會經濟史料集成21』, 大東文化大學東洋研究所, 189~194쪽.

기본방침을 정한 것이었다. 본 요강에서는 국내 태세의 강화 방책으로 국력을 결집하여 군수생산의 신속한 증강을 도모, 특히 항공전력의 비약적 확충을 꾀하고, 만주와 일본에서 식량의 절대적 자급 태세를 확립할 것, 국내 방위 태세를 철저히 강화할 것을 결정했다. 군수생산에 있어 특히 항공기 생산이 강조되었으며, 이제는 점령지 확대가 아닌 본토 방위를 심각하게 고려하기 시작한 것이 이번 요강의 특징이었다. 이는 이제 전쟁 국면이 공세가 아닌 수세 국면으로 접어들었을 뿐 아니라 본토가 직접 공격받을 수 있을 정도로 상황이 악화되었음을 방증하는 것이다. 또한 국내 태세 강화를 위해 특별하게 취해야 할 방도로 구체적 방책에서는 행정기구를 정리해 철저하게 간소화했으며, 일반징집유예를 정지하고, 여성의 동원을 강화하며, 직장에서 정년제를 폐지하여 고령자를 활용하도록 하는 등 국민동원의 철저 강화를 획책했다.

「현 정세하 국정운영 요강」의 결정에 따라 9월 28일 군수성(軍需省) 설치가 각의 결정되었다.[45] 즉 "「현 정세하 국정운영 요강」에 따라 국력을 결집하여 군수생산의 급속한 증강을 도모하며 특히 항공전력의 비약적 확충을 도모하기 위해 군수생산을 계획적 통일적으로 수행 확보하기 위해 군수성을 설치한다. 이 조치에 따라 기획원 및 상공성은 폐지"하기로 방침을 정했다. 여기서 강조되고 있는 것은 항공기 생산의 문제이다. 당초 육군과 해군이 필요로 하는 군수물자 혹은 무기는, 상호 구분이 가능했다. 그러나 전쟁 말기 국면에 들어서면 항공기가 육해군 공통의 중요한 전력으로, 항공기 전력의 증강은 일본의 결전 태세 대책에서 중요한 과제로 대두된 것이다. 그리고 기획원과 상공성의 폐지로 국가총동원

45　石川準吉, 1975, 『国家総動員史資料編3』, 国家総動員史刊行会, 104~105쪽.

계획과 군수물자 생산은 군수성으로 일원화된 것이다. 이러한 군수성의 설치는 표면적으로는 항공기 생산의 강화를 표방하고 있지만, 계획과 생산의 이원화, 군수와 민수의 분리, 육군과 해군의 갈등, 원자 수급의 한계 등 여러 복합적인 요인들이 작용하면서 군수성 설치에 이른 것으로 보인다. 즉 기존의 계획 생산구조하에서는 군수물자의 수급과 생산, 배급이 신속하게 대응하기 힘들었다는 상황을 배경으로 한다고 볼 수 있다. 일본의 전황이 신속하게 물자를 생산해 바로 배분하지 않으면 안 되는 상황에까지 다다랐다는 것을 의미하며 이는 전쟁 국면이 패배로 치닫고 있음을 암시하는 것이기도 했다.

군수물자의 생산과 동원, 배급을 일원화하고자 설치된 군수성에게 부여된 업무[46]는, 국가총동원의 기본에 관한 사항, 광공업 일반에 관한 사항, 주요 군수품의 원료 및 재료 특정 군수품의 관리, 발주 및 주변에 관한 사항, 광산물 및 공업품(섬유공업품 및 민수품 제외) 및 경화 목재의 생산 배급 및 소비 및 가격에 관한 사항, 민간공장의 이용 및 설비 경영 지도 통제에 관한 사항, 전기 및 발전수력 관한 사항, 알코올 및 석유 전매에 관한 사항 등이 군수성의 업무로 규정되었다. 또한 기존 기획원이 담당하고 있었던 각 행정기관 간의 조정 기능은 내각이 담당하도록 했으며, 육해군성 소관이었던 군수품의 생산관리, 발주 및 조달에 관한 사항, 대장성 소관 업무 중 군수성 소관 기업에 대한 자금조정 및 경리통제에 관한 것은 군수성이 담당하도록 했다. 그리고 외지에서 주요 군수품의 원료 및 재료 특정 군수품의 생산관리 발주 및 조달에 관한 사무 중 특별히 필요하다고 인정되는 것은 군수대신이 방책을 강구하도록 했다.

---

46 石川準吉, 1975, 위의 책, 106~107쪽.

전쟁 국면의 악화와 전시 군수물자의 보급이 절실한 상황에서 일본은 이전과 같이 충분한 준비 시간을 갖고 계획과 생산과 배분을 처리할 수 있는 여유를 상실한 것이고, 이를 극복하고자 결국 계획과 생산 그리고 배분을 일원화하는 방향으로 정책을 결정했고 그것이 바로 군수성이었다. 그리고 군수성의 설치는 역설적으로 일본의 패망이 다가오고 있음을 예고하고 있는 것이기도 했다. 결국 11월 1일 군수성이 설치되고 초대 군수대신에는 도조수상 겸 육상이 겸임하게 되었다. 즉 도조가 수상, 육상, 군수상을 겸임하는 초유의 사태가 발생한 것이다. 이러한 것은 결국 일본의 제국헌법에 규정된 국무와 통수의 분리에 따른 문제에서 기인하는 것으로, 유일한 통수권자인 천황의 체제하에서 좀 더 신속하고 원활하게 전쟁지도를 추진해야 하는 절박한 상황이, 결과적으로 도조가 전쟁 지도와 전쟁 군수물자의 생산 통제를 일괄적으로 장악하는 사태가 빚어진 것이다.

군수성의 설치와 더불어 10월 31일에는 「군수회사법」[47]이 제정 공포되었다. 제국의회 중의원 본회의에서 법안 취지 설명에 나선 도조수상은 「군수회사법」을 통해 "기업의 국가성을 명확히 한다", "생산책임제를 확립한다", "기업에 대한 행정운영의 방법을 쇄신한다"라고 지적하고 있듯이, 「군수회사법」은 군수물자 생산에 대한 국가성을 부여하고, 생산의 책임제를 시행해 국가가 일원적으로 군수생산을 통제 관리하겠다는 것이었다. 「군수회사법」에 따르면 군수회사는 병기, 항공기, 함선 등 중요 군수품 및 기타 군수물자의 생산 가공 및 수리를 하는 회사를 지정하고, 지정된 군수회사는 생산책임자를 선임해 그 생산을 독려하고 책임을 명

47　防衛庁防衛研修所戦史室, 1970, 앞의 책, 664~666쪽.

확히 하도록 했다. 군수회사에 지정된 회사에 대해서는 정부가 그 수주, 발주 시설의 신설 또는 확장, 자금 조정 등에 있어 필요한 조치를 취할 수 있도록 했다. 1944년 1월에는 군수회사 제1차 지정에 따라 미쓰비시중공업, 나카지마비행기회사 등 150사가 지정되었다. 이어서 4월 제2차 지정에서는 아이치화학공업 등 422사가, 12월에는 109사가 군수회사로 지정되었다. 군수성과 「군수회사법」의 제정을 통해 군수물자의 증산에 대한 정책적 재편을 추구했지만 실상 문제는 해외에 의존하고 있는 원료 수급이 원활하지 못했고 이는 결국 항공기 생산의 차질로 이어졌다.[48] 즉 1944년에 들어오면 군수물자의 생산에 필요한 원자재의 부족이 심각해지고 관련 공업의 감산이 진행되기 시작했다.

아래 〈표 4-5〉는 1943년 4분기에서 1945년 1분기까지의 철강생산의 추이를 나타낸 것이다. 철강은 군수생산을 위한 기본재이지만, 1944년 이후 생산이 감소하기 시작해 1945년 단계에 들어서면 최악의 상황에 직면하고 있음을 알 수 있다. 이는 일본의 청강업이 그 원료를 해외에 의존해 온 결과이기도 했다. 해양운송이 곤란하게 되고 거기다 미군에 의한 공습이 격화되면서 실질적으로 양과 질 면에서 제대로 된 철

〈표 4-5〉 철강생산의 추이 (단위: 1,000톤)

	1943 IV	1944 I	1944 II	1944 III	1944 IV	1945 I
보통강	1,073	963	612	612	418	242
보통철	967	864	624	603	471	248
특수강	264	258	246	253	201	144

출처: 歷史學硏究會編, 1973, 『太平洋戰爭史5』, 靑木書店, 85쪽.

---

48 歷史學硏究會編, 1973, 『太平洋戰爭史5』, 靑木書店, 85~88쪽.

〈표 4-6〉 석유 사정의 추이   (단위: 1,000배럴)

연도	수입	생산	합계	재고(원유+정제품)
1940	22,050	2,063	24,113	49,581
1943	9,848	1,814	11,662	25,327
1944	1,641	1,585	3,226	13,816
1945(전반)	0	809	809	4,946

출처: 歷史學研究會編, 1973, 『太平洋戰爭史5』, 靑木書店, 86쪽.

강생산이 불가능하게 되었다.

또한 항공기 생산의 자재인 알루미늄도 원료인 보크사이트를 수입에 의존하고 있었지만, 동남아시아 점령지로부터의 수입이 힘들게 되면서 1944년 3월 1만 5,000톤의 생산량이 1945년 5월에는 그 10분의 1인 500톤에 불과했다.

위의 〈표 4-6〉은 석유 상황의 추이다. 개전 당시에는 2년분 정도의 재고가 있었지만, 동남아시아에서의 원유 획득이 계획대로 되지 못하고 점점 수입량이 극단적으로 감소해 1945년에 와서는 선박을 움직일 기름도 부족하고 항공유 또한 절박한 상황에 직면했다.

항공기 생산은 군수성의 설립 이후 군수물자 중 중점적으로 생산을 도모했지만, 원자재의 부족, 숙련공의 부족, 그리고 미군의 공습으로 품질 저하뿐 아니라 생산량도 감소해 1944년 1월에서 1945년 8월까지 항공 완성기 목표치의 60퍼센트밖에 생산하지 못했다.

기획원의 폐지와 군수성의 신설로 1944년도 국가총동원 계획 책정 또한 용이하지 않았다. 1943년 12월 3일, 대본영정부연락회는 「국가 제동원 계획 책정에 관한 건」[49]을 결정했다. 우선 이번 계획 책정에서 특징

49　防衛庁防衛研修所戦史室, 1970, 앞의 책, 689~690쪽.

적인 것은 군사작전의 전개와 긴밀한 연계성을 갖도록 한 것이다. 즉 "국가 제동원 계획은 작전상의 요구와 국력을 감안해 당면의 전쟁 수행을 유일한 목표로 하여 이를 책정하도록" 함과 동시에 "전세에 대응하여 작전의 탄력성 발휘를 가능하도록" 할 것을 주문하고 있다. 또한 국가 제동원 계획 책정상 기본적인 주요사항은 대본영정부연락회의에서 결정하도록 하고 있다. 육해군이 요구하는 항공기 등의 소요물자는 육해군과 군수성이 협의하에 결정해 군수성에서 일괄적으로 배당하도록 했다. 국가제동원계획은 종래 연간으로 책정했지만, 상황에 맞추어 책정하도록 했다. 즉 이는 연도계획을 책정할 정도의 물자 수급에 대한 요건이 갖추어지지 못한 것을 의미하며, 기획원 폐지에 따른 행정기관 간의 연락 조정을 대본영정부연락회의가 이를 담당한다는 비상시국적인 상황에 직면했음을 의미하는 것이었다.

1944년 3월 25일 대본영정부연락회의는 「1944년도 물동계획 운영에 관한 건」[50]을 결정했다. 이는 군수성의 제의에 의한 것으로 주요 물자의 수급에 대한 전망이 불투명한 상황하에서 연도계획 책정을 포기하고 1/4분기 계획을 책정해 이를 실행하겠다는 것으로, 계획에 있어 중점을 둔 점은 항공기 생산, 해육운송력의 증강 등이었다. 이제 현실적으로 물자동원계획은 계획의 의미를 상실한 것이다. 이후 1944년도 물자동원계획은 각 분기별로 책정되었으나 더 이상 동남아시아에서의 원자료 수급을 기대할 수 없이, 일본과 만주 중국, 조선에 의존할 수밖에 없는 상황에 직면했다.

1945년도 1/4분기 물자동원계획의 상세한 내용과 각의 결정 시기를

---

50 防衛庁防衛研修所戦史室, 1970, 위의 책, 693~694쪽.

알 수 없으나 4월 이전 단계에서 결정된 것으로 추정되며, "교통 통신망의 저하로 현장 파악의 저하와 빈번한 대규모 공습에 따라 지방별 임기응변적 조치의 필요성에서 중앙 계획을 대폭 간소화"할 수밖에 없었다. 1945년 단계에 들어오면 원자재의 수급뿐 아니라, 통신 능력의 저하와 공습의 격화로 계획을 책정할 수 있는 국면이 아니었다.[51] 일본의 패망이 이제 현실로 다가온 것이다.

2) 전쟁 국면의 악화와 조선총독부의 대응

식민지 조선에서는 1943년 11월 30일 대대적인 행정기구 개편을 단행했다. 이번 행정 개편은 위에서 언급한 일본의 국내 태세 강화 방책에 따른 것으로, 군수물자의 증강과 해육운송의 강화를 기도함에 주안점을 두었다. 그 주요 내용[52]은 기존의 총무국, 사정국, 식산국, 농림국, 철도국, 전매국 6국을 폐지했다. 그리고 광공국, 교통국, 농상국을 신설하고 군수물자의 증산을 주안점으로 물자동원계획, 노무, 전력 등을 통합하여 광공국을 신설했다. 육해운송의 일원적 강화를 도모하여 철도와 해운 행정을 통합하여 교통국을 신설했다. 식량증산을 중점으로 국민생활관련 행정을 통합하여 농상국을 신설했다. 인원 감축도 진행하여 총독부의 인원 2,292명을 감원하는 결전행정체제에 돌입했다.[53] 전쟁 국면의 악화 속에서 일본의 증산과 운송력 확보라는 과제에 부응하기 위해 조선총독

51　防衛庁防衛研修所戦史室, 1970, 위의 책, 779쪽.
52　「행정기구개혁요강」, 『매일신보』, 1943.10.20.
53　「결전행정기구확립」, 『매일신보』, 1943.11.28.

부는 이에 행정기구를 일신한 것이다. 초기 신설된 광공국[54]의 사무는 기획과, 광산과, 철강과, 경금속화학과, 연료과, 전기과, 임산과, 토목과, 노무과, 연료선광연구소, 착암공양성소, 임업기술원양성소, 토목시험소로 구성된 방대한 조직이었다. 기획과에서 총동원 계획의 설정 및 수행의 종합, 철강 비철금속 중요기계 시멘트 및 목재의 배급, 기계공업과 기타 중요 공업, 국토계획 자원조사, 타과가 주관하지 않는 사무 등을 담당하여 총동원 계획과 실행의 기본적인 업무를 총괄했다. 또한 군수물자 증산과 관련된 광산, 철강, 경금속화학, 연료, 전기 등 관련 업무를 광공국이 관할하게 되었다. 그리고 노무과를 두어 노무의 수급, 노무관리, 임금 기타 노무 조건, 기술자의 할당, 국민직업 능력의 등록 및 국민징용, 기타 노무에 관한 사항을 담당하도록 조선총독부에 의한 조선인 강제동원업무를 총괄하도록 했다. 노무과는 시국의 요청, 즉 노동력의 동원과 관리가 현안으로 대두되면서 1944년 10월 노무과를 폐지하고 대신 근로지도과, 근로조정과 근로동원과를 설치했다. 근로조정과는 국민동원계획, 기술자동원계획의 책정, 국민 등록 및 기능자 그리고 과학기술자 등록, 근로자의 배치 규칙, 이공계학교 졸업자의 사용 제한, 근로급원의 조사 개척, 근로동원에 관한 조사, 기타 근로동원과 관련 행정업무를 담당했다. 근로동원과는 국민징용, 국민근로협력 및 기타 근로동원 실시, 근로자의 기동 배치 및 배치 전환, 근로자의 조선 외 송출 미 도항 보호, 일용근로자의 통제, 직업 소개, 입영자의 직업 보장, 근로자의 모집 허가, 근로동원예정자의 훈련, 조선근로협회 및 조선송출근로자연성협회의 지도 등을 관장했다. 근로지도과는 근로 관리, 근로자의 표창 및 징

---

54 민족문제연구소, 2017, 앞의 책, 211~215쪽.

계, 근로자의 교양훈련, 기능자 양성, 기능 검사, 근로자의 후생시설 등을 담당했다. 이러한 조직개편은 1944년 이후 노무동원과 증산에 필요한 노동력의 관리에 총독부가 더욱 집중하고 있음을 알게 해준다. 1945년 4월에는 조선총독부의 조직 축소 개편이 실시되고 그 일환으로 광공국도 통폐합이 실시되었다. 그 결과 광공국은 동원과, 생산 제1과, 생산 제2과, 생산 제3과, 연료선광연구소, 임업기술원양성소, 토목시험소, 근로부로 재편되었다. 동원과에서는 국가총동원 계획의 설정 및 수행의 종합, 철강 비철금속 석탄 시멘트 및 목재의 배급, 원료 석유의 전매, 생산 방공, 군수회사법의 시행, 공무관 및 공무관보, 중요 공장 광산에서의 토목 건축 공사의 지도 및 촉진, 토목 자원조사 등에 관한 사항을 관장하게 되었다. 근로부는 근로제1과에서 국민동원계획 및 기술자동원계획의 책정, 근로자의 등록, 기타 근로자의 행정업무 등 기존 근로조정과의 업무를 담당했다. 근로제2과는 근로사상의 보급, 선전, 근로 관리 근로자의 부조 및 원호 등에 관한 업무로 기존의 근로지도과의 업무를 계승했다. 광공국은 총동원의 계획에서 실행, 군수물자의 생산, 그리고 노무동원에 이르기까지 망라한 조직이었다. 전국의 악화 국면에서 계획에서 증산, 동원에 이르는 프로세스를 하나의 조직에 분담하여 동원업무의 효율과 신속성을 담보받고자 한 것으로 볼 수 있다. 이렇게 광공국은 결전행정체제하 일본이 패망하기까지 식민지 조선의 총동원 관련 업무를 총괄한 부서였으며, 이를 통해 조선의 물자 및 인력의 동원이 강제되었다.

한편 전국의 악화로 인한 물자와 노동력의 부족으로 조선에서는 물자동원계획이 파행적으로 운영되었다. 조선총독부가 제84회 제국의회 설명자료로 제출한 보고에 따르면 조선에서는 물동 배당 물자의 입수와 관련하여, 일본 본토와 비교하여 적어도 반년 이상 지연되거나, 배당액의 몇 퍼센트를 사실상 삭감하고 있는 상황에 처해 있었다. 예를 들면 보통강 강재의 경우 1943년도 1/4분기에는 58퍼센트가 2/4분기에는 26퍼센트밖에 입하되지 않았다.[55] 이렇게 물자 확보가 어려워지자, 횡령이나 자재의 도난이 증가하고, 자재를 암거래하는 '브로커'가 기승을 부렸다. 조선총독부에서 물자동원을 담당하는 기획부는 이러한 민원을 해결하기에 급급한 실정이었다.[56]

조선총독부는 전쟁 국면의 악화에 따라, 배급 통제를 강화하고, 기업정비, 군수회사법[57] 생산책임제를 실시하며, 철강, 경금속, 석탄, 항공기, 조선 등 5대 초중점산업을 집중 육성하는 정책을 추진[58]하는 등 군수물자의 증산을 도모했다. 결과적으로 조선에서의 생산력확충 계획의 실적은 1941년도 84퍼센트, 1942년도는 75퍼센트, 1943년도는 90퍼센트, 1944년도 상반기에는 109퍼센트를 달성하는 것으로,[59] 전반적으로 자재와 노동력의 부족으로 식민지 조선 또한 그 한계에 다다르고 있었다.[60]

전황이 악화되면서 일본은 본토결전을 고려한 국민의용대 결성 방침을 결정했다. 이에 식민지 조선도 국민총력조선연맹에서 국민의용대 조

---

55 민족문제연구소편, 2000, 『日帝下 戰時體制期 政策史料叢書19』, 한국학술정보, 406쪽.
56 안자코 유카, 2006, 앞의 글, 216쪽.
57 조선에서 「군수회사법」의 시행은 군수회사의 통괄 범위와 관련하여 조선총독부가 이에 반발하면서 조선에서는 1년여가 지난 1944년 12월이 되어서야 제1차 조선군수회사 56사, 1945년 4월에는 제2차 조선군수회사 55사가 지정되었다(친일반민족행위진상규명위원회편, 2009, 『친일반민족행위진상규명보고서Ⅲ-3』, 39~40쪽).
58 김인호, 2000, 앞의 글, 284쪽.
59 近藤釰一編, 1964, 앞의 책, 5쪽.
60 전시기 일제에 의한 경제 수탈의 실상에 대해서는 박경식, 1986, 『日本帝國主義의 朝鮮 支配』, 청아출판사, 410~477쪽을 참조하기 바란다.

직에 착수했다. 6월 15일 「국민의용대 조직요강」을 공표하고 7월 7일에는 국민의용대 조선사령부가 출범하고 이에 국민총력조선연맹은 7월 10일 해산되었다. 패색이 짙어가는 가운데 국민을 준전투조직으로 재편하며 항전의 결의를 천명한 일제의 방침에 따라, 식민지 조선 또한 결전체제에 편입되어 히로히토의 항복선언까지 희생을 강요당할 수밖에 없었다.

제5장
선전 정책의 강화와 친일 지식인의 전쟁협력

제1장~제4장에서는 총동원 계획과 총동원운동(총력운동)을 중심으로 정책적·제도적 측면의 총동원체제의 구조를 살펴보았다. 그렇다면 이러한 총동원체제가 어떻게 식민지 조선사회를 잠식하며 식민지 대중의 일상까지 파고들 수 있었을까? 억압과 통제만으로 대중을 총동원체제에 끌어들일 수 있었을까? 제5장은 이에 대한 해명으로 또 하나의 강력한 통치수단이었던 선전 정책과 선전전(宣傳戰)의 실상을 살펴보고자 한다.

조선총독부는 중일전쟁 직후 선전전에 돌입하면서 가능한 모든 수단과 방법을 동원해 적극적인 선전 활동을 전개했다. 목적은 조선인의 전쟁협력을 최대한 이끌어내는 것이었고, 명분은 내선일체(內鮮一體)였다. 전쟁의 장기화로 조선인 병력 동원이 불가피해지자, 선전전은 극에 달했다. 선전전은 억압과 통제만으로는 한계가 있는 총동원체제를 유지하는 중요한 통치수단이었다. 여기에 친일 지식인들은 선전전의 전면에서 총동원체제를 강화하고 식민지 대중의 전쟁협력을 이끌어내는 역할을 담당했다.

1. 조선총독부의 선전 정책

1) 선전기구의 확충과 선전 활동의 강화

조선총독부는 중일전쟁 직후부터 사상전(思想戰)·선전전에 돌입하면서 정보와 언론을 철저히 통제하기 시작했다. 그 담당 기구가 1937년

7월 설치된 조선중앙정보위원회였다.¹ 조선중앙정보위원회는 1936년 7월 설치된 일본의 내각정보위원회(이후 내각정보부·내각정보국으로 승격)와 긴밀한 공조체제를 유지하며 식민지 조선의 정보·언론 통제와 선전 활동을 위한 기구였다. 위원장은 정무총감이 맡았으며 그 밑에 위원·간사장·간사·서기 등을 두었다. 출범 당시 위원은 조선총독부 국장을 비롯한 15명, 임시위원은 조선군참모장·진해요항부참모장·조선헌병사령관 등 군부 요인 3명, 간사장 1명, 간사 21명, 서기 4명 등 총 45명이었다. 대부분이 일본인이었고 조선인은 간사에 임명된 학무국 사회교육과장 김대우 1명뿐이었다.²

위원회는 중요사항을 결정할 필요성이 있을 경우에만 비정기적으로 열렸고, 실질적인 활동은 간사회 중심으로 이루어졌다. 간사회는 조선총독부 각 부서 실무책임자인 사무관(과장급) 중심으로 구성되었으며, 매주 월요일과 목요일 주 2회 개최(1939년 7월 이후에는 매주 월요일 1회로 변경)되었다. 간사회에서 결정된 사항은 조선총독부의 주무 부서를 통해 실행에 옮겨졌다.³ 간사장은 당연직으로 총독관방 소속의 문서과장(1941년 이후는 정보과장)이 맡았으며, 위원회의 사무도 총독관방 문서과(정보과)에서 담당했다.⁴

사실상 중일전쟁 이후 조선의 정보·선전 업무를 총괄한 것은 총독관방 문서과였고, 조선중앙정보위원회의 운영도 문서과 소관이었다. 문서

1　「조선중앙정보위원회규정」(訓令 제51호, 1937), 『朝鮮總督府官報』, 1937.7.22.
2　朝鮮總督府, 『朝鮮總督府及所屬官署職員錄』(1937년판).
3　박순애, 2002, 「조선총독부의 정보선전 정책」, 『한중인문학연구』 9, 180쪽.
4　1942년 11월 총독관방 소속 정보과가 총무국으로 이전하면서 위원회의 업무도 총무국이 담당했으나, 1년여 만에 다시 총독관방 소속으로 바뀌었다.

과 안에서도 정보계와 보도계가 핵심적인 역할을 수행했다. 정보계는 정보 및 계발선전(啓發宣傳)·조선중앙정보위원회 실무·내외사정 소개·활동사진 및 영화 등에 관한 사항을, 보도계는 신문·통신·방송의 시정사항(施政事項) 보도와 『조선(朝鮮)』·『통보(通報)』 등의 잡지 편찬·편집 등에 관한 사항을 관장했다.[5]

이후 태평양전쟁 직전인 1941년 11월 정보·선전 업무는 문서과에서 신설된 정보과로 이관되었다. 정보과의 신설은 전쟁의 장기화와 확산으로 사상전·선전전의 중요성이 더욱 커지자, 일본 본국과 보조를 맞추면서 정보·선전 기능을 강화하기 위한 것이었다. 1940년 7월 출범한 제2차 고노에(近衞)내각은 선전기구의 일원화와 지역 간 협력체제를 강화하는 조치로, 1940년 12월 내각정보부를 내각정보국으로 승격했다. 이와 함께 조선총독부의 문서과장이 내각정보관을 겸임하도록 하고 격월로 일본에서 열리는 '정보선전내외지연락간담회'에 출석하도록 했다. 내각정보국과 연락체계가 강화되면서 조선총독부 안에서도 기구 개편의 필요성이 크게 대두되었고, 이때 설치된 기구가 정보과였다. 당시 오노 로쿠이치로(大野綠一郎) 정무총감은 담화를 통해 "(일본)중앙에서 이루어진 내각정보국의 확충에 호응해 총독부에서도 기구 개편 차원에서 정보과를 신설"했다고 밝혔다.[6]

정보과는 정보계·보도계·영화계 등의 부서를 두고, 여론의 지도계발, 정보수집과 보도·선전, 보도·계발선전 기관의 지도, 내외사정의 조

---

5 박순애, 2002, 앞의 글, 182~183쪽.
6 1941.12, 「總督官房に情報課新設」, 『朝鮮』, 58~59쪽; 정근식, 2009, 「일본 식민주의의 정보통제와 시각적 선전」, 『사회와 역사』 82집, 63쪽.

사·소개 등에 관한 사항을 관장했다.[7] 1943년 12월에는 경무국 소관이었던 신문지·잡지 및 출판물·영화·연극·기타 예능의 지도통제에 관한 사항까지 정보과로 이관되었다.[8]

조선총독부는 선전기구 확충과 함께 각종 선전 매체에 대한 통제·관리를 강화해 나갔다. 통제가 가장 심했던 매체는 당연히 신문이었다. 조선총독부는 중일전쟁 직후부터 신문에 대한 보도 통제를 크게 강화했고, 1938년에는 문서과에 보도계를 설치해 신문 보도 내용을 직접 통제하고 관리했다. 이후 문서과장(1941년 11월 이후는 정보과장)이 조선총독부 대변인으로서 조선총독부 기자실에서 신문기자들에게 직접 주요 정보나 정책, 시정방침 등을 발표하고, 이를 신문에 보도케 했다. 이렇게 발표한 건수는 연간 3,000건(1941년 11월 현재)에 달했다.[9] 또한 1940년 8월부터는 조선중앙정보위원회 간사들이 신문사 편집국장들과 매월 2회의 정례 간담회를 열어 여론지도를 했다.[10] 이에 따라 중일전쟁 이후 대부분의 신문은 조선총독부의 선전 도구로 전락했다.

신문 중에서 선도적인 역할을 수행한 선전 매체는 한글신문이자 전국적인 보급망을 갖춘 『매일신보』·『조선일보』·『동아일보』였다. 특히 『매일신보』는 조선총독부 기관지라는 점에서 가장 핵심적인 선전 매체였다. 중일전쟁 이후 선전의 중요성이 더욱 커지면서 판매 부수도 크게 늘어났다. 1935년에 3만 부였던 『매일신보』의 발행 부수는 1937년 중

---

7 「조선총독부사무분장규정(개정)」(訓令 제111호, 1941),『朝鮮總督府官報』, 1941.11.26.
8 「조선총독부사무분장규정(개정)」(訓令 제88호, 1943),『朝鮮總督府官報』, 1943.12.1, 號外.
9 박순애, 2002, 앞의 글, 182쪽.
10 정근식, 2009, 앞의 글, 62쪽.

일전쟁 직후 4만 부로 늘어났고, 1939년에는 10만 부에 육박했다.[11] 여기에 1940년 『조선일보』・『동아일보』 두 신문이 폐간된 이후에는 유일한 한글신문으로서 선전 기능과 역할이 더욱 커졌다.

『조선일보』・『동아일보』도 민간신문으로서는 영향력이나 판매 부수 면에서 쌍벽을 이루는 조선 최대의 신문이라는 점에서, 『매일신보』 못지않게 선전 효과가 큰 매체였다. 두 신문은 중일전쟁 이후 조선총독부의 보도지침을 충실히 따르며, 주요 정책이나 사건이 있을 때마다 대중을 선동하는 기사들로 지면을 채웠다.

예컨대 1938년 4월 지원병제도와 3차 교육령이 시행되자 『조선일보』는 1938년 4월 4일 자 석간 2면 전체를 할애해 「금일 전조선에 횡일(橫溢)한 양대 제도 축하색(祝賀色)」, 「신교육제 송가(頌歌) 맞추어 지원병제 찬하경파(讚賀鯨波: 거대한 축하의 물결), 방방곡곡에 남김없이 버려진 역사적 축하 광경」 등의 제목으로 여론몰이를 했다. 『동아일보』도 같은 날 석간 2면 전체를 「지원병・신교육령 전조선에 경축식전」, 「수천 관민 신궁에 참집(參集), 축하 봉고제 거행」 등의 제목으로 선동적인 기사를 내보냈다. 두 신문은 조선총독부의 물자 절약 방침에 따라 1940년 폐간되기 전까지,[12] 『매일신보』와 함께 조선총독부를 대변하는 핵심적인 언론이었다.

잡지도 주요 선전 매체였다. 중일전쟁 이후 잡지의 수는 통폐합 정책에 따라 이전에 비해 많이 줄어들기는 했지만, 조선총독부의 필요에 따

---

11 정진석, 2005, 『언론조선총독부』, 커뮤니케이션북스, 203쪽.
12 『동아일보』・『조선일보』의 폐간에 대해서는 장신, 2016, 「조선총독부의 언론통제와 동아일보・조선일보 폐간」, 『역사문제연구』 35 참조.

라 여전히 적지 않은 잡지들이 존속했다. 『조광(朝光)』, 『삼천리(三千里)』, 『동양지광(東洋之光)』, 『춘추(春秋)』, 『반도지광(半島之光)』, 『내선일체(內鮮一體)』, 『신시대(新時代)』, 『대동아(大東亞)』, 『총동원(總動員)』, 『녹기(綠旗)』, 『국민문학(國民文學)』 등이다. 전시체제기 잡지들은 철저한 검열과 통제하에 각 잡지의 특성에 맞게 체제 선전과 홍보를 담당했다.

이렇게 신문·잡지는 가장 핵심적인 선전 매체로서 조선총독부의 통제·관리하에 각기 주어진 역할을 충실히 수행했다. 하지만 당시 조선인들의 낮은 경제력과 교육수준 등으로 신문·잡지의 구독률이 높지 않았고, 특히 농어촌 지역의 보급률은 극히 낮았다. 또한 신문·잡지보다 선전 효과가 큰 방송(라디오)의 경우도, 1937년 현재 라디오를 보유한 조선인은 3만 1,916명에 불과했다.[13]

이러한 한계를 보완하기 위해 조선총독부는 정기·비정기 선전용 인쇄물들을[14] 적극적으로 활용했다. 내용은 대부분 신문·잡지 등에 소개된 선전 내용을 정리한 것이다. 대표적인 선전용 인쇄물이 정기간행물 『통보(通報)』였다. 『통보』는 명목상 『조선총독부관보』의 부록임을 표방했지만, 일본의 국책 선전용 책자인 『주보(週報)』를 모방한 조선총독부의 선전용 책자였다. 중일전쟁 직후인 1937년 8월 5일 1호를 시작으로 월 1~3회 발행하다가 1938년부터 월 2회 발행으로 정착되었다.

수록 내용은 중요한 시정사항(施政事項) 해설, 내외정세에 관한 정보,

13　宮田節子, 1985, 『朝鮮民衆と皇民化政策』, 未來社, 13쪽.
14　선전용 인쇄물은 조선사정 소개용, 시국 인식 철저용, 정기간행물 등으로 분류된다. 조선사정 소개용은 1942년 당시 '조선사정'·'전진하는 조선'·'흥아국책과 조선' 등의 팸플릿과 리플릿 등이고, 시국인식 철저용은 관청·학교·단체 등에 배부되는 시국 총서류와 수시로 간행하는 인쇄물이다. 정기간행물은 『통보』, 『사진순보』 등이다. 정근식, 2009, 앞의 글, 65쪽.

총독 및 정무총감 훈시, 각종 산업정책과 법령 등 대부분이 『매일신보』 등 언론에 보도된 내용이었다. 즉 『통보』는 조선총독부가 보도용으로 발표한 내용을 모아 편집한 책자라 할 수 있다. 이에 대해 발행 주체인 문서과장 이사카 케이이치로(井坂圭一良)는 "신문·잡지류가 제대로 보급되지 못한 지방 사람들에게 시국을 알게 하려는 취지로 쓴 책"[15]이라고 밝혔다. 신문·잡지 등의 보급률이 떨어지는 상황에서 그 공백을 메꾸기 위한 선전용 책자임을 알 수 있다.

또한 선전 효과를 극대화하기 위해 신문 기사와 달리 매 호마다 주제를 정해 집중적으로 다루고 있으며, 표지에 그 주제를 붙였다. 제1호는 '북지사변 총후미담(銃後美談)', 제2호 '시국 해설', 제3호는 '관민일치의 총후활동', 제4호 '국가총동원'·'정보선전'·'군기(軍機) 보호와 외첩(外牒) 방지'·'조선북지특별세령(朝鮮北支特別稅令)'·'폭리취체(暴利取締)에 관한 조선총독부령'[16] 등이다. 매호당 적게는 1개, 많게는 5개 주제였다.

그런데 『통보』는 발행 부수가 2만~2만 2,000부 정도로[17] 『매일신보』보다도 적었고, 한글이 아닌 일본어 책자였다. 일반인이 쉽게 접하고 읽을 수 있는 간행물이 아니었다. 1942년 말 현재 일본어 해독이 가능한 조선인은 약 500만 명으로 총인구의 20퍼센트에 불과했고, 더욱이 도시는 40퍼센트인데 반해 농어촌 군(郡) 지역은 17퍼센트에 지나지 않았다.[18] 따라서 『통보』는 대중 보급용이라기보다는 기관·단체 또는 친일 유력자·지식인 등이 대중선전에 필요한 참고자료 또는 교재용으로 제

---

15 井坂圭一良, 1937.8, 「본편 반포에 대하여」, 『通報』 제2호, 1쪽.
16 『通報』 제1호(1937.8.5), 제2호(1937.8.14), 제3호(1937.8.19), 제4호(1937.9.1).
17 박순애, 2002, 앞의 글, 185쪽.
18 宮田節子, 1985, 앞의 책, 114~115쪽.

작된 것이었다. 조선총독부는 전국의 모든 관공서나 관련 기관·단체에 『통보』를 배포하고 이를 활용하도록 했다. 특히 농어촌 지역의 시국좌담회 자료로 가장 많이 활용되었다.

시국좌담회는 매스컴이 미치지 않는 농어촌 지역 주민들을 대상으로 한 관 주도의 모임이었다. 농어촌 지역의 시국좌담회는 중앙의 언론사·잡지사·관변단체 등에서 언론보도용으로 불특정 다수를 대상으로 열리는 시국좌담회와는 성격이 다른, 전국에 배치된 주재소가 주관하는 마을 단위의 소규모 모임이었다. 조선총독부가 시국좌담회를 본격적으로 활용하기 시작한 것은 1937년 9월부터였다. 좌담회 형식은 경찰관의 입회 하에 문답식으로 진행되었지만, 자유롭게 묻고 답하는 방식이 아니라 주최 측에서 의도적으로 질문을 유도하고 권유해 미리 준비한 사항을 선전하는 방식이었다.[19] 내용은 시국과 관련된 전황·국제관계·중국정세·경제 및 식량 문제 등 다양했지만, 가장 많이 다룬 것은 전황에 관한 문제였다.[20]

〈표 5-1〉은 지역별 시국좌담회 개최 현황이다. 1938년 3월 초 현재까지 전국적으로 5만 4,774회가 열렸으며, 참석인원도 연인원이 369만 5,944명에 달했다. 이렇게 시국좌담회가 빈번하게 열린 것은 선전 활동의 일환이었지만, 전쟁 관련 '유언비어'[21]의 방지 대책이라는 측면도 있

---

19 한 예로 1938년 1월 함경남도 신흥군 원평면주재소가 주최한 시국좌담회는 (1)일동 착석, (2)개회, (3)동방요배, (4)황국신민서사 봉송, (5)지도자 강화(講話), (6)질의응답, (7)만세삼창, (8)폐회 순으로 진행되었다. 「시국인식좌담회」, 『매일신보』, 1938.1.21.

20 1938.4, 『通報』 제19호, 3~5쪽.

21 당시 유언비어는 '근거 없이 퍼진 소문'이 아니라 조선 민중들의 일제에 대한 저항의식, 전쟁에 대한 비판의식이 강하게 반영된 것이었다.

<표 5-1> 시국좌담회 개최 상황(1938.3.10 현재)

	개최 횟수	참석인원(명)		개최 횟수	참석인원(명)
경기	5,303	462,224	황해	1,705	148,081
충북	2,215	156,746	평남	1,837	111,372
충남	3,996	235,174	평북	3,593	274,321
전북	6,442	401,162	강원	2,967	121,497
전남	6,842	319,805	함남	3,882	218,837
경북	6,728	506,230	함북	5,264	398,595
경남	3,999	341,992	합계	54,773	3,695,944

출처: 『通報』 제19호(1938.4.15), 6~7쪽.

었다. 중일전쟁 이전부터 퍼지기 시작한 유언비어는 전쟁 직후 급속히 확산되었다. 이에 대해 조선총독부와 일본군은 강력한 대책과 지시 등이 이어졌고, 7월 말에는 총독까지 나서 엄중 단속할 것을 지시했다.[22] 특히 경무국의 보고와 같이 '민도(民度)'가 낮은 산간벽지에서 유언비어가 큰 반항을 불러일으키고 있었고, 정세의 변화에 따라 그 영향은 더 커질 수 있었다.[23] 조선총독부는 '유언비어' 대책으로도 시국좌담회를 적극적으로 활용했다.

또한 대중들에게 쉽게 다가갈 수 있는 선전수단으로서 영화를[24] 적극적으로 활용했다. 선전영화는 1940년 1월 「조선영화령」이 공포된 이후 본격적으로 제작되기 시작했다. 내용은 다른 매체와 크게 다르지 않았지

---

22 박수현, 2004, 「중일전쟁기 '유언비어'와 조선인의 전쟁인식」, 『한국민족운동사연구』 40, 205쪽.
23 警務局保安課, 1937, 『高等外事月報』 1, 13쪽.
24 전시체제기 선전 영화에 대해서는 이준식, 2005, 「문화선전 정책과 전쟁 동원 이데올로기 – 영화 통제체제의 선전 영화를 중심으로」; 방기중 편, 『일제 파시즘지배정책과 민중생활』, 혜안, 참조.

만, 직접 대중들의 감성을 자극한다는 점에서 선전 효과가 컸다. 시각적인 선전 효과를 높이기 위해 그림엽서나 사진 등도 활용했다. 시각적 선전물은 그림연극회·전람회·박람회 등을 통해 대중들에게도 소개되었고, 경찰서나 주재소 등에서 주최하는 각종 좌담회와 강연회에 선전 자료로 활용되었다.

2) 선전·선동 내용과 논리-병역제를 중심으로

중일전쟁 이후 조선총독부는 황민화와 내선일체를 외치며 광적인 선전 활동을 전개했다. 목적은 조선인들의 '시국 인식'을 강화해 '자발적인' 전쟁협력을 최대한 이끌어내는 데 있었다. 조선총독부가 가장 역점을 둔 것은 병력 동원, 즉 병역제와 관련한 선전·선동이었다. 내선일체를 통치의 전면에 내세운 것도 병역제 시행 때문이었다. 조선인 병역문제는 그 성공 여부에 조선총독부와 조선군의 사활이 걸릴 정도로 식민통치상의 중대 사안이었다. 병역제 관련 선전·선동 내용은 다양했지만, 핵심은 크게 두 가지였다. 하나는 병역제 찬양, 또 하나는 병역제 관련 조선사회의 반응 및 동향 미화였다.

조선인 병역제도는 1938년 1월 육군특별지원병제, 1942년 5월 징병제, 1943년 7월 해군특별지원병제, 1943년 10월 학병제 순으로 결정되었다. 시행 시기는 육군특별지원병제가 1938년 4월, 해군특별지원병제 1943년 8월, 학병제 1943년 10월, 징병제 1943년 8월(징병검사는 1944년 4월)이었다.

여기서는 『매일신보』 기사를 통해 병역제 관련 선전 내용과 논리를 살펴보고자 한다. 당시 신문은 일반 대중들이 쉽게 접할 정도로 보급률이 높은 것은 아니었다. 그럼에도 선전·선동과 관련해 『매일신보』를 주목하는 이유는, 조선총독부 기관지로서 중요 정책이 나올 때마다 조선총독부가 의도하는 선전 내용과 논리 등이 집약되어 있기 때문이다. 또한 선전·선동 내용은 대개 먼저 『매일신보』에 기사화되고, 이후 다른 선전매체를 통해 방법과 형태를 달리해 확산되는 양상이었다. 사실상 『매일신보』의 기사는 선전 활동의 기초자료라 할 수 있었다.

특히 『매일신보』에는 조선총독부가 어떠한 내용과 논리로 여론조작, 여론몰이를 했는지 잘 잘 드러나 있다. 대중선전의 두드러진 특징 중의 하나가 일방적인 여론몰이를 통해 다수의 대중을 한 방향으로 휩쓸리게 하는 것이었다. 나치정권에서 선전 정책을 주도한 괴벨스는 신문의 선전 방식을 언급하면서, "글과 그림의 목표는 정보를 제공하는 것이 아니라 박차를 가하고 불을 지르고 몰아가는 것이다. 독자에게 끼치는 영향은 모호하지 않고 오해가 없어야 하며 목표가 뚜렷하고 일관성 있게 이끌어야 한다. 독자의 모든 사고와 정서를 한 방향으로 이끌어야 한다. 독자의 지성보다는 감성에 호소하며 독자를 확신시키기보다는 설득"[25]해야 한다고 주장했다.

(1) 병역제 찬양

조선인 병역제도는 중일전쟁 이후 전황의 변화에 따라 일본 정부·조선총독부·조선군사령부간의 긴밀한 협의를 거쳐 관련 법 제정·개정을 통해 실시되었다. 가장 먼저 도입된 제도는 육군특별지원병제였다. 지원

---

25 랄프 게오르크 로이트(김태희 옮김), 2006, 『괴벨스, 대중 선동의 심리학』, 교양인, 201쪽.

병제는 전쟁의 장기화에 따라 예상되는 부족한 병력을 보충하려는 의도도 있었지만 더 큰 목적은 징병제를 대비하기 위한 황민화의 필요성 때문이었다. 지원병제 도입에 주도적인 역할을 한 조선군은 징병제 실시 시기를 수십 년 후로 예상했으며, 그 과도기적 방법으로 지원병제를 실시하고[26] 이를 통해 황민화를 적극적으로 추진한다는 입장이었다.

즉, 지원병제의 시행은 당장의 병력 보충의 필요성보다는 장차 도래할 징병제를 대비해 황민화의 한 과정으로 추진한 시범적 제도라고 할 수 있었다. 지원병제 도입과 함께 「조선교육령」이 개정된 것도 이 때문이었다. 당시 조선군은 지원병제 추진과 함께 교육제도의 혁신을 강조했는데, 그 주요 내용은 조선인에게 병역의무를 부과하기 위해서는 교육시설의 완비·철저화가 국방상 절대 필요조건이며, 이를 토대로 의무교육을 확대해 일본정신교육, 즉 황민화에 중점을 둬야 한다는 것이었다. 이러한 내용은 개정된 「조선교육령」(제3차 조선교육령)에 그대로 반영되었다.[27]

조선인을 당장 병력으로 활용하는 문제는 당시 고위 당국자들도 큰 우려를 하고 있었다. "조선인을 징병으로 전장(戰場)에 내몰았을 경우 조선인 병대(兵隊)가 무기를 어느 쪽으로 향할"[28]지 모른다고 할 정도였다. 여전히 조선인에 대한 불신이 컸다. 지원병의 자격을 엄격히 제한하고 철저한 검증작업과 선발 과정을 거치도록 한 것도 불신과 우려 때문이

---

26 1937년 11월 조선군참모장이 일본 육군성 차관에게 보낸 문서에는 "병역법의 완전한 실시는 수십 년 뒤로 상정하고 그 과도적 방법으로서 지원병제도를 고려"한 것으로 되어 있다. 1937.11, 「(極秘)志願兵制度ノ朝鮮統治上ニ及ホス具體的效果ノ程度」, 『朝鮮人志願兵問題ニ關スル件』; 宮田節子, 1985, 앞의 책, 52~53쪽에서 재인용.

27 宮田節子, 1985, 위의 책, 83~84쪽.

28 田中武雄, 1960, 「小磯總督時代の槪觀」, 『朝鮮近代史料集成』, 제3호, 242쪽; 최유리, 1997, 『일제말기 식민지 지배정책』, 국학자료원, 179쪽에서 재인용.

었다.²⁹ 더욱이 중일전쟁 이후의 민심은 '유언비어'가 크게 확산될 정도로 악화되어 그 대책 마련에 부심하는 상황이었다. 또 일부 조선인은 지원병제 실시를 정치적으로 활용하려는 움직임도 있었다. 이에 대해 조선군은 지원병제 실시가 조선인들이 참정권 등 정치적 요구로 이어지는 것을 경계하며, 예상과 다른 결과를 초래할 때는 언제든지 포기할 것임을 분명히 했다.³⁰

이렇게 지원병제는 조선인에 대한 불신이 가시지 않은 상태에서 징병제와 일정한 거리를 둔 채³¹ 실시되었다. 시급한 문제는 어떻게 빠른 시일 안에 황민화를 진전시키느냐 하는 것이었다. 그러나 황민화는 강제적으로 이루어지는 것이 아니고, 더욱이 민심도 악화되는 상황이었다. 따라서 집단 감성을 자극하는 일방적인 여론몰이에 집중할 수밖에 없었고, 가장 효과적인 방법이 적극적인 선전을 통해 병역제의 의미를 부각시키는 것이었다. 병역제 찬양은 병역제도가 결정되거나 발표된 시기, 법령 공포(제정·개정) 및 시행 시기에 집중적으로 이루어졌다.

지원병제는 1938년 1월 15일 일본 육군성의 발표로 세상에 알려졌다. 『매일신보』는 발표 다음 날인 1월 16일 자 조간 1면 톱으로 조선지원병제가 조만간 칙령으로 공포된다는 기사를 대서특필하고,³² 이와 함께 육군성 발표 내용을 설명하며 선발된 지원병의 신분 취급과 복역은

---

29 지원병 자격, 검증 및 선발 과정에 대해서는 宮田節子, 1985, 앞의 책, 58~61쪽 참조.
30 최유리, 1997, 앞의 책, 182~183쪽.
31 징병제와 거리를 둔 것은 조선인에 대한 불신뿐만 아니라 단기간 안에는 병력 부족 현상이 심각하지 않을 것이라는 예상도 작용했다. 桶口雄一, 2001, 『戰時下朝鮮の民衆と徵兵』, 総和社, 13쪽.
32 「조선지원병제 近間 칙령 공포」, 『每日申報』, 1938.1.16.

일본인 징모병(徵募兵)과 같다는 점을 부각했다.[33] 이어 석간에는 일본에 체류 중인 미나미총독이 직접 천황에게 만주사변 이후 지금까지 보여준 조선인의 애국심을 강조하고 지원병제도와 학제개혁을 상주했다는 기사 내용을 실었다. 조선인들이 보여준 애국심으로 지원병제도와 학제개혁을 실시하게 되었다는 보도였다.[34] 다음 날인 1월 17일 자에는 사설을 통해 내선일체를 내세우며 지원병제의 취지와 의의를 다루었다. 이어 1월 말까지 지속적으로 조선인 유력자들의 축하 메시지나 담화문을 실었다. 대부분 '축하'와 '감격' 일색의 지원병제를 찬양하는 내용이었다.[35]

이어 1938년 2월 22일 「육군특별지원병령」(칙령 제95호)이 공포되고[36] 시행일이 같은 해 4월 3일로 결정되자, 『매일신보』는 공포일 다음 날인 2월 23일 자 1면 전체를 「반도통치사상 금자탑, 지원병제 실시」라는 제목하에 사설과[37] 경과,[38] 각계 인사의 축하 메시지로[39] 채웠다. 2면에도

---

33 「채용후 신분 취급, 복역 내지인 징모병과 同樣」, 『每日申報』, 1938.1.16.

34 「조선인 학제개혁과 지원병제도 문제, 闕下에 委曲 상주」, 『每日申報』, 1938.1.16(석).

35 박영철, 「내선차별의 철폐, 조선인으로 감격」, 『每日申報』, 1938.1.16; 한상룡, 「조선인의 진로에 광명인줄 안다, 南총독의 노력에 감사할 뿐」, 『每日申報』, 1938.1.17; 최린, 「內鮮一家 결성에 최후 단결로, 병역과 교육상 무차별 실현」, 『每日申報』, 1938.1.17; 조성근, 「의무병역 실시의 주초(柱礎)가 될 사실, 완전한 국민으로서의 矜誇」, 『每日申報』, 1938.1.17; 민영은, 「皇恩鴻大에 감격」, 채용묵, 「南총독의 영단, 조선인으로서 오직 감격할 뿐」, 『每日申報』, 1938.1.18; 박춘금, 「다년의 주장을 달성한 환희, 다음엔 참정권 획득에 매진」, 『每日申報』, 1938.1.18; 이원보, 「제1회의 지원병 우수하여야 할 것」, 『每日申報』, 1938.1.18; 탁창하, 「민중의 1인으로 혁신 처사에 감사」, 『每日申報』, 1938.1.19; 김시권, 「중대현안 실현되어 환희와 감격 難禁」, 『每日申報』, 1938.1.23.

36 『朝鮮總督府官報』, 1938.2.26.

37 사설 「특별지원병령 금일로 공포」, 『매일신보』, 1938.2.23.

38 「愛國赤誠의 결실이요 내선일체의 구현, 실시되기까지의 경과」, 『매일신보』, 1938.2.23.

대부분의 지면을 할애해 지원병령 전문 소개와 함께 미나미총독, 고이소(小磯)조선군사령관의 담화를 실었다. 이어 시행일인 4월 3일 자에는 「지원병제 금일 실시, 국방 제1선에의 광영」, 「내선일체의 문화건설에 굳세게 디딘 제1보, 28년 치적의 결정(結晶)」 등의 제목으로 지원병제도의 의의와 수속절차에 대한 내용을 상세히 소개하며 지원병제를 미화했다. 다음 날인 4월 4일 자에도 전국 각지의 축하 분위기, 각계 인사의 감격적인 메시지로 여론몰이를 했다.

지원병제 선전의 광풍이 계속되는 가운데 1942년 5월 8일 일본 내각회의에서 징병제 실시가 결정되었다. 위에서도 언급했듯이 식민지 당국자들이 예상한 징병제 시기는 수십 년 뒤였고, 일본 정부 또한 마찬가지였다. 그렇다고 징병제를 단행할 정도로 조선사회의 황민화가 진전된 것도 아니었다. 급박한 전황에 따른 갑작스러운 결정이었다. 예상을 크게 벗어난 갑작스러운 징병제 결정은 조선사회는 물론이고 일본사회조차 충격적인 소식으로 받아들였다.

징병제 소식이 조선에 알려진 것은 내각회의의 결정 이틀 뒤인 5월 10일이었다. 대형 뉴스임에도 다음 날 바로 언론에 보도되지 않은 것은 조선에 엄청난 파장을 몰고 올 충격적인 소식으로서, 보도 내용에 대한 준비가 필요했기 때문으로 판단된다.

『매일신보』는 5월 10일 자에 「조선에 징병제도 실시」라는 제목하에 1면 전체를 징병제의 의의와 취지, 총독을 비롯한 각계각층의 담화와 축

---

39   어담, 「남총독 대영단」; 윤덕영, 「국민된 책임의 중대함을 통감」; 정훈, 「경축에 不堪」; 조성근, 「중책을 如何히 하여 聖勅에 奉福할가?」; 한상룡, 「제국신민된 긍지 深厚히 느낀다」; 최린, 「시련적 初施設이니 撰質에 치중할 일」; 林繁藏, 「징병제 실시 전제, 民度의 향상에」; 박승직, 「쌍수 들어 축하」, 『매일신보』, 1938.2.23.

하 메시지를 실었다. 징병제 도입이라는 충격적인 사건을 어떤 내용으로 선전하고 여론몰이를 했는지는 5월 10일 자 사설에 잘 나타나 있다.

> 대망의 날은 왔다. 순국(殉國)의 지성(至誠)에 불타는 2,400만 민중이 오랫동안 열망하던 징병제도가 드디어 시행되게 되었다. 이리하여 반도 민중은 진정한 황국신민으로서 국방의 의무를 걸머지게 되었으니 성대(聖代)의 신민으로서 이보다 더 큰 영광이 또 어디 있으랴. 반도의 청년남아는 국가의 간성(干城)으로 제1선에 용약(勇躍) 출동하여 진충봉공(盡忠奉公)의 정성을 다하게 되었으니 황국에 생을 바친 자로서 이보다 더 큰 환희가 또 어디 있으랴. 이제 반도 민중은 이 영광과 이 환희를 갖게 되었다. 이 광영과 홍은(鴻恩)에 보답하고 이 환희와 감격을 보람 있게 하는 길은 오직 하나뿐이니 2,400만 민중은 오늘 이 자리에서 정신을 가다듬어 일사보국(一死報國)의 대결의와 대각오를 새롭게 하지 않으면 안 된다. (중략)
> 반도는 총독의 시정 이래 30여 년 역대 위정자는 일시동인(一視同仁)의 성지(聖旨)를 봉대(奉戴)하여 선정을 베풀어 왔고 반도의 민중들 또한 황국신민으로서의 깊은 자각을 가져왔다. 만주사변 이래 반도 민중의 황국신민으로서의 자각은 한층 앙양(昂揚)되어 지나사변, 대동아전쟁에 들어 드디어 최고조에 달하게 되었다. 이리하여 반도 민중의 애국지정(愛國至情)이 열렬히 병역제도의 실시를 요망하게 됨에 이르러 당국(當局)에서는 이 요망에 부응하기 위하여 징병제 실시의 전제로 1938년에 지원병제도를 실시하여 금일에 이르기까지 좋은 성적을 거두어 왔다. 이번의 징병제 실시의 결정은 반도 민중에게 그 숙년(宿年)의 염원이던 숭고한 황국신민의 의무를 부여한 것이니 바

로 획기적인 희보(喜報)다. 반도 민중은 이 광영 있는 제도실시의 정신을 체득하여 내선일체의 진의(眞義)에 투철함과 동시에 더욱 국민적 자질의 연성(鍊成) 향상에 노력하지 않으면 안 된다. 어칙유(御勅諭)로 하사하옵신 군인정신, 특히 충절의 정신의 함양에 대해 부단(不斷)한 수련을 쌓아 진정한 황국신민으로서 국방의 대임(大任)을 완수하기를 기하여야 할 것이다.[40]

이어 조선의 징병제를 규정한 「병역법개정법률안」이 발효되는 1943년 8월 1일에는 조간·석간 거의 전 지면이 징병제 관련 기사였고, 각 면마다 징병제를 찬양하는 큰 제목의 기사를 붙였다. 조간 1면은 「금일, 감격의 징병제 실시」, 2면은 「징병제와 내외지의 시책」, 3면은 「징병, 징병으로! 동아건설의 황군으로」, 4면은 「반도에 충만한 세기의 환희」, 석간 1면은 「광영의 징병제 명일 실시」, 2면은 「징병에 빛나는 2,500만!, 진충보국의 결전장으로!」라는 제목이었다. 그리고 천황의 조서, 징병제 설명, 조선총독을 비롯한 고위층의 담화, 각계의 메시지, 각지의 축하 분위기 등에 관한 기사로 전 지면을 채웠다. 대부분이 징병제를 찬양하고 미화하거나 징병제 실시가 조선인의 축복이자 영예임을 강조하는 내용이었다.[41]

이후 여론몰이를 위한 『매일신보』의 징병제 선전은 연일 계속되었고, 특히 1943년 8월 한 달 동안은 거의 매일 징병제 관련 내용을 주요 기사로 내보냈다.[42] 그리고 입영이 시작되는 1944년 9월 1일 『매일신

40　사설 「징병제시행결정」, 『每日新報』, 1942.5.10.
41　『每日新報』1943.8.1 조간 1~4면, 석간 1~2면 참조.

보』는 「신일본청년의 실력 발휘하라」, 「거룩한 아침은 밝았다, 환호와 감격이 충천한 반도산하」 등의 제목으로 조선청년의 입영을 찬양하고, 각계의 '기뻐'하고 '감격'해하는 기사를 실었다.

한편 1943년 7월 27일에는 「해군특별지원병령」(칙령 제608호)이, 그해 10월 20일에는 「육군특별지원병임시채용규칙」(육군성령 제48호)이 공포되었다. 특히 「육군특별지원병임시채용규칙」은 1944년 징병제의 전면 시행을 앞두고 조선인과 타이완인 문과계통의 전문학생·대학생을 군인으로 동원하기 위한 조치였다. 이른바 학도지원병제로서 현재 징병 연령이 지난 학생이나 징병 적령자로서 재학생 징집 연기를 한 학생을 훈련소 과정을 거치지 않고 바로 현역으로 편입시킨다는 내용이었다. 약 5,000명으로 추정되는 조선인 대상자들에게는 10월 25일부터 한 달 이내에 지원서를 접수하고 적성검사를 거쳐 1944년 1월 20일에 입대하는 촉박한 일정이었다.[43]

무리한 일정과 강제 집집으로 학생·학부모의 충격이 컸고 반발도 예상되는 상황이었다. 『매일신보』는 학도지원병제가 공포되자마자 1943년 10월 20일 자 1면에서 조선인 학생들에게는 커다란 혜택이자 의무라고 대서특필하고,[44] 「새로 열린 진충(盡忠)의 대도(大道)로, 반도 학도는 총진군」이라는 제목하에 각 학교에서도 크게 환영하고 있다고

---

42 「1억 결전에 참가하라」, 『每日新報』, 1943.8.2; 사설 「영예에 따르는 책임」, 『每日新報』, 1943.8.3; 「마음의 준비 가지라」, 『每日新報』, 1943.8.4; 「지상의 광영에 만민 환호 충천」, 「장(壯)! 지축을 흔드는 반도청년의 대진군」

43 이상의, 2017, 「태평양전쟁기 조선인 전문학생·대학생의 학도지원병 동원 거부와 '학도징용'」, 『역사교육』 141, 121~122쪽.

44 「반도 학도에 특별지원병제, 適齡 경과자에 은전」, 『每日新報』, 1943.10.21.

선전했다.[45] 이후 1개월여의 지원서 접수 기간 동안 연일 학도지원병제를 미화하고 지원을 독려하는 선전 기사를 실었다.[46] 10월 20일 학도지원병제 결정 발표 기사를 시작으로 11월 20일 지원 마감일까지 사설을 포함해 총 323개의 기사가 실렸다. 하루 약 10개씩의 기사가 실린 셈이었다.[47]

특히 지원율이 예상외로 저조하자 11월 12일부터는 1면의 대부분을 학도지원병 기사로 채웠다. 지원의 필요성을 강조하는 한편, 지원자의 이름·나이·학교·출신 등을 거명하며 공명심을 부추겼다. 또한 지역별·학교별로 경쟁을 하도록 유도하고 '미담' 사례를 소개하며 연일 지원을 선동했다.[48] 신청 기간 마지막 날까지도 사설을[49] 통해 지원을 독려하고, 또한 지원하지 않는 자를 비국민(非國民), 배신자로 몰아갔다.[50]

---

45 「새로 열린 盡忠의 大道로, 반도 학도는 총진군」, 『每日新報』, 1943.10.21.

46 『每日新報』의 학도지원병제 선전에는 교육계 지도층이 대거 참여했으며, 특히 이들의 선전은 11월에 집중되었다. 예상외로 지원율이 저조하자 교육계 친일인사들이 발 벗고 나선 것이다. 최남선, 「보람있게 죽자, 임전무퇴 空論無用」, 『每日新報』, 1943.11.5; 김성수, 「대의에 죽을 때, 황민됨의 책무는 크다」, 『每日新報』, 1943.11.7; 현상윤, 「士는 國之元氣. 滅私, 구원의 생을 찾자」, 『每日新報』, 1943.11.11; 장덕수, 「대용단 내라」, 『每日新報』, 1943.11.18; 유진오, 「병역은 곧 힘이다」, 『每日新報』, 1943.11.19 등이다.

47 윤효정, 2020, 「일제말 '매일신보'의 조선인 학병 동원 담론의 양상과 특징」, 『동북아논총』 67, 246쪽.

48 이상의, 2017, 앞의 글, 125쪽.

49 사설 「오늘을 놓치지 말자」, 『每日新報』, 1943.11.20.

50 「나가자 용감하게 滅敵의 결전장으로, 지원 안 하면 非國民, 荊路 박차고 公道 걷자」, 『每日新報』, 1943.11.20.

(2) 조선인 반응과 동향 미화

병역제와 관련해『매일신보』의 가장 많은 지면을 차지한 것은 조선인들의 반응과 동향을 과장하고 미화하는 기사였다. 보도 내용은 전국 각지의 기념 축하회나 감사 결의대회 소식, 지원병 신청 열기 및 지원병들의 '애국적' 활동, 개인 또는 단체의 국방헌금 납부 현황, 병역 관련 '미담' 사례, 강연회·좌담회 소식 등이다. 이를 통해 조선사회 전체가 '애국심'으로 충만한 것처럼 여론몰이를 했다.

병역제 중에서도 육군특별지원병제 관련 기사가 많았다. 모집 기간도 길었고 처음 실시되는 병역제도라는 점에서 여론몰이, 여론조작이 중요했기 때문이었다.『매일신보』는 1938년 초 지원병제 발표 직후부터 지속적으로 조선인들이 적극 호응하고 있다는 기사들로 지면을 채웠다. 가장 빈번하게 등장하는 기사는 지원 신청 관련 내용이었다. 신청 현황과 관련해서는 「지원병 신청 쇄도」, 「지원병 지원자 속출」, 「지원 열기 고조」, 「지원 탄원」, 「애국열의 대선풍(大旋風)」, 「산간암하(山間岩下)에도 애국거조(愛國巨潮)」 등의 기사 제목과 같이 조선청년들의 지원 '열기'가 뜨겁다는 점을 부각시키는 데 중점을 두었다.[51]

특별한 지원자의 경우는 이를 크게 기사화해 선전용으로 적극 활용했다. 예컨대 1938년 2월 4일 자에는 임시정부 의열단으로 활동하다 체포되어 3년형을 선고받고 해주형무소에 복역 중인 사상범 김승은(金勝恩)이란 인물이 감옥에서도 뜻을 굽히지 않다가 지원병제 소식과 열광적 애국선풍에 감격의 눈물을 흘리며 참회했다는 내용을 기사화했다.[52]

51　박수현, 2011, 「일제말 파시즘기(1937~1945) '매일신보'의 대중선동 양상과 논리」, 『한국민족운동사연구』, 69, 254쪽.

1938년 11월 19일 자에는 지원병 심사에 높은 점수를 받기 위해 일본인 양자로 들어갔다는 경상남도 영일군의 오인상(吳寅象)의 사례를 소개했다. 자동차 운전수인 오인상이 몇 년 전부터 일본군이 되고자 수단과 방법을 강구하던 끝에 일본인의 양자로 들어가 드디어 징병검사에 합격했다는 내용이었다.[53]

지원 열기가 재일조선인사회로까지 확산되었다는 기사도 종종 실렸으며, 특수한 경우는 지면을 할애해 상세하게 소개했다. 한 예로 1938년 1월 20일 자에는 후쿠오카(福岡)에서 고물상을 하는 재일조선인 김노경(金魯經)이 지원병제 소식을 듣고, 제일 먼저 제국군인이 되기 위해 폐업 신고를 하고 현지 경찰서에 신청을 했다는 내용을 기사화했다.[54] 또 가족들이 함께 지원병 신청에 적극 동참했다는 내용도 '애국심'을 고취하는 특수 사례로 자주 소개했다. 형제가 동시에 지원했다는 내용,[55] 남편의 유지를 받들어서 부인은 국방헌금을 내고 아들은 지원했다는 내용[56] 등이다.

혈서 지원자의 경우도 매번 '애국적'인 행동 사례로 소개하며 선전용으로 적극적으로 활용했다. 이와 함께 혈서지원을 자중하라는 기사도 종종 등장했는데, 이 또한 너무 과해서는 안 된다는 점을 강조하면서 '애국

---

52 「지원병제 소식 듣고 翻然悔悟한 사상범」, 『每日申報』, 1938.2.4.
53 「명예의 兵籍을 동경, 내지인에게 양자 간 반도청년」, 『每日新報』, 1938.11.19.
54 「배수진 치고 지원병 신청, 하던 장사도 다 그만 던지고, 내지인 在住 조선인 熱」, 『每日申報』, 1938.1.20.
55 「두 몸 받으소서, 형제가 짝지어 지원병 열망」, 『每日新報』, 1942.10.22.
56 「아들은 지원병으로 어머니는 헌금, 죽은 남편의 유지에 좇아서, 가상한 이순옥여사」, 『每日申報』, 1938.1.20.

심'과 지원 '열기'를 부각시키려는 의도였다. 1938년 1월 21일 자에는 이 두 내용의 기사를 조·석간으로 지면을 달리해 동시에 소개했다. 조간 기사는 경성에 사는 윤시숙과 김근창이 황국을 위해 활약하겠다며 혈서를 헌병분대에 제출해 군 당국을 감격하게 했지만, 신체를 훼손하는 것은 무의미하다며 자중을 요망한다는 내용이었다. 석간에서는 경성에 사는 윤철모라는 인물의 '애국적'인 혈서 지원 소식을 기사화했다. "나는 조선에서 난 한 일본인으로서 애국심은 누구에게나 지지 않을 것을 확신하니 금번 지원병으로 써주기를 충심으로 바란다"는 혈서를 미나미총독에게 보냈다는 내용이었다.[57]

지원병들의 동향에 대해서는 훈련소 생활부터 참전에 이르기까지 항상 주요 기사로 다루었으며, 대부분 '애국심'으로 충만해 있는 조선청년들의 영웅적인 모습을 부각시키는 데 중점을 두었다. 그중에서도 참전했다가 전사한 조선인을 '전쟁영웅화'하는 데 많은 지면을 할애하고, 선전 도구로 적극적으로 활용했다.

대표적 인물이 육군특별지원병 1기생인 이인석(李仁錫)이었다.[58] 이인석은 충북 옥천 출신으로(1915년생) 옥천공립농업실수학교를 졸업하고 1938년 6월 입소한 육군특별지원병훈련소 제1기생이다. 그해 12월 용산의 야마다(山田) 부대에 배속되어 1939년 5월 중국 전선에 출정했다가 6월 21일 산시성(山西省)에서 전사했다.[59] 조선인 지원병 최초의

---

57 「南총독에게 혈서, 애국심은 누구보다도 굳세다고, 지원병 되기를 탄원」·「신체 훼손은 무의미, 혈서 유행을 경계」, 『每日申報』, 1938.1.21.

58 일제는 이인석 외에도 여러 명의 조선인 지원병·장교 전사자들을 선전용으로 활용했는데, 이에 대해서는 박민선, 2019, 「전시체제기 일제의 육군특별지원병제도 선전과 전쟁영웅화 작업」, 『숭실사학』 42집, 참조.

전사자로서, 선전용으로 활용하는 데 가장 적합한 대상이었다. '이인석 전쟁영웅화' 작업은 수년간에 걸쳐 진행되었다. 『매일신보』의 이인석 관련 기사는 1939년 7월부터 1944년 4월까지 5년여 동안 총 120여 건에[60] 달했다.

최초의 기사는 1939년 7월 8일 자 시오바라(鹽原) 지원병훈련소장의 담화였다. 훈련소 시절부터 모범적이고 '애국심'이 강했던 충북 옥천 출신의 이인석이 조선인 최초로 장렬하게 전사했다는 내용이었다.[61] 다음 날인 7월 9일 자에는 전 조선인이 '진중(陣中)의 꽃'인 이인석의 충성심에 뒤지지 않게 한층 더 분투하기 바란다는 육군대신 이타가키(板垣)의 인터뷰 내용을 크게 기사화했다.[62] 또 아들의 사망에 대해 "처음부터 생각했다며 이 이상 영광이 없다"는 이인석 부친의 '의연한' 인터뷰 기사,[63] 그리고 이인석의 은사라는 옥천농업실수학교장의 인터뷰 기사와 이인석이 사망 직전에 보냈다는 편지 내용을 소개했다. 은사에게 보냈다는 편지는 "특별지원병으로 제1선에 나와 흥아(興亞) 건설에 뜻 있는 제국 군인의 한 사람으로서 응전하고 있음을 감사하며, 있는 데까지 성의와 노력을 다하여 천황폐하의 은덕에 보답하려 한다"는 내용이었다.[64] 이어 같은 날 석간에는 전날 이인석의 사망 소식을 전한 시오바라 훈련소장

---

59 「燦! 金鵄勳章 故 이인석 상등병에게, 광영의 極破格의 은전, 千秋에 빛나는 殊勳乙」, 『每日新報』, 1940.2.10.

60 박민선, 2019, 앞의 글, 288쪽.

61 「반도인의 영예, 지원병 최초의 전사, 충북 옥천출신의 이인석군」, 『每日新報』, 1939.7.8.

62 「陣中의 꽃, 이군 본받아서 반도동포 분기를 懇望」, 『每日新報』, 1939.7.9.

63 「이 이상 영광없다」, 『每日新報』, 1939.7.9.

64 「충성에 타는 편지, 은사의 감격 고조」, 『每日新報』, 1939.7.9.

의 인터뷰 내용을 추가로 보도했다. "'잘 싸워주었다, 고맙다'라는 감격에 넘치는 말 한마디로 더 무어라 말할 줄을 몰랐다. 지원병도 드디어 피로써 국가에 봉답한다는 모범을 보여준 동시에 내선일체를 무엇보다도 사실로 나타내 존귀한 전사를 했다"는 내용이었다.[65] 7월 13일 자 사설에서는 이인석의 장렬한 전사는 '성은'에 보답한 희생으로서 일본제국 군인의 영원히 귀감이자 조선인의 광영이며, 또한 죽음까지 불사한 애국심으로 내선일체의 고귀한 영예를 갖게 되었다고 주장했다.[66]

이렇게 『매일신보』는 이인석을 사망 소식이 알려진 뒤 불과 며칠 만에 조선의 전쟁영웅으로 둔갑시켰다. '이인석 전쟁영웅화' 작업은 『매일신보』뿐만이 아니라 매스컴이 총동원되었다.[67] 조선인 지원병 최초의 전사자라는 상징성이 어느 소재보다도 선전 효과가 컸기 때문이었다. 이후에도 '전쟁영웅' 이인석을 활용한 선전은 계속되었고, 선전 효과를 좀 더 극대화하기 위해 새로운 내용이 추가되었다.

『매일신보』 1939년 7월 16일 자에는 이인석의 6촌형 이을봉(李乙奉)이 "동생의 원수를 갚기 위해 옥천경찰서를 방문해 종군을 허락해 달라고

---

65 「피로 국가에 奉答 내선일체를 구현」, 『每日新報』, 1939.7.9.
66 "… 반도 출신의 군인으로서 … 장렬한 전사를 하게 된 것이니 … 위로는 성은에 奉答한 바로서 제국의 군인으로서 영원히 귀감이 될 바이며 … 반도인의 광영이라고 하지 않을 수 없다. (중략) 반도는 아직 징병제도에까지는 이르지 못하고 다만 총후의 열성으로 황군을 환송하며 또 기타 총후임무를 다하여 오던바 … 南총독의 英斷으로 지원병제를 실시하게 되었는데 … 제2회에는 1만 수천 명의 지원자를 보게 된 것으로 보아 반도의 청년들이 얼마나 국가에 충성을 다할 만한 熱愛를 가졌는가를 증명하는 바이다. 이렇게 훈련된 지원병으로서 최초의 전사자를 내이고 … 血로써 애국에 盡力하고 또한 이로 인하여 내선일체로 황국에 봉사하는 고귀한 영예를 가지게 된 것이다.(중략)" 사설 「반도인 군인의 전사」, 『每日新報』, 1939.7.13.
67 주요 언론의 이인석 관련 보도는 박민선, 2019, 앞의 글, 294쪽 참조.

애원했다"는 기사가 실렸고,[68] 9월 6일 자에서는 전우들의 얘기를 통해 이인석의 사망 당시의 전투상황과 마지막 모습을 상세히 소개했다. 이인석의 마지막 모습 기사는 "'천황폐하 만세'를 세 번 부르고, 전우들이 유언이 없냐고 묻자, 아무 할 말도 없고, 다만 황군제군, 지나병(支那兵)에게 지지 마시오, 이 성전(聖戰)에 따라 장래 훌륭한 일지제휴(日支提携)를 얻게 될 것이오. 싸움 도중에 죽는 것은 유감이나 국가에 봉공이 된 것이므로 여한이 없소"라며 사망했다는 내용이었다.[69]

이어 1940년 2월 10일 자에는 기원절을 맞이해 이인석에게 조선인 최초로 금치훈장(金鵄勳章)을 수여하기로 결정했다는 내용을 이인석의 사진과 함께 크게 기사화했고,[70] 7월 26일 자에는 미나미총독이 조선총독부 청사에서 직접 이인석 가족들에게 금치훈장을 전달하는 내용을 사진과 함께 크게 보도했다.[71] 전달식에 참석한 부친 이천전(李千典)의 '감격스러운' 인터뷰 내용도 함께 소개했다.

무엇이라고 황송하온 말씀을 드려야 할지 모르겠습니다. 자식 놈은 제 할 일을 했고 나라를 위해 그 본분을 다했을 뿐인데 이처럼 과분의 은덕을 베풀어주셔서 어찌 천은(天恩)에 보답해야 할지 모르겠습니다. 이 어린 것이 만일에 사내놈이었다면 다시 그 아비의 길을 이

---

68 「아우 원수 갚고자 형이 종군 애원」, 『每日新報』, 1939.7.16.
69 「勇躍 적진에 돌입, 수류탄에 장렬 전사」, 『每日新報』, 1939.9.6.
70 「燦! 금치훈장, 故 이인석상등병에게 광영의 極破格의 은전, 천추에 빛나는 殊勳乙」, 『每日新報』, 1940.2.10.
71 「不朽의 무훈 더욱 찬란, 광영의 금치훈장 전달, 南총독 임석 하에 故 이인석 상등병 가족에게」, 『每日新報』, 1940.7.26.

을 것을 계집애가 되어, 나라도 대신해서 다시 황국을 위해 목숨을 바치도록 총후봉공에 더욱 노력하겠습니다. 그리고 이 영광의 금치 훈장은 우리 집안의 영광보다 우리 고을의 자랑으로 알고 널리 이 지원병제도의 취지를 보급시키기에 늙은 몸을 이바지하렵니다.[72]

'이인석 전쟁영웅화' 작업의 정점은 1941년 9월 20일 자의 야스쿠니신사 합사 소식 기사였다. 『매일신보』는 여러 전사자들의 야스쿠니신사 합사 내용을 사진과 함께 대서특필하고 그중에서도 이인석을 부각시켰다. 또한 이인석의 미망인 유서분이 '황은(皇恩)'에 감읍했다는 내용의 소감을 크게 기사화했다.[73] 이 밖에도 『매일신보』는 조문 및 조의금 소식, 영화·출판물·그림·강연 등 이인석과 관련한 모든 활동을 소개하며 선전에 활용했다. 이러한 '이인석 전쟁영웅화'는 참전한 조선청년의 죽음을 미화해 조선인들의 전쟁협력을 유도하고 '애국심'을 고취하는 데 목적이 있었다.

(3) 내선일체 강조와 이데올로기 조작

『매일신보』의 병역제 관련 기사는 이론적이거나 이성적인 것보다는 대중들이 감정적·감상적으로 생각하고 여론에 휩쓸릴 수 있게 하는 내용이었다.[74] 그 목적은 대중들에게 병역제의 의의를 반복적으로 전달하

---

72 「恐懼感激할 뿐, 고 이상등병 嚴父 이천전씨 談」, 『每日新報』, 1940.7.26.
73 「반도 관계 영령 96주 靖國의 신으로 합사, 이인석 상등병 이하 8명의 통역관도」· 「天恩에 공구감읍 고 이인석 상등병 미망인 談」, 『每日新報』, 1941.9.20.
74 히틀러는 대중선전에 대해 다음과 같이 주장했다. "선전은 모두 대중적이어야 하며, 그 지적 수준은 선전이 목표로 하는 대상 중 최하 부류까지도 알 수 있을 만큼 조정

고, 일방적인 여론몰이를 통해 '애국심'을 불러일으켜 자발적인 전쟁협력을 이끌어내는 것이었다.

조선인들을 전쟁으로 끌어들이기 위해 내세운 선전의 명분은 분명했다. 조선인도 일본인과 같은 황국신민으로서 전쟁에 나서야 한다는 이른바 내선일체(론)였다. 내선일체는 조선지배의 기본방침인 동화정책의 귀결로서, 중일전쟁 이후 병역제 시행부터 본격적으로 등장했다. 병역제를 선전하면서 조선인들의 반발을 무마하기 위해 내선일체를 끌어들인 것이다.

『매일신보』는 병역제의 첫 출발인 지원병제를 선전하면서 "애국적성(愛國赤誠)의 결실, 내선일체의 구현",[75] "내선일체의 제1보"[76] 등과 같이 내선일체를 강조하기 시작했다. 이후 내선일체는 선전의 핵심적인 명분으로 자리 잡았다. 나아가 미나미총독은 내선일체를 조선 통치의 목표로 삼기까지 했다.[77] 특히 미나미총독이 강조하는 내선일체는 몸과 마음까지도 하나가 되는 강력한 것이었다.

되어야 한다. … 따라서 획득해야 할 대중이 많으면 많을수록 순수한 지적 수준은 그만큼 낮게 해야만 한다. 민중의 압도적 다수는 진지하고 냉철한 사고나 이성보다 감정적, 혹은 감상적으로 생각하고 행동하는 여성적 기질을 갖고 있다. 그리고 그 감정은 복잡하지도 않고 매우 단순하며 폐쇄적이다. A.히틀러(이명성 옮김), 2006, 『나의 투쟁』, 홍신문화사, 257쪽.

[75] 「愛國赤誠의 결실이요 내선일체의 구현, 실시되기까지의 경과」, 『每日申報』, 1938.2.23.

[76] 「내선일체의 문화건설에 굳세게 디딘 제1보, 28년 치적의 結晶」, 『每日申報』, 1938.4.3.

[77] 미나미총독은 지원병제 결정 직후인 1938년 2월 초 도지사회의에서 조선 통치의 목표를 '반도의 일본화', 즉 내선일체를 구현하는 데 두어야 하며, 그 목표를 달성하기 위해 첫째는 조선인 지원병제도의 실시, 둘째는 교학쇄신 및 확충이 이루어져야 한다고 강조했다. 朝鮮總督府, 1938, 『朝鮮』 2월호, 182~183쪽.

나는 내선일체라는 것이 아주 어려운 것이라고는 생각하고 있지 않다. … 내가 항상 역설하는 것은 내선일체는 상호간에 손을 잡는다던가 형(形)이 융합한다던가 하는 그런 미지근한 것이 아니다. 손을 잡은 사람은 떨어지면 또 별개가 되고, 물도 무리하게 흔들어 섞으면 융합된 모습이 되지만 그것으로는 안 된다. 형(形)도 심(心)도 혈(血)도 육(肉)도 모두가 일체가 되지 않으면 안 된다.[78]

그러나 선전 내용과 달리 병역제 도입 당시 조선사회는 내선일체의 전제 조건이자 과정인 황민화조차 제대로 이루어지지 않았다. 병역제 도입을 주도한 조선군이 징병제가 아닌 지원병제를 택한 이유도 조선의 '황민화 정도'를 믿지 못했기 때문이었다. 지원병 제정 당시 조선군은 징병제의 시점을 현재 황민화 교육을 받는 아동이 50~60세가 되어 가정의 주인·주부로서 가정교육이 학교교육과 함께 이루어질 때라고 예측했다.[79] 그리고 그 시기를 앞당길 수 있는 방법의 하나가 교육제도의 쇄신이라고 강조했으며, 이는 조선총독부 정책에 그대로 반영되었다.[80] 즉 지원병제는 징병제에 대비한 시험 제도로서, 황민화의 필요성에서 실시되었고 이 때문에 동시에 황민화 교육에 중점을 둔 교육제도의 개혁(제3차 조선교육령)이 단행된 것이다.

미나미총독이 내선일체를 통치의 전면에 내세운 것도 차별을 없애

---

78 朝鮮總督府, 1940, 『朝鮮に於ける國民精神總動員』, 101쪽; 최유리, 1997, 앞의 책, 28~29쪽에서 재인용.
79 宮田節子, 1985, 앞의 책, 104쪽.
80 宮田節子, 1991, 「皇民化政策の構造」, 『朝鮮史研究會論文集』 29, 朝鮮史研究會, 47~48쪽.

겠다는 것이 아니라 징병제에 대비해 조선의 황민화를 강력히 추진하겠다는 의도였다. 더욱이 내선일체는 명확한 사상 체계를 갖춘 것도 아니었다. 사상이라고 부르기에는 너무나 단순했고, 이 단순함이 오히려 다양한 해석을 낳게 되고 또 상황에 따라 내용까지도 변하게 했다.[81]

내선일체는 이렇게 조선인들의 자발적인 전쟁 참여와 협력을 이끌어내기 위한 조작된 이데올로기로서, '억압과 차별'의 근본적인 식민통치 방침은 바뀌지 않은 채 선동을 위한 명분이자 논리라 할 수 있다.[82] 여기에 덧붙여 실현 불가능한 완전한 황민화, 즉 조선인의 일본인화를 명분으로 노골적인 민족말살정책을 정당화하는 논리였다.

그렇다면 이러한 기만적인 내선일체를 어떤 논리로 선전에 활용했을까? 『매일신보』의 조선인 병역 관련 선전에서 가장 많이 등장하는 것은 이른바 '시혜론(施惠論)'과 '보은론(報恩論)'에 입각한 내용이었다. 지원병제가 결정되었을 때 『매일신보』는 도입 배경에 대해, 미나미총독이 조선인들의 '애국심'을 인정해 천황에게 지원병제 도입을 상주했으며, 천황이 '시혜'를 베풀어 조선인에게도 병역을 부여하는 큰 결단을 내렸다는 내용을 대서특필했다.[83] 병역제가 천황과 총독의 '시혜'로 도입하게 되었다는 선전이었다. 이후 『매일신보』는 대부분 '감격', '감사', '은전', '특전', '황은' 등의 표현으로 조선인 병역이 '시혜'라는 점을 부각시키는 여론몰이를 했다. 학도지원병제, 징병제 시행 때도 『매일신보』는 '시혜론'을 내세워 조선인 병역이 '특전', '광영'이라는 선전 논리를 펼쳤다.

---

81 宮田節子, 1985, 앞의 책, 148쪽.
82 박수현, 2011, 앞의 글, 262쪽.
83 「조선지원병제 近間 칙령 공포」, 『每日申報』, 1938.1.16.

'시혜론'은 자연스럽게 조선인들도 은혜를 갚아야 한다는 '보은론'으로 이어졌다. '보은론'은 조선인들에게 황국신민의 자격을 부여하는 은혜를 베풀었으니 이에 보답해야 한다는 논리로서, '황군'으로 충성을 다하고 희생도 감수해야 한다는 것이다. 그것이 은혜에 보답하는 길이고 조선이 진정한 '황국'의 자격을 얻게 된다는 것이었다.[84] 특히 '보은론'을 강조한 선전·선동에는 친일 지식인을 비롯한 조선인 유력자들이 나서는 경우가 많았다.

이렇게 내선일체에는 항상 '시혜와 보은'의 논리가 동반되었다. 내선일체 그 자체보다는 '시혜론'과 '보은론'을 토대로 한 내선일체의 과정·방법을 강조함으로써, 일방적으로 조선인들의 노력과 희생만을 강요하는 논리로 활용한 것이다. 즉 천황 또는 황국(皇國)이 황국신민의 자격을 부여하는 은혜를 베풀었으니 충성과 헌신으로 봉공해야 하며, 그것이 진정한 내선일체에 도달하는 길이라는 것이었다.

> 어떻게 내선일체의 이념이 실현될 수 있는가. 그것은 조선인이 천황 중심 군신일체의 대의를 깊이 자각하고 천황의 공민으로서 봉공하는 것이다. 진실한 일본인으로서의 자각에 투철하고 사심을 버리고 공심을 연마하여 공심으로 천황의 마음에 귀일하여 봉공하는 것이 황국신민의 길이다. 이 길로 정진하면 곧 내선 간에 추호의 차이도 없는 일체의 상태로 도달할 것이다.[85]

---

84 박수현, 2011, 앞의 글, 260~261쪽.
85 國民總力朝鮮聯盟防衛指導部 편, 1941, 『國體の本意と內鮮一體』, 62쪽.

여기에 내선일체를 조선인과 일본인의 평등관계로 인식하는 것에 대해서는 분명하게 선을 긋고 있다. 다음은 지원병제를 시행한 지 1년여가 지난 1939년 5월 17일 자 『매일신보』 사설이다. 지원병제 선전을 위해 강조한 내선일체를 조선인과 일본인 간의 차별 없는 평등으로 생각하는 사람들이 늘어나자 이를 경계하고 바로잡기 위한 내용으로, 일본인도 포함하고 있지만, 주요 대상은 조선인들이었다.

우리는 미나미총독이 작년에 일대 영단(英斷)으로 지원병제와 신교육령을 실시할 때에 "이번 이 제도의 실시는 누구의 운동이나 요구로 된 것이 아니요. 반도 민중이 사변 이래 바친 바의 총후열성이 인천(人天)을 함께 감응하게 한 소이(所以)"라 유(諭)한 바를 기억한다. 그러므로 서술한 바의 전면적 실현도 결국 반도인이 황국신민으로서 바치는 바의 적성에 의하여 완성될 것을 믿는 바이다. 내선일체에 대하여 일본인 중에는 '선각자로서의 우위를 실(失)한다' 오해하고 반도인 중에는 '급속한 전면적 평등을 실현'하려는 초조(焦燥)가 있음에 대해 미나미총독은 양자(兩者)가 모두 대승적(大乘的) 견지(見地)로 보는 정당한 견해가 아님을 지적하고 … 반도인은 자성(自省)·자숙(自肅)하고 수양단련하여 황국신민인 실질을 갖추면 그 명(名)과 그 대우는 자연히 이에 따를 것이라고 역설하였다. 이와 같이 일본인과 반도인이 각각 겸허와 반성으로 임하면 금후 30년 안에 반도가 일본과 일관하는 체제에 도달함을 얻을 뿐 아니라 더욱 촉성(促成)될 희망도 있는 것이다. …[86]

---

[86] 사설 「半島統治의 理想」, 『每日新報』, 1939.5.17.

미나미총독도 '훈시'를 통해 공식적으로 내선일체가 전면적인 평등 관계를 의미하는 것이 아니라는 점을 분명하게 밝혔다. 나아가 평등관계 주장은 민심을 거스르는 일이므로, 먼저 조선인들이 해야 할 일은 황국 신민의 실질을 갖추는 것이라고 강조했다.

> 내선인(內鮮人)에게 한마디 주의를 환기하고 싶습니다. 그것은 내선 일체란 결코 이상과 현실을 혼동하는 형식적 평등관의 수립을 의미 하는 것은 아니라는 것입니다. 들리는 바에 의하면 반도 동포 중 일 부에는 내선일체는 국가적, 사회적 대우를 전면적으로 즉시 또는 급 진적으로 평등화하는 것을 전제 조건으로 한다는 따위의 견해를 가 진 자가 없지 않다고 합니다. 또 내지인 일부에는 이로 인해 선달자 의 우위를 상실하고 유해무익한 자비(自卑)에 빠진다는 등의 견해를 가진 자가 없지 않다고 합니다. 이러한 것들은 모두 편협한 소승적 견해로서 심히 인심을 그르치는 것이라고 하지 않으면 안 됩니다. … 오늘날과 같은 대감격의 시기를 맞이했다고는 하지만 특히 정신적 방면에서 볼 경우, 반도 동포의 황국신민으로서의 교양 훈련에는 아 직 크게 노력을 요하는 점이 있고, … 우선 황국신민으로서의 실질을 갖추는 것을 전제로 하지 않으면 안 됩니다. 그러할 때 그 이름, 그 대우가 저절로 따라올 것은 명백합니다.[87]

이러한 내선일체에 대한 일제의 입장은 필요에 따라 얼마든지 변할 수 있는 것이었다. 1942년 5월 갑작스럽게 징병제가 결정되자, 미나미

---

87 南次郎 訓示, 『朝鮮總督府官報』, 1940.10.16, 號外.

총독은 "이번 징병제도 형태로 내선일체 정책은 절정에 이르렀다. 생각해 보면 과거의 모든 노력은 여기에 도달하기까지의 노력이었다"며[88] 이전과는 다른 내선일체론을 주장했다. 그러나 현실은 징병제를 실시할 만큼 내선일체가 이루어진 것도, 황민화가 크게 진전된 것도 아니었다. 오히려 태평양전쟁 이후 조선인들의 불만은 더 커졌고, 치안에 대한 경계도 강화되는 상황이었다.

징병제 결정은 태평양전쟁 이후 급박한 전황에 따른 병력 부족을 메꾸려는 조치였다. 일본 육군성이 주도했으며, 조선총독부 고위층조차 예상치 못한 일이었다. 당연히 조선사회의 동요가 예상되는 상황에서, 조선인들의 반발과 저항을 무마하기 위해서 선전·선동이 더욱 중요해졌고 그 핵심이 내선일체에 대한 인식 전환이었다.

여전히 조선인 병역이 광영·축복·특권이라며 조선인들의 일방적인 노력과 희생은 요구하면서도, 내선일체에 대해서는 이전의 입장과 달리 징병제를 실시할 정도로 완성 단계에 도달했다고 선전했다. 즉 징병제를 통해 조선인들이 일본인과 차별 없는 황국신민의 자격을 갖추었다는 것이다.

> (징병제 실시는) 동아맹주인 일본국민으로서의 영광된 책무를 짊어질 수 있는 자질을 갖추어 왔던 것이 객관적으로 인정되기에 이르른 것이고, … 반도 동포가 이제 숭고한 병역에 복역할 수 있는 위치에 도달하였다는 것을 확인시킨 결과라고 인정된다.[89]

---

88 『朝鮮統理と皇民化の進展』, 1943, 24쪽; 宮田節子, 1985, 앞의 책, 95쪽에서 재인용.
89 「朝鮮同胞ニ對スル徵兵制施行準備決定ニ伴フ措置狀況竝其ノ反響」, 1942, 『大野文

이렇게 내선일체(론)는 병역문제 해결을 위한 동원 이데올로기였고, 차별을 없앤다는 명분으로 일방적으로 조선인들의 충성과 희생만을 강요하는 선전 논리일 뿐이었다. 이 때문에 필요에 따라 논리와 내용 조작도 얼마든지 가능했다.

(4) 선전·선동의 영향

그렇다면 이러한 선전·선동 내용과 논리는 식민지 대중에게 어느 정도 영향을 미쳤을까? 이를 구체적으로 파악하기란 쉽지 않지만, 여러 정황상 다수의 대중은 쉽게 휩쓸리지 않은 것으로 보인다. 먼저 조선사회의 황민화 수준이다. 황민화의 필수적인 조건은 일본어 습득인데, 1944년 말 조사에 따르면 조선인 전체 인구 중에 '일본어를 조금 아는 자'는 9.9퍼센트, '보통 회화에 지장이 없는 자'는 12.3퍼센트에 지나지 않았다.[90] 중일전쟁 이후 적극적인 황민화 정책과 선전·선동에도 불구하고 조선사회의 황민화는 미미한 수준이었다.

또 하나의 정황은 유언비어의 확산이었다. 유언비어는 중일전쟁 직후 조선총독부 경무국장과 총독이 연이어 담화문을 발표할 정도로[91] 급속하게 확산되었으며, 이후 강력한 단속과 처벌에도[92] 전시체제기 내내 유포되고 있었다. 그 내용은 전쟁이 조선인에 미치는 악영향, 지원병·징

書』 1962; 최유리, 1997, 앞의 책, 208쪽에서 재인용.

90 「第8回帝國議會說明資料」, 1994, 『朝鮮總督府帝國議會說明資料』 第10卷, 不二出版, 35쪽; 조경달 저·정다운 역, 2012, 『식민지기 조선의 지식인과 민중』, 도서출판선인, 239쪽에서 재인용.

91 「流言蜚語에 대하여는 단호히 嚴罰한다, 警務局長 談話」, 『朝鮮日報』, 1937.7.22; 「各道知事에게 南總督 重大通牒, 流言蜚語를 嚴重警戒」, 『朝鮮日報』, 1937.7.28.

92 「造言飛語犯, 3년 이하의 禁錮」, 『每日申報』, 1937.8.12.

병에 따른 조선인들의 희생, 일본군의 잔학상, 전쟁의 참혹한 실상 등 대부분 정확한 현실인식을 바탕으로 전쟁을 비판하는 내용이었으며, 일제의 패망을 예상하는 내용도 상당수에 달했다. 즉 이 시기 유언비어는 말 그대로 '근거 없이 떠도는 말'이 아니라 정확한 현실인식을 통한 저항과 분노, 두려움의 표출이었다.[93] 대중들은 겉으로 드러내지는 않았지만, 침략전쟁의 본질을 간파하고 있었고 조선인 병력 동원이 어떤 결과를 초래하는지도 알고 있었다.

이 밖에 학도 지원병의 경우에도, 온갖 회유와 선전·선동에도 끝까지 지원을 거부한 사람이 적지 않았다. 이들은 결국 '비국민'으로 몰렸고, 그중에는 학도징용으로 노무자로 징용되기도 했다.[94]

그러나 식민지 대중의 대응과 현실인식이 일률적인 것은 아니며, 어떤 계기나 상황에 따라 즉자적(卽自的)으로 대응하는 대중들도 존재했다. 그 대표적인 예가 지원병 지원이었다. 〈표 5-2〉에 나타난 바와 같이 지원병 지원자 수는 매년 증가하는 추세였다. 각 지역에서 관청이나 경찰이 성과를 내기 위해 강제로 지원하게 하거나 지원자 수를 부풀리는 현상이 나타나기도 했지만, 이를 모두 조작이라고 볼 수는 없다.

더욱이 『매일신보』에는 혈서지원자에 관한 기사가 자주 보인다. 보도 내용이 과장된 측면이 있다 하더라도, 훈련소장 가이다(海田)가 혈서지원 행태를 비판하고 있듯이[95] 혈서지원을 모두 일제가 일방적으로 종

---

93 박수현, 2004, 앞의 글, 217쪽.
94 이상의, 2017, 앞의 글 참조.
95 "열렬한 탄원서나 혈서를 가지고 赤誠을 피력하는 누구라도 할 수 있는 것이어서 결코 종용하는 것은 아니며, (필요한 것은) 그렇게 불붙은 듯한 애국심이 아니라 차분하고 뿌리 깊은 애국심"이다. 海田要, 「志願兵制度の現狀と將來への展望」, 『今日の朝

〈표 5-2〉 육군특별지원병 지원 현황

연도	지원자 수	정원	입소자 수	입소율(%)
1938	2,946	400	406	13.78
1939	12,348	600	613	4.96
1940	84,443	3,000	3,064	3.62
1941	144,743	3,000	4,077	1.60
1942	254,273	4,500	4,077	1.60
1943	303,394	5,330	6,300	2.07
합계	802,147	16,830	18,537	(평균)4.61

출처: 친일반민족행위진상규명위원회, 2009, 『친일반민족행위진상규명보고서』 Ⅲ-3, 503쪽; 박수현, 2011, 「일제말 파시즘기(1937~1945) 매일신보의 대중선동 양상과 논리-지원병·징병제도를 중심으로-」, 『한국민족운동사연구』 69, 265쪽에서 재인용.

용하거나 조작한 것으로 보기는 어렵다.

이러한 지원 열기에 대해 미야타 세쓰코(宮田節子)는 군인 우대책, 강제성, 지원자의 경제적 문제 등 여러 요인이 작용했으며, 그중에서도 지원자의 경제적 문제를 가장 중요한 원인으로 파악했다.[96] 그러나 그 많은 조선인 청년들이 경제적 빈곤을 주된 이유로 목숨까지 담보하며 지원했을까? 이들의 지원은 군대에 대한 기대와 환상, 미래에 대한 희망, 여론몰이 등이 복합적으로 작용했고 이것을 가능하게 한 것은 광적인 선전·선동이었다.

여기에 일본군으로 지원한다는 것은 일본을 조국으로 생각했거나 독립에 대한 희망을 포기한 것이나 다름없었다. 그렇다고 조선총독부나 일본군부도 인정했듯이 당시 조선의 상황이 황민화나 내선일체가 진전된 것도 아니었다. 조선 청년들의 지원 열기 현상은 충동적이든 사고의 전

鮮問題講座』(3), 27쪽; 宮田節子, 1985, 앞의 책, 79쪽에서 재인용.
96 宮田節子, 1985, 위의 책, 42~50쪽 참조.

환이든 간에 날로 격화되는 선전·선동과 무관하지 않다. 끊임없이 이어지는 광란의 선전·선동이 탈출구가 보이지 않는 암울한 현실을 탈출할 수 있다는 환상을 갖게 한 것은 아닐까?

2. 친일 지식인의 전쟁협력

1) 친일 지식인의 전쟁협력 양상

지식인의 사전적 정의는 "일정한 수준의 지식과 교양을 갖춘 사람", "어떤 사물이나 사건을 명확하게 인식해 그에 대해 깨달음을 얻은 사람"이다. 영어로는 'intellectual'이며, 이 단어가 옥스퍼드 사전에 나타난 것은 17세기 중엽으로 알려져 있다.[97] 그리고 'intellectual', 즉 지식인이라는 단어가 크게 부각되고 일반인들에게 지식인 집단의 중요성이 알려지기 시작한 것은 1898년 프랑스의 드레퓌스 사건이었다. 이때부터 '이성', '진실', '정의', '도덕성', '보편성', '공평성' 등이 지식인을 상징하는 가치로 자리 잡게 되었다.[98]

그러나 사전적 의미를 넘어 "지식인이란 누구인가"라는 물음은 지금까지도 계속되고 있고, 이에 대한 논의와 연구도 수없이 이루어졌다. 그람시, 사르트르, 리오타르, 푸코 등의 각기 다른 주장과 같이 지식인상에

---

97 이성재, 2012, 『지식인』, 책세상, 16쪽.
98 이성재, 2012, 위의 책, 49~50쪽.

관한 담론도 다양했다. 그만큼 지식인을 정의하기란 쉽지 않다. 시대적 상황에 따라 기능, 책무, 역할이 다를 수 있기 때문이다.

그럼에도 대중들은 끊임없이 지식인을 호출하며 답을 찾고자 한다. 대중들은 지식인들을 진실을 찾고 알리는 사람으로서 은폐된 사회문제를 폭로하고 올바른 길을 제시하는 존재로 인식하고 있다. 또한 각자 영역에서 이룬 지적 활동과 성과를 바탕으로, 공적인 문제에 자신의 입장을 표명하고 새로운 방향을 제시하는 존재로 생각한다. 민도(民度)가 낮을수록 정보가 차단된 억압된 사회일수록 대중들의 지식인에 대한 갈망은 더욱 커진다. 일제강점기가 여기에 해당된다. 특히 전시체제기는 철저히 통제된 사회로서 지식인의 말과 글이 대중들에게 미치는 파급력이 큰 시기였다.

전시체제기의 지식인들은 단지 다수의 대중과 분리되는 지적 능력을 지닌 소수의 엘리트가 아니라, 각 분야의 전문가들로서 대중을 선도하는 위치에 있는 자들이었다. 그럼에도 친일 지식인들은 지식인의 사회적 책임과 역할을 방기한 채 친일의 길을 걸었고 일제의 선전 정책에 나팔수 역할을 했다. 이들은 일제가 조선인들의 전쟁협력을 이끌어내려고 명분으로 내건 내선일체와 황민화를 외치며 조선인들을 전쟁으로 내몰았다.[99]

친일 지식인에 대해서는 오랜 기간 친일문제를 금기시했던 한국사회

---

[99] 사르트르는 이런 지식인을 사이비 지식인이라 부르며 다음과 같이 주장했다. "지식인의 가장 직접적인 적은 사이비 지식인이라고 부를 수 있는 자들이다. 1930년대 프랑스 지성의 한 사람이었던 니장(Nizan)이 '집 지키는 개'라고 부르던 자들이다. 이들은 지배계급의 사주를 받아 자칭 과학적인 논리, 즉 과학적 연구방법의 산물인 것처럼 제시되는 논리를 통해 특수주의적 이데올로기를 옹호하려 든다." 장 폴 사르트르(방곤 옮김), 1985, 『지식인을 위한 변명』, 보성출판사, 65쪽.

의 현실 때문에 그 존재 자체가 불분명했지만, 2009년 친일반민족행위진상규명위원회의 『친일반민족행위진상규명보고서』, 친일인명사전편찬위원회·민족문제연구소의 『친일인명사전』이 발간된 이후 친일 지식인의 실체를 확인할 수 있다.

〈표 5-3〉는 『친일인명사전』에 수록된 친일 지식인 중에서, 전시체제기의 전쟁협력 행위가 뚜렷한 인물들을 분야별로 정리한 것이다. 교육계·언론계·문화예술계·종교계 등 각 분야에서 자신들의 지위·영향력·전문성을 활용해 선전·선동에 적극적이었던 지식인들이었다.

전시체제기 선전·선동에 앞장선 친일 지식인들은 전 분야에 걸쳐 광범하게 포진했다. 대중들에게 각 분야를 대표하는 명망가들로 알려져 있었고, 이들 중 일부는 한때 민족운동에 참여하기도 했다. 조선총독부는

〈표 5-3〉 전시체제기 분야별 친일 지식인

분야	친일 지식인
교육 학술	고승제, 고황경, 김두헌, 김상용, 김성수, 김활란, 박마리아, 박관수, 박인덕, 배상명, 백낙준, 서은숙, 손정규, 송금선, 신봉조, 신석호, 여운홍, 유억겸, 유진오, 오긍선, 이능화, 이묘묵, 이병도, 이숙종, 이헌구, 임숙재, 장덕수, 정구충, 조기홍, 조동식, 차사백, 최동, 허하백, 현상윤, 황신덕
언론	고원섭, 김동진, 박남규, 박희도, 서강백, 서춘, 유광렬, 이창수, 함상훈, 홍순기, 홍승구, 홍종인
문학	계광순, 곽종원, 김기진, 김동인, 김동환, 김문집, 김소운, 김용제, 김해강, 노천명, 모윤숙, 박영희, 박종화, 박태원, 방인근, 백철, 서정주, 이광수, 이석훈, 이찬, 장혁주, 정비석, 정인택, 조연현, 조용만, 주요한, 채만식, 최남선, 최재서, 최정희
예술	구본웅·김기창·심형구(미술), 김관·김재훈·현제명(음악), 서광제(영화), 김건·이서구·유치진·함대훈(연극)
종교	갈홍기·구자옥·김인영·신흥우·양주삼·유각경·윤치영·윤치호·이용설·전필순·정인과·정춘수·한석원(개신교), 이돈화·이성환·이종린·최린(천도교), 권상로(불교), 노기남(천주교), 안인식·이명세(유교)
기타	강영석, 김두정, 김한경, 배상하, 신태악, 이성환, 인정식, 차재정, 현영섭

참고) 1. 『친일인명사전』(2009) 수록자를 대상으로 함.
2. 전향자 및 직업적 친일 지식인은 기타로 분류했음.

이들을 적극적으로 활용했고, 이들 또한 일제에 적극 협력함으로써 자신의 지위와 명성을 유지했다.

친일 지식인들은 우선 각종 친일단체를 조직하는 데 주도적인 역할을 하거나 핵심 구성원으로 활동했다. 중일전쟁 이후 철저한 사상통제로 기존의 단체들은 대부분 통폐합되거나 해산되었고, 반면 많은 친일단체들이 급조되었다. 이들 단체들은 겉으로는 민간단체의 형식을 띠고 있으나 실제는 관이 조직과 운영에 적극적으로 개입하고 지원하는 관변단체들로서, 관과 협력해 조직적으로 전쟁 수행을 지원하는 다양한 활동을 전개했다.

친일 지식인들이 활동했던 전시체제기의 친일단체를 설립 연도 순으로 살펴보면, 대동민우회(1936), 조선국방협회(1937), 조선군사후원연맹(1937), 녹기연맹(1937), 애국금차회(1937), 국민정신총동원연맹(1938), 조선방공협회(1938), 조선지원병제도축하회(1938), 대동일진회(1938), 시국대응사상보국연맹(1938), 조선문인협회(1939), 지원병후원회(1939), 국민총력조선연맹(1940), 황도학회(1940), 대화숙(1940), 흥아보국단(1941), 임전대책협의회(1941), 조선임전보국단(1941), 언론보국회(1941), 정학회(1941), 조선신문회(1942), 대일본부인회조선본부(1942), 대의당(1945), 대일본흥아회조선지부(1945), 대화동맹(1945), 국민동지회(1945) 등이다.[100] 친일단체들은 각종 행사, 강연, 좌담회, 국방헌금 모금 등을 통해 민간 영역에서 일제의 침략전쟁을 지원하고 조선인들의 전쟁협력을 이끌어내는 활동을 전개했다.

무엇보다 친일 지식인의 대표적인 전쟁협력 행위는 글쓰기였다. 친

---

100 친일인명사전편찬위원회·민족문제연구소, 2009, 『친일인명사전』 1권, 43~44쪽.

일 지식인의 글들은 당시의 신문·잡지에 수없이 게재되었으며, 그 근거는 지금도 쉽게 확인할 수 있다. 대부분 전시체제기 병역제를 중심으로 한 일제의 지배정책과 침략전쟁을 찬양·미화하거나, 내선일체를 앞세워 조선인의 전쟁협력과 희생을 강조하는 내용이었다.

〈표 5-4〉는 전시체제기 각종 신문·잡지에 실린 친일 지식인의 주요 글들을 필자별로 정리한 것이다. 글 제목만으로도 대부분 전쟁협력을 강조하는 내용이라는 것을 쉽게 짐작할 수가 있다. 글의 형식과 내용을 기능적으로 분류하면 크게 두 가지다. 하나는 친일 지식인의 영향력과 지위를 활용한 한 대중적인 글이고, 다른 하나는 지식과 전문성을 활용한 지식인 특유의 이론적인 글이다.[101]

먼저 대중적인 글은 대부분 감성을 자극하는 선동적인 내용들이다. 전황이 급변하거나 병역제 등과 같은 파시즘 지배정책의 실시로 조선사회가 동요하거나 불만이 고조될 때, 어김없이 신문·잡지의 지면을 장식하는 글들이었다. 주제는 크게 조선인 병역제 찬양, 침략전쟁 미화, 파시즘체제 찬양과 '총후보국(銃後報國)' 강조 등으로 분류할 수 있다. 주제별로 정리하면 다음과 같다.

첫째, 조선인 병역제 찬양에 관한 글은 육군특별지원병제, 학도지원병제, 징병제 등 병역제와 관련해 전쟁 참여와 협력을 선동하는 내용이다. 필자순으로 주요 글을 살펴보면 「징병 감사와 우리의 각오」(고황경), 「전선에서 진실 발휘」(구자옥), 「신전(神前)의 맹서」(김기진), 「감격과 긴장」(김동인), 「국방관념과 상무열의 고취」·「애국정신과 지원병」(김동

---

101 박수현, 2006, 「전시파시즘기(1937~1945) 조선 지식인의 체제협력 양상과 논리」, 『한국민족운동사연구』 46, 177쪽.

〈표 5-4〉 전시체제기 신문·잡지에 실린 친일 지식인의 주요 글(이름 가나다순)

이름	분야	글 제목	형식	출전
강영석	기타	황도조선(皇道朝鮮)*	논설	『東洋之光』1939년 7월호
		세계 개현(開顯)의 사명 인식*	논설	『綠旗』1939년 9월호
갈홍기	개신교	종교적 인식의 방법	논설	『三千里』1941년 12월호
		그리스도교의 인생관*	논설	『綠旗』1940년 6월호
고승제	학술	신청년의 방향-입대	논설	『每日新報』1940년 11월 24일
		전환기의 문화이론	논설	『人文評論』1941년 1월호
		대동아건설의 윤리	논설	『每日新報』1942년 10월 3~5일
		대동아문화의 창조*	논설	『國民文學』1943년 3월호
		문화인의 감격과 기쁨, 감격과 반성	논설	『每日新報』1943년 8월 6일
고원섭	언론	영국해적담	수필	『朝光』1942년 7월호
		총력전 하의 생활윤리	논설	『朝光』1943년 1월호
		식량의 국가관리	논설	『朝光』1943년 9월호
고황경	교육	여성과 신생활; 질서있는 생활을 위하여	논설	『三千里』1942년 1월호
		전시와 가정-가정의 국가의 뿌리*	논설	『半島の光』1942년 8월호
		징병 감사와 우리의 각오	논설	『每日新報』1943년 8월 1일
곽종원	문학	적극성의 추구*	수필	『東洋之光』1944년 3월호
		결전문학의 이념*	논설	『國民文學』1944년 4월호
		청년의 윤리*	논설	『國民文學』1944년 9월호
구본웅	미술	사변과 미술인	논설	『每日新報』1940년 7월 9일
구자옥	개신교	필승은 신의 명령	논설	『每日新報』1944년 1월 7일
		전선에서 진실 발휘	수필	『朝光』1943년 12월호
권상로	불교	시대각성의 필요성	연설	『每日申報』1937년 8월8일
		응징성전(膺懲聖戰)과 불교	논설	『每日新報』1941년 9월 6일~9일
김건	연극	나의 신연극론-신체제를 계기로-*	논설	『京城日報』1941년 2월 25~3월 4일
김경승	미술	미술계의 신체제	논설	『每日新報』1941년 2월 23일
김관	음악	국가의 신체제와 신음악의 건설	논설	『每日新報』1940년 9월 23~24일
김기진	연극	님의 부르심을 받들고서	시	『每日新報』1943년 8월 1일
		신전(神前)의 맹서	수필	『每日新報』1944년 1월 19일
		탄환과 충언	논설	『每日新報』1944년 1월 5~7일
		문화인에 격(檄)함	연설	『新時代』1944년 9월호
		대동아전쟁송(大東亞戰爭頌)	시	『朝光』1942년 2월
김동인	문학	일장기의 물결	소설	『每日新報』1944년 1월 20일
		아부용(阿芙蓉)	소설	『朝光』1942년 2월

이름	분야	글 제목	형식	출전
		총동원 태세로-결전하 문단인의 결의	논설	『每日新報』1944년 1월 1·4일
		반도민중의 황민화	논설	『每日新報』1944년 1월 18~28일
		감격과 긴장	수필	『每日新報』1942년 1월 23일
김동진	언론	지나사변에 나타난 조선동포의 애국운동	논설	『在滿朝鮮人通信』1939년 3월호
		의무를 충실히 하라	논설	『在滿朝鮮人通信』1939년 2월호
		국방관념과 상무열의 고취	논설	『三千里』1940년 7월호
		신윤리의 수립	논설	『每日新報』1940년 11월 19일
김동환	문학	백림개선(伯林凱旋)	시	『新時代』1941년 1월
		애국정신과 지원병	논설	『三千里』1941년 6월호
		임전보국단 결성에 제(際)하여	논설	『三千里』1941년 11월호
		님의 부르심을 받들고서	시	『每日新報』1943년 8월 7일
		적국 항복 받고 지고	시	『每日新報』1944년 1월 6일
		아시아부흥과 내선일체*	논설	『東洋之光』1939년 5월호
		국민정신총동원에 응소(應召)된 황국신민으로서 각오*	논설	『總動員』1940년 1월호
김두정	기타	흥아적(興亞的) 대사명(大使命)으로 본 내선일체	논설	『三千里』1940년 3월
		반도지식인에 고한다. 내선일체의 실천자가 되어라*	논설	『京城日報』1941년 5월 4일
		징병제 실시와 반도청년의 연성*	논설	『東洋之光』1943년 5월호
김두헌	교육	대동아전 발발 제2 신춘을 제하야	논설	『佛敎』1943년 1월호
		5천 학병 가는 곳에	논설	『朝光』1943년 12월호
		성업의 기초 완성	논설	『每日新報』1942년 2월 19일
김문집	문학	님의 부르심을 받들고서	시	『每日新報』1943년 8월 4일
		조선민족의 발전적 해소론 서설	논설	『朝光』1943년 9월호
		땀의 기쁨*	수필	『半島の光』1942년 2월호
김상용	교육	성업의 기초완성	논설	『每日新報』1942년 2월 19일
		님의 부르심을 받들고서	시	『每日新報』1943년 8월 4일
		문약의 기질을 버리고 상무기풍을 조장하라	논설	『每日新報』1943년 8월 5일
김성수	교육	황민됨의 책무는 크다	논설	『每日新報』1943년 11월 6일
		절대로 협력	연설	『每日新報』1943년 12월 7일
		징병이 닥쳐온다	논설	『每日新報』1944년 1월 22일
		전쟁문학의 전망*	논설	『東洋之光』1939년 3월호
김용제	문학	내선일체의 노래*	시	『東洋之光』1939년 4월호
		민족적 감정의 내적 청산으로*	논설	『東洋之光』1939년 4월호

이름	분야	글 제목	형식	출전
		아세아시집*	시	『東洋之光』1939년 7월호
		내선결혼아관(內鮮結婚我觀)*	논설	『內鮮一體』1940년 1월호
		해신	시	『朝光』1942년 2월호
		어동정(御東征)*	시	『綠旗』1943년 2월호
		님의 부르심을 받들고서	시	『每日新報』1943년 8월 3일
김인영	개신교	앵글로 색슨인의 유색인에 대한 태도*	논설	『東洋之光』1942년 2월호
김종한	문학	합창에 대해서*	시	『國民文學』1942년 4월호
		살구꽃처럼	시	『文章』1940년 11월호
		영예의 유가족을 찾아서	수필	『每日新報』1943년 1월 16일
		신진작가론*	논설	『國民文學』1943년 3월호
		님의 부르심을 받들고서	시	『每日新報』1943년 8월 6일
김한경	기타	동양문화와 일본정신*	논설	『東洋之光』1939년 2월호
		현대조선청년론*	논설	『東洋之光』1939년 6월호
		공동운명에의 결합과 그 환원론	논설	『三千里』1940년 3월호
		일본정신의 정화	논설	『朝光』1940년 12월호
		청년의 성격과 그의 연성에 대하여*	논설	『東洋之光』1943년 9월호
김해강	문학	인도민중에게	시	『每日新報』1942년 3월 5일
		돌아오지 않는 아홉장사	시	『每日新報』1942년 3월 13일
		호주여	시	『每日新報』1942년 3월 27~28일
		아름다운 태양	시	『朝光』1942년 6월호
김활란	교육	부인들끼리의 애정과 이해*	논설	『東洋之光』1939년 6월
		반도여성의 궐기	논설	『三千里』1941년 12월호
		최대임무*	수필	『東洋之光』1942년 1월호
		여성의 무장	논설	『朝光』1942년 2월호
		징병제와 반도여성의 각오	논설	『新時代』1942년 12월호
		거룩한 대화혼을 명심	논설	『每日新報』1943년 8월 7일
		열혈남아이어든 이때를 놓치지 말아라	논설	『每日新報』1943년 11월 18일
		남자에게 지지 않게 황국 여성으로서의 사명을 완수	논설	『每日新報』1943년 12년 25일
		뒷일은 우리가	논설	『朝光』1943년 12월호
		감격과 가중한 책임	수필	『每日新報』1944년 1월 4일
노천명	문학	기원	시	『朝光』1942년 2월
		승전의 날	시	『朝光』1942년 3월호
		님의 부르심을 받들고서	시	『每日新報』1943년 8월 5일

이름	분야	글 제목	형식	출전
모윤숙	문학	동방의 여인들	시	『新時代』1942년 1월호
		지원병에게	시	『三千里』1942년 1월호
		어머니의 힘	시	『每日新報』1942년 3월 9일
		아가야 너는	시	『每日新報』1943년 5월 27일
		내 어머니 한 말씀에	시	『每日新報』1943년 11월 12일
		어린 날개	시	『新時代』1943년 12월호
박관수	교육	교육도 대동아체제	논설	『每日新報』1942년 1월 24일
		황민된 최고의 영예	논설	『半島の光』1942년 7월호
		국민교육과 의무교육	논설	『半島の光』1943년 3월호
		부사(父師)의 부탁, 반도의 젊은이들에게	논설	『半島の光』1943년 10월호
		전장은 청년을 부른다-반도청년의 분기를 바람*	논설	『東洋之光』1944년 2월호
박남규	언론	내선일체; 결혼의 인식*	논설	『內鮮一體』1940년 1월호
		내선일체생활의 인식; 의론(議論)보다 실천으로*	논설	『內鮮一體』1940년 2월호
박마리아	교육	내가 본 미국여성	수필	『每日新報』1941년 12월 19일
		자식을 둔 보람, 어미된 면목	논설	『每日新報』1942년 5월 13일
박영희	문학	황국신민의 각오를 새롭게	논설	『在滿朝鮮人通信』1939년 2월호
		전쟁과 조선문학	논설	『人文評論』1939년 10월호
		임전체제하(臨戰體制下)의 문학과 문학의 임전체제*	논설	『國民文學』1941년 11월호
		반도신체제의 기치; 신체제와 문학*	논설	『綠旗』1940년 10월호
박인덕	교육	승전의 길은 여기에 있다	논설	『三千里』1941년 11월호
		필승의 결심으로 총후는 부인이 지키자	논설	『每日新報』1941년 12월 9일
		미국 부인의 전쟁관*	논설	『東洋之光』1942년 2월호
		동아여명(東亞黎明)과 반도여성	논설	『大東亞』1942년 5월
		군국의 어머니의 긍지	논설	『半島の光』1942년 7월호
		의식주에 관한 필승의 길	논설	『新時代』1943년 4월호
박희도	언론	신동아 건설과 우리의 사명*	논설	『東洋之光』1939년 4월호
		사변 전도(前途)에 대한 각오*	논설	『東洋之光』1939년 7월호
		배영(排英)운동 강화론*	논설	『東洋之光』1939년 8월호
		일사보국의 생각*	논설	『東洋之光』1940년 1월호
		일본은 왜 싸우는가*	논설	『東洋之光』1942년 2월호
		싱가포르 함락과 팔굉일우*	논설	『東洋之光』1942년 3월
		청년과 지도자 원리*	논설	『東洋之光』1943년 7월호

이름	분야	글 제목	형식	출전
방인근	문학	정동암(鄭銅巖)군의 정근장(精勤章)	수필	『三千里』1940년 10월호
		눈물겨운 자랑	수필	『每日新報』1943년 8월 1일
		일가부흥	수필	『放送之友』1943년 12월호
		모자(母子)	소설	『放送之友』1943년 12월호~1944년 5월호
배상하	기타	조국(肇國)의 정신과 조선의 장래*	논설	『綠旗』1940년 12월호
		내선일체와 신체제*	논설	『綠旗』1941년 2월호
백낙준	교육	미영의 민정(民情)과 식민 정책*	논설	『東洋之光』1942년 2월호
		대동아전쟁 2주년-영원히 광망 벗도록	논설	『每日新報』1943년 12월 6일
백철	문학	시국과 문화문제의 행방*	논설	『東洋之光』1939년 4월호
		천황폐하어친열(天皇陛下御親閱) 특별관함식 배관근기(特別觀艦式 拜觀謹記)	수필	『三千里』1940년 12월
		전쟁문학 일고	논설	『人文評論』1939년 10월호
		금후엔 문화적 사명이 중대	논설	『人文評論』1940년 7월
서강백	언론	재폭발의 발칸정세	논설	『春秋』1941년 3월호
		독영(獨英) 결전의 전망	논설	『新時代』1941년 5월호
		세계신질서 건설의 장래	논설	『春秋』1942년 2월호
		루즈벨트가 호어(豪語)하는 미국의 대일(對日) 반공	논설	『朝光』1942년 11월호
		세계 전국(戰局)의 전망	논설	『春秋』1943년 11월호
서광제	영화	신체제와 영화	논설	『人文評論』1940년 11월호
		영화계의 임전체제	논설	『每日新報』1941년 10월 7일
		영화의 사명	논설	『每日新報』1942년 2월 5일
서정주	문학	헌시-반도학도 특별지원병 제군에게	시	『每日新報』1943년 11월 16일
		마쓰이 오장 송가	시	『每日新報』1944년 12월 9일
		스무 살 된 벗에게	수필	『朝光』1943년 10월호
		최체부(崔遞夫)의 군속지망	소설	『朝光』1943년 11월호
		인보정신	소설	『每日新報』1943년 9월 1~10일
서춘	언론	준전시체제에서 전시체제로	논설	『朝光』1937년 12월호
		정업전환(正業轉換)에 대하야	논설	『在滿朝鮮人通信』1939년 1월호
		제2유태인이 되지말라	논설	『在滿朝鮮人通信』1939년 2월호
		조선의 애국운동*	논설	『綠旗』1939년 3월호
		조선과 총력운동	논설	『新時代』1941년 2월호
		필승의 신념	논설	『대동아』1942년 7월호

이름	분야	글 제목	형식	출전
송금선	교육	시대도 새로운 이날 여인으로 알아둘 예절	논설	『新時代』1941년 1월호
		부인부대와 지원병	논설	『三千里』1941년 1월호
		대미(對米) 개전과 부인의 결의	논설	『每日新報』1941년 12월 10일
		반도여성의 책무도 크다	논설	『每日新報』1942년 5월 10일
		바른 식생활	논설	『新時代』1943년 6월호
신봉조	교육	황도에 칙(則)한 국민연성	논설	『春秋』1943년 5월호
		적이여 보라	연설	『朝光』1943년 12월호
신흥우	개신교	태평양 풍운의 전망	연설	『三千里』1941년 11월호
		전통의 용맹 보이라	논설	『每日新報』1943년 11월 8일
		조선기독교도의 국가적 사명*	논설	『東洋之光』1939년 2월호
		영국인의 민족성*	논설	『東洋之光』1942년 2월호
		신가파(新嘉坡)와 공영권	논설	『大東亞』1942년 5월
신태악	기타	동경대판(東京大阪)은 이렇다	연설	『三千里』1941년 11월호
		신내각과 오인(吾人)의 각오*	논설	『綠旗』1941년 11월호
심명섭	개신교	경신애린의 정신	논설	『每日新報』1941년 9월 12~14일
		기독교의 혁신	논설	『基督敎新聞』1942년 4월 29일
심형구	미술	시국과 미술	논설	『新時代』1941년 10월호
안인식	유교	동아의 대국(大局)과 오인의 각성	논설	『每日新報』1937년 8월 8일
		시국과 오인(吾人)의 각성	논설	『三千里』1937년 10월호
여운홍	교육	동아공영권 건설의 성전(聖戰)	논설	『三千里』1942년 1월호
		대동아전과 우리의 결의	논설	『朝光』1942년 2월호
양주삼	개신교	오인의 취할 태도	논설	『每日申報』1937년 8월 8일
		아메리카는 왜 싸우는가*	논설	『東洋之光』1942년 2월호
		적국의 학생병을 치자	논설	『每日新報』1943년 11월 8일
오긍선	교육	의무교육실시와 교육시설확충	논설	『三千里』1940년 9월호
유각경	개신교	시국과 여성의 각성	연설	『三千里』1938년 8월호
유광렬	언론	쫓겨가는 미영세력	논설	『新時代』1941년 1월호
		북방수호와 조선의 지위	논설	『朝光』1942년 4월호
		제국해군의 50년 발달사	논설	『朝光』1942년 5월호
		지나사변 5주년과 중경정권	논설	『朝光』1942년 7월호
		만주제국 건국의 의의	논설	『朝光』1942년 10월호
		12월 8일과 우리의 각오	논설	『朝光』1942년 12월호
		의무교육과 징병제	논설	『朝光』1943년 2월호
		일로전쟁 회고와 국민의 반성	논설	『朝光』1943년 4월호

이름	분야	글 제목	형식	출전
		영미소 진영의 내홍	논설	『朝光』1943년 5월호
		해군지원병제 실시와 반도청년의 영예	논설	『朝光』1943년 6월호
		징병제 감사문세와 그 의	논설	『朝光』1943년 7월호
		대동전쟁의 성전(聖戰)의식	논설	『朝光』1943년 9월호
		대동아전쟁의 사적(史的) 의의*	논설	『東洋之光』1943년 9월호
		결전 국내태세의 강화	논설	『朝光』1943년 11월호
		중대화 한 대평양전선	논설	『朝光』1943년 12월호
		대동아전쟁 3년-결전의 해인 동시에 결승의 해이다	논설	『朝光』1944년 1월호
		대평양 전황과 총후의 결의	논설	『朝光』1944년 2월호
		필승회의와 국민의 실천	논설	『朝光』1944년 3월호
유억겸	교육	황국과 여(余)의 심경	수필	『三千里』1941년 4월호
		전필승공필취(戰必勝功必取)	논설	『朝光』1942년 2월호
		적의 야망을 파측	논설	『每日新報』1944년 1월 6일
유진오	교육	병역은 곧 힘이다	수필	『每日新報』1943년 11월 19일
		소감	수필	『三千里』1940년 7월호
		우리는 반드시 승리한다	연설	『新時代』1944년 9월호
유치진	연극	국민연극 수립에 대한 제언	논설	『每日新報』1941년 1월 3일
		대륙인식	수필	『人文評論』1940년 7월호
		싸우는 국민의 자세*	논설	『國民文學』1943년 6월호
윤치영	개신교	일미회담의 설명	논설	『每日新報』1941년 12월 1·2일
		미국의 대외정책*	논설	『東洋之光』1942년 2월호
		싱가포르 함락을 경축함*	수필	『東洋之光』1942년 3월호
윤치호	개신교	내선인은 동일문명-거선(巨船)의 항해에 임하여	논설	『每日申報』1937년 8월 15일
		총출진하라	연설	『每日新報』1943년 11월 17일
		조선인의 갈길을 알라	수필	『在滿朝鮮人通信』1939년 2월호
		내선일체 철저화를 위하여*	논설	『東洋之光』1939년 2월호
		내선일체에 대한 소신*	연설	『東洋之光』1939년 4월호
		내선일체에 대한 이념	논설	『朝光』1940년 3월호
		수십만, 수백만에 달하도록	논설	『三千里』1940년 7월호
		극동의 결전과 오인(吾人)의 각오	연설	『三千里』1941년 11월호
		결전과 시련*	논설	『東洋之光』1942년 1월호
		산 역사의 주인공	연설	『朝光』1943년 12월호

이름	분야	글 제목	형식	출전
이광수	문학	가끔씩 부른 노래*	시	『東洋之光』 1939년 2월호
		이상등병의 전사*	논설	『京城日報』 1939년 7월 25일
		문학의 국민성*	논설	『京城日報』 1939년 11월 14일
		지원병 장행가	시	『三千里』 1939년 12월호
		창씨와 나	수필	『每日新報』 1940년 2월 20일
		황민화와 조선문학	논설	『每日新報』 1940년 7월 6일
		예술의 금일 명일	수필	『每日新報』 1940년 8월 3~8일
		심적 신체제와 조선문화의 진로	수필	『每日新報』 1940년 9월 4~12일
		조선문예의 금일과 명일*	논설	『京城日報』 1940년 9월 30일
		조선문학의 참회	논설	『每日新報』 1940년 10월 1일
		동포에게 부침*	수필	『京城日報』 1940년 10월 1~6일, 8~9일
		신체제하의 예술의 방향	논설	『三千里』 1941년 1월호
		우리집의 노래	시	『新時代』 1941년 1월호
		신시대의 윤리	논설	『新時代』 1941년 1월호
		사상과 함께 영미를 격멸하라	논설	『新時代』 1942년 1월호
		일본문화와 조선	수필	『每日新報』 1941년 4월 22일~5월 1일
		대화숙 수양회 잡기	수필	『新時代』 1941년 4월호
		사변과 조선-국민의식의 앙양과 지위향상	논설	『新時代』 1941년 7월호
		인고의 총후문화	수필	『每日新報』 1941년 7월 6일
		선전대조(宣戰大詔)	시	『新時代』 1942년 1월호
		싱가포르 함락되다*	시	『新時代』 1942년 3월호
		진주만의 구군신(九軍神)	시	『新時代』 1942년 4월호
		국어와 조선어*	논설	『新時代』 1942년 6월호
		앞으로 2년	수필	『新時代』 1942년 9월호
		전망*	시	『綠旗』 1943년 1월호
		국민문학문제	논설	『新時代』 1943년 2월호
		입영기	수필	『每日新報』 1944년 1월 17일
		새해의 기원	시	『新時代』 1944년 2월호
이능화	교육	이조(李朝) 권농윤음(勸農綸音)	논설	『每日新報』 1941년 9월 26일
이돈화	불교	성전과 종교의 사명-시국적 고행에 대하여	논설	『每日新報』 1941년 8월 30일~9월 2일
		동양평화의 근본책	논설	『每日新報』 1937년 8월 8일

이름	분야	글 제목	형식	출전
이묘묵	교육	구주전쟁과 미국의 책동	논설	『春秋』 1941년 11월호
이서구	연극	보도연습기	수필	『朝光』 1943년 7월호
이숙종	교육	비상시 부인보국	논설	『三千里』 1938년 8월호
		전시하의 가정생활	논설	『朝光』 1943년 1월호
이석훈	문학	전쟁과 신앙력	논설	『每日新報』 1941년 9월 10~11일
		전환기의 조선문학*	논설	『綠旗』 1941년 12월호
		성지참배통신	수필	『朝光』 1942년 1월호
이성환	천도교	지원병제도에 관하여	논설	『三千里』 1940년 5월호
		성전(聖戰)의 진의의(眞意義)	논설	『半島の光』 1941년 9월호
이용설	개신교	대동아전쟁 소감*	기타	『東洋之光』 1942년 1월호
		미국인의 민족성*	논설	『東洋之光』 1942년 2월호
이종린	천도교	부형과 학생들에게 고함	논설	『每日新報』 1943년 11월 19일
		반도청년에게 여(與)함, 징병제와 반도청년의 각오	논설	『大東亞』 1942년 7월호
이찬	문학	어서 너의 기타를 들어	시	『朝光』 1942년 6월호
		송(送) 출진학도	시	『新時代』 1944년 2월호
이창수	언론	지나사전 6주년과 대동아전	논설	『朝光』 1943년 7월호
		중대한 시국에 처하야	논설	『朝光』 1944년 2월호
		이 시련을 극복하라	논설	『朝光』 1944년 8월호
		국민징용과 성업익찬	논설	『朝光』 1944년 9월호
이헌구	교육	시국과 학생	논설	『朝光』 1941년 10월호
		25만 지원병 응모자에 의지한다	논설	『三千里』 1941년 12월호
		학병이여 잘 싸워라	논설	『每日新報』 1943년 11월 24일
		천재일우의 때	수필	『朝光』 1943년 12월호
인정식	기타	내선일체의 필연성에 대하여*	논설	『東洋之光』 1939년 1월호
		전시체제하의 조선경제*	논설	『東洋之光』 1939년 2월호
		동아권의 경제적 성격과 조선의 지위	논설	『三千里』 1941년 1월호
		내선일체의 문화적 이념	논설	『人文評論』 1940년 1월호
		내선일체와 언어	논설	『三千里』 1940년 3월호
		감히 도시의 청년에게 경고한다*	논설	『東洋之光』 1943년 5월호
		희망의 농촌	수필	『朝光』 1943년 10월호
		건전농촌과 모범부락	수필	『朝光』 1943년 11월호
임숙재	교육	대동아전쟁 완수는 주부의 철저한 각오에서	논설	『每日新報』 1941년 12월 19일
		필승태세하의 반도국민에도	논설	『半島の光』 1942년 2월호

이름	분야	글 제목	형식	출전
		반도지도층 부인의 결전보국의 대사자후(大獅子吼); 가정의 신질서	논설	『大東亞』1942년 3월호
		이기기 위해 어떤 생활을 할 것인가	논설	『新時代』1943년 4월
장덕수	교육	전시체제하의 산업보국*	논설	『東洋之光』1939년 3월호
		장기건설의 길로*	논설	『總動員』1939년 12월호
		황국신민의 진정*	논설	『總動員』1940년 1월호
		장기전을 각오하자*	연설	『東洋之光』1942년 1월호
		미영 적성의 정체*	논설	『東洋之光』1942년 2월호
		대용단을 내라	연설	『每日新報』1943년 11월 17일
		한 마음 한 뜻으로	수필	『朝光』1943년 12월호
		빛나는 정도(征途)를 축복	수필	『每日新報』1944년 1월 7일
		출진하는 반도인 학도에게	연설	『半島の光』1944년 1월호
장혁주	문학	조선의 지식층에게 호소함	논설	『三千里』1939년 4월호
		새로운 출발*	소설	『綠旗』1944년 1월호
		아세아 환희의 봄	수필	『半島の光』1944년 1월호
전필순	개신교	태양은 창공에 높히 떳다	논설	『每日申報』1937년 8월 8일
		미국인의 민족성*	논설	『東洋之光』1942년 2월호
정구충	교육	학병이여 잘 싸워라-전투력 기초는 체력	논설	『每日新報』1943년 11월 26일
		출진하는 청년학도에게 고함-역사적 조류(潮流)를 타라	논설	『春秋』1943년 12월호
정비석	문학	반도민초(半島民草)에 일시동인(一視同仁)	수필	『三千里』1940년 11월호
		군대생활	수필	『新時代』1943년 7월호
		사격*	수필	『國民文學』1943년 7월호
정인과	개신교	일본적 기독교로서-익찬일로의 신출발	논설	『每日新報』1941년 9월 3~5일
		앵글로 색슨의 종교정책*	논설	『東洋之光』1942년 2월호
정인택	문학	행복	소설	『春秋』1942년 1월호
		검은 흙과 흰 얼굴	소설	『朝光』1942년 11월호
		농무(濃霧)*	소설	『國民文學』1942년 11월호
		낙토(樂土)에 충천(沖天)하는 개척민의 의기(意氣)	수필	『半島の光』1943년 4월호
		불초의 자식들	소설	『朝光』1943년 9월호
		히틀러전초(傳抄)	수필	『朝光』1945년 5·6월 합병호
정춘수	개신교	응전(應戰)의 이유 3가지*	논설	『東洋之光』1942년 1월호
		미영인의 종교정책*	논설	『東洋之光』1942년 2월호
조기홍	교육	신체제는 이런 것부터	논설	『每日新報』1940년 12월 28일
		무적의 제국해군, 반도의 젊은이도 바다로	논설	『每日新報』1943년 11월 28일

이름	분야	글 제목	형식	출전
		흉금을 터놓고서 애국반상회는 뜻있게	논설	『每日新報』1944년 4월 19일자
조동식	교육	성전 일년-정신통일, 근검활동, 보건보국에 노력	논설	『每日新報』1938년 7월 5일
		충성과 효도는 하나	논설	『每日新報』1942년 3월 9일
		징병령과 여자교육	논설	『朝光』1942년 11월호
		철저한 결전정신, 남자 대신 직장으로 나서자	논설	『每日新報』1944년 1월 14일
조연현	문학	동양에의 향수*	수필	『東洋之光』1942년 5월호
		아세아부흥론 서설*	논설	『東洋之光』1942년 6월호
		평단(評壇)의 일년*	논설	『新時代』1943년 12월호
조용만	문학	찻간에서 생긴 일*	수필	『東洋之光』1942년 7월호
		고향*	소설	『綠旗』1942년 12월호
		평남 흑령탄갱(黑嶺炭坑) 시찰기	수필	『新時代』1944년 6월호
주요한	문학	동양해방	시	『三千里』1940년 12월호
		첫 피, 지원병 이인석에게 줌	시	『新時代』1941년 3월호
		임전조선(臨戰朝鮮)	논설	『新時代』1941년 9월호
		팔굉일우	시	『三千里』1942년 1월호
		루스벨트여 답하라	논설	『新時代』1942년 1월호
		명기하라 12월 8일	시	『新時代』1942년 1월호
		상해조계 진주일에 왕군에게 보냄	시	『朝光』1942년 2월호
		마음속의 싱가폴	시	『新時代』1942년 3월호
		전필승공필취(戰必勝功必取)	논설	『新時代』1942년 4월호
		첫피	시	『新時代』1942년 9월호
		12월 7일의 꿈	시	『新時代』1942년 12월호
		최저생활의 실천-모든 물가가 군수품이다	논설	『新時代』1943년 3월호
		나서라, 지상명령이다	수필	『每日新報』1943년 11월 19일
		천인침	수필	『每日新報』1944년 1월 19일
차사백	교육	신도(臣道)실천과 국어보급에 노력	논설	『每日新報』1941년 1월 11일
		나의 신생활 계획	논설	『每日新報』1942년 3월 3일
차재정	기타	옛 동지에게 고함	논설	『三千里』1938년 11월호
		동아 신질서와 혁신	논설	『三千里』1939년 1월호
채만식	문학	문학과 전체주의-우선 신체제 공부를-	논설	『三千里』1941년 1월호
		지인태 대위 유가족 방문기	수필	『新時代』1943년 1월호
		나의 꽃과 병정	수필	『人文評論』1940년 7월호

이름	분야	글 제목	형식	출전
최남선	교육	가라 청년학도여	수필	『每日新報』 1943년 11월 20일
		아세아의 해방	논설	『每日新報』 1944년 1월 1일
		동방민족의 중원진출과 역사상으로 본 아세아제민족의 향방	논설	『在滿朝鮮人通信』 1937년 10월호
		만주가 우리에게 있다	논설	『在滿朝鮮人通信』 1937년 11월호
		만주건국의 역사적 유래	논설	『新時代』 1943년 3월호
		성전(聖戰)의 설문	논설	『新時代』 1944년 2월호
		시국인식의 근본점 - 내일의 광명약속	논설	『每日申報』 1937년 8월 15일
최동	교육	싱가폴 함락에 부쳐*	논설	『東洋之光』 1942년 3월호
		대동아전쟁의 지문(地文)·문화적 고찰*	논설	『東洋之光』 1942년 5·6월호
최린	천도교	앵글로 색슨인 민족과 국가의 유색인종에 대한 태도*	논설	『東洋之光』 1942년 2월호
		동양평화의 대정신-내선일치로 국민적 적성 발휘	논설	『每日申報』 1937년 8월 15일
		자기 완성이 필요	논설	『在滿朝鮮人通信』 1939년 2월호
		대동아공영권와 고도국방	논설	『三千里』 1940년 9월호
최재서	문학	전쟁문학	논설	『人文評論』 1940년 6월호
		사변당초(事變當初)와 나	수필	『人文評論』 1940년 7월호
		전형기(轉形期)의 문화이론	논설	『人文評論』 1941년 1월호
		징병서원행(徵兵誓願行)*	수필	『國民文學』 1943년 8월호
		문학정신의 전환	논설	『人文評論』 1941년 4월호
최정희	문학	5월9일	수필	『半島の光』 1942년 7월호
		군국의 어머님들	수필	『半島の光1944』 2~4월
		야국초(野菊抄)*	소설	『國民文學』 1942년 11월호
		징용열차	소설	『半島之光』 1945년 2월호
		군국모 성찬	수필	『半島の光』 1944년 6~7월
함대훈	연극	전시에 책무익다(責務益多)	논설	『三千里』 1940년 10월호
		지원병제훈련소 1일 입영기	수필	『人文評論』 1940년 11월호
		장정의 각오	수필	『每日新報』 1943년 8월 4일
함상훈	언론	근위(近衛)내각의 신정책	논설	『朝光』 1940년 9월호
		구주대전(歐洲大戰)의 신단계	논설	『朝光』 1942년 10월호
		구주전국(歐洲戰局)의 1년	논설	『朝光』 1942년 12월호
		조선학령아동의 의무교육 실시	논설	『朝光』 1943년 1월호
		구주전국의 신단계	논설	『朝光』 1943년 9월호

이름	분야	글 제목	형식	출전
허하백	교육	총후여성의 힘	논설	『朝光』 1942년 2월호
		반도지도층 부인의 결전보국의 대사자후(大獅子吼); 총후부인의 각오	논설	『大東亞』 1942년 3월호
		여자도 싸울 때이다	논설	『每日新報』 1943년 10월 30일
		처우문제에 대한 주부로서의 감사와 각오	논설	『每日新報』 1944년 12월 27일
현상윤	교육	징병제와 학원의 결의	논설	『春秋』 1942년 11월호
		고대고대(苦待苦待)했다	논설	『每日新報』 1942년 12월 6일
		'사(士)는 국지원기(國之元氣)' 멸사(滅私), 구원의 생을 찾자	논설	『每日新報』 1943년 11월 11일
		승리는 정신력, 신취(神鷲)를 따르자 반도청년	논설	『每日新報』 1944년 12월 12일
현영섭	기타	새로운 부인운동	논설	『家庭の友』 1939년 10월호
		사변(事變)의 인류사적 의의*	논설	『東洋之光』 1939년 7월호
		내선일체의 세계사적 의의*	논설	『內鮮一體』 1940년 1월호
		내선일체관견(內鮮一體管見)*	논설	『總動員』 1940년 1월호
		내선일체와 총후청년의 임무	논설	『朝光』 1940년 5월호
		국민정신과 우리의 임무	논설	『朝光』 1940년 6월호
		동아연맹론의 대두와 내선일체운동의 관계	논설	『朝光』 1940년 7월호
		외국의 토인(土人) 부대와는 절대로 다르다-우리나라의 지원병제도	논설	『三千里』 1940년 7월호
		사실로서의 내선일체	논설	『內鮮一體』 1940년 12월호
		신일본의 전망; 내선일체 완성의 길*	논설	『綠旗』 제3권 제1호
		반도 신여성론	논설	『內鮮一體』 1941년 4월호
		국민정신운동과 우리의 임무	논설	『朝光』 1940년 6월호
현제명	음악	싱가포르 함락 감상*	논설	『東洋之光』 1942년 3월호
홍순기	언론	재만조선인 내선일체 관념	논설	『每日新報』 1941년 9월 21일
		재만동포의 결전생활	논설	『新時代』 1944년 2월호
홍종인	언론	전환기의 통치 방침	논설	『朝鮮日報』 1938년 1월 20~22일
		북지와 조선인 문제	논설	『朝光』 1938년 3월호
		시사촌감(時事寸感)	논설	『半島の光』 1944년 3월호
황신덕	교육	비상시국과 가정경제	논설	『三千里』 1938년 8월호
		봉공의 정신을 높이라	논설	『每日新報』 1941년 7월 11일
		어머니의 책임 더 한층 증대	논설	『每日新報』 1943년 5월 13일

〈참고〉 1. 박수현, 2006, 「전시파시즘기(1937~1945) 조선 지식인의 체제협력 양상과 논리」, 『한국민족운동사연구』 46, 168~176쪽 〈표 1〉 수정·보완.
2. 글 제목의 '*'는 일문.
출처: 친일인명사전편찬위원회·민족문제연구소, 2009, 『친일인명사전』

환), 「5천 학병 가는 곳에」(김두헌), 「성업의 기초완성」(김상용), 「징병이 닥쳐온다」(김성수), 「돌아오지 않는 아홉 장사」(김해강), 「거룩한 대화혼을 명심」(김활란), 「지원병에게」(모윤숙), 「전장은 청년을 부른다-반도청년의 분기를 바람」(박관수), 「대동아전쟁 2주년-영원히 관망 벗도록」(백낙준), 「마쓰이 오장 송가」(서정주), 「필승의 신념」(서정주), 「적이여 보라」(신봉조), 「전통의 용맹 보이라」(신흥우), 「적국의 학생병을 치자」(양주삼), 「병역은 곧 힘이다」(유진오), 「총출진하라」(윤치호), 「지원병 장행가」(이광수), 「천재일우의 때」(이헌구), 「대용단을 내라」(장덕수), 「군대생활」(정비석), 「무적의 제국해군, 반도의 젊은이도 바다로」(조기홍), 「첫 피, 지원병 이인석에게 줌」(주요한), 「가라 청년학도여」(최남선), 「님의 부르심을 받들고서」[102](김기진·김동환·김문집·김상용·김용제·김종한·노천명) 등이 있다.

    병역문제와 관련해서는 부녀자들을 대상으로 한 선동적인 글도 상당수에 달했다. 병역문제에 있어 가장 동요가 심한 계층이 아들과 남편을 전쟁터로 보내야 하는 부녀자들이었기 때문이다. 당시 일제는 부녀자들 사이에서 "공병(恐兵)의 분위기가 매우 뿌리 깊게 존재하고 있다"고 우려하는 상황이었다.[103] 부녀자들의 동요와 불안은 곧바로 병역 대상자들에게 영향을 미치기 때문에, 일제는 부녀자들을 대상으로 적극적인 여론전을 전개했고 그 방법 중 하나가 이들에게 영향력이 있는 친일 지식인의 활용이었다. 필진은 주로 교육·문학계의 친일 지식인들로서 여류인사들

---

102 징병제 시행을 기념해 1943년 8월 1일부터 7일까지 『每日新報』에 실린 시화 제목.
103 「朝鮮に對する徵兵制施行の閣議決定公表にする反響調査」, 1942.6, 『思想月報』 95; 최유리, 1997, 앞의 책, 201쪽에서 재인용.

이 다수였다. 주요 글은 「징병 감사와 우리의 각오」(고황경), 「징병제와 반도여성의 각오」(김활란), 「어머니의 힘」(모윤숙), 「자식을 둔 보람, 어미 된 면목」(박마리아), 「군국의 어머니의 긍지」(박인덕), 「반도여성의 책무도 크다」(송금선), 「징병과 여성」(이광수), 「대동아전쟁 완수는 주부의 철저한 각오에서」(임숙재), 「충성과 효도는 하나」(조동식), 「천인침」(주요한), 「군국의 어머님들」(최정희), 「총후여성의 힘」(허하백), 「어머니의 책임 더 한층 증대」(황신덕) 등이다.

둘째, 침략전쟁을 미화하는 글들은 침략전쟁의 정당성을 강조하며, 일본군을 찬양하고 필승을 예견하는 내용이다. 대개 소설·시·수필 등 문학작품이 많았다. 주요 글은 「대동아전쟁송」(김기진), 「일장기의 물결」(김동인), 「적국 항복 받고 지고」(김동환), 「호주여」(김해강), 「기원」(노천명), 「어린 날개」(모윤숙), 「일본은 왜 싸우는가」(박희도), 「적의 야망을 파촉」(유억겸), 「싱가포르 함락을 경축함」(윤치영), 「싱가포르 함락되다」(이광수), 「대동아전쟁 소감」(이용설), 「아세아 환희의 봄」(장혁주), 「동양해방」(주요한), 「아세아의 해방」(최남선), 「싱가포르 함락 감상」(현제명) 등이다.

셋째, 파시즘체제 찬양과 '총후보국(銃後報國)'을 강조하는 글들은 '국민총력운동'으로 불리는 신체제운동을 찬양하고 조선인들의 적극적인 참여, 전선(戰線)과 다름없는 후방의 전시태세 강화 등을 강조하는 내용이다. 특히 부녀자들을 대상으로 한 '총후(銃後)' 가정의 역할을 강조하는 내용도 상당수에 달했다. 대표적인 글은 「전시와 가정-가정의 국가의 뿌리」(고황경), 「총동원 태세로-결전하 문단인의 결의」(김동인), 「땀의 기쁨」(김상용), 「뒷일은 우리가」(김활란), 「필승의 결심으로 총후는 부인이 지키자」(박인덕), 「조선과 총력운동」(서춘), 「시대도 새로운 이날 여인으로 알아둘 예절」(송금선),「시국과 여성의 각성」(유각경),「우리집의 노래」(이광수),「전시하의 가정생활」(이숙종),「가정의 신질서(임숙재),「신체제는 이런 것부터」(조기홍),「최저생활의 실천-모든 물가가 군수품이다」(주요한),「나의 신생활 계획」(차사백),「총후부인의 각오」(허하백),「비상시국과 가정경제」(황신덕) 등이다.

반면 이론적인 글은 대개 논설 형태로서 분야별로 논리와 전문성을 갖추고 있다. 신문보다는 잡지에 실리는 글들이 많았고 대상도 일반인보다는 중등학생 이상의 식자층이었다. 특히 필자 중에는 전향한 지식인들이 많았는데, 이들은 대개 전향 과정에서 친일의 핵심논리인 내선일체나 황도(皇道)정신을 수용한 것으로 보인다.[104] 때문에 이들의 글은 스스로 패배의식을 극복하고 자신의 행위를 정당화하는 자기 검증의 측면이 강했다.

이론적인 친일 글은 대개 내선일체, 신체제, 전황 및 국내외 정세 등을 주제로 파시즘 지배체제와 침략전쟁의 정당성을 논리적으로 분석하는 데 중점을 두었다. 이를 정리하면 다음과 같다.

첫째, 내선일체에 관한 글은 주로 조선인의 입장에서 내선일체의 구조·의의·정당성·실천 방향 등을 분석했다. 주요 글은「아시아부흥과 내선일체」(김두정),「조선민족의 발전적 해소론 서설」(김문집),「민족적 감정의 내적 청산으로」(김용제),「일본정신의 정화」(김한경),「결혼의 인식」·「내선일체생활의 인식으로」(박남규),「내선일체와 신체제」(배상하),「내선일체 철저화를 위하여」(윤치호),「신시대의 윤리」(이광수),「내선일

---

104 전상숙, 2005,「전향, 사회주의자들의 현실적 선택」,『일제하 지식인의 파시즘체제 인식과 대응』, 혜안, 110~112쪽.

체의 필연성에 대하여」·「내선일체의 문화적 이념」(인정식),「옛 동지에게 고함」(차재정),「재만조선인 내선일체 관념」(홍순기),「내선일체의 세계사적 의의」·「동아연맹론의 대두와 내선일체운동의 관계」·「내선일체 완성으로 가는 길」(현영섭) 등이다.

둘째, 신체제에 관한 글은 신체제운동의 정당성과 조선인의 역할을 분석한 내용인데, 친일 지식인들이 속한 분야의 신체제운동을 강조한 논리적인 글들이 다수라는 점이 특징이다. 특히 문학과 예술분야의 글이 많았다. 주요 글은 전환기의 문화이론(고승제),「결전문학의 이념」(곽종원),「나의 신연극론-신체제를 계기로-」(김건),「미술계의 신체제」(김경승),「국가의 신체제와 신음악의 건설」(김관),「신윤리의 수립」(김동환),「전쟁문학의 전망」(김용제),「신진작가론」(김종한),「반도신체제의 기치-신체제와 문학」(박영희),「전쟁문학 일고」(백철),「신체제와 영화」(서광제),「시국과 미술」(심형구),「심적 신체제와 조선문화의 진로」·「신체제 하의 예술의 방향」,「전환기의 조선문학」(이석훈),「문학과 전체주의」(채만식),「전쟁문학」·「문학정신의 전환」(최재서) 등이다.

셋째, 국내외 정세에 관한 글은 주로 국제사회에서 일본의 정치·경제적 우월적 위상 강조, 일본·독일의 승리 예견, 일제의 지배정책 찬양 등에 초점을 내용이다. 주요 글은「식량의 국가관리」(고원섭),「배영(排英)운동강화론」(박희도),「미영의 민정(民情)과 식민정책」(백낙준),「독영(獨英) 결전의 전망」·「세계신질서 건설의 장래」(서강백),「준전시체제에서 전시체제로」(서춘),「신가파(新嘉坡)와 공영권」(신흥우),「동아공영권 건설의 성전」(여운홍),「아메리카는 왜 싸우는가」(양주삼),「쫓겨가는 미영세력」·「영미소(英美蘇) 진영의 내홍」·「대동아전쟁의 사적(史的) 의의」(유광렬),「미국의 대외정책」(윤치영),「지나사변 6주년과 대동아전」(이창수), 「미영 적성의 정체」(장덕수), 「대동아공영권와 고도 국방」(최린), 「근위(近衛)내각의 신정책」·「구주대전의 신단계」(함상훈) 등이다.

2) 친일 지식인의 전쟁협력 논리와 현실인식

(1) 전쟁협력 논리

친일 지식인들은 내선일체(론)를 전면적으로 수용했다. 앞에서 살펴본 바와 같이 중일전쟁 이후 통치의 전면에 등장한 내선일체는 '시혜론'·'보은론'을 토대로 일방적으로 조선인들의 노력과 희생만을 강조한 일제의 동원 이데올로기였다. 더욱이 내선일체는 일관된 사상체계를 갖춘 것이 아니었기 때문에 필요에 따라 얼마든지 조작이 가능했다. 또한 일제가 내선일체를 강조하며 조선인과 일본인의 무차별 평등이라는 말을 의도적으로 사용한 것은 어디까지나 황민화의 수단으로서만 그 말을 썼던 것이며, 그 이상도 그 이하도 아니었다.[105]

그럼에도 친일 지식인들은 내선일체를 그 이상으로 받아들여, 조선인들이 적극적으로 노력하면 내선일체는 이루어질 수 있다고 믿었다. 대다수 친일 지식인들이 협력 논리로 내세운 내선일체란 그 자체라기보다는 내선일체로 가기 위한 과정과 노력에 중점을 둔 것이다. 이광수나 유진오의 주장처럼 내선일체가 되고 안 되는 것은 조선인들의 노력에 달려 있다는 것이다.

---

105 宮田節子, 1985, 앞의 책, 156쪽.

〈내선일체란〉 내가 재래의 조선적인 것을 버리고 일본적인 것을 배우는 것이다. 일언이폐문(一言以蔽文)하면 이것이다. 그리하여서 조선 이천삼백만이 모두 호적을 떠들어 보기 전에는 내지인인지 조선인인지 구별할 수 없게 되는 것이 그 최후의 이상〈이며〉 … 내선일체가 되고 아니 되는 것은 오직 나의 노력 여하에 달린 것이다.[106]

현하(現下)의 최대문제인 내선일체도 또한 그러하다. 내선일체를 최종적으로 해결하는 것도 다른 사람이 아니라 조선인 자신인 것이다. 조선사람이 지금 내지인과 다른 환경에 있는 것이 사실이라면 그것은 조선사람이 내지인에게 지지 않는 힘을 갖춤으로써 비로소 해결될 것이다.[107]

다만 어떻게 노력해야 하는가에 대해서는 친일 지식인 간에 방법상의 차이는 있었다. 유진오는 조선과 일본의 일체화를 궁극적인 목표로 하고 있기 때문에 조선인의 국민적 자각과 문화교양을 일본인과 동일 수준으로 끌어올리는 것이 필요하다고 했고,[108] 박남규의 경우는 한발 더 나가 내선일체는 "내선이라고 하는 구별된 형상이 하나로 되기 위한 노력이다. 하나로 되려는 생활을 말한다. … 옷을, 음식을, 집을, 말을, 지식을, 정의(情意)를, 습관을 일체로 일체에 근접하기 위한 일생 최대의 노력"[109]이라며 모든 것을 바꾸는 노력이 필요하다고 강조했다. 또 현영섭은 '조

---

106 이광수, 「심적 신체제와 조선문화의 진로」 『每日新報』, 1940.9.4~12.
107 유진오, 「병역은 곧 힘이다」, 『每日新報』, 1943.11.19.
108 유진오, 1942, 「時局と文化人の任務」, 『總動員』 5월호, 80쪽.
109 박남규, 1940, 「內鮮一體生活の認識で」, 『內鮮一體』 2월호, 50쪽.

선어' 전폐까지 주장했다.[110]

　방법상의 차이는 있었지만 내선일체를 전면적으로 수용하고 이를 위해 적극적으로 노력해야 한다는 것에 대해서는 친일 지식인 대부분의 공통된 인식이었다. 이들은 내선일체만이 조선이 살길이며 미래를 위한 최선의 선택이라고 믿었다.

　전쟁협력은 이들에게 내선일체와 황민화를 위해 조선인들이 당연히 수행해야 할 과정이었다. 내선일체를 위해서는 실천적 노력이 필요하고, 그 실천이 바로 조선인들의 전쟁협력이라는 인식이었다.[111] 이들이 병역제가 시행될 때마다 적극적인 선전·선동에 나선 것은 이러한 인식이 바탕이 된 것이다. "육군특별지원병제는 조선인에게 황국신민 자격을 부여하는 시험",[112] "징병제 실시로 인해 우리가 이제야 명실상부한 황국신민의 자격을 얻게 된 것",[113] "일본정신이 가장 잘 정화된 데가 군대",[114] "조선청년의 최대 임무는 국방 최전선에서 일본청년과 어깨를 나란히 하는 것"[115] 등의 주장과 같이 표현의 차이는 있었지만 친일 지식인 대부분은 병역이 내선일체를 위한 실천적 노력이자 과정이라고 인식했다.

　따라서 이들은 병역을 통해 보은의 자세로 충성된 황국신민임을 입증해야 한다고 강조했다. 병역을 특전으로 생각하고 그 은혜에 대한 보답으로 충성을 다할 때, 내선일체를 구현하고 완전한 황국신민으로 인정

110　현영섭, 1939, 「新日本への展望; 內鮮一體完成への道」, 『綠旗』 1월호.

111　박수현, 2006, 앞의 글, 185쪽.

112　이종린, 「부형과 학생들에게 고함」 『每日新報』, 1943.11.19.

113　김성수, 「文弱의 痼疾을 버리고 상무기풍 조장하라」, 『每日新報』, 1943.8.5.

114　정비석, 1943, 「군대생활」, 『新時代』 7월호, 37쪽.

115　인정식, 1943, 「敢へて都市の青年に警告する」, 『東洋之光』 5월호, 9쪽.

받게 된다는 것이다. 일제의 병역제 선전과정에서 수없이 등장하는 보은의 논리는 사실상 친일 지식인들이 더 크게 확산시킨 측면이 있었다. 친일 지식인들의 선전 내용에 담고 있는 보은과 충성에 대한 인식과 표현은 일제보다 훨씬 더 자극적이었다.

> 징병령이라는 것은 천황폐하께옵서 내리신 여간한 큰 은사가 아닙니다. 아직까지는 어린애였지만 인제는 그 성장한 사람이라고 인정하시고 총과 칼을 메고 전지에 나가라고 하시는 것이니까, 전지에 나가는 이상 황은에 어그러짐 없이 충용하고 훌륭한 황국신민이 되도록 노력하는 것이 이 혜택에 보은하는 최선의 길입니다.[116]

> 신민된 충성을 다하여 본 제도의 실시를 원활히 진행하게 하여 황은의 만분지일을 보답하지 아니하면 안 된다. 징병은 일본 신민으로서 가장 숭고한 도의다. 일본 신민에게만 한하여 부여하는 최고의 은총이다.[117]

> 1943년(소화18년) 8월 1일은 조선에 징병제가 시행되는 날로써 … 반도 동포로 하여금 명실이 상부하는 황국신민을 만들려고 심혈을 기울여 분투한 결정이 아닐 수 없다. 이에 대한 무한한 감사를 드릴 사이고, 광대무변하옵신 성은에 오로지 공황(恐惶) 감격할 뿐이다. … 성은을 무엇으로 보답하올까. … 젊은이들아, 그 집안사람들아, 임금 위하여 참마음 하나로 일어서라 하노라.[118]

---

116 박마리아, 1942, 「징병령과 반도 어머니의 결의」(좌담회), 『朝光』 6월호, 16쪽.
117 박관수, 1942, 「황민된 최고의 영예」, 『半島の光』 제56호, 32쪽.
118 고황경, 「징병감사와 우리의 각오-건군 정신에 투철」, 『每日新報』, 1943.8.5.

군인칙유에는 '짐은 너희를 손발같이 믿노라'라고 적혀 있다. 잘 알다시피 군인칙유는 다른 칙유와 달리 국무대신의 부서(副署)가 없다. 그것은 폐하께서 스스로 직접 군에 알리는 조서이기 때문이다. 따라서 우리 반도 2,300만 한 사람 한 사람에게 폐하께서 스스로 '너희들을 짐의 손발처럼 믿는다'라고 말씀하신 것이다. 조선 땅에서 생을 누리는 우리들이 어찌 감격의 눈물을 흘리지 않을 수 있겠는가.[119]

나아가 친일 지식인들은 희생까지 감수해야 한다고 강조했다. 조선인들도 보답을 하고 대가를 치러야 진정한 황국신민의 자격을 얻고 천황의 적자로 인정받을 수 있다는 것이다. 내선일체를 위해서는 희생이 필요하다는 논리였다. 전쟁에 나가 죽는 것까지도 진정한 황국신민의 자격을 얻기 위한, 천황과 일본제국을 위한, 아시아 민족의 해방을 위한 영예로운 행위라고 강조했다. 내선일체에 대한 간절한 희망이자, 식민지 조선을 위한 최선의 길이 내선일체라는 신념에서 나온 인식이라고 할 수 있다. 교육계 친일 지식인들은 제자들이 학도병으로 나가 죽는 것까지도 대의(大義)라고 강조했다.

평소부터 자주 제군에게 말하여 온 나의 생각을 제군의 출진(出陣)을 앞둔 오늘날 다시 말하고자 한다. 이를 한마디로 말하면 '의무를 다하라'는 데 그칠 것이다. 의무를 위해서는 목숨도 아깝지 않다고 늘 말했거니와, 지금이야말로 제군은 이 말을 현실에서 몸으로써 실행할 때가 온 것이다. … 제군의 희생은 결코 가치 없는 희생이 아닐 것

---

119 최재서, 1943, 「징병서원행」, 『國民文學』 8월호, 46쪽.

을 나는 제군에게 언명한다. 제군이 생을 받은 이 반도를 위하여 희생됨으로써 이 반도는 황국으로서의 자격을 완수하게 되는 것이니 반도의 미래는 오직 제군의 거취에 달렸다고 할 수 있다.[120]

지금 제군은 부르심을 받들어 출진하게 된 것이다. 폐하의 고굉(股肱)으로써 황국의 운명을 쌍견에 걸머지게 된 것이다. 국사에 대한 종래의 방관자적 지위로부터 일약(一躍)하여 황국의 초석이 되고 간성이 된 것이다. 일본제국은 폐하를 원수로 받드는 제군의 제국이다. 이제야말로 '우리나라'라는 말은 명실히 상합(相合)하게 된 것이다. … 대동아전은 성전(聖戰)이다. … 제군이 의를 위하여 피를 흘릴진대 그 사(死)는 한갓 청사에 빛날 뿐 아니라 의로 더불어 사는 신의 전(殿)에 영원한 생명의 불이 될 것이다.[121]

야심가 때문의 싸움, 침략주의 때문의 싸움에 나아가는 것조차 사나이의 자랑이라고 한 자에 비하여 대동아의 건설, 전인류의 해방주의와 신념과 이상을 살리려는 거룩한 싸움에 나아가는 이 마당이야 이 얼마나 쾌심사이냐. 아니, 이 얼마나 큰 인생의 행복일 거냐. 이로써 작은 한 몸을 가지고 천황폐하의 방패가 되고 세계 재건의 기초가 되고 다시 돌이켜 생각하여 보면 사람으로서 가장 의의 있이 죽을 때 그 죽는 장소를 차지할 수가 있는 것이다. … 제군! 대동아의 성전은 이름 비록 동아이지마는 이는 실로 신시대 신문화의 창조운동이며

---

120 김성수, 「大義에 죽을 때 皇民됨의 책무는 크다」, 『每日新報』, 1943.11.7.
121 장덕수, 1944, 「출진하는 반도인 학도에게」, 『半島の光』 제72호, 1944.1.

세계 역사의 개조이다.[122]

심지어 교육계의 여성 친일 지식인들은 부녀자들에게 자식·남편의 죽음을 영광으로 생각해야 한다고 역설했다. 고황경은 징병제 실시로 "황송하옵게도 우리 가정에서 황군을 국가에 바칠 영광을 가지게 되었다"[123]고 했으며, 배상명은 어머니들에게 "독자라도 서양자(婿養子) 드릴 셈 잡고 허심(虛心)으로 나라에 바치는 각오가 서야"[124]한다고 했다. 또 김활란은 "만일의 경우에는 남편이나 아들의 유골을 조용히 눈물 안 내고 맞아들일 마음의 준비를 가져야 한다."[125]고 했으며, 송금선은 "군국의 어머니는 전날 가졌던 자녀에 대한 묵은 관념을 타파하여야" 하고 "어디까지든지 폐하의 적자, 국가의 큰 보물임을 깊이 느끼고 우리는 맡아서 양육해 드리는 데 불과하다는 신념을 굳게 가져야 될 것"[126]이라고 했다.

또한 친일 지식인들은 동양평화를 내세우며 침략전쟁을 미화, 찬양했다. 전쟁 초기에는 타도 대상이 중국의 정치가들과 군벌과 정치가들이었다. 중일전쟁은 이들의 학정에서 중국민중을 구하기 위한 정의로운 전쟁이며, 동양평화를 위한 전쟁이라는 것이다. 최린은 "제국의 금번 출병은 지나(支那) 민중을 상대로 한 것이 아니라 그릇된 정책과 포학(暴虐)한 수단을 가지고 있는 지나 민중의 적이요 동양평화의 장애물인 군벌과

---

122 최남선, 「가라! 청년학도여」, 『每日新報』, 1943.11.20.
123 고황경, 1942, 「전시와 가정-가정은 국가의 뿌리」, 『半島の光』 57호, 34쪽.
124 배상명, 1942, 「징병령과 반도 어머니의 결의(좌담회)」, 『朝光』 6월호, 27쪽.
125 김활란, 1942, 「징병제와 반도여성의 각오」, 『新時代』 제2권 12호, 35쪽.
126 송금선, 1944, 「나의 결전 좌우명」, 『春秋』 제5권 제1호, 43쪽.

정치가를 응징하여 동양평화의 건설을 목표로 하는 정의의 기치이다"[127]라고 주장했다.

이후 태평양전쟁으로 전선이 확대되면서 주요 타도 대상은 영미로 바뀌었고, 해방의 대상도 아시아인 전체로 확대되었다. 태평양전쟁이 아시아인 전체를 영미의 압제로부터 해방시키기 위한 전쟁이라면서 "동양 전체 황색인종의 행복과 평화를 위해 영미의 모든 세력을 우리 동양에서 철저하게 축출"[128]해야 한다고 강조했다. 특히 친일 지식인들은 일본의 침략전쟁을 아시아주의 관점에서 정당화하고 조선의 운명을 그 논리 속에서 일체화시키고자 했다.

아시아주의는 서구 제국주의 침략에 대한 동아의 공동대응과 일본을 맹주로 하는 동아지배질서의 구축을 정당화하는 동아협동체를 표방하며 침략전쟁을 정당화하는 논리였다.[129] 친일 지식인들은 동아협동의 아시아주의에 입각해 일본의 침략전쟁을 동양평화와 신동아건설을 위한 성전(聖戰)이라고 강조하며, 동아공영권의 파괴자이자 동양평화를 위협하는 영미를 타도해야 한다고 주장했다.

> 오늘 우리에게 맡겨 있는 한 가지 임무는 과연 무엇인가. 나는 조금도 서슴지 않고 원수 미영을 때려 없애고 대동아전쟁을 마감하는 것이라 하겠습니다. … 명일의 도의의 신질서를 세우려면 미영의 침략 착취의 구질서를 완전히 부셔 버려야 하고 명일의 협동안정, 공존공영

---

127 최린, 「동양평화의 대정신」, 『每日申報』, 1937.8.15.
128 이용설, 1942, 「宣戰の日に聞く-大東亞戰爭所感」, 『東洋之光』 1월호, 52쪽.
129 이지원, 2008, 「『삼천리』를 통해 본 친일의 정서와 논리」, 『역사와 현실』 69, 148~149쪽.

의 새 질서를 세우려면 미영의 이기주의와 약육강식의 경쟁 질서를 부셔 버리지 아니 하여서는 아니 될 것입니다. 그럼으로 미영격멸은 오늘 우리의 큰 임무인 동시에 내일의 채비차림이 되는 것이외다.[130]

과거 수백 년간 동양을 침략하여 갖은 착취와 압제로서 배를 부릴 뿐 아니라 아제국(我帝國)의 동아공영권 건설을 방해하던 동양 전 민족의 공동의 적 미국과 영국 두 나라에 대하여 지난 12월 8일 제국은 드디어 정의의 간과(干戈)를 잡게 되었으며 … (두 나라에서는) 강한 자는 살고 약한 자는 죽는 것뿐입니다. 약육강식하는 동물사회에 무슨 자유주의·개인주의가 있을 리가 있습니까. … 동아의 열민족(列民族)은 그 착하(搾下)에 피가 마르고 그 폭학(暴虐)하에 뼈가 굽었습니다. … 선한 나무는 선한 열매를 맺고 악한 나무는 악한 열매를 맺습니다. 황도 일본제국의 적성국가(敵性國家)인 영미의 정체는 이에 있습니다.[131]

(2) 현실인식

친일 지식인들이 내선일체를 수용하고 적극적인 전쟁협력에 나서게 된 이유는 무엇일까? 이들은 당시 최고 수준의 학력을 갖고 있었고, 상당수는 유학으로 선진문물과 지식을 체득한 인물들이다. 〈표 5-5〉는 친일 지식인 중에서도 선전·선동 활동에 가장 핵심적인 역할을 한 교육계 인물의 최종 학력과 주요 경력을 정리한 것이다.

---

130 백낙준, 1944, 「明日의 승리는 今日의 실천에서」, 『放送之友』 4월호, 36쪽.
131 장덕수, 1942, 「적성국가의 정체」, 『三千里』 제14권 1호, 1월호, 25쪽.

〈표 5-5〉 교육계 친일 지식인의 학력과 주요 경력

이름	생몰년	최종 학력	주요 경력(1937~1945)
고황경	1909~2000	미시간주립대 박사	이화여전 교수, 조선임전보국단 부인대 지도위원,
김두헌	1903~1981	도쿄제국대 졸업	혜화전문 교수, 국민총력조선연맹 문화위원
김상용	1902~1951	릿쿄대 졸업	이화여전 교수, 이화애국자녀단 간사
김성수	1891~1955	와세다대 졸업	보성전문 교장, 조선임전보국단 감사
김활란	1899~1970	콜럼비아대 박사	이화여전 교장, 조선임전보국단 평의원
박마리아	1906~1960	피바디사범대 석사	조선임전보국단 지도위원
박관수	1897~1980	도쿄제국대 문학부 수료	경기공립고등여학교 교장
박인덕	1897~1980	웨슬리안대·콜롬비아대 석사	덕화여숙 교장, 조선임전보국단 평의원
배상명	1906~1986	도쿄고등기예학교 졸업	상명실천여학교 교장, 조선임전보국단 평의원
백낙준	1896~1985	예일대 박사	연희전문 교수, 조선예수교장로회 애국기헌납기성회의 부회장
서은숙	1902~1977	콜럼비아대 석사	이화여전 교수, 조선임전보국단 부인대 지도위원
손정규	1896~?	도쿄여자고등사범 졸업	경기공립고등여학교 교유, 조선부인문제연구회 상무이사
송금선	1905~1987	도쿄 오차노미즈여자고등사범 졸업	덕성여자실업 교장, 조선임전보국단 부인대 지도위원
신봉조	1900~1992	도호쿠제국대 졸업	이화고등여학교 교장, 황도학회 회장
여운홍	1891~1973	우스터대 졸업	보성전문 교수, 조선체육회 이사
유억겸	1896~1947	도쿄제국대 졸업	연희전문 부교장, 시국대응전선사상보국연맹 상임간사
유진오	1906~1987	경성제국대 졸업	보성전문 교수, 조선문인보국회 상무이사
오긍선	1878~1963	미국 루이빌의과대 졸업	세브란스의학전문 교장, 국민총력조선연맹 상임이사
이능화	1868~1943	관립한성법어학교	경성제국대학 법문학부 교수, 국민총력조선연맹 문화위원
이묘묵	1902~1957	보스턴대 박사	연희전문 교장, 지원병제 취지보급 실행위원
이숙종	1904~1985	도쿄여자미술전문 졸업	성신여학교 교장, 국민총력조선연맹 위원
이헌구	1896~?	도쿄고등사범 졸업	보성중 교장, 조선임전보국단 평의원
임숙재	1891~1961	도쿄여자고등사범 졸업	숙명여전 교수, 조선임전보국단 부인대 지도위원
장덕수	1894~1947	콜럼비아대 박사	보성전문 교수, 국민의용대 지도위원

정구충	1895~1986	오사카의과대 박사	경성여자의학전문학교 교수, 조선임전보국단 평의원
조기홍	1908~1997	도쿄여자고등사범 졸업	성신가정여학교 교무주임, 조선부인문제연구회 간사
조동식	1887~1969	관립 한성한어학교 졸업	동덕고등여학교 교장, 조선임전보국단 평의원
차사백	1897~1990	오사카 람보트여학원 졸업	이화여전 교사, 조선임전보국단 부인대 지도위원
최동	1896~1973	도호쿠제국대학 박사	세브란스의학전문 교장, 조선기독교연합회 평의원
허하백	1908~?	나라여자고등사범 졸업	숙명여자고등보통학교 교유, 조선임전보국단 부인대 간사
현상윤	1893~?	와세다대학 졸업	중앙중학교 교장, 조선임전보국단 이사
황신덕	1898~1983	니혼여자대학 졸업	경성가정여숙 교장, 조선임전보국단 부인대 지도위원

출처: 친일인명사전편찬위원회·민족문제연구소, 2009, 『친일인명사전』

이렇게 높은 수준의 학력자들임에도 선전 내용은 너무 노골적이고 선동적이었다. 내선일체의 본질이 무엇인지, 침략전쟁과 조선인 병역이 조선사회에 어떤 영향을 미치는지 충분히 간파할 수 있는 지적 능력을 갖고 있는 인물들이었다. 또한 이들 중에는 민족운동 경력자들도 많았다. 이 때문에 해방 이후 많은 사람들이 이들의 친일행적을 믿지 않았다.

당사자들은 전시체제기라는 점을 들어 일제의 강요와 협박에 따른 어쩔 수 없는 선택이라고 강변했다. 일제의 '조작설'이란 주장도 나왔다. 그러나 강요라고하기에는 대부분의 전쟁협력 내용이 적극적이었고, 반복·지속적이었다. 또한 이들의 행적은 대부분 공개적으로 이루어졌고, 기록으로 남는 것이었다. 지식인들이라면 자신들의 공개적인 기록이 남는다는 것이 어떤 의미인지 누구보다 잘 알고 있었다.

친일 지식인들의 내선일체 수용과 전쟁협력은 현실인식에서 비롯된 것이었다. 상당수 친일 지식인은 1930년대에 들어서 현실인식이 바뀌기 시작했다. 서춘의 고백에 따르면 만주사변까지는 일본에 반감을 가지고 있었고, 만주사변 직후에도 국제연맹의 간섭으로 일본이 무너질 수 있다고 생각했다고 한다. 그러나 만주사변 이후 국제연맹은 별 움직임이 없었고, 이때부터 일본이 강하다고 느끼기 시작했다는 것이다.[132]

이어 중일전쟁은 친일 지식인들에게 큰 충격을 주었고 이를 계기로 대다수 친일 지식인은 일본의 힘에 압도되었다.[133] 오랜 세월 넘볼 수 없는 동아시아의 패자로 군림한 중국을 상대로 승승장구하는 일본의 위력을 목도하면서 이제 일본이 동아시아의 중심이라는 인식을 하게 된 것이다. 이광수는 중일전쟁을 '고집 센 내 마음의 문을 열어준' '신기원을 획(劃)할 만한 대사건'으로 평가했다.[134]

이러한 현실인식은 독립불능론으로 이어져, 일본을 상대로 독립하는 것은 불가능하고 조선을 위해서는 일본제국의 일원으로 남는 것이 최선의 길이라는 인식을 하게 되었다. 그러면서 "같은 배로 항해를 시작한 이상 풍파를 만나 난파하게 되면 조선도 같은 운명에 처하게 된다"는 윤치호의 주장처럼 이제 조선과 일본은 공동운명체라는 현실인식을 갖게 되었다.

> 일본제국이란 거선(巨船)이 내선인(內鮮人)을 한 데 태우고 바야흐로 항구에서 대해를 향해 출범하려 하고 있다. 만약에 거선이 불행히도

---

132 서춘, 1939, 「朝鮮に於ける愛國運動」, 『綠旗』 3월호, 37쪽.
133 이준식, 2005, 「파시즘기 국제정세의 변화와 전쟁 인식」, 『일제하 지식인의 파시즘 체제 인식과 대응』, 혜안, 110~112쪽.
134 이광수, 김원모·이정훈 편역, 1997, 『동포에 고함』, 철학과 현실사, 17~18쪽.

풍파를 만나서 난파한다든지 할 것 같으면 그 속에 탔던 조선인은 모두 한꺼번에 운명을 같이 하고 말 것이다.[135]

여기에 내선일체의 전면화는 친일 지식인들이 친일, 전쟁협력의 길로 나가는 결정적인 계기였다. 일제가 동원 이데올로기로 내세운 내선일체는 독립의 희망을 접은 친일 지식인들에게, 변절한 친일 지식인들에게 패배의식과 자괴감을 상쇄시키고 자신들을 정당화하는 논리였다. 또 아무리 노력해도 극복하기 힘들었던 민족차별에서 벗어나 진정한 황국신민이 될 수 있다는 '차별로부터의 탈출 논리'였다.[136]

일제가 내선일체를 표방한 이유가 전쟁 동원이 현실적 필요성 때문이고, 단기간에 이루어질 수 없다는 것을 알았다 하더라도 독립은 불가능하다고 생각한 친일 지식인들에게는 희망이었고, 조선을 위한 최선의 길이었다.[137] 이들은 적극적으로 노력을 하면 식민지 조선인이 아닌 황국신민으로 인정을 받을 수 있다고 믿었다. 그래서 더욱 노골적으로 전쟁협력에 나섰고, 전쟁이 장기화되고 불리해지더라도 끝까지 싸워야 한다고 강조했다.[138] 그러면서 전쟁 막바지까지도 일본과 공동운명이라는 내선일체 관념을 버리지 못한 채, 전쟁에서 패하면 미국의 노예가 될 것으로 우려와 일본이 승리할 것이라는 기대가 교차하고 있었다.

---

135 윤치호, 「內鮮人은 同一運命 - 巨船의 항해에 臨하여」, 『每日申報』, 1937.8.15.
136 宮田節子, 1985, 앞의 책, 156~164쪽.
137 박수현, 2006, 앞의 글, 195쪽.
138 "전쟁은 장기(長期)다. 자손의 대에까지 계속될지 모른다를 우리는 각오하고 이러한 각오하에 여하(如何)한 곤란결핍(困難缺乏)에라도 감내하면서 정전(征戰) 최후의 목적을 달성하고야 만다는 결심을 가지어야 되는 것이다." 서춘, 1942, 「필승의 신념」, 『大東亞』 7월호, 23쪽.

현재 〈미국은〉 … 국도(國都) 동경에 대해서 공전(空前)의 대폭격을 행할 것을 꿈꾸고 있다. … 적들이 만약 이 전쟁에서 승리를 얻을 때에는 … 정복자로서 절대권을 가지고 인류에 임하려는 생각을 품고 있다는 것을 생각할 때, 즉 그들이 이기는 경우에는 인류는 그들의 노예가 되고 말 것이라는 것을 생각할 때에, 우리가 이 전쟁에서 패하면 그 결과가 어떻게 된다는 데 대해서 새삼스러이 몸서리가 처진다.[139]

나는 제2차 세계대전에서 싱가포르가 일본군에 함락되었다는 기별과 그 축하잔치를 보고 일본과 독일과 이태리의 동맹한 주축군(主軸軍)이란 것이 마침내 이기지 않을까 하는 생각을 한 쪽으로 가져왔다. 그러다가 1944년 여름에 와서부터는 그들의 승리를 불가피한 것으로 예상하기에 이른 것이다. 이것은 인제 와서 보면 어이없는 일이 되었지만, 그때의 내 식견과 성찰력으로는 그 이상이 될 수는 없었던 것이다.[140]

또한 친일 지식인들이 일본의 힘에 압도당하고 내선일체를 수용하게 된 것은 강한 국가권력과 체제에 순응하는 종속적·기회주의적인 속성 때문이기도 했다. 더욱이 내선일체는 파시즘 국가주의·전체주의 논리로서, 민족을 강조하되 국가라는 전체를 통한 사회통합을 추구하며 대동아공영권의 일본국가 건설을 촉진하는 대국가주의론이었다.[141] 특히 일본

---

139 이창수, 1944, 「중대한 時局에 處하야」, 『朝光』 2월호, 19쪽.
140 서정주, 1975, 『나의 문학적 자서전』, 민음사, 120~121쪽.

고노에(近衛) 내각의 신체제운동이[142] 본격화하자, 친일 지식인들은 자유주의와 개인주의를 버리고 국가주의·전체주의에 빠져들었다.[143] 그리고 철저한 직역봉공의 신윤리·신도덕을 수립해 자유주의와 개인주의를 기반으로 했던 제도·기구·윤리·도덕을 두뇌에서 없애야 한다고 강조했다.[144]

신체제운동은 문학·문화예술·종교 분야에서 활발하게 전개되었다. 친일 문인들은 신체제 문학을 국민문학으로 명명하면서 신체제하에서 문학의 방향과 역할·의의, 문인의 임무 등을 강조했다. 박영희는 "문학의 전시체제란 국가적 목적을 작가 자신의 목적으로 삼고, 국가의 사상을 작가의 의식내용 속에 수용해 전시 국민의식을 양양하고, 국민의 정서를 국가정신 속에 조직하는 임무를 완수하는 데 있다"[145]라며 전체주의 문학을 강조했다. 이광수는 "국민문학의 결정적 요소는 그 작가가 '천황의 신민'이라는 신념과 감정을 가짐에 있다. 이 신념과 감정을 가진 작가의 문학이 곧 국민문학이 되는 것이다"[146]라며 작가의 황도정신(皇道精

---

141 이지원, 2008, 앞의 글, 155쪽.
142 신체제운동은 1940년 7월 성립된 일본의 고노에(近衛)내각이「기본국책요강」을 결정하고 8월에 발표한「신체제성명」에서 비롯되었다.「기본국책요강」은 '팔굉일우(八紘一宇)'의 정신에 입각한 강력한 '신정치체제의 확립'과 '대동아 신질서 확립'을 목표로 삼았으며, 관민 협동의 강력한 국민조직의 확립과 자발적인 국민운동의 필요성을 강조했다. 그 목적과 의도는 거국일치의 강력한 정치체제하에 국민을 통합해 고도국방체제의 확립과 신동아공영권을 건설하는 데 있었다. 이러한 신체제운동을 일본에서는 '대정익찬운동(大政翼贊運動)'으로 명명했고 조선에서는 '국민총력운동'으로 불렸다. 박수현, 2006, 앞의 글, 188~189쪽.
143 최린, 1940,「大東亞共榮圈과 高度國防」,『三千里』9월호, 30쪽.
144 서춘, 1941,「朝鮮と總力運動」,『新時代』2월호, 24~25쪽.
145 박영희, 1941,「臨戰體制下의 문학과 문학의 臨戰體制」,『國民文學』11월호, 43쪽.

神)을 강조했다. 채만식,¹⁴⁷ 김기진¹⁴⁸ 등도 황도정신의 의의와 필요성을 주장했다.

최재서는 신체제 문화를 국민문화라고 지칭하면서 "국민문화는 국민 전체에 통일을 주고 국민적 단결을 더욱 견고하게 만드는 문화이고 그 힘은 국가이념 이외에 있을 수가 없다"¹⁴⁹며 문화에 대한 국가 통제를 강조했다. 또 유치진은 "신체제에 있어서의 연극 통제란 결코 예술의 속박을 의미하는 게 아니고 오히려 예술의 새로운 발전을 위한 기초적인 자세라 해석함이 타당하다"¹⁵⁰라며 국가가 통제하는 국민연극이 되어야 한다고 강조했다. 예술지상주의를 청산하고 전체주의·국가주의에 입각한 신체제에 따라야 한다는 것이 친일 지식인들의 공통된 주장이었다.¹⁵¹

종교 또한 신체제 논리에 따라 국가가 통제해야 한다고 주장했다. 이돈화는 "오늘날 종교의 신체제는 교회는 국가를 초월한 교회가 아니요 국가 안에 있는 교회, 국가의 통제에 순응하여 국가에 봉사하는 교회란 것을 깊게 인식하여야 한다"¹⁵²고 했고, 정인과는 "국가 사회를 떠나고는 건실한 종교의 완성을 기할 수 없으며, 국가와 종교는 긴밀한 관계를 갖

---

146 이광수, 1943, 「國民文學問題」, 『新時代』 2월호. 34쪽.
147 채만식, 1941, 「문학과 全體主義」, 『三千里』 1월호, 250쪽.
148 김기진, 「彈丸과 忠言」, 『每日新報』, 1944.1.5~7.
149 최재서, 1941, 「轉換期의 문화이론」, 『人文評論』 2월호, 22쪽.
150 유치진, 「國民演劇 수립에 대한 提言」, 『每日新報』, 1941.1.3.
151 이광수는 "예술지상주의를 청산하는 것이 문학의 신체제요 영화의 신체제, 즉 예술의 신체제가 될 것이다…문학과 영화 등 문화의 각 부문은 전체주의, 국가주의를 기조로 하는 신체제에 참가해야 할 것이며 조선의 藝術群도 內鮮一體下에서 국가를 위해 그 보조를 같이 해야 할 것이다"라고 주장했다. 이광수, 1941, 「新體制下의 예술의 방향」, 『三千里』 1월호, 35쪽.
152 이돈화, 「聖戰과 종교의 사명」, 『每日新報』, 1941.8.30~9.2.

고 있다."¹⁵³며 국가 주도의 정교일치(政敎一致)를 강조했다.

　이렇게 내선일체에 빠져들수록 국가주의·전체주의에 대한 종속성은 더욱 커졌고 파시즘체제를 받아들이고 체화하는 데 점점 익숙해져 갔다. 여기에 내선일체는 아시아주의의 관점에서 백인문명의 유입으로 인해 궤멸된 동양의 정신문화를 구출하는 정서로서 활용되었으며, 특히 아시아주의와 대립하는 대표적인 서양사상인 공산주의를 배격하는 방공(防共)전선의 논리로 적용되었다.¹⁵⁴ 내선일체의 동양정신, 즉 황도사상(皇道思想)이 세계의 지도 원리로 강조되면서 공산주의는 철저한 배격의 대상이었다. 친일 지식인들은 내선일체가 조선이 나아가야 할 최선의 길이며, 이를 위해서는 공산주의를 배격하고 박멸해야 한다고 주장했다.

　　조선인이 내선일체를 하지 않으면 안 되는 이유가 어디에 있는가 하는 소론입니다. … 어떠한 입장에서 보더라도 내선일체의 길 이외에 조선인이 나아가야 할 길을 찾을 수 있습니까? 내선일체의 길을 거부한다고 하면 조선인이 나아가야 할 방향은 분명 공산주의 이외에는 없습니다. 하지만 이 공산주의에 따라 조선인이 조금이라도 행복해질 수 있다고 생각하십니까? 저는 그렇게는 생각하지 않습니다. … 오늘날의 러시아의 실정을 보십시오. 역사에 그 예를 찾아볼 수 없는 참혹하기 그지없는 비참한 상태에 우리가 놓여야 할 이유가 어디에 있단 말입니까? 공산주의는 결코 우리가 나아가야 할 길이 아닐뿐더러 결정적으로 이를 배제하고 박멸하는 것이 우리의 행복의 길이라

153　정인과, 「일본적 기독교로서-翊贊一路의 새출발」, 『每日新報』, 1941.9.3~5.
154　이지원, 2008, 앞의 글, 160쪽.

믿습니다. 이처럼 생각할 때, 내선일체는 우리 조선인에게 실로 사활을 건 중대한 문제라고 하지 않을 수 없습니다.[155]

이와 같이 친일 지식인들은 전시체제를 겪으면서 일본이라는 강한 국가와 권력에 대한 종속·순응을 통해 생존의 방식을 터득했다. 또 내선일체 관념에 빠져들면서 국가주의·전체주의·반공주의를 내면화했고 파시즘체제를 체화했다. 결국 이들이 전쟁협력에 적극적으로 나서게 된 것은 내재된 현실인식 때문이었다. 그리고 이러한 현실인식은 해방 이후에도 크게 바뀌지 않은 채, 독재 권력을 옹호하는 사상적·이념적 토대로 작용했다.

3) 해방 이후 친일 지식인의 동향

잘 알려진 바와 같이 해방 이후 친일 세력은 기득권을 유지한 채 강고한 세력으로 잔존했다. 해방 직후 친일파 청산은 새로운 사회를 갈망하는 대다수 민중들의 요구였고, 민족적 과제였지만 미군정의 실시와 함께 친일청산 문제는 공론화조차 이루어지지 않았다. 미군정은 한국인들의 친일청산 요구를 이해하지 못했으며, 가장 중요하게 생각한 것은 강력한 치안 유지와 직접 통치를 위한 행정권 장악이었다. 때문에 "공산주의 타도와 행정을 위해 친일 경찰과 관료들을 고용하는 것은 불가피하다"는 입장까지 밝히며[156] 공공연히 친일 경찰을 비롯한 친일 세력을 활용했다.

---

155 윤치호, 1939, 「內鮮一體に對する所信」, 『東洋之光』 4월호, 6~9쪽.
156 브루스 커밍스(김자동 역), 1986, 『한국전쟁의 기원』, 일월서각, 219쪽.

친일 세력은 다시 살아났고, 불과 몇 개월 전까지 미국 타도를 외치던 친일 지식인들은 재빨리 미국을 찬양하며 친미로 돌아섰다. 특히 제자들과 청년들을 사지로 몰아넣었던 교육계 친일 지식인들은 친미인사로 탈바꿈하며 미군정시기 교육계를 장악했고, 미군정 자문기구로서 미군정 교육정책을 주도했던 한국교육위원회도 대부분 이들이었다. 7명 중 5명이 친일 인물이었다. 김성수(고등교육), 김활란(여자교육), 백낙준(교육전반), 유억겸(전문교육), 현상윤(중등교육) 등이다. 당시 이들을 '교육주도세력', '교육패권세력'으로 불렸다.[157]

정부수립 직후인 1948년 9월 「반민족행위처벌법」(이하 반민법) 제정과 반민특위 출범으로 친일청산의 기대는 되살아났지만, 1년을 넘기지 못하고 좌절되었다. 반민법 제정은 친일청산을 해야 한다는 사회적 분위기와 당위성, 각계각층의 요구로 이루어진 것이지만, 이미 친일 세력은 미군정을 거치면서 기득권화되었고 이승만 정권의 핵심 세력으로 권력을 쥐고 있었다. 여기에 반민특위의 주체세력들은 이들을 단죄할 만한 역량을 갖추지 못했다. 조사활동도 널리 알려진 친일파나 일반인의 원성이 높았던 친일 경찰 위주로 활동이 이루어졌다. 그나마 이승만 정권과 친일 세력의 방해로 제대로 활동에 많은 제약이 따랐다. 교육학술·문화예술·종교 등 여러 분야에 광범하게 존재했던 친일 지식인에 대해서는 거의 조사가 이루어지지 않았다.

반민특위 좌절 이후 친일 세력은 각 분야를 장악하며 한국사회의 지배세력으로 자리매김했다. 이들의 배경은 독재정권이었다. 독재정권은 친일 세력의 강력한 보호막이었고, 친일 세력은 독재정권을 유지하는 인

---

157 김한종, 2013, 『역사교육으로 읽는 한국현대사』, 책과함께, 60~63쪽 참조.

적 기반이었다.

특히 친일 지식인들은 독재정권의 이념적·정신적 토대를 제공하며 독재정권이 장기간 지속되는 데 큰 역할을 담당했다. 독재정권의 지배이념인 국가주의와 반공주의는 친일 지식인들이 내선일체를 적극 수용하면서 체화한 이념이었다. 친일 지식인들은 미군정기와 이승만 정권기를 거치면서 국가주의와 반공주의가 자신들이 살아남을 수 있는 유일한 대안이라는 점을 확신하게 되었고, 독재정권과의 유착관계도 더욱 공고해졌다. 여기에 한국전쟁은 친일 지식인들이 한국사회의 '정신적 지도자', '애국자'로 탈바꿈하는 결정적 계기였다. 이들에게 있어 국가주의와 반공주의는 생존의 논리였고 무기였다.

이들이 확고한 기반을 다지고 각 분야의 지도자적 위치를 구축한 것은 박정희정권 시기였다. 박정희는 혈서로 일본천황에게 충성까지 맹세하며 신경군관학교, 일본육군사관학교를 거친 일본군 장교 출신이다. 군관학교 입교 과정과 경력으로 보면 어느 친일파 못지않은 철저한 친일 성향이었다. 박정희가 메이지유신을 찬양하고 쇼와유신 쿠데타 장교들을 선망했다는 것은 잘 알려진 사실이다. 친일 성향의 박정희정권의 독재체제가 강화되고, 장기화되면서 친일 세력은 전 분야에 걸쳐 핵심세력으로 부상했으며 친일 세력의 지배구조 또한 더욱 견고해졌다.

여기에 유신체제는 친일 지식인들의 입지를 더욱 강화시켰다. 이미 오랜 독재체제를 보호막으로 삼아 각 분야에서 꾸준하게 지배력을 강화한 이들에게 유신체제는 그 후손이나 추종세력까지도 철옹성을 구축하게 한 강력한 장치였다. 유신체제를 통해 이들의 위상이나 영향력은 더욱 견고해졌고, 대한민국이 있게 한 선구자·지도자·애국자라는 명성까지 획득하게 되었다. 친일의 희미한 실존적 기억 대신 강요되고 왜곡된 기억이 고착화되기 시작한 것이다. 이들에 대한 기념사업도 본격화하기 시작했다.

친일 지식인들은 박정희정권의 독재체제를 홍보·선전하고 지배이데올로기를 형성·확산시키는 데 핵심적인 역할을 담당했다. 예컨대 고황경은 국민교육헌장 제정위원으로서 헌장 제정과정에 깊숙이 관여했고, 김두헌·이병도 등은 박정희정권의 이데올로기와 담론 주조에 기여하며 학문의 방향까지도 편향적으로 이끌었다.[158] 박정희정권이 장기간 유지되고 폭압적인 유신체제가 존속할 수 있었던 데에는 이들의 힘이 컸다.

특히 유신체제의 이데올로기와 동원정책은 일제말 군국주의 파시즘체제와 거의 흡사했다. 국가주의와 반공주의를 강조한 것은 물론, 교육·통제·주민동원 등 체제 운용의 구체적 방식은 일제 말기의 파시즘체제와 닮은꼴이었다.[159] 이러한 점에서 유신체제는 일제 말기 파시즘체제에 '근대화론'을 접목시킨 '일본 군국주의 파시즘의 한국적 변형'이라 할 만했다. 유신체제의 등장은 박정희를 비롯한 집권세력의 핵심이 일본군·만주군 출신이라는 점이 가장 크게 작용한 것이지만, 체제 유지·강화에 필요한 이데올로기와 담론 형성에는 친일 지식인들의 역할이 컸다.

---

158 1960~1970년대의 지식인에 대한 연구는 비교적 활발한 편이다. 주요 성과는 홍석률, 1999, 「1960년 지성계의 동향」, 『1960년대 사회변화연구』, 백산서당; 임대식, 2003, 「1960년대 초반 지식인들의 현실인식」, 『역사비평』 65호; 강수택, 2001, 「박정희 정권의 지식인론 연구」, 『사회와 역사』 59권; 김석수, 2005, 「국민교육헌장의 사상적 배경과 철학자들의 역할」, 『역사문제연구』 15; 허은, 2007, 「1960년대 후반 '조국근대화' 이데올로기 주조와 담당 지식인의 인식」, 『사학연구』 86호 등이 있다.

159 "1968년 국민교육헌장을 반포한 이후 1970년대에 확고히 정착한 학교 규율·관행들은 1930년대 후반 일제가 황국신민화 정책을 본격적으로 추진하며 도입한 각종 규율 등과 너무도 닮았다." 『한겨레』 2005.9.9; 김영수, 「유신체제의 지배적인 이데올로기와 이데올로기적 동원 정책」, 『유신과 반유신』 259쪽에서 재인용.

〈표 5-6〉은 박정희정권 시기 친일 지식인의 주요 경력을 분야별로 정리한 것이다. 이 표의 친일 지식인은 앞의 '〈표 5-3〉 전시체제기 분야별 친일 지식인' 명단을 대상으로 했다. 따라서 일제강점기 당시에는 경찰·관료·판검사 등 공직에 있다가 해방 이후 교육학술계나 언론계 등에서 활동한 인물(계철순·김성균·이항녕·정재환 등)은 제외했다.

특히 박정희정권 시기 친일 지식인 상당수는 학술원과 예술원 회원이었다. 두 기관이 당시 학계와 문화예술계의 총본산이자 권위의 상징이라는 점에서, 그들의 위상이 어느 정도인지를 짐작할 수 있다. 고승제·고황경·김두헌·백낙준·신석호·유진오·이병도 등은 학술원 회원, 김동진·김성태·김은호·김원복·김인승·노수현·박영선·백철·서정주·안종화·유치진·윤효중·이광래·이병일·이혜구·이흥렬·장우성·조연현·조택원·최정희 등은 예술원 회원이었다.

〈표 5-6〉 박정희정권 시기(1961~1979) 친일 지식인 주요 경력

분야	이름	주요 경력	생몰년	비고
교육 학술	고승제	헌국개발연구원 이사장, 학술원 회원	1916~1995	
	고황경	서울여대 학장, 학술원 회원	1909~2000	
	김두헌	건국대 교수, 한국윤리학회장, 학술원 회원	1903~1981	
	김활란	이화여대 이사장, 유네스코총회 대표	1899~1970	
	박관수	한양대 교수, 한국아세아반공연맹 이사장	1897~1980	
	박인덕	인덕학원 이사장	1897~1980	
	배상명	상명여대 이사장, 한국사학재단연합회 이사	1906~1986	
	백낙준	연세대 명예총장, 학술원 회원	1896~1985	
	서은숙	이화여대 교수, 이화학당 이사장	1902~1977	
	송금선	덕성학원 이사장, 세계여성단체협의회 한국대표	1905~1987	
	신봉조	이화학원 이사장	1900~1992	
	신석호	고려대 교수, 학술원 회원	1904~1980	
	유진오	고려대총장, 학술원 회원, 신민당 총재	1906~1987	
	이명세	성균관장	1893~1972	

분야	이름	주요 경력	생몰년	비고
	이병도	학술원 회장, 성균관대 교수	1896~1989	
	이숙종	숙명학원·성신학원 이사장, 한국여성단체협의회 회장	1904~1985	
	이용설	세브란스병원장, YMCA이사장, 흥사단 이사장	1895~1993	
	임숙재	숙명여대 명예총장	1891~1961	
	조기홍	성신학원 이사장, 성신여대 학장	1908~1997	
	조동식	동덕학원 이사장	1887~1969	
	차사백	무학여고 교장	1897~1990	
	최동	동은학원 이사장	1896~1973	
	황신덕	추계학원 이사장, 3.1여성동지회 회장	1898~1983	
문화예술	곽종원	건국대 총장, 문예진흥원 원장	1915~2001	
	김기수	국립국악원장	1917~1986	
	김기창	미술협회 부이사장, 수도여대 교수	1913~2001	
	김동진	예술원 회원, 경희대 교수	1913~2009	
	김성태	예술원 회원, 서울대 교수	1910~2012	
	김영일	한국아동문학회 회장	1914~1984	
	김은호	예술원 회원, 국전 고문	1892-1979	
	김원복	예술원 회원, 서울대 교수	1908~2002	
	김인승	한국미술협회 이사장, 예술원 회원, 이화여대 교수	1910~2001	
	김천애	숙명여대 교수	1918~1995	
	김학성	영화인협회부회장	1913~1982	
	노수현	국전 심사위원, 예술원 회원, 서울대 교수	1899~1978	
	모윤숙	예술원 회원, 국제펜대회 종신부 회장, 공화당의원	1909~1990	
	박시춘	연예협회 이사장	1913~1996	
	박영선	국전 심사위원장, 예술원 회원	1910~1994	
	방인근	신생활사 경영	1899~1975	
	백철	국제펜클럽한국본부 위원장(63), 예술원 회원, 중앙대 교수	1908~1985	
	서정주	한국문인협회이사장, 동국대 교수, 예술원 회원	1915~2000	
	손목인	한국음악저작권협회장	1913~1999	
	안익태	국제음악제 주도	1906~1965	
	안종화	예술원 회원	1902-1966	
	유치진	예술원 부회장, 한국극작가협회 회장, 동국대 교수	1905~1974	
	윤효중	한국미술협회 부이사장, 예술원 회원, 홍익대 교수	1917~1967	
	이광래	예술원 회원	1908~1968	
	이병일	한국영화제작가협회 회장, 예술원 회원	1910~1987	
	이봉상	국전 심사위원, 미술협회 부이사장, 홍익대 교수	1916~1970	

분야	이름	주요 경력	생몰년	비고
	이서구	방송인협회이사장, 방송작가협회 이사장	1899~1981	
	이원수	한국아동문학가협회 회장	1911~1981	
	이인범	국립오페라단 단장, 연세대 교수	1914~1973	
	이재명	한국영화사 설립	1908~1987	
	이혜구	예술원 회원, 서울대 교수	1909~2010	
	이흥렬	한국작곡가협회 회장, 예술원 회원, 숙명여대 교수	1909~1980	
	장우성	예술원 회원, 홍익대 교수	1912~2005	
	정비석	국제펜클럽한국본부 부위원장	1911~1991	
	정인섭	국제연극협회한국본부 위원장, 외국어대 교수	1905~1983	
	조용만	고려대 교수	1909~1995	
	조연현	한국문인협회이사장, 예술원 회원, 동국대 교수	1920~1981	
	조택원	한국무용협회 이사장, 예술원 회원	1907~1976	
	최재서	한양대 교수	1908~1964	
	최정희	한국여류문학인회 회장, 예술원 회원	1912~1990	
	한노단	부산대 교수	1912~1977	
종교 언론 기타	갈홍기	아스팍 사무국장	1904~1989	
	권상로	조계종 원로원장	1879~1965	
	노기남	서울대주교	1902~1984	
	백한성	한국신문윤리위원 회 위원장	1899~1971	
	유광렬	한국일보 논설위원, 성곡언론재단 이사장	1899~1981	
	전필순	연동교회 원로목사	1897~1977	
	정구충	대한결핵협회 회장	1895~1986	
	홍병선	YMCA명예회장	1888~1967	
	홍종인	조선일보 회장	1903~1998	

출처: 친일인명사전편찬위원회·민족문제연구소, 2009, 『친일인명사전』

맺음말

제1차 세계대전을 경험한 일본 군부는 총력전이라는 새로운 전쟁 형태에 대응하기 위해 대책의 필요성을 인식하고 이에 대한 대안을 마련하기 위해 부심했다. 이러한 문제의식은 정치권으로 확산되어, 1918년에는 「군수동원법」이 제정되었으며, 각 정치세력 간의 논의를 거쳐 1927년에는 총동원 계획의 입안 기관으로 자원국이 설치되었다. 이로써 일본의 총동원 계획 입안 작업이 본격화되었다.

인적·물적 자원의 통제 운용계획인 총동원 계획은 초기 단계에서는 향후 발생할 전쟁을 상정한 기간계획의 형태로 기획되었다. 기간계획은 2년에서 3년간 시행할 총동원 계획과 관련된 정책을 설정하는 것이었다. 실제 기간계획은 잠정 총동원 기간계획을 시작으로 응급 총동원 계획, 제2차 총동원 기간계획, 제3차 총동원 기간계획, 제4차 총동원 기간계획의 형태로 설정되었다. 기본적인 총동원의 방침과 그 범주를 정한 기간계획에는 각 분야별 동원 방침이 반영되었다. 그러나 중일전쟁이 발발하고 전쟁이 현실화되자, 각 분야별로 별도의 동원계획이 입안되었다. 즉 물자동원계획, 생산력확충 계획, 노무동원계획 등의 형태로 동원계획이 수립되었다. 중일전쟁을 축으로 그 이전에는 장래 전쟁을 상정한 기간계획이, 그리고 그 이후에는 연도계획의 형태로 전쟁 수행을 위한 실질적 물자동원, 인력동원을 위한 동원분야별 계획이 수립된 것이 특징이다.

육군을 중심으로 제기된 총력전 구상은 일본의 구조적 모순인 산업의 취약성과 자원의 빈약성을 대외 팽창을 통해 해소하겠다는 의지의 표명이었다. 그리고 이러한 군부의 요구에 대해, 자원국이 설치되고 이를 통한 총동원 계획 입안을 위한 작업에 착수했다는 사실은, 내부의 구조적 모순을 대외 팽창을 통해 해소하겠다는 공감대가 지배층 사이에 형성되어 가고 있었다는 사실을 방증하는 것이었다.

자원국은 먼저 자원조사를 위한 「자원조사법」과 「자원조사령」을 제정 공포하고 이를 식민지 조선에서도 시행하도록 했다. 이에 조선은 총동원체제의 한 축을 담당하게 되었다. 자원조사에 대한 기본 준비를 마친 자원국은 최초의 총동원 계획인 잠정 총동원 기간계획 설정 작업에 착수했다. 이를 위해 총동원 계획 설정 처무요강, 잠정 기간계획 설정에 관한 방침을 결정하고 수차례에 걸쳐 잠정 총동원 기간계획 설정에 관한 '지시사항'을 시달했다. 또한 원활한 작업을 도모하며 총동원 계획 회의를 개최했다. 이 회의에는 조선총독부에서도 참석했으며, 「자원조사법」 및 「자원조사령」의 시행과 더불어 식민지 조선도 총동원 계획에 본격적으로 합류하게 되었다.

일제는 잠정 총동원 기간계획 설정 작업을 통해, 총동원 계획 입안 작업의 역량을 양성하고 이를 강화하고자 했다. 또한 이를 위해 국력 판단을 위한 기초 자료 확보에 매진했다. 그리고 원활한 작업 추진을 위해 행정기관 간, 본토와 식민지, 점령지 지역 간의 소통과 협력 관계를 구축해 나갔다. 결과적으로 총동원 계획은 침략전쟁을 현실화하는 전제 작업으로, 잠정 총동원 기간계획은 그 시발점이었다. 1931년 관동군에 의해 만주사변이 발발하자, 자원국은 1932년 제4회 총동원 계획 회의에서 제시된 방침에 따라 응급 총동원 기간계획 수립에 착수했다.

한편, 조선총독부는 자원국의 지도로 총동원 계획 수립 업무에 적극적으로 관여했다. 총독부가 추진한 총동원 계획 설정 관련 업무를 열거해 보면, 자원국이 추진하는 계획 책정과 관련된 방침에 대해 총독부의 의견 제출, 조선의 자원 상황 및 총동원 계획에 필요한 조사 및 보고, 총동원 계획 수립을 위한 일본에서의 회의 참석을 통한 협의였다. 또한 조선총독부 내에 총동원 관련 협의와 논의를 추진하기 위해 별도의 조직인 조선자원조사위원회를 설치하고, 이와는 별도로 실무차원에서의 사안별 논의 진행을 위해 사무급 차원의 각 협의체를 구성하여 논의를 진행하여 일제의 총동원 계획 입안에 일조했다.

일본은 1934년 5월 일단락된 응급 총동원 기간계획 설정 작업에 이어 제2차 총동원 기간계획 설정 작업에 착수했다. 중일전쟁 이전 단계에서 조선총독부는 총동원 계획 설정 작업과 보조를 맞춰 자원국이 제시한 총동원 계획의 설정 방침을 숙지하고 조선 내의 자원조사와 자원 증산 방안 등에 대해 보고하여 기간별로 작성된 총동원 계획 입안에 기여를 했다. 이들 기간계획은 기본적으로 전시를 상정한 계획으로 실제 적용된 것이 아니었으나, 조선총독부의 조선 자원 현황에 대한 조사와 그에 대한 방안 강구책을 마련하는 작업을 지속함에 따라, 식민지 조선은 일제의 전쟁 수행을 위한 총동원체제에 편입되어 갔다.

중일전쟁이 발발하자 제1차 고노에내각은 1937년 7월 28일「총동원 계획의 일부 실시에 관해」를 각의 결정하여, 제3차 총동원 기간계획의 일부를 적용했다. 또한 자원국과 기획청을 통합해 종합적인 총동원추진 기관으로 새롭게 기획원을 설치하고,「국가총동원법」을 제정했다.「국가총동원법」은 전시 국방목적 달성을 목적으로, 정부가 인적·물적 자원을 통제 운영하도록 한 것이다. 즉 정부는 칙령 제정을 통해 국민의 징용, 고용의 제한, 노동쟁의의 방지, 물자의 수급 조정, 수출입의 통제, 자금의 수급 조정, 광업권의 제한, 물가 통제, 언론의 통제, 출판의 제한 금지 등 동원을 명분으로 모든 면에 걸쳐 명령할 수 있는 권한을 가지게 되었다.「국가총동원법」의 제정으로 총동원은 국민 개개인의 현실적인 문제로 대두된 것이다.

식민지 조선에서의 법 시행은 두 가지의 형태가 병존하고 있었다. 일본 본토에서 제정된 법과 칙령 중 일부가 제한적으로 시행되는 경우와, 독자적으로 조선총독에 의한 명령인 제령과 부령이라는 형태로 시행되고 있었다. 이는 일본과는 상이한 식민지 조선 법체계의 특징이었다. 그리고 총동원 관련 법령 또한 이러한 법 시스템하에서 적용되었다. 중일전쟁을 계기로 조선에서도 이미 총동원 관련 법이 적용되고 있었으며, 「국가총동원법」 제정으로 더욱 가속화되었다.

조선총독부는 초기 총동원업무는 문서과로 대응했으나, 총동원업무가 증대하자 자원과와 임시물자조정과를 신설했다. 자원과에서는 총동원 계획의 기획 업무를, 임시물자조정과는 총동원 실시와 관련된 업무, 물자의 수급 조정에 관한 사무를 담당했다. 중일전쟁 이전 단계에서는 조선총독부는 기존의 조직을 활용하여 일본의 총동원 계획에 대응 가능했다. 그러나 중일전쟁을 계기로, 계획에 머물렀던 총동원이 이제 현실적인 문제이자 당면 해결과제로 대두된 것이다. 이에 대응하기 위해 총독부는 새로운 조직을 신설했다. 그러나 단기간에 종결될 것으로 예상했던 중국과의 전쟁이 장기화의 길로 접어들면서 총동원의 범위는 확대되고 이와 관련된 증산의 문제, 배급의 문제 등의 수급과 조정이 중요한 현안으로 대두되면서 총독부는 기획부 신설로 이에 대응하고자 했다. 한편 조선총독부는 식민지 조선을 평시 태세에서 전시 태세로 전환하는 정책 방향을 모색하게 되었다. 이의 구체화를 위해 시국대책조사회를 설치해 이에 대한 논의를 추진했다. 시국대책조사회에서 제안된 정책은 전쟁 국면에서 조선 내의 물자의 증산 즉 군수산업, 지하자원, 식량 등의 적극적 개발과 증산을 도모하는 것이었다. 또한 자원을 효율적으로 운송하기 위한 해운, 항공, 육상교통 등의 시설 정비가 강구되었다. 물적 자원뿐만 아니라 원활한 동원을 위한 정신동원 즉 조선인의 전쟁협력 동원과 인적 자원으로서의 노무동원을 감안한 방책이 강구되는 등 전시상황 아래에서 효율적 동원구조를 확립하고자 여러 방책이 모색되었다. 시국대책조사회를 통해 조선총독부는 중일전쟁에 즈음하여 총동원의 밑그림을 그리고자 한 것이었다.

1936년 조선에 부임한 미나미총독이 식민지 통침 방침으로 천명한 내선일체는 조선인에 대한 지배 방침이자 동원의 명분이 되었다. '내선'이 일체가 되는 조선인의 황국신민화는 조선인을 일본제국주의를 위한 도구로 활용하기 위한 기초 작업이자, 식민지 통치의 최소한의 안전장치로, 결코 조선인을 일본인과 동등하게 대우하겠다는 취지의 정책은 아니었다. 중일전쟁이 발발하자 미나미총독은 조선중앙정보위원회를 설치했다. 이는 조선인의 시국 인식에 대한 철저 강화를 도모한 조직이다. 광범위한 정보수집과 공유, 보도의 통제, 다양한 매체를 활용한 선전을 통해, 조선인의 의식을 통제해 전쟁하의 식민지 지배를 원활히 하고자 한 것이었다. 그러나 중일전쟁이 장기화되자, 미나미총독은 관제국민운동의 확대를 도모하고, 1938년 7월 국민정신총동원조선연맹을 결성했다. 조선에서 시행된 국민정신총동원운동은 전제적인 조선총독정치, 조선인의 황민화를 도모한 내선일체, 상의하달의 그물망의 실천 조직이 일본의 국민정신총동원운동과 차별화되는 특징이었다. 조선연맹의 운동방침은 일본의 방침을 답습하는 경우와, 일본과 별도로 조선 독자적으로 기획하여 시행하는 경우가 있었다.

2년여의 짧은 기간에 조선에서 추진된 국민정신총동원운동은 중일전쟁 완수를 목표로 조선인의 전쟁협력을 이끌어내기 위해 정신교화운동을 중심으로 시국 인식을 철저히 하고 내선일체를 도모했다. 또한 전쟁의 장기화와 조선을 휩쓴 가뭄으로 인해 운동은 전시생활 태세를 명분으로 경제동원이 활성화되었다. 이와 같이 조선에 시행된 국민정신총동원운동은 천황주의에 입각해 조선인을 중일전쟁에 직간접적으로 동원하고자 한 총동원 정책의 일환으로 전개된 관제운동이었다.

일본과 식민지 조선에서는 국민정신총동원운동이 추진되었고, 총동원 계획의 설정 작업도 지속되었다. 중일전쟁을 전후한 총동원 계획의 특징을 지적하면, 첫 번째는 2년에서 3년의 기간을 설정한 기간계획 형태로 수립되었다는 점이다. 두 번째는 이러한 총동원 계획은 기본적으로 실제 전쟁에는 적용되지는 않았다는 점(예외적으로 제3차 총동원 기간계획 일부가 중일전쟁에 적용), 세 번째는 반복되는 조사 작업을 통해 일본의 국력 판단 자료를 확보하게 되었다는 점이다. 그리고 마지막으로 총동원 계획 수립을 위한 시스템을 구축했다는 점을 지적할 수 있다.

중일전쟁을 계기로 총동원 계획은 기간계획에서 연도실시계획에 주안점을 두었다. 이러한 실질적인 전쟁 수행을 위해 여러 연도계획 중에서 가장 기초가 된 것이 물자동원계획이다. 조선총독부에서의 물자동원 계획 수립 과정은, 조선에서 생산 가능한 물자와 필요한 물자를 각과별로 조사 취합해 이를 일본 보국의 기획원에 제출해 전체적인 계획을 책정하는 데 일조했다. 그리고 다시 결정된 계획 방침에 따라 조선에서의 시행계획을 수립하는 작업 과정을 거쳤다. 이와 같이 중일전쟁 이후 조선총독부는 연도실시계획인 물자동원계획을 축으로 총동원체제의 한축을 짊어지고 있었다. 그러나 총독부의 요구보다 적게 계상 공급되는 물자로 인해, 물자 부족으로 인한 불편과 고통은 오롯이 조선인이 감내해야 했다.

일본의 신체제운동의 귀결로 결성된 대정익찬회에 호응하여, 식민지 조선에도 1940년 10월 국민총력조선연맹이 결성되었다. 조선총독부는 국민총력조선연맹을 신도실천, 직역봉공의 실천운동 조직으로 삼아 정치운동을 철저하게 배제했다. 또한 각 부문별로 신체제운동이 전개된 일본과 달리, 조선은 국민총력조선연맹이 각종 단체를 일원적으로 통합 통제하는 조직 체계로 출범했다.

새롭게 출범한 국민총력조선연맹은 기존의 국민정신총동원조선연맹과 구별되는 차이점이 있었다. 하나는 명칭으로 일본의 대정익찬회를 사용하지 않고 국민총력조선연맹으로 했다. 이는 신체제운동이 갖는 정치운동적 성격을 불식시키기 위한 의도였다. 또 하나는 국민총력운동의 목표를 국방국가체제의 완성과 동아신질서의 건설에 두고 있다는 점으로, 이는 일본제국주의의 국책에 따른 시책이라고 할 수 있다. 그리고 기존의 농촌진흥운동을 비롯한 각 관제운동 조직의 통합 형태로 국민총력운동이 개시되었다는 점이다. 마지막으로 구성원을 조선 내의 모든 개인과 단체로 규정하여 보다 강제성을 갖게 된 점이다.

한편 1939년 일본에서는 제4차 총동원 기간계획 설정 작업이 개시되었다. 식민지 조선에서는 물자동원계획과 병행하여 생산력확충 계획이 전개되었다. 초기 조선의 생산력확충 계획에서는 비료, 선박, 기계 수리, 소다, 시멘트 등 주로 기초원자재가 증산 대상이었다.

1941년 12월 기습 공격으로 시작된 태평양전쟁은 개전 초기 일본의 일방적인 승리로 장식하게 되었다. 이러한 초기 작전의 성공으로 1942년도 물자동원계획은 점령지에서의 물자 획득과 이를 일본으로 수송하기 위한 대책이 구체화된 것이 특징이었다. 조선에서의 1942년도 물자동원계획에서는 자동차, 항공기, 조선, 공작기계, 제철, 밀가루 등의 식료품, 전력, 경금속, 흑연, 코발트 등의 특수 광물, 합성 화학, 화학, 요업 등의 종합적인 육성 대책이 제시되었다. 물자 부족에 직면한 일본은 하나의 대안으로 식민지 조선에서의 중요한 기초 소재의 증산과, 생필품의 생산, 기계류의 생산 등 일본 경제의 결손을 식민지 조선에 기대했던 것이다.

1942년 새롭게 개시된 제2차 생산력확충 계획에서는 전쟁 수행에 필요한 군수와 선박 건조용의 자재 확보가 중시되었다. 조선에서의 제2차 생산력확충 계획은 철강, 석탄, 경금속 등과 같은 중요 원자재의 증산을 도모하는 것으로 그 실시의 특징은 기간을 특별히 명시하지 않았다는 점, 총독부에 의한 감시감독이 강화되었다는 점이다. 일제에 의한 새로운 침략전쟁의 감행은 조선의 총동원체제하에서의 역할 비중의 증대를 가져왔고, 그것은 제2차 생산력확충 계획으로 구체화되었다고 할 수 있다.

한편 1942년 일제의 행정간소화 방침에 따라, 총독부 기획부가 폐지되고, 총동원 계획의 설정과 수행에 관한 업무는 총무국 기획실로, 물자의 수급 조정과 배급 등의 업무는 식산국 상공과, 물가과, 철강과, 연료과 등으로 이관되었다. 이번 기구 개혁은 내외지행정일원화 방침에 따른 총독관방의 기능 축소에 따른 영향도 있었지만, 총동원 계획 업무와 물자 생산과 배급을 분리해 업무의 효율성을 재고하려는 측면도 있었다. 그러나 중앙정부의 조선총독부에 대한 내외지행정일원화 시도는 총독부의 강한 저항에 직면하게 되고, 1943년 11월 총무국은 폐지되고, 총독관방 기능이 확충 복원되었다. 이에 따라 총동원 계획 설정 업무는 신설된 광공국 기획과로 이관되었다. 태평양전쟁 기간 중 조선총독부의 총동원 계획 관련 업무는 기획부에서 총무국 기획실로 다시 광공국 기획과로 업무가 이관되었던 것이다. 전국의 추이에 바탕을 둔 중앙정부의 행정 방침은 총독부의 총동원업무에 혼란을 야기한 측면이 없지 않았다.

제해권에 타격을 입은 일본은, 점령지에서의 원활한 물자 수송에 장애가 발생함에 따라 「1943년도 국가총동원 제계획 등의 편성에 관한 건」을 결정해 육로운송, 공급력의 수단으로 회수의 강화, 생산방식의 연구, 만주 및 추축국을 통하는, 비상시국을 극복하기 위한 수단을 강구했다. 조선에서의 1943년도 물자동원계획은 기존의 생산설비와 물자를 활용한 자급적 생산확충방침 전환이 가장 큰 특징이었으며, 이는 전국의 악화를 의미하는 것이기도 했다.

그럼, 국민총력조선연맹의 활동에 대해 살펴보자. 먼저 국민총력운동 방침에서 그 특징을 알아보자. 결성 후 1년간의 활동은 지역, 그리고 유관 단체 조직의 확충, 지도자의 양성 등 조직 운영을 위한 기본적인 활동과 더불어, 식량의 증산, 노무환경의 개선 등을 통한 생산력확충이 도모되었다. 1942년도 운동방침에서는, 태평양전쟁 개전에 따른 시국 인식의 철저가 도모된 점이 가장 두드러진 특징이다. 1943년도 운동방침에서는 시국의 악화에 따른 조선인의 동요를 최소화하고자 정신동원에 역량을 집중하고 있으며, 조선에서의 징병제 실시에 따른 환경조성을 위해 관련 방책이 시행되었다. 태평양전쟁의 완승을 목표로 한 1944년도 운동방침은, 악화되는 전쟁상황과 심각해지는 조선인의 생활의 궁핍을 해소하고자, 정신동원, 증산운동, 전시생활 태세 강화, 징병제도의 완수에 중점을 두었다.

세입과 세출 현황을 통해 국민총력운동의 전개 양상을 보면, 세입면에서는 국민정신총동원운동에 비해 상당한 액수의 예산이 책정되었으며 대부분 국고보조금에 따른 것으로 이를 통해 국민총력운동이 관제운동임을 확인할 수 있다. 세출면에서 가장 많은 지출된 항목이 국민신앙운동과 사봉운동지도이며, 전쟁의 상황이 악화되어 가는 과정에서 조선인의 정신통제에 주력하면서 이를 통해 공출과 증산을 획책하는 총독부의 방침을 엿볼 수 있다.

총독(총재)을 통해 국민총력운동을 보면, 1942년 부임한 고이소총독은 행정 간소화, 내외지일원화 방침에 따라 기구를 개조하고 규약을 개정하고 지도위원회를 연락위원회로 개칭했다. 표면적으로는 관제성을 희석시킨다는 논리로 추진되었지만 현실은 총독부와 국민총력조선연맹의 관계는 더욱 긴밀해졌고 전쟁의 추이와 더불어 국민총력운동은 더욱 강화되었다. 고이소총독하에서의 운동은 무엇보다 천황주의에 입각한 정신적 동원이 강조된 측면이 강하다고 할 수 있으며, 징병제 실시에 따라 조선인의 노무인력뿐 아니라 병력자원으로써의 동원이 확대되어 갔다. 마지막 총독으로 부임한 아베총독하에서 운동은 물자증산, 군인 및 노무동원에 그 중점을 두었다.

1943년 9월 항공기 생산을 전력 증강의 중요한 목표로 설정한 도조내각은 이를 실현하기 위해 기존의 기획원을 폐지하고 군수성을 설치했다. 국가총동원 계획 기관의 개편과 군수물자 생산에 필요한 물자의 수급이 불안정한 상황에서 1944년도 국가제동원계획 책정과 관련된 기본사항은 대본영정부연락회의가 주도하게 되었다. 그러나 물자 수급이 불안정한 상황에서 1944년도 물자동원계획은 현실적인 계획으로서의 의미를 상실하게 되었다. 군수성 설치와 군수회사법의 제정을 통해 군수물자의 증산에 대한 정책적 재편을 추구했지만 실상 문제는 해외에 의존하고 있는 원료 수급이 원활하지 못했고 이는 결국 항공기 생산의 차질로 이어졌다. 1944년에 들어서면서 군수물자의 생산에 필요한 원자재의 부족은 더욱 심각해지고 관련 군수 공업의 감산이 진행되었다.

1945년에 들어와 전쟁국면의 악화는 수급 불안정에 더해, 통산망의 저하, 미군에 의한 공습의 격화로 1/4분기 물동계획에서는 계획 자체를 대폭 간소화할 수밖에 없었다. 조선총독부는 도조내각의 국내 태세 강화 방책에 따라 행정 간소화를 실시하여 군수물자의 증산과 육해운 운송력의 확보를 도모했다. 이에 광공국, 교통국, 농상국이 설치되었다. 이중 광공국을 통해 총동원 계획의 입안 및 실행, 군수물자의 증산, 노무동원을 담당하도록 하여 동원 관련 업무의 일원화를 도모했다. 전국의 악화 국면에서 동원업무의 효율과 신속성을 담보받고자 한 것이다. 전국의 악화로 인한 물자와 노동력의 부족으로 조선의 물자동원계획은 파행적으로 운영되었으며, 생산력확충 계획 또한 실적이 부진할 수밖에 없었다. 결국 일제는 조선인을 국민의용대라는 준전투조직으로 재편하는 방침을 결정하고 패망의 그날까지 식민지 조선의 희생을 강제했다.

한편 조선총독부는 총동원체제를 강화하기 위해 선전전(宣傳戰)·사상전(思想戰)을 적극적으로 전개했다. 이를 위해 조선총독부는 중일전쟁 직후 조선중앙정보위원회를 설치했다. 조선중앙정보위원회는 1936년 7월 설치된 일본의 내각정보위원회와 긴밀한 공조체제를 유지하며 식민지 조선의 정보·언론 통제와 선전 활동을 위한 기구였다. 총동원체제에 돌입한 이후에는 조선중앙정보위원회의 조직 강화와 함께 총독관방 문서과를 정비해 선전·정보 업무를 총괄하게 했다.

조선중앙정보위원회와 총독관방 문서과의 정보·선전 기능이 강화되면서 모든 언론은 철저히 통제되었다. 이에 따라 총동원체제하의 신문, 잡지, 방송 등 모든 언론매체는 일본 정부와 조선총독부의 입장을 대변하고 홍보하는 선전 도구로 전락했다. 또한 조선총독부는 강연회, 좌담회, 각종 인쇄물, 영화, 사진, 그림엽서 등 모든 수단과 방법을 동원해 선전 활동을 벌였다.

　선전 활동에 총력을 기울인 이유는 전쟁 수행에 필요한 물적·인적 자원의 수탈을 극대화하기 위해서는 강압보다는 선전과 회유를 통한 자발적 협력이 필요했기 때문이었다. 특히 병력동원 문제는 선전이 더욱 중요했다. 급박한 전황으로 어쩔 수 없이 병역제를 도입해 조선인을 동원해야 하는 상황에서, 강제로 추진하기에는 위험부담이 컸고 조선사회의 불안이 고조될 수 있었기 때문이었다. 따라서 병역과 관련한 선전 내용은 선동적이고 노골적이었다.

　조선총독부가 선전 전면에 내세운 명분은 조선인도 일본인과 같은 황국신민으로서 전쟁에 나서야 한다는 내선일체였다. 내선일체는 조선인들의 협력을 이끌어내기 위한 조작된 이데올로기로서, '억압과 차별'이라는 근본적인 식민통치 방침은 바뀌지 않은 채 '시혜'와 '보은'을 강조하며 조선인의 노력과 희생만을 강요하는 선전 논리였다.

　선전 활동에 적극적으로 나서며 조선인들을 전쟁으로 내모는 데 큰 역할을 한 것은 친일 세력이었다. 그중에서도 친일 지식인들은 각 분야의 전문성과 지식을 활용해 선전 효과를 극대화했다. 이들은 내선일체를 '차별로부터 탈출'로 받아들여 말과 글로 적극적인 전쟁협력에 나섰고, 이들의 글은 전시체제기 내내 각종 신문과 잡지의 지면을 장식했다. 내선일체는 이들이 독립의 희망을 접은 데 따른 패배의식과 자괴감을 상쇄시키고 자신들의 행위를 정당화하는 논리였다. 독립은 불가능하다고 생각한 이들에게 내선일체는 희망이었고, 조선을 위한 최선의 길이었다. 또한 이들은 파시즘체제와 내선일체에 매몰되어 국가주의·전체주의·반공주의를 체득했으며, 이러한 친일 지식인의 경험과 현실인식이 해방 이후 독재권력의 한 축을 담당한 사상적·이념적 토대였다.

이 책은 전시기 일본과 식민지 조선과의 관계에 주목하면서 정책과 제도를 중심으로 총동원 계획, 관제운동, 선전 활동을 통한 조선인의 전쟁협력이라는 주제를 통해 전시기 조선의 한 단면을 재현하고자 했다. 여기에서 보이는 내용들은 일본제국주의의 조선 통치의 극히 일부분일 뿐이다. 국민정신총동원운동 및 국민총력운동과 조선 주둔 일본군과의 관계, 양 운동에 관여한 조선인의 친일 활동, 광산, 공장에 조직된 사봉대, 실천 조직이었던 애국반의 지역별 실태 등은 앞으로의 과제로 삼고 싶다. 기타 여기에서 다루지 못한 주제는 동북아역사재단 〈일제침탈사 연구총서〉 시리즈를 참조하기를 바란다.

일본제국주의의 지배에서 벗어나 오랜 시간이 흘렀지만, 식민지 지배에 따른 상흔은 여전히 우리 사회 곳곳에 상존해 있다. 조선인을 전쟁협력에 동원하기 위한 기본단위로 활용되었던 애국반 조직은 아이러니하게도 해방 이후 군사정권하에서 국민을 통제하고 국책을 선전하기 위한 조직으로 활용되었다.[1] 또한 일본에 적극 협력하며 조선인의 전쟁협력을 주도했던 친일 조선인은 해방 이후 우리 스스로 청산하지 못한 채 여전히 과제로 남아 있다. 더욱이 한국과 일본은 식민지 지배문제를 둘러싸고 역사적 갈등을 해소하지 못하고 있다. 이러한 때일수록 우리는 전시기 식민지 조선의 상황을 직시하고 이해하려는 노력이 필요하며, 이 책이 한일 역사갈등의 간극을 좁혀가는 데 조금이나마 도움이 되었으면 하는 바람이다.

---

1   해방 이후의 국민동원과 관련해서는 김영미, 2009, 『동원과 저항 해방 전후 서울의 주민사회사』, 푸른역사를 참조하기 바란다.

부록

연표

연월일	주요 법령·정책 및 주요 사건
1918. 4. 17	「군수공업동원법」 공포
1918. 6. 1	군수국 설치
1920. 5. 15	국세원 설치
1926. 4. 22	「국가총동원기관 설치 준비위원회에 관한 건」 각의 결정
1927. 5. 26	1927년 칙령 제139호 자원국 관제
1927. 7. 18	1927년 칙령 제233호 자원심의회 관제
1929. 2. 5	「자원통제 운용계획 설정에 관한 건」 각의 결정
1929. 4. 11	1929년 법률 제53호 「자원조사법」
1929. 6. 18	「총동원 계획 설정 처무요강」 각의 결정
1929. 11. 20	1929년 칙령 제327호 「자원조사법의 조선, 타이완 및 가라후토에 시행의 건」
1929. 11. 20	1929년 칙령 제329호 「자원조사령」
1929. 12. 1	조선총독부령 제120호 「조선공장자원조사규칙」
1929. 12. 1	조선총독부령 제121호 「조선광업자원조사규칙」
1930. 3. 31	「잠정 기간계획 설정에 관한 지시사항 첫 번째」 자원국 결정
1930. 4. 1	「잠정 기간계획 설정에 관한 방침」 각의 결정
1930. 4. 10~11	제1회 총동원 계획 회의 개최
1930. 6. 9	조선자원조사위원회 설치
1930. 6. 24	제1회 조선자원조사위원회 개최
1930. 9. 20	「잠정 기간계획 설정에 관한 지시사항 두 번째」 수상 결재
1930. 12. 19	「잠정 총동원 기간계획 설정상 임기 처치에 관한 건」 각의 결정
1931. 3. 3	「잠정 기간계획 설정에 관한 지시사항 세 번째」 수상 결재
1931. 4. 22~24	제2회 총동원 계획 회의
1931. 5. 15	제2회 조선자원조사위원회 개최
1931. 11. 24	제3회 총동원 계획 회의
1932. 7. 1~2	제4회 총동원 계획 회의 응급 총동원 계획설정에 관한 논의
1932. 8. 23	「잠정 기간계획 설정에 관한 지시사항 네 번째」 육군 부내 송부

연월일	주요 법령·정책 및 주요 사건
1933. 6.	내지 이외 각 청 총동원 관계 주임관 사무협의회의
1933. 7. 21	「잠정 총동원 기간계획 강령 설정의 건」 각의 결정
1934. 5. 30	응급 총동원 계획 수상 보고
1934. 6.	외지 총동원 계획 관계 회의 출석
1935. 5.	외지 총동원 계획 관계 회의 출석
1935. 5. 10	내각심의회 설치
1935. 5. 10	내각조사국 설치
1935. 9. 11~12	제3회 조선자원조사위원회
1936. 6. 26	자원국 제2차 총동원 기간계획서안 결정
1936. 6. 26	정보위원회 설치
1936. 8. 5	미나미 지로 제7대 조선총독 부임
1937. 5. 14	기획청 설치
1937. 7. 22	조선중앙정보위원회 설치
1937. 7. 28	총동원 계획의 일부 실시에 관해 각의 결정
1937. 9. 1	조선총독부 총독관방 자원과 신설
1937. 10. 12	국민정신총동원중앙연맹 결성
1937. 10. 25	기획원 설치
1938. 1. 16	1938년 물동계획 각의 결정
1938. 2. 8	시국대책준비위원회 설치
1938. 2. 22	「육군특별지원병령」 공포
1938. 4. 1	「국가총동원법」 공포
1938. 7. 7	국민정신총동원조선연맹 결성
1938. 8. 27	시국대책조사회 설치
1938. 9. 6~9	시국대책조사회 제1회 회의 개최
1938. 9. 23	1939년도 「국가총동원 실시계획 설정에 관한 건」 각의 결정
1938. 9. 23	기획원 국가총동원업무위원회 설치
1938. 9. 28	조선총독부 임시물자조정과 신설
1939. 1. 17	「생산력확충 계획요강」 각의 결정
1939. 3. 13	생산력확충위원회 설치
1939. 3. 17	「1939년도 생산력확충 실시계획 설정요령」
1939. 4.	국민정신총동원위원회 설치
1939. 5. 10	「1939년도 생산력확충 실시계획 설정에 관한 건」 각의 결정
1939. 5. 26	「1939년도 물자동원계획강령」 각의 결정
1939. 5. 26	「1939년도 국가총동원 실시계획」 각의 결정
1939. 6. 5	「제4차 총동원 기간계획 설정 사무요강」 기획원 성안

연월일	주요 법령·정책 및 주요 사건
1939. 6. 16	「1940년도 이후 국가총동원 계획 설정방침」 각의 결정
1939. 11. 28	조선총독부 기획부 설치
1940. 7. 22	제2차 고노에 후미마로내각 발족
1940. 8. 1	「1941년도 국가총동원 실시계획 설정업무 처리의 건」
1940. 8. 28	신체제준비회 제1회 회의
1940. 10. 12	대정익찬회 발족
1940. 10. 12	조선 국민조직 신체제 요강 발표
1940. 10. 16	국민총력운동지도위원회 및 국민총력과 설치, 국민총력조선연맹 결성
1941. 2. 11~12	중앙외지익찬운동연락협의회 개최
1941. 7. 8	「1941년도 물동계획」 각의 결정
1941. 8. 30	「금속류 회수령」 칙령 제835호 공포
1941. 11. 5	어전회의 「제국국책수행요강」 결정
1941. 12. 1	「대미영란개전에 관한 건」 각의 결정
1941. 12. 8	일본 진주만 기습공격
1942. 4. 24	「1942년도 물동계획」 각의 결정
1942. 5. 8	「1942년도 생산력확충 계획」 각의 결정
1942. 5. 8	「병역법개정법률안」 공포
1942. 5. 26	「1942년도 국민동원 계획」 각의 결정
1942. 5. 29	고이소 구니아키 조선총독 부임
1942. 6. 2	「1942년도 자금통제계획」 각의 결정
1942. 6. 16	「행정간소화강령」 각의 결정
1942. 11. 1	조선총독부 총무국 신설
1942. 11. 4	국민총력 조선연맹 규약 개정
1942. 11. 30	국민총력운동연락위원회 설치
1943. 4. 30	「1943년도 물자동원계획」 각의 결정
1943. 4. 30	「1943년도 교통동원계획」 각의 결정
1943. 5. 3	「1943년도 생산력확충 계획」 각의 결정
1943. 5. 11	「1943년도 생활필수물자동원계획」 각의 결정
1943. 7. 27	「해군특별지원병령」 공포
1943. 9. 28	「도조내각 군수성 설치 건」 각의 결정
1943. 10. 20	「육군특별지원병임시채용규칙」 공포
1943. 10. 31	「군수회사법」 제정
1943. 11. 3	대본영정부연락회의 「국가 제동원 계획 책정에 관한 건」 결정
1943. 11. 30	조선총독부 광공국 신설
1944. 3. 25	대본영정부연락회의 「1944년도 물동계획 운영에 관한 건」 결정

연월일	주요 법령·정책 및 주요 사건
1944. 7. 24	아베 노부유키 조선총독 부임
1945. 6. 15	국민의용대 조직요강
1945. 7. 10	국민총력조선연맹 해산

자료

군수공업동원법

제1조 이 법에서 군수품이라 함은 아래 각호를 말한다.
  1. 병기 함정 항공기 탄약과 군용 기구 기계 및 물품
  2. 군용으로 사용할 수 있는 선박 해륙연락수송설비, 철도 궤도 및 그 부속설비 기타 수송용 물건
  3. 군용으로 사용할 수 있는 연료, 피복 및 양말
  4. 군용으로 사용할 수 있는 위생재료 및 수의 재료
  5. 군용으로 사용할 수 있는 통신용 물건
  6. 앞 각호에 게기한 물건의 생산 또는 수리에 필요한 재료 원료 기구 기계, 설비 및 건축재료
  7. 앞 각호에 게기한 물건을 제외하고 칙령으로 지정한 군용으로 사용할 수 있는 물건
제2조 정부는 전시에 군수품의 생산이나 수리를 위하여 필요한 경우에는 아래 각호의 공장 및 사업장과 그 부속설비의 전부 또는 일부를 관리·사용하거나 수용할 수 있다.
  1. 군수품의 생산 또는 수리를 하는 공장 및 사업장
  2. 앞 호에 게기한 공장 및 사업장에 필요한 원료나 연료를 생산하거나 전력 또는 동력을 발생하는 공장 및 사업장
  3. 앞 각호에 게기한 공장으로 전용할 수 있는 공장
제3조 1. 정부는 전시에 군수품의 생산 수리나 저장을 위하여 필요한

때에는 토지와 가옥·창고 기타 공작물 및 그 부속설비의 전부 또는 일부를 관리 사용하거나 수용할 수 있다.

   2. 정부는 전시에 필요한 때에는 제1조 제2호에 게기한 물건의 전부 또는 일부를 관리할 수 있다.

제4조 앞 2조의 경우에 정부는 종업자를 공용하게 할 수 있다.

제5조 앞 3조의 규정에 의한 처분으로 인하여 발생한 손해는 정부가 보상한다.

제6조 정부는 전시에 군수품 또는 제2조 제2호의 원료 또는 연료의 양도 사용 소비 소지 이동 또는 수출·입에 관하여 필요한 명령을 할 수 있다.

제7조 전시에 제1조에 게기한 물건으로서 징발령 중에 규정이 없는 것을 사용 또는 수용하고자 하는 때에는 징발령의 규정을 준용한다.

제8조 1. 정부는 전시에 병역에 있는 자를 징병령에 불구하고 칙령이 정하는 바에 따라 소집하고 군사수송기관 또는 제2조의 규정에 따라 정부가 관리하는 공장 또는 사업장의 업무에 종사하게 할 수 있다.

   2. 앞항의 규정은 제2조 각호에 게기한 공장 또는 사업장으로서 국가의 경영에 관련된 것에 관하여 준용한다.

제9조 정부는 전시에 칙령이 정하는 바에 따라 병역에 있지 아니한 자를 징용하여 전조에 게기한 업무에 종사하게 할 수 있다.

제10조 제2조 또는 제3조의 규정에 따라 수용한 공장 사업장 토지 또는 가옥 기타 공작물 및 그 부속설비를 사용하지 아니하게 된 경우에 수용한 때부터 5년 안에 불하하는 때에는 종전 소유자 또는 그 승계인이 우선하여 이를 매수할 수 있다.

제11조 정부는 군사상 필요한 경우에는 제2조 각호에 게기한 공장 또

는 사업장을 가진 자 또는 그 관리자에 대하여 그 사업에 사용한 설비, 기구·기계, 종업자 또는 재료·원료·기구 기계의 공급자 또는 생산·발생, 수리의 능력이나 수량 기타 사업 상황에 대하여 필요하다고 인정한 사항의 보고를 명할 수 있다.

제12조 정부는 군사상 필요한 때에는 철도 궤도 선박 해륙연락수송설비 기타 수송용 물건의 소유자 또는 관리자에 대하여 차량 궤도 선박 또는 해륙연락수송설비의 수량, 구조 수송능력 종업자 기타 필요하다고 인정한 사항의 보고를 명할 수 있다.

제13조 정부는 군사상 필요한 때에는 군수품 또는 제2조 제2호의 원료나 연료의 거래 또는 보관을 업으로 하는 자에 대하여 그 거래의 상대방 거래나 보관의 수량 보관의 설비 기타 사업의 상황에 대하여 필요하다고 인정한 사항의 보고를 명할 수 있다.

제14조 1. 정부는 군사상 필요한 때에는 칙령이 정하는 바에 따라 제2조 각호에 게기한 공장이나 사업장을 가진 자 또는 앞조에 게기한 자로서 일정한 자격이 있는 자에 대하여 예산의 범위 안에서 일정한 이익을 보증하거나 장려금을 교부할 수 있다 이 경우에 정부는 그 자에 대하여 군수품의 생산, 수리 또는 저장을 하게 하거나 군사상 필요한 설비를 하게 할 수 있다.

2. 정부는 앞항의 규정에 따라 이익보증 또는 장려금의 교부를 받는 사업을 감독하거나 필요한 명령 또는 처분을 할 수 있다.

제15조 1. 제5조의 규정에 의한 보상금 및 앞조의 이익보증 또는 장려금의 산정과 제10조의 규정에 의한 불하가액은 군수평의회의 결의를 거쳐 정한다.

2. 군수평의회에 관한 규정은 칙령으로 정한다.

제16조 당해관리 또는 이원은 제11조 내지 제13조의 규정에 따라 보고를 명할 수 있는 사항의 조사를 위하여 또는 제14조의 규정에 의한 감독이나 처분을 하기 위하여 필요한 장소에 출입하여 검사를 하고 조사자료의 제공을 요구하거나 종업자에 대하여 질문할 수 있다.

제17조 공업적 발명에 관련된 물건 또는 방법에 관하여 미리 정부의 승인을 얻은 사항 또는 설비에 대하여는 보고를 명하여 검사를 하고 조사 자료의 제공을 요구하거나 종업자에 대하여 질문할 수 없다.

제18조 이익보증 또는 장려금을 받는 사업을 승계하는 자는 본 법 또는 본 법에 의한 명령 이에 의한 처분이나 이익보증 또는 장려금의 교부에 따른 조건에 의한 전자의 권리·의무를 승계한다.

제19조 아래 각호의 1에 해당하는 자는 3년 이하의 징역 또는 3,000圓 이하의 벌금에 처한다.

  1. 제2조 또는 제3조의 규정에 의한 관리, 사용 또는 수용을 거부한 자

  2. 제4조의 규정에 의한 공용을 거부한 자

  3. 제6조의 규정에 의한 명령에 위반한 자

제20조 1. 제14조 제1항의 규정에 의한 명령에 위반한 자는 2년 이하의 징역 또는 2,000圓 이하의 벌금에 처한다.

  2. 전시에 전항의 죄를 범한 때의 처벌은 전조와 같다.

제21조 다음 각호의 1에 해당하는 자는 1년 이하의 징역 또는 1,000圓 이하의 벌금에 처한다.

  1. 제8조의 규정에 의한 소집에 응하지 아니하거나 동조의 규정에 의한 업무에 종사하는 것을 거부한 자

  2. 제9조의 규정에 의한 징용에 응하지 아니하거나 동조의 규정에 의한 업무에 종사하는 것을 거부한 자

3. 제11조 내지 제13조의 규정에 따라 명받은 보고를 하지 아니하거나 허위보고를 한 자
4. 제14조제2항의 규정에 의한 명령에 위반한 자
5. 제16조의 규정에 의한 당해관리 또는 이원의 직무의 집행을 거부·방해 또는 기피하고 조사자료의 제공을 하지 아니하거나 허위의 조사자료를 제공하거나 질문에 대하여 허위 진술을 한 자

제22조 1. 당해관리, 이원 또는 그 직에 있는 자가 이 법에 의한 직무에 의하여 지득한 사업상의 비밀을 누설하거나 절용한 때에는 2년 이하의 징역 또는 2,000圓 이하의 벌금에 처한다. 당해관리 또는 이원이 제17조의 규정에 위반한 때에도 같다.
2. 직무상 전항의 비밀을 지득한 다른 공무원 또는 공무원이었던 자가 그 비밀을 누설하거나 절용한 때의 벌은 앞항과 같다

국가총동원법(발췌)

제5조 정부는 전시에 국가총동원상 필요한 경우에는 칙령이 정하는 바에 따라 제국신민 및 제국법인, 기타 단체가 국가, 지방공공단체 또는 정부가 지정하는 자가 행하는 총동원업무에 협력하게 할 수 있다.
제6조 정부는 전시에 국가총동원상 필요한 경우에는 칙령이 정하는 바에 따라 종업자의 사용, 고용 또는 해고취직, 종업 또는 퇴직 또는 임금, 급료 기타 종업조작에 대하여 필요한 명령을 할 수 있다.
제13조 정부는 전시에 국가총동원상 필요한 경우에는 칙령이 정하는 바에 따라 총동원업무인 사업에 속하는 공장, 사업장, 선박 기타 시설

또는 이를 전용할 수 있다. 시설의 전부 또는 일부를 관리, 사용 또는 수용할 수 있다.

정부는 전항에 두는 것을 사용 또는 수용하는 경우에 있어서 칙령이 정하는 바에 따라 그 종업자를 공용하게 하거나 해당 시설에 있어서 현재 실시하는 특허발명 또는 등록실용신안을 실시할 수 있다.

정부는 전시에 국가총동원상 필요한 경우에는 칙령이 정하는 바에 따라 총동원업무에 필요한 토지 또는 가옥 기타 공작물을 관리, 사용 또는 수용하거나 총동원업무를 수행하는 자에게 이를 사용 또는 수용하게 할 수 있다.

제15조　전2조의 규정에 따라 수용한 것을 사용하지 않고 수용한 때로부터 10년 이내에 불하하는 경우에는 칙령이 정하는 바에 따라 구소유자 또는 구권리자 또는 그 일반승계인은 우선적으로 이를 매수할 수 있다.

제16조　정부는 전시에 국가총동원상 필요한 경우에는 칙령이 정하는 바에 따라 사업에 속하는 설비의 신설, 확장 또는 개량을 제한 또는 금지하거나 총동원업무 사업에 속하는 설비의 신설, 확장 또는 개량을 명령할 수 있다.

제16조의 2　정부는 전시에 국가총동원상 필요한 경우에는 칙령이 정하는 바에 따라 사업에 속하는 설비 또는 권리의 양도 기타 처분, 출자, 사용 또는 이동에 관하여 필요한 명령을 할 수 있다.

제16조의 3　정부는 전시에 국가총동원상 필요한 경우에는 칙령이 정하는 바에 따라 사업의 개시, 위탁, 공동경영, 양도, 폐지 또는 휴지 또는 법인의 목적변경, 합병 또는 해산에 관하여 필요한 명령을 할 수 있다.

제17조　정부는 전시에 국가총동원상 필요한 경우에는 칙령이 정하는

바에 따라 총동원업무인 동종 또는 이종 사업의 사업주 사이에 해당 사업에 관한 통제협정의 설정, 변경 또는 폐지에 대하여 인가를 받게 하고 통제협정의 설정, 변경 또는 폐지에 대하여 인가를 받게 하며 통제협정의 설정, 변경 또는 취소를 명령하거나 통제협정의 가맹자 또는 그 통제협정에 가맹하지 않은 사업주에게 대하여 그 통제협정에 따르도록 명령할 수 있다.

제18조　정부는 전시에 국가총동원상 필요한 경우에는 칙령이 정하는 바에 따라 총동원업무인 동종 또는 이종의 사업의 사업주에 대하여 해당 사업의 통제를 목적으로 하는 조합의 설립을 명령할 수 있다.

전항의 조합은 법인으로 한다.

제1항의 규정에 따라 설립을 명령받은 자는 그 설립을 하지 않은 경우에는 정부는 정관의 작성 기타 설립에 관하여 필요한 처분을 할 수 있다. 제1항의 조합이 성립된 경우에는 정부는 칙령이 정하는 바에 따라 해당 조합의 조합원 자격을 갖는 자에게 그 조합에 참여하게 할 수 있다.

정부는 제1항의 조합에 대하여 조합원의 영업에 관한 통제규정의 설정, 변경 또는 폐지에 대하여 인가를 받게 하고, 통제규정의 설정 또는 변경을 명령하거나 조합원에 대하여 조합의 통제규정에 따르도록 명령할 수 있다.

제1항의 조합에 관하여 필요한 사항은 칙령으로 정한다.

제18조의 2　제16조의 2의 규정에 따라 설비 또는 권리의 양도 또는 출자를 명하거나 제16조의 3의 규정에 따라 사업의 양도를 명령한 경우에는 양도자 또는 출자자가 부담하는 채무의 승계 및 그 담보의 처리에 관하여 필요한 사항은 칙령으로 정한다.

제18조의 3 제16조의 2의 규정에 의한 설비 또는 권리의 양도 또는 출자, 제16조의 3의 규정에 따른 사업의 양도 또는 법인의 합병 또는 제18조 제1항 또는 제3항의 규정에 따라 설립된 단체 또는 회사에 대해서는 칙령이 정하는 바에 따라 과세표준의 계산에 관한 특례를 설정하거나 조세의 감면을 할 수 있다.

제23조 정부는 국가총동원상 필요한 경우에는 칙령이 정하는 바에 따라 총동원물자의 생산, 판매 또는 수입에 종사하는 자에게 해당 물자 또는 그 원료 또는 재료의 일정수량을 보유하도록 할 수 있다.

제24조 정부는 국가총동원상 필요한 경우에는 칙령이 정하는 바에 따라 총동원업무인 사업의 사업주 또는 전시에 있어서 총동원업무를 실시하게 해야 하는 자에게 전시에 실시하는 총동원업무에 관한 계획을 설정하도록 하거나 해당 계획을 기초로 하여 필요한 연습과 훈련을 하도록 할 수 있다.

제25조 정부는 국가총동원상 필요한 경우에는 총동원물자의 생산 또는 수리를 업무로 하는 자 또는 시험연구기관의 관리자에 대하여 시험연구를 명령할 수 있다.

제26조 정부는 국가총동원상 필요한 경우에는 칙령이 정하는 바에 따라 총동원물자의 생산 또는 수리를 업으로 하는 자에게 예산의 범위 내에서 일정한 이익을 보증하거나 보조금을 교부할 수 있다. 이 경우에는 정부는 그 자에게 대하여 총동원물자의 생산 또는 수리를 하도록 하거나 국가총동원상 필요한 설비를 하도록 할 수 있다.

제27조 정부는 칙령이 정하는 바에 따라 제8조, 제10조, 제13조 또는 제14조의 규정에 따른 처분, 제9조의 규정에 따른 수출 또는 수입의 명령, 제11조의 규정에 따른 자금의 융통 또는 유가증권의 응모, 인수

또는 매입의 명령 또는 제16조의 규정에 따른 신설, 확장 또는 개량의 명령으로 인하여 발생한 손실을 보상한다.

제28조　정부는 제22조, 제23조 또는 제25조의 규정에 따라 명령을 하는 경우에는 칙령이 정하는 바에 따라 이로 인해 발생한 손실을 보상하거나 보조금을 교부한다.

참고문헌

1. 자료

국무총리비상기획위원회, 2004, 『세계 동원의 역사』.

민족문제연구소편, 2000, 『日帝下 戰時體制期 政策史料叢書5』, 한국학술정보.

_____, 2000, 『日帝下 戰時體制期 政策史料叢書11』, 한국학술정보.

_____, 2000, 『日帝下 戰時體制期 政策史料叢書19』, 한국학술정보.

_____, 2000, 『日帝下 戰時體制期 政策史料叢書23』, 한국학술정보.

_____, 2000, 『日帝下 戰時體制期 政策史料叢書49』, 한국학술정보.

_____, 2000, 『日帝下 戰時體制期 政策史料叢書50』, 한국학술정보.

_____, 2000, 『日帝下 戰時體制期 政策史料叢書51』, 한국학술정보.

_____, 2017, 『일제식민총치기구사전통감부·조선총독부편』.

박찬승, 김민석, 최은진, 양지혜, 2018, 『국역 조선총독부30년사(하)』, 민속원.

방기중편, 2005, 『일제파시즘기한국사회자료집2』.

_____, 2005, 『일제파시즘기한국사회자료집4』.

친일반민족행위진상규명위원회편, 2009, 『친일반민족행위관계사료집8』.

_____, 2009, 『친일반민족행위관계사료집9』.

警務局保安課, 『高等外事月報』.

『京城日報』.

国民精神総動員忠淸南道聯盟, 1939.3, 『国民精神総動員要覽』.

国民精神総動員京畿道聯盟, 1939.12, 『国民精神総動員講演録』.

国民総力朝鮮連盟, 1941.7, 『国民総力読本』.

_____, 1943.9, 『国民総力運動要覽』.

_____, 1945, 『朝鮮に於ける国民総力運動史』.

_____,『国民総力』.

国民総力朝鮮連盟事務局, 1942.6,『国民総力朝鮮連盟組織並役員名簿』.

近藤釖一編, 1964,『太平洋戦争下の朝鮮(5)』, 財団法人友邦協會.

近衛文麿, 1946,『失はれし政治-近衛文麿公の手記』, 朝日新聞社.

內鮮一體實踐社,『內鮮一體』.

綠旗聯盟,『綠旗』.

大蔵省管理局,『日本人の海外活動に関する歴史的調査』通巻第7册, 朝鮮編第6分册.

大政翼賛会宣伝部,『大政翼賛会会報』.

『東亞日報』.

東洋之光社,『東洋之光』.

『毎日申報(新報)』.

防衛庁防衛研修所戦史室, 1967,『陸軍軍需動員(1)計画編』, 朝雲新聞社.

_____, 1970,『陸軍軍需動員(2)実施編』, 朝雲新聞社.

三千里社,『三千里』・『大東亞』.

石川準吉, 1986,『国家総動員史下巻』, 国家総動員史刊行会.

石川準吉編, 1975,『国家総動員史資料編1』, 国家総動員史刊行会.

_____, 1975,『国家総動員史資料編3』, 国家総動員史刊行会.

_____, 1975,『国家総動員史資料編6』, 国家総動員史刊行会.

小磯国昭, 1968,『小磯国昭自伝葛山鴻爪』, 丸ノ内出版.

新時代社,『新時代』.

御手洗辰雄, 1942,『南総督の朝鮮統治』, 京城日報社.

_____, 1957,『南次郎』, 南次郎傳記刊行會.

原朗, 山崎志郎編, 1997,『初期物資動員計劃資料1』, 現代史料出版.

_____, 1999,『開戦期物資動員資料1』, 現代史料出版.

_____, 1999,『開戦期物資動員資料4』, 現代史料出版.

_____, 2001,『後期物資動員計劃資料1』, 現代史料出版.

_____, 2001,『後期物資動員計劃資料7』, 現代史料出版.

_____, 2001,『後期物資動員計劃資料10』, 現代史料出版.

_____, 2001,『後期物資動員計劃資料14』, 現代史料出版.

人文社, 『國民文學』.

猪俣浩三, 1940, 『一億人の法律:国家総動員法の綜合的研究』, 有光社.

『朝鮮日報』.

朝鮮日報社, 『朝光』.

朝鮮總督府 情報課, 『通報』.

朝鮮総督府, 1940, 『施政三十年史』.

_____, 1941, 『朝鮮總督府施政年報1939年度』.

_____, 1940.3, 『朝鮮に於ける国民精神総動員』.

_____, 1941.3, 『半島の国民総力運動』.

_____, 『朝鮮』.

朝鮮春秋社, 『春秋』.

『週報』.

中村隆英, 原朗編, 1970, 『現代史資料43国家総動員1』, みすず書房.

坂根嘉弘, 2021, 『評伝朝鮮総督府官吏·吉田正廣とその時代』, 清文堂.

下中彌三郎編, 1954, 『翼贊国民運動史』, 翼贊運動史刊行会.

2. 단행본

국사편찬위원회편, 2003, 『한국사50 전시체제와 민족운동』, 국사편찬위원회.

김민철, 2012, 『기로에 선 촌락 식민권력과 농촌사회』, 도서출판 혜인.

김봉식, 2019, 『고노에 후미마로』, 살림.

김승태, 2009, 『중일전쟁 이후 전시체제와 수탈』, 독립기념관 한국독립운동연구소.

김영신, 2001, 『대만의 역사』, 지영사.

김영미, 2009, 『동원과 저항 해방 전후 서울의 주민사회사』, 푸른역사.

김영희, 2003, 『일제시대 농촌통제정책 연구』, 경인문화사.

김한종, 2013, 『역사교육으로 읽는 한국현대사』, 책과함께.

박경식, 1986, 『日本帝國主義의 朝鮮 支配』, 청아출판사.

박계호, 2012, 『총력전의 이론과 실제』, 북코리아.

방기중 편, 2004, 『일제 파시즘지배정책과 민중생활』, 혜안.

_____, 2005, 『일제하 지식인의 파시즘체제인식과 대응』, 혜안.

서정익, 2008, 『전시일본 경제사』, 혜안.

이상의, 2006, 『일제하 조선의 노동정책 연구』, 혜안.

이성재, 2012, 『지식인』, 책세상.

전상숙, 2012, 『조선총독정치연구』, 지식산업사.

정혜경, 2003, 『일제말기 조선인 강제연행의 역사-사료연구』, 경인문화사.

_____, 2017, 『1945년 국민의용대제도 패배의 종착역에서』, 도서출판선인.

조경달 저·정다운 역, 2012, 『식민지기 조선의 지식인과 민중』, 도서출판선인.

최유리, 1997, 『일제 말기 식민지 지배정책연구』, 국학자료원.

최원규 엮음, 1988, 『일제말기 파시즘과 한국사회』, 청아출판사.

친일반민족행위진상규명위원회, 2009, 『친일반민족행위진상규명보고서Ⅲ-4 친일반민족행위연구』.

친일인명사전편찬위원회·민족문제연구소, 2009, 『친일인명사전』 1~3.

加藤陽子, 2002, 『戦争の日本近現代史』, 講談社現代新書.

高橋甫, 최일영 최일락 공역, 1975, 『現代總力戰論』, 國防大學院 安保問題研究所.

纐纈厚, 1981, 『総力戦体制研究』, 三一書房.

_____, 2005, 『近代日本政軍関係の研究』, 岩波書店.

_____, 2018, 『増補版総力戦体制研究』, 日本評論社.

宮田節子, 1985, 『朝鮮民衆と皇民化政策』, 未來社.

朴慶植, 1986, 『日本帝国主義の朝鮮支配(下)』, 青木書店.

荒川憲一, 2011, 『戰時經濟體制の構想と展開: 日本陸海軍の歴史的分析』, 岩波書店.

山崎丹照, 1943, 『外地統治機構の研究』, 高山書院.

山崎志郎, 2011, 『戰時經濟總動員體制の研究』, 日本經濟評論社.

_____, 2012, 『物資動員計畫と共榮圈構想の形成』, 日本經濟評論社.

_____, 2016, 『太平洋戦争期の物資動員計劃』, 日本経済評論社.

森靖夫, 2020, 『国家総動員の時代』, 名古屋大学出版会.

小林英夫, 2004, 『帝国日本と総力戦体制』, 有志社.

歴史學研究會編, 1973, 『太平洋戰爭史5』, 青木書店.

原朗編, 1995, 『日本の戰時経済』, 東京大學出版會.

樋口雄一, 2001, 『戰時下朝鮮の民衆と徵兵』, 総和社.

3. 논문

김민철, 2003, 「전시체제하(1937~1945) 식민지 행정기구의 변화」, 『한국사학보』, 14.

김봉식, 1999, 「정당정치의 성쇠와 국민동원의 강화」, 박진우 외 공저, 『일본근현대사』, 좋은날.

김영미, 2012, 「식민지 주민 동원의 유산과 변용」, 『한국학논총』, 38.

김영희, 2000, 「일제말기 국민총력운동의 전개와 농촌통제정책」, 『한국독립운동사연구』, 14.

_____, 2002, 「국민정신총동원운동의 실시와 조직」, 『한국독립운동사연구』, 18.

_____, 2002, 「국민정신총동원운동의 전개 형태와 그 침투」, 『한국근현대사연구』, 22.

_____, 2006, 「국민총력조선연맹의 사무국개편과 관변단체에 대한 통제(1940.10~1945. 8)」, 『한국근현대사연구』, 37.

김인호, 1996, 「일제의 조선공업정책과 조선인자본의 동향(1936~1945)」, 고려대학교 박사학위논문.

_____, 1999, 「조선에서의 '제1차 생산력확충'과 '대용품 공업화'(1938~1941)」, 『사총』, 49.

_____, 2000, 「조선에서의 제2차 생산력확충계획과 실상(1942~1945)」, 『한국독립운동사연구』, 26.

_____, 2004, 「태평양전쟁시기 조선에서의 생산증강정책과 그 실상」, 『역사와 경계』, 52.

김혜수, 1994, 「1930년대 조선에 있어서 '(극비)잠정총동원기간계획'실시」, 『硏究論叢』, 26.

박민선, 2019, 「전시체제기 일제의 육군특별지원병제도 선전과 전쟁영웅화 작업」, 『숭실사학』 42집.

박성진, 2013, 「1920년대 일본의 총력전 구상과 '경제참모본부'」, 『군사』, 89.

박수현, 2006, 「전시파시즘기(1937~1945)조선 지식인의 체제협력 양상과 논리-신문잡지의 친일 글을 중심으로-」, 『한국민족운동사연구』, 46.

_____, 2011, 「일제말 파시즘기(1937~1945) 매일신보의 대중선동 양상과 논리-지원병·징병제도를 중심으로-」, 『한국민족운동사연구』, 69.

박순애, 2002, 「조선총독부의 정보선전 정책」, 『한중인문학연구』 9.

변은진, 2011, 「유언비어를 통해 본 일제말 조선민중의 위기담론」, 『아시아문화연구』 22.

서정익, 2001, 「전시 일본의 생산력확충계획 연구」, 『사회과학연구』, 20.

_____, 2003, 「전시 일본의 총력전체제와 경제총동원」, 『사회과학연구』, 22.

손준식, 2002, 「일본의 대만식민지지배 통치정책의 변화를 중심으로」, 『아시아문화』, 18.

안자코 유카, 2006, 「조선총독부의 '총동원체제'(1937~1945) 형성 정책」, 고려대학교 박사학위논문.

윤효정, 2020, 「일제말 '매일신보'의 조선인 학병 동원 담론의 양상과 특징」, 『동북아논총』 67.

이상의, 2017, 「태평양전쟁기 조선인 전문학생·대학생의 학도지원병 동원 거부와 '학도징용'」, 『역사교육』 141.

이준식, 2000, 「일제강점기 친일 지식인의 현실인식 -이광수의 경우-」, 『역사와 현실』 37.

장신, 2016, 「조선총독부의 언론통제와 동아일보·조선일보 폐간」, 『역사문제연구』 35.

전창수, 2016, 「일제 총동원체제의 기원과 특징에 대한 재검토:전쟁인류학의 모색」, 『비교문화연구』, 제22집 2호.

장형익, 2009, 「근대 일본의 총력전 구상과 『제국국방방침』」, 『군사』, 70.

정근식, 2009, 「일본 식민주의의 정보통제와 시각적 선전」, 『사회와 역사』 82집.

_____, 1998, 「日帝의 植民政策과 植民地 朝鮮의 法制」, 『법제연구』, 14.

최유리, 1988, 「日帝末期『朝鮮增米計劃』에 對한 硏究」, 『한국사연구』, 61·62.

河棕文, 1994, 「戰時勞働力政策の形成過程-總動員計劃と職業紹介行政との關わりを中心に」, 『史學雜誌』, 103.

宮田節子, 1991, 「皇民化政策の構造」, 『朝鮮史研究會論文集』 29, 朝鮮史研究會.

金奉湜, 2021, 「南次郎総督と新体制」, 吉田裕編『戦争と軍隊の政治社会史』, 大月書店.

庵逧由香, 1994, 「朝鮮における戦争動員政策の展開-『国民運動』の組織化を中心に」, 『国際関係学研究』, 21, 津田塾大学.

栗屋憲太郎, 1977, 「国民動員と抵抗」, 『岩波講座日本歴史21』, 岩波書店.

木坂順一郎, 1976, 「大政翼賛会の成立」, 『岩波講座日本歴史20』, 岩波書店.

君島和彦, 1977, 「朝鮮における戦争動員体制の展開過程」, 藤原彰·野沢豊編, 『日本ファシズムと東アジア』, 青木書店.

小林英夫, 1979, 「総力戦と植民地」, 『体系日本現代史2』, 日本評論社.

山崎志郎, 2015, 「戦時統制経済」, 『岩波講座日本歴史18』, 岩波書店.

찾아보기

ㄱ

가이다(海田) 334
갈홍기 338, 341, 381
강영석 338, 341
계광순 338
고노에(近衛)내각 72, 73, 76~78, 87, 103, 110, 111, 115, 116, 124, 188, 190, 191, 196, 197, 227, 241, 274, 372, 386
고노에 후미마로 72, 188, 189, 190, 195, 196, 202, 227, 400
고승제 338, 341
고원섭 338, 341
고이소(小磯) 구니아키 26, 100, 272, 314, 400
고이소총독 206, 273, 275~278, 393
고황경 338, 341, 361, 364, 367, 378
곽종원 338, 341, 380
광공국 244, 293~295, 391, 394, 400
괴벨스 310
구본웅 338, 341
구자옥 338, 341
「국가총동원법」 24, 70, 74, 76~79, 83~90, 94, 96, 110, 172, 173, 176, 230, 386, 387, 399, 406
국가총동원 실시계획 174, 181, 227, 228, 399, 400
국가총동원업무위원회 175, 176, 178, 179, 181, 182, 399
국가총동원 제 계획 245~247
국민교육헌장 378
국민동지회 339
국민정신총동원본부 117, 193
국민정신총동원연맹 339
국민정신총동원위원회 116, 143~145, 162, 399
국민정신총동원조선연맹 110, 128~130, 132, 134, 135, 138, 144, 145, 148, 150, 151, 156, 157, 162, 164, 197, 202, 208, 209, 212, 272, 388, 390, 399
국민정신총동원중앙연맹 114, 116, 162, 202, 399
국민총력운동연락위원회 206, 274, 400
국민총력운동요강 254, 256
국민총력운동지도위원회 203~206,

208, 274, 275, 400
국민총력조선연맹 148, 188, 195, 197, 199, 200~202, 205~215, 218, 220, 222, 244, 250, 251, 254, 256, 258, 263, 264, 267, 270, 272~280, 282, 284, 285, 296, 297, 339, 390, 392, 393, 400, 401
국방국가 191, 193, 199, 202, 207, 221, 222, 224, 274, 283, 390
국세원 27, 398
「군수공업동원법」 27, 78, 88~90, 398, 402
군수공업 확충에 관한 건 101~103
군수국 27, 398
군수성 287~292, 393, 400
「군수회사법」 289, 290, 295, 296, 393, 400
권상로 338, 341, 381
그람시 336
근로보국대 157, 167, 271
기획부 95~97, 185, 239, 242, 244, 296, 387, 391, 400
기획실 73, 242~244, 391
기획원 35, 74~76, 97, 103, 104, 117, 174~178, 182~185, 225, 228, 236, 246, 247, 287, 288, 291, 292, 386, 389, 393, 399
기획청 71~75, 91, 386, 399

김건 338, 341
김경승 341
김관 338, 341
김기수 380
김기진 338, 341, 373
김기창 338, 380
김대우 301
김동인 338, 341
김동진 338, 342, 380
김동환 338, 342
김두정 338, 342
김두헌 338, 342, 367, 378
김문집 338, 342
김상용 338, 342
김성수 338, 342, 360, 363, 367
김성태 380
김소운 338
김시권 313
김영일 380
김용제 338, 342
김원복 380
김은호 380
김인승 380
김인영 338, 343
김재훈 338
김종한 343
김천애 380
김학성 380

김한경 338, 343
김해강 338, 343
김활란 338, 343, 364, 367, 376

ㄴ

내각심의회 70, 71, 399
내각정보국 302
내각정보부 302
내각정보위원회 301
내각조사국 70~72, 399
내선융화 119, 120
내선일체 98, 101, 102, 122, 123, 125, 127, 129, 130, 132, 133~137, 140, 142, 150, 151, 156, 164, 168, 169, 171, 172, 196, 199, 207, 220~223, 252, 254, 256, 257, 259, 263, 274, 388, 395
내선일체 강화 철저에 관한 건 101, 102
내외지행정일원화 234, 242~244, 391
노기남 338, 381
노수현 380
노천명 338, 343
녹기연맹 339

ㄷ

대동민우회 339
대동일진회 339
대본영정부연락회의 245, 292, 393, 400
대의당 339
대일본부인회조선본부 339
대일본흥아회조선지부 339
대정익찬회 118, 190~198, 202, 208, 220, 223, 266, 272, 277, 285, 389, 390, 400
대조봉대일 271, 272
대화동맹 339
대화숙 339
도의 조선 확립 254, 256
도조내각 241, 286, 393, 394, 400
도조 히데기 241
드레퓌스 사건 336

ㄹ

루덴도르프 25
리오타르 336

ㅁ

모윤숙 338, 344, 380
문서과 49, 63, 64, 91~93, 97, 126, 145, 152, 153, 162, 163, 243, 244, 275, 387, 394
물자동원계획 35, 74~76, 94, 96, 97, 103, 110, 173, 175, 176, 181~183, 185, 186, 227~230, 236~239, 245~249, 286, 292, 293, 295, 384,

미나미 지로 100, 119, 272, 314, 324, 326~328, 330, 331, 399
미나미총독 104, 107, 110, 119, 120, 122~125, 128, 129, 132, 136, 137, 142, 143, 179, 196, 208, 217, 220, 223, 239, 263, 267, 388
민영은 313

ㅂ

박관수 338, 344, 361, 367
박남규 338, 344, 359
박마리아 338, 344, 361
박수현 360
박승직 314
박시춘 380
박영선 380
박영철 313
박영희 338, 344, 372
박인덕 338, 344, 367
박정희 377
박종화 338
박춘금 313
박태원 338
박희도 338, 344
「반민족행위처벌법」 376
방인근 338, 345, 380
배상명 338, 364, 367

389, 390, 392~394, 399, 400

배상하 338, 345
백낙준 338, 345, 366, 367, 376
백철 338, 345, 380
백한성 381
「병역법개정법률안」 316
분과회 59, 66~68, 98, 102~106, 177

ㅅ

사르트르 336
사무협의회 58, 59, 61, 66, 399
사봉대 258~260, 277, 278, 396
사상전(思想戰) 300
사업계획 164, 168, 171, 250
상회 193, 214~216, 218, 222, 224, 250~253, 272, 283, 285
생산력확충 계획 35, 36, 74~76, 94~96, 101, 103, 104, 110, 111, 173, 175~177, 182, 229, 230, 234, 236, 238, 239, 243, 244, 246, 249, 282, 286, 296, 384, 390, 391, 394, 399, 400
생산력확충위원회 177, 399
서강백 338, 345
서광제 338, 345
서은숙 338, 367
서정주 338, 345, 380
서춘 338, 345, 369, 370, 372
손목인 380

손정규 338
송금선 338, 346, 364, 367
「수출입품등임시조치법」 90
시국대응사상보국연맹 339
시국대책조사회 97, 99~101, 107, 129, 387, 388, 399
시국대책준비위원회 97~99, 129, 399
시국좌담회 307
시오바라(鹽原) 322
식산국 92, 94, 163, 183, 184, 204, 212, 242, 275, 293, 391
신경군관학교 377
신봉조 338, 346, 367
신석호 338
신체제운동 87, 188~190, 194~197, 202, 220, 221, 239, 272, 372, 389, 390
신체제준비회 191, 400
신태악 338, 346
신흥우 338, 346
심명섭 346
심형구 338, 346

ㅇ

아베 노부유키 279, 401
아베총독 279, 393
안익태 380
안인식 338, 346

안종화 380
애국금차회 339
애국반 139~143, 147, 148, 150, 153, 161, 162, 166, 167, 171, 196, 197, 202, 203, 206, 217, 218, 250, 252, 253, 261, 269, 270, 271, 274, 284, 285, 396
애국일 127, 150, 151, 161~163, 167, 272
양주삼 338, 346
어담 314
언론보국회 339
여운홍 338, 346
예산 51, 52, 54, 57, 68, 70, 72, 74, 94, 264, 265, 266, 392, 404, 409
예술원 379
오긍선 338, 346
오노 로쿠이치로(大野綠一郎) 302
5대 정강 120
옥천공립농업실수학교 321
유각경 338, 346
유광렬 338, 346, 381
유억겸 338, 347, 367
유진오 338, 347, 358, 359, 367
유치진 338, 347, 373, 380
「육군특별지원병령」 313
「육군특별지원병임시채용규칙」 317
윤덕영 314

찾아보기 421

윤치영 338, 347
윤치호 338, 347, 369, 370, 375
윤효중 380
응급 총동원 계획 35, 54, 55, 58, 61, 62, 67~69, 180, 384, 398, 399
이광래 380
이광수 338, 348, 358, 359, 369, 372, 373
이능화 338, 348
이돈화 338, 348, 373
이명세 338, 379
이묘묵 338, 349
이병도 338, 378
이병일 380
이봉상 380
이사카 케이이치로(井坂圭一良) 306
이서구 338, 349, 381
이석훈 338, 349
이성환 338, 349
이숙종 338, 349, 367
이용설 338, 349, 365, 380
이원보 313
이원수 381
이인범 381
이인석(李仁錫) 321, 323~325
이재명 381
이종린 338, 349, 360
2차 고노에(近衛)내각 302

이찬 338, 349
이창수 338, 349
이타가키(板垣) 322
이헌구 338, 349
이혜구 381
이흥렬 381
인정식 338, 349, 360
일본육군사관학교 377
임숙재 338, 349, 367
임시물자조정과 94, 95, 97, 387, 399
「임시자금조정법」 89, 90
임전대책협의회 339

ㅈ

자원과 54, 70, 92~95, 97, 183, 229, 231, 387, 399
자원국 24, 30, 34~37, 41, 44~52, 54~56, 60~62, 64, 65, 67~70, 73~76, 83, 91, 92, 97, 384~386, 398, 399
자원심의회 37, 398
「자원조사령」 40~42, 44, 49, 92, 93, 385, 398
「자원조사법」 37, 38, 40, 41, 49, 55, 92, 385, 398
「자원 통제 운용계획 설정에 관한 건」 44, 47
잠정 총동원 기간계획 24, 35~37, 47,

50~52, 55, 57, 58, 61, 64~69, 91, 180, 384, 385, 398, 399
장덕수 338, 350, 363, 366
장우성 381
장혁주 338, 350
저축 장려 154, 157, 158, 161, 166, 211, 213, 215, 222, 224, 250, 271
전필순 338, 350, 381
정구충 338, 350, 368
정보위원회 71, 72, 111, 113, 125~129, 150, 151, 154, 162, 388, 394, 399
정비석 338, 350, 360, 381
정인과 338, 350, 373
정인섭 381
정인택 338, 350
정춘수 338, 350
정학회 339
정훈 314
제2차 총동원 기간계획 35, 55, 62, 67~69, 180, 384, 386, 399
제3차 총동원 기간계획 35, 68, 69, 73, 93, 180, 384, 386, 389
제4차 총동원 기간계획 35, 178~180, 225~227, 384, 390, 399
조기홍 338, 350, 368
조동식 338, 351, 368
『조선(朝鮮)』 302
조선경제통제협력연락회 267, 269

「조선공장자원조사규칙」 42, 44, 398
조선광산연맹 269, 270
「조선광업자원조사규칙」 42, 43, 55, 398
「조선교육령」 311
조선국방협회 339
조선군 100, 119, 126, 132, 145, 146, 162, 199, 206, 272, 275, 296
조선군사후원연맹 339
조선문인협회 339
조선방공협회 339
조선수산연맹 269
조선신문회 339
「조선영화령」 308
조선임전보국단 339
조선자원조사위원회 57, 59, 60, 62~65, 68, 69, 91, 386, 398, 399
조선중앙정보위원회 125~129, 150, 151, 154, 162, 301~303, 388, 394, 399
조선지원병제도축하회 339
조성근 313, 314
조연현 338, 351, 381
조용만 338, 351, 381
조택원 381
『주보(週報)』 305
주요한 338, 351

ㅊ

차사백 338, 351, 368

차재정 338, 351

채만식 338, 351, 373

채용묵 313

총독관방 문서과 301

총동원 계획 설정 처무요강 45, 47, 178, 385, 398

총동원 계획 회의 50, 51, 54~58, 60, 61, 65, 69, 91, 385, 398

총력운동방침 251, 256, 264, 392

총무국 193~195, 206, 242~244, 293, 391, 400

최남선 338, 352, 364

최동 338, 352, 368

최린 313, 314, 338, 352, 364, 365, 372

최재서 338, 352, 362, 373, 381

최정희 338, 352, 381

『친일반민족행위진상규명보고서』 338

『친일인명사전』 338

ㅌ

탁창하 313

『통보(通報)』 126, 154, 302, 305, 306

ㅍ

푸코 336

ㅎ

학술원 379

한국교육위원회 376

한노단 381

한상룡 313, 314

한석원 338

함대훈 338, 352

함상훈 338, 352

「해군특별지원병령」 317

「행정간소화강령」 241, 400

허하백 338, 353

현상윤 338, 353, 368

현영섭 338, 353, 359, 360

현제명 338, 353

홍병선 381

홍순기 338, 353

홍승구 338

홍종인 338, 353, 381

황국신민 서사 126, 127, 151

황도학회 339

황신덕 338, 353, 368

흥아보국단 339

흥아봉공일 117, 151, 271

동북아역사재단 일제침탈사 연구총서 33

전시 동원체제와 전쟁협력
- 총동원 계획과 관제운동 -

초판 1쇄 인쇄 2022년 12월 10일
초판 1쇄 발행 2022년 12월 20일

지은이 김봉식·박수현
펴낸이 이영호
펴낸곳 동북아역사재단

등 록 제312-2004-050호(2004년 10월 18일)
주 소 서울시 서대문구 통일로 81 NH농협생명빌딩
전 화 02-2012-6065
팩 스 02-2012-6186
홈페이지 www.nahf.or.kr
제작·인쇄 (주)동국문화

ISBN   978-89-6187-757-2 94910
       978-89-6187-669-8 (세트)

- 이 책은 저작권법에 의해 보호를 받는 저작물이므로 어떤 형태나 어떤 방법으로도 무단전재와 무단복제를 금합니다.
- 책값은 뒤표지에 있습니다. 잘못된 책은 바꾸어 드립니다.